Historia y Memoria de la represión contra los trabajadores en Argentina

This book is part of the Peter Lang Regional Studies list.
Every volume is peer reviewed and meets
the highest quality standards for content and production.

PETER LANG
New York • Bern • Berlin
Brussels • Vienna • Oxford • Warsaw

Historia y Memoria de la represión contra los trabajadores en Argentina

Consentimiento, oposición y vida cotidiana (1974–1983)

Emilio Crenzel y Camillo Robertini (Eds.)

PETER LANG
New York • Bern • Berlin
Brussels • Vienna • Oxford • Warsaw

Library of Congress Cataloging-in-Publication Data

Names: Crenzel, Emilio A. (Emilio Ariel), editor. | Robertini, Camillo, editor.
Title: Historia y memoria de la represión contra los trabajadores en Argentina: consentimiento, oposición y vida cotidiana (1974–1983) / Emilio Crenzel y Camillo Robertini (eds.).
Description: New York: Peter Lang, 2022.
Includes bibliographical references.
Identifiers: LCCN 2021036835 (print) | LCCN 2021036836 (ebook)
ISBN 978-1-4331-9034-6 (paperback) | ISBN 978-1-4331-9044-5 (ebook pdf)
ISBN 978-1-4331-9045-2 (epub)
Subjects: LCSH: Working class—Argentina—History—20th century. | Working class—Political activity—Argentina—History—20th century. | Working class—Violence against—Argentina—History—20th century. | Labor unions—Argentina—History—20th century.
Classification: LCC HD8266.5 .H58 2022 (print) | LCC HD8266.5 (ebook) | DDC 305.5/62098209047—dc23
LC record available at https://lccn.loc.gov/2021036835
LC ebook record available at https://lccn.loc.gov/2021036836
DOI 10.3726/b18611

Bibliographic information published by **Die Deutsche Nationalbibliothek**.
Die Deutsche Nationalbibliothek lists this publication in the "Deutsche Nationalbibliografie"; detailed bibliographic data are available on the Internet at http://dnb.d-nb.de/.

80 Broad Street, 5th floor, New York, NY 10004
www.peterlang.com

Índice

1. *Nuevos enfoques sobre las trabajadoras y los trabajadores durante la última dictadura: consentimiento, historia regional y vida cotidiana*[1]

Camillo Robertini
Universidad de Chile

Introducción

El pasado reciente argentino, desde el regreso a la democracia en 1983, ha ido cobrando, progresivamente, un lugar propio dentro de los debates académicos, transformándose, a principios de la década del 2000, en un área de conocimiento con entidad propia (Águila, 2013, D'Antonio y Eidelman, 2013). A partir de los 80, el análisis del pasado dictatorial ha contribuido a iluminar los aspectos más oscuros y enigmáticos, así como los mecanismos represivos a través de los cuales funcionó el Terrorismo de Estado (Duhalde, 1983).

A lo largo de los últimos años, la mayor parte de los estudios se han concentrado en analizar y rescatar la historia de las víctimas, poniendo la lupa sobre las miles de vidas cobradas por la dictadura cívico-militar. La amplitud del fenómeno represivo contra los sectores populares ha determinado que la reflexión de la sociedad argentina a lo largo de las décadas no se agotara, sino que se renovara planteando nuevas inquietudes y preguntas acerca del pasado reciente.

Si bien la producción académica acerca de aquellos años ha alcanzado un nivel de conocimiento muy elevado y hoy en día sabemos mucho acerca de cómo funcionó el sistema represivo, quiénes fueron las víctimas de la

[1] Este ensayo forma parte del proyecto de investigación n. 3200530 (2020-2023) financiado por la Agencia Nacional de Investigación y Desarrollo ANID y que desarrollo en el Instituto de Estudios Internacionales de la Universidad de Chile a quienes aprovecho para agradecer por su apoyo.

dictadura, cómo funcionó la represión y cuáles eran los proyectos políticos y económicos del gobierno militar, el pasado dictatorial todavía nos convoca con interrogantes y preguntas por responder.

Podemos afirmar que el mundo del trabajo – no necesariamente organizado y concentrado en los grandes centros urbanos– es una de las fronteras sobre las cuales la historiografía ha ido avanzando más decididamente, al menos en los últimos 15 años. La particular atención de las historiadoras y los historiadores hacia la experiencia de los trabajadores se inscribe en el renovado interés por la historia del trabajo, que había sido objeto de una notoria marginalización luego de 1989. Por otro lado, se debió a la necesidad de problematizar el evidente eje antisindical y antiobrero de la última dictadura cívico-militar, que dejaron profundas cicatrices en el tejido social.

En estas páginas, reflexionamos acerca de la forma en la cual se estudió la experiencia de la clase trabajadora en los últimos años. Haremos el esfuerzo de pensar la producción historiográfica a partir de sus límites, de los vacíos y de las preguntas que quedan aún por responder. Si bien los estudios sobre la represión en el mundo del trabajo han alcanzado una gran profundidad, en este libro sostenemos que existen temáticas y problemas que hasta el momento no han sido abordados.

Los interrogantes eludidos

¿Es posible plantear nuevos interrogantes a propósito de la traumática experiencia de la clase trabajadora durante la dictadura? Consideramos oportuno incorporar algunos matices a las lecturas del pasado reciente, devolviendo una imagen menos estructural y más profunda de la experiencia de las trabajadoras y los trabajadores durante los siete años de dictadura.

Un repaso veloz de las producciones referidas a la experiencia del mundo del trabajo durante la última dictadura arroja que la cuestión que ha convocado con mayor fuerza a los especialistas ha sido la represión de los trabajadores. Desde la década del 80, la organización obrera y las manifestaciones de oposición al gobierno de facto se han impuesto en la agenda de investigación. ¿Había sido la junta militar derrocada por la clase obrera? ¿O la clase obrera se había desmovilizado durante los 7 años de dictadura? El interés eminentemente politológico por la experiencia colectiva, unitaria y grupal del movimiento obrero, coherentemente con el análisis sociológico de la época, se concentró en construir una visión unívoca de las subjetividades obreras.

Desde el regreso de la democracia, el debate entre el paradigma de la desmovilización (Delich, 1982) y el de la oposición (Pozzi, 1988) ha polarizado el campo, determinando recorridos de investigación marcados por esa gran dicotomía. Sin embargo, a partir de la publicación del trabajo de Pozzi, su tesis ha ocupado un espacio central en la articulación de la agenda de investigación sobre el pasado reciente. Tal es así que, en los últimos años, si bien se han extendido enormemente las cantidades de estudios acerca de las experiencias locales de distintas comunidades obreras, el "paradigma resistencial" es una lectura ineludible (Acha, 2018), que se sostiene como una continuidad hasta la actualidad. El peso y el arraigamiento que alcanzó esa interpretación, que adquirió rasgos hegemónicos, ha impedido la formulación de nuevas miradas y preguntas que apuntaran a echar luz sobre otros aspectos de realidades sumamente complejas.

Cabe mencionar, sin embargo, que los estudios empíricos sobre los trabajadores enmarcados en una determinada fábrica, provincia o zona del país han logrado rescatar historias locales, y a principios de la década del 2000, han contribuido a la elaboración del paradigma de la responsabilidad empresarial en delitos de lesa humanidad (Basualdo, 2018). Tal modelo plantea la existencia de un plan urdido entre empresarios, militares y civiles con el objetivo de transformar el patrón de acumulación capitalista a través de la inmovilización del "conjunto de la clase trabajadora, pero también exterminar a la minoría combativa" (AA. VV., 2015: 20). En línea con esta interpretación del pasado reciente, numerosos trabajos se concentraron más en los aspectos comunes que en aquellos divergentes o peculiares, buscando, a través de un caso local, los elementos que encajaran en ese marco interpretativo general. De esta forma, a menudo las reconstrucciones referidas a lo acontecido durante la dictadura en las fábricas se ha transformado en una escenografía en la cual aparecen los mismos actores y el mismo guion interpretativo general, dejando fuera de la narración histórica lo imprevisto, lo subjetivo y todo elemento que altere las bases del modelo.

En este contexto consideramos que la historia del mundo del trabajo durante la dictadura no se agota en la problemática de la complicidad –si bien esta es sin duda una cuestión ineludible–, sino que es indispensable avanzar en la formulación de preguntas sobre temáticas aún no exploradas. Coincidimos, en este sentido, con el diagnóstico de Daniel Lvovich (2017), según el cual:

> aunque resulta imposible no preguntarse por la politicidad de las acciones, se debe evitar el abuso imperialista de la pregunta por la resistencia o la complicidad. Considerar el peso de las rutinas, la indiferencia, las representaciones de larga data no ligadas de un modo lineal a la política, resulta entonces indispensable para comprender la dimensión de la cotidianidad. (273)

Es fundamental, pues, pensar sobre qué tipo de clase trabajadora se ha colocado el acento. Para dar una primera respuesta, podríamos afirmar que, históricamente, se trató de "trabajadores industriales, varones, urbanos y organizados" (Lobato, Suriano, 2006: 67). Esta afirmación, sin embargo, es acertada solo en parte, ya que, en los últimos años, el género ha aparecido en la historiografía del trabajo ocupando un lugar cada vez más importante (Andújar, D'Antonio, 2020).

Consideramos que es fundamental identificar la tipología de obrero pensado por una mayoría de investigadores que en los últimos años se concentraron en la reconstrucción de la experiencia del mundo del trabajo. La elección de determinados colectivos obreros en lugar de otros, si bien es muy pocas veces explicitada, resulta central para entender el conjunto de temáticas y problemas investigados y los resultados alcanzados. Muchas veces se ha preferido recurrir a aquellos colectivos de trabajadores politizados y organizados que, por su propia militancia sindical, se suelen considerar las voces "auténticas" del mundo obrero.

La consecuencia inevitable de la tipificación de los trabajadores como sujetos organizados, políticamente definidos e involucrados en el proceso de radicalización político-sindical y frecuentemente víctimas del Terrorismo de Estado ha sido la invisibilización de otros sectores obreros "menos conscientes" o no necesariamente clasistas. De esta forma el obrero industrial, militante sindical y revolucionario ha pasado a ocupar una posición importante en el imaginario tanto de los historiadores como de la sociedad, poniendo en segundo plano toda manifestación de subjetividades no revolucionarias o no contestatarias. Sin negar el papel desarrollado por los colectivos obreros organizados, afirmamos que existe una necesidad de pensar al mundo del trabajo a partir de sus complejidades y de la formación del movimiento obrero.

La mirada predominante en el campo ha transmitido una visión teleológica de la historia y en parte esencialista que considera la conciencia, la clase y la revolución como elementos intrínsecos del *ser* del movimiento obrero, parte de una ontología propia de los sujetos-obreros. Pues bien, si el conocimiento acerca del clasismo y de las luchas políticas de la década del 70 y de la última dictadura ha avanzado enormemente, ¿es posible interrogar el pasado reciente con nuevas preguntas acerca de las trabajadoras y los trabajadores? ¿Hay aspectos de la experiencia de los argentinos en dictadura que no han sido analizados suficientemente?

¿Solamente víctimas resistentes? Consentimiento, complicidad y vida cotidiana

La historia de los sectores populares en Argentina ha sido marcada por el enfrentamiento entre los grupos dominantes y los subalternos. Leer las dinámicas sociales del país según esta dialéctica es un ejercicio seguramente prolífico que, sin embargo, no agota las posibles interpretaciones acerca del pasado reciente. Mientras amplios sectores del movimiento obrero a partir del Cordobazo se involucraron en las luchas de la década del 70, hubo también quienes se quedaron al margen de estas y miraron de reojo al proceso de radicalización política.

¿Estuvo, entonces, la gran mayoría del movimiento obrero involucrado en un proceso de "guerra revolucionaria" (Izaguirre, 2009), o existieron también colectivos y sujetos que, mientras se libraban tales luchas, no participaron en el proceso de politización de los 70? Es indispensable pensar al mundo del trabajo como un complejo entramado de relaciones sociales en constante evolución y no como una realidad de hecho, como un sector compacto, homogéneo e igual a sí mismo en el tiempo y en el espacio.

En este sentido, consideramos necesario retomar la propuesta de E. P. Thompson (1966: 279) que ya en 1966 sugirió un acercamiento a la historia de la "common people" –de la gente común o corriente– que, si bien no suele representar los modelos ideales pensados por los historiadores, describe la experiencia material y la vivencia de personas cuyos "ideales [...] fueron quizás pura fantasía; sus conspiraciones sediciosas, posiblemente temerarias. Pero ellos vivieron en esas épocas de extrema inquietud social y nosotros no". La apuesta del historiador social va en la dirección de romper un sentido común en los estudios, que invitaría a tomar en cuenta como auténticos representantes del mundo del trabajo a los sujetos politizados y a las vanguardias, desconociendo aquellos sectores conservadores, integrados y no politizados que, sin embargo, representan un porcentaje relevante del mundo del trabajo. Se trata, pues, de pensar en los trabajadores no concentrando nuestra atención exclusivamente en aquellos que encajan en el esquema del obrero clasista-revolucionario, sino en otros sujetos, que tuvieron distintos niveles de militancia o vivieron alejados de las organizaciones obreras.

Se hace necesario pensar a los trabajadores argentinos de la década del 70 como individuos en carne y hueso, cuya conciencia no fue un elemento permanente ni inmutable. Coincidimos con el análisis del sociólogo francés Alain Touraine, quien advirtió acerca de las interpretaciones estereotipadas de la historia del movimiento obrero en América Latina: según él, la interpretación hegemónica fue la que consideraba "el mundo obrero como un mundo destruido por la miseria, la pobreza, las dificultades del trabajo [...] y entonces viene un intelectual, un maestro de escuela, algo así, que les da la conciencia. Los obreros no se pueden "crearse" [sic.] una conciencia, sino que la reciben. Yo creo que la última tercera parte del siglo pasado fue en gran parte dominado por esta visión"[2]. La advertencia de Touraine apunta a la necesidad de repensar las categorías a través de las cuales se lee el período dictatorial y el complejo entramado del mundo del trabajo, para evitar el peligro de caer en lecturas estereotipadas del pasado.

El ejercicio de pensar problemas que consideramos profundamente locales a través de la mirada de otras historiografías puede brindar interesantes interpretaciones y superar prejuicios metodológicos y teóricos. Para entender la historia del trabajo en un país determinado, es necesario, en lugar de concebir al Estado como una realidad autónoma y desvinculada del resto del mundo, considerarlo parte de un continente y de un planeta en el cual las dinámicas sociopolíticas están dominadas por fenómenos globales. La superación de un "nacionalismo metodológico" (Van Der Linden, 2019) a menudo presente en las historiografías del trabajo, nos permitiría gozar de los resultados alcanzados por otras historiografías que, en otras latitudes y en otras épocas, enfrentaron el problema de analizar las actitudes sociales durante los totalitarismos europeos.

Desde la segunda posguerra en adelante sobre todo las historiografías italiana y alemana se concentraron en reconstruir la relación entre totalitarismo y población civil como si se tratara exclusivamente de una dialéctica entre victimarios y víctimas, adoptando un punto de vista desde arriba y haciendo hincapié en la participación popular de los movimientos resistentes y antifascistas. La interpretación dominante consideraba a las masas que habían participado con entusiasmo de las manifestaciones en las plazas italianas y alemanas como víctimas de la "seducción" de los fascismos y, por ende, como no auténticamente adherentes a los regímenes totalitarios.

Según Paul Corner (2017: 17) tal interpretación se basaba en la presunta existencia de un "sujeto liberal cuya disposición natural (como víctima) frente a la dictadura no podría ser más que de resistencia". Los historiadores europeos, pues, durante varias décadas se volcaron al estudio de los totalitarismos eludiendo la pregunta por el consenso e inaugurando el paradigma de la "resistencia automática", a través del cual la población civil y la clase obrera habrían enfrentado los regímenes totalitarios en virtud de una incompatibilidad evidente entre los sectores populares y los totalitarismos antipopulares. Ante la imposibilidad de analizar las formas de esa resistencia automática, se abrió una etapa de investigación atenta a las resistencias cotidianas y ocultas bajo los fascismos (Mason, 1981).

[2] Alain Touraine, *Un nuevo paradigma para comprender el mundo de hoy.* Conferencia en la Cátedra Alfonso Reyes, 31–10–2013. https://www.youtube.com/watch?v=HcKCttbUHIY. (último acceso: 10–6–2020).

Los trabajos de Mason, Broszat (2014) y Peukert (1987) colocaron particular atención sobre el papel jugado por la clase obrera en el marco de la resistencia contra el régimen nazi. Las investigaciones de principios de la década del 80 subrayaron la existencia de un eje antiobrero y de clase en los fascismos que habían surgido como una reacción patronal frente al protagonismo obrero de la primera posguerra. Estos estudios reconocían una "primitiva lógica de clase sobre la cual se construyó una reacción en contra del régimen nazi" (Corner, 2017: 19). Sin embargo, como afirma Corner, esa interpretación ha sido superada ya que ahora se reconoce que "el nazismo tuvo más éxito de lo que se imaginó en derrumbar las identidades de clase y de grupo y en constituir nuevos lazos entre los ciudadanos y el movimiento nazi". Son numerosos los estudios que han trabajado sobre la participación de las personas corrientes en los fascismos (Browning, 1992; Duggan, 2013; Broch, 2016; Fuertes Muñoz, 2017). No obstante, consideramos el aporte de la historia oral y de Luisa Passerini (1987) uno de los más apropiados para aplicar a nuestro objeto de estudio.

La contribución de esta historiadora italiana apuntó a analizar las memorias y las formas de pensar de los obreros de Turín que habían vivido bajo el régimen fascista y que no se habían resistido a él. En su investigación sobre el imaginario y lo cotidiano de la clase obrera durante el fascismo, aparecieron memorias no coherentes con una narración épica de la clase trabajadora que, sin embargo, develaban continuidades y formas de relacionarse al poder que no necesariamente tenían en el fascismo un momento de transformación.

Volviendo a Argentina, podríamos afirmar que el interés por las "otras narrativas" ha sido, hasta la actualidad, muy escaso. Esta afirmación, sin embargo, es correcta solo en parte. En los últimos años, han aparecido estudios que han tomado en cuenta el relato y la memoria, a menudo a través del método etnográfico, de los militares involucrados en el Operativo Independencia (Salvi y Garaño, 2014) y en el Terrorismo de Estado. Estos han explorado los imaginarios de grupos hasta hace poco no estudiados (Feld y Salvi, 2020). Este nuevo interés ha impactado sobre la historia reciente que, a principios de la década del 2000, se había construido como campo de conocimiento sobre las víctimas de las dictaduras y de las clases populares y que ya no considera heterodoxo analizar los grupos de derecha y el mundo castrense (Besoky, 2013; Bohoslavsky, Vicente, 2014). No obstante, si este giro parece haberse hecho lugar en las investigaciones más recientes, podemos afirmar que los estudios de trabajo son los que menos han incorporado esta nueva perspectiva (Franco y Bohoslavsky, 2020). Si bien han aparecido contribuciones que analizan el papel de las derechas en el mundo del trabajo, el foco se ha colocado en la resistencia obrera y en el papel de la patronal en el proceso represivo (Barragán y Zapata, 2015).

En años recientes se ha podido observar la superación de una forma de hacer historia todavía marcada por cierto esencialismo y por una forzada centralidad de las organizaciones clasistas en las fábricas luego del golpe de Estado (Pozzi y Schneider, 2000). La perspectiva que analiza la historia de los trabajadores y no solamente la de las organizaciones –pensando también en temporalidades no coincidentes con las cronologías políticas e institucionales–, ha brindado importantes aportes (Lobato, 2001; James, 2000). En la senda de los trabajos de historia social de principios de los 2000, se coloca Lorenz (2013), cuyo trabajo acerca del colectivo obrero de Tigre devuelve un sentido profundo de la historia de la conflictividad y de la represión, avanzando hacia el conocimiento no solamente de los obreros-héroes, sino también de quienes no fueron líderes de las luchas sindicales antes del golpe de 1976. En su estudio sobre los obreros de ASTARSA es posible leer el progresivo alejamiento de una prosopografía de los trabajadores –que exalta el relato épico de los obreros resistentes– a un relato en el cual se plantea la necesidad de poner en discusión, entre otras cosas, el testimonio idealizado brindado por llas víctimas del Terrorismo de Estado (Lorenz, 2013: 19).

En esta misma perspectiva, han aparecido trabajos que han explorado las discursividades nativas, los "relatos equivocados" (Portelli, 2007) y las memorias de trabajadores que no fueron necesariamente resistentes o víctimas. A través del trabajo de campo de Mitidieri (2014), de Bretal (2015 y 2019) y de Moriconi (2019) se ha avanzado hacia un conocimiento del imaginario y la memoria de una parte del mundo del trabajo menos resistente y estereotipada de lo que se conocía, reconociendo el valor de las autorrepresentaciones obreras y el aporte de la historia oral. Resulta oportuno destacar la novedad de los relatos explorados que, sin embargo, han sido arrastrados hacia los márgenes del debate acerca de la historia del trabajo, y, a la vez, afirmar que la exploración etnográfica y el análisis de las memorias son insuficientes frente a una temática cuyo potencial es mucho más complejo y prometedor.

Consideramos oportuno retomar las consideraciones de Acha (2018: 6), según el cual –con cierta dificultad– se va superando un paradigma de "lucha y organización" basado en "una idea simplificadora de los obreros organizados, combativos, con conciencia de su propia clase, en disputa con la patronal y el Estado". Un ejemplo de ello es el caso de estudio de los obreros de la Fiat Concord (Robertini, 2019) cuya memorias y representaciones ponen en crisis las periodizaciones históricas elaboradas, planteando la necesidad de analizar la experiencia de los sectores "menos conscientes" de la clase trabajadora durante los años 70.

El análisis de la experiencia de sectores no organizados y no resistentes de la clase trabajadora, según Acha, erosiona la base empírica sobre la cual se han construido los relatos "unitarios" del período, invitando a los investigadores a interrogarse sobre la amplitud y el alcance del imaginario de víctimas y represores que se constituyó en las últimas décadas.

A partir de este nudo se desprende una de las propuestas contenidas en este libro. El trabajo de Marina Negri, "Entrar en la fábrica para huir del temor. Vida cotidiana de las y los trabajadores 'comunes' de una fábrica autopartista" apunta al vacío historiográfico inherente a la experiencia, la memoria y la cotidianidad de los obreros comunes de una fábrica del Gran Buenos Aires. El punto de partida del trabajo de Negri se concentra en revertir la centralidad del golpe del 24 de marzo para pensar no solamente en las rupturas generadas por la intervención castrense, sino también en las continuidades y en los procesos históricos de largo alcance. A través de una mirada "desde abajo", la autora explora los relatos y las memorias de un grupo de trabajadores que "no se vio afectado por la dictadura", lo cual la lleva a poner en cuestión algunas premisas clásicas como, por ejemplo, su lugar de víctimas predestinadas del Terrorismo de Estado. En las narrativas que analiza, por el contrario, la fábrica se transforma en un espacio seguro en un país dominado por la violencia militar y el miedo generado por las desapariciones. La ausencia de memorias capaces de demostrar la extraordinariedad del golpe de Estado de 1976 invita a Negri a reflexionar sobre otro corte memorial presente en los recuerdos de aquella comunidad obrera: las reformas neoliberales de Menem en los 90 y la transformación aún más abrupta del mundo del trabajo posfordista.

En esa misma senda, la contribución de Mariana Stoler "Dictadura y represión: la percepción de los obreros de Establecimientos Metalúrgicos Santa Rosa", se propone abordar la memoria de un grupo de obreros metalúrgicos que no se reconoció en la propuesta revolucionaria de la época. En ese trabajo, su autora se pregunta por el proceso de naturalización de la violencia militar que lleva sus testimonios a no considerar como violenta la intromisión de los militares en la vida cotidiana de los trabajadores. Los relatos justificativos de la dictadura brindados por distintos entrevistados se explicarían más como una actitud pasiva de los trabajadores que como la activa participación en las políticas y en la ideología del llamado Proceso de Reorganización Nacional.

Una propuesta de historia regional

Otra problemática de fundamental importancia aparece al desentrañar los estudios acerca de la historia del trabajo: su concentración geográfica. En la mayoría de los casos, los estudios existentes se han enfocado en el cordón industrial norte y sur de Buenos Aires y, asimismo, en el cinturón industrial surgido alrededor de Córdoba. Otros trabajos se han volcado al análisis de Rosario y la región del Litoral. Si bien estos polos industriales representan la parte más activa y relevante de la historia industrial y obrera del país, los procesos de industrialización, militancia política y represión acontecidos en el llamado "interior del país" a menudo han aparecido desdibujados. En este espacio, son predominantes los obreros de la construcción, los trabajadores informales y, sobre todo, los trabajadores rurales. No obstante, no han recibido suficiente atención por parte de la historiografía, la cual se ha preocupado principalmente por las experiencias de lucha y organización obrera de los principales núcleos urbanos del país y de los trabajadores metalúrgicos.

Sin embargo, esta visión "reduccionista" ha sido puesta en tela de juicio en años recientes.

En reiterados eventos académicos, ensayos y discusiones públicas se ha coincidido en la necesidad de dejar de lado el centralismo de Buenos Aires para estudiar los fenómenos sociopolíticos de la historia argentina a través de miradas regionales. En años recientes, se han llevado a cabo numerosos encuentros de historia regional y local, lo cual testimonia no solamente la necesidad de ampliar los estudios en ese campo, sino también una nueva sensibilidad hacia las periferias productivas, históricas y geográficas de Argentina.

En línea con lo dicho anteriormente, es posible observar que en los años 80 los estudios acerca de las experiencias y las actitudes de la clase trabajadora argentina, dominados por una visión marcadamente desde arriba, se anclaron fuertemente en Buenos Aires. Empero, recientemente hemos sido testigos de una modificación de este foco y de la presencia de nuevas sensibilidades en la historiografía del país. Un ejemplo de ello es el informe acerca de la Responsabilidad empresarial en delitos de lesa humanidad (2015), en el cual se plantea la necesidad de una mirada regional acerca del proceso represivo llevado adelante por la última dictadura cívico-militar contra los trabajadores.

Afirmamos, entonces, la relevancia de aquellos estudios que colocan la atención en diversos casos locales, ubicados en distintos puntos de Argentina. Estos análisis estimulan las reflexiones acerca de las problemáticas y los nudos de la historia de un país que aloja una gran variedad de realidades, que conforman un cuadro extremadamente rico y, a la vez, complejo.

En este sentido, en esta obra atendemos a diversas realidades regionales y locales, con el fin de analizar las formas y el desarrollo de la represión clandestina en espacios que hasta el momento han sido escasamente abordados por la historiografía. Al mismo tiempo, sostenemos la necesidad de deconstruir el estereotipo marcadamente asentado del obrero varón industrial y bonaerense para pensar el proceso represivo también en las zonas rurales, los ingenios, las industrias de transformación alimentaria y en las oficinas públicas. Este libro incluye numerosos ensayos que son un aporte en esta dirección.

El trabajo de Claudia Calvo "La represión a las Ligas Agrarias Chaqueñas en las vísperas del golpe de Estado de 1976" tiene como eje el abordaje del proceso represivo en el campo chaqueño, es decir, un territorio rural ubicado a una gran distancia de los centros metropolitanos. La autora realiza un importante aporte al estudio de las memorias acerca de las desapariciones de campesinos y trabajadores del norte de Argentina.

El trabajo de Josefina Martínez y María José Sarrabayrouse Oliveira, además de prestar atención al caso de Ford, centran su análisis en un caso situado en Corrientes, la empresa de yerba mate Las Marías. El estudio del juicio por delitos de lesa humanidad que siguió a la desaparición de un trabajador del establecimiento ilumina las relaciones industriales en una villa obrera y la –retomando las palabras de las autoras– "promiscuidad patronal-militar" que se dio durante el proceso represivo.

En la misma dirección se coloca el ensayo de Ayelén Mereb, quien estudia la represión estatal en El Bolsón, Río Negro. La autora retoma la temática de la represión en la Patagonia argentina haciendo uso de la perspectiva microhistórica y recurriendo al uso de fuentes orales. Este trabajo es un aporte para entender cómo funcionó el proceso represivo en un rincón del país en el cual, si bien la represión fue infinitamente menos cruenta que en otros puntos, la maquinaria del Estado terrorista golpeó fuertemente a las clases populares.

Por su parte, Gabriel Pereira aborda la historia de la represión en Tucumán, concentrándose en el análisis de la judicialización de la complicidad patronal-militar en el ingenio azucarero "La Fronterita". En este ensayo nos encontramos con trabajadores rurales, muy diferentes respecto de los obreros industriales de las fábricas de los principales centros urbanos del país, que contribuyen a complejizar la imagen instalada acerca de la clase obrera.

En suma, en esta obra nos proponemos contribuir a la historia de la represión de la última dictadura cívico-militar con una mirada amplia y descentralizada, que nos permite volver a interrogar el pasado reciente y elaborar respuestas novedosas centradas en las divergencias, continuidades y discontinuidades de los procesos represivos, así como en las lógicas a través de las cuales se perpetraron los delitos de lesa humanidad en el amplio territorio argentino.

Conclusiones

En el juego entre conflicto y desmovilización, entre consenso y oposición se debate el análisis del pasado reciente. La presentación de distintos estudios de caso sobre los "obreros comunes" pone de manifiesto que las grandes narraciones sobre la experiencia de los trabajadores no son adecuadas para procesar las contradicciones presentes en las memorias. Afirmamos que, siguiendo en la ruta de estos trabajos y analizando más casos específicos, el mosaico de experiencias, memorias y microhistorias podría confirmar una necesidad muy clara: repensar los paradigmas analíticos acerca de la experiencia del mundo del trabajo en dictadura más allá de la oposición y de una visión unívoca y carente de matices.

Como testimonia la *Global Labour History*, las múltiples experiencias de trabajadores que vivieron la dictadura nos invitan a pensar en claves de lectura que presten atención a las heterogeneidades y las peculiaridades de los casos y que, a su vez, permitan elaborar una imagen de conjunto. Si la condena social por los casos de desapariciones acontecidos en las fábricas es necesaria, así como lo es el valioso aporte que las ciencias sociales están realizando para colaborar con los juicios de lesa humanidad, la narrativa maniquea de la clase obrera resistente y víctima de la dictadura es uno de los tabúes con los cuales las historiadoras y los historiadores de Argentina deberán enfrentarse tarde o temprano. Bajo el velo de esa poderosa narración se esconden múltiples actitudes sociales, memorias y experiencias locales que pueden aportar nuevos puntos de vista sobre un campo aún en construcción.

Bibliografía

Acha, Omar (2018). Clase obrera y dictadura en la Argentina en los largos años setenta: algunas ideas sobre estudios recientes (y no tan recientes) en Corrêa, L., Estevez, A., Fontes, P., Sales, J.(eds.), Mundos do Trabalho e Ditaduras no Cone Sul (1964–1990): Multifoco.

Águila, Gabriela (2013). La represión en la historia reciente argentina: perspectivas de abordaje, conceptualizaciones y matrices explicativas, *Contenciosa*, 1/(1): 1–13.

Andújar, Andrea, D'Antonio, Débora (2020). "Chicas como tú"... Género, clase y trabajo en la Argentina reciente: un balance desde la historia social, *Archivos de historia del movimiento obrero y la izquierda*, (16): 93–110.

AA. VV. (2015). Responsabilidad empresarial en delitos de lesa humanidad. Represión a trabajadores durante el terrorismo de Estado. Posadas: Editorial Universitaria de la Universidad Nacional de Misiones (EDUNAM).

Basualdo, Victoria (2018). The Argentine Dictatorship and Labor (1976–1983): A Historiographical Essay. *International Labor and Working-Class History*, 93: 8–26.

Besoky, Juan Luis (2013). La derecha peronista en perspectiva. *Nuevo Mundo Mundos Nuevos.*

Bohoslavsky, Ernesto, Vicente, Martín (2014). Sino el espanto. Temas, prácticas y alianzas de los anticomunismos de derecha en Argentina entre 1955 y 1966. *Anuario del Instituto de Historia Argentina*, 14: 1–17.

Bohoslavsky, Ernesto, Franco, Marina (2020). Elementos para una historia de las violencias estatales en la Argentina en el siglo XX. *Boletín del Instituto de Historia Argentina y Americana Dr. Emilio Ravignani*, 53: 101–134.

Bretal, Eleonora (2015). La época de los militares: Representaciones, categorías y clasificaciones de ex-obreros de Swift en torno a la violencia política y estatal, *Sociohistórica*, 36: 1–36.

Bretal, Eleonora (2019). *Obreros y obreras de Swift*. Entre los Libros de la Buena Memoria: La Plata, UNLP.

Broch, Ludivine (2016). *Ordinary workers, Vichy and the Holocaust: French railwaymen and the second world war*. Cambridge, Cambridge University Press.

Broszat, Martin (2014). *The Hitler State*: Routledge.

Browning, Christopher (1992). *Ordinary Men: Reserve Police Battalion 101 and the Final Solution*, New York: Harper Perennial.

Corner, Paul (2017). *La dittatura fascista. Consenso e controllo durante il Ventennio*, Roma: Carocci.

D'Antonio, Débora, Eidelman, Ariel (2013). Antecedentes y genealogía de la historiografía sobre la Historia Reciente en la Argentina. *Nuevo Mundo Mundos Nuevos*.

Delich, Francisco (1982). Desmovilización social, reestructuración obrera y cambio sindical en Argentina hoy. *Crítica y Utopía*, 6: 1–18.

Duggan, Christopher (2013) *Fascist Voices: an intimate history of Mussolin's Italy*. Oxford: Oxford University Press.

Duhalde, Eduardo (1983). *El estado terrorista argentino*, Buenos Aires: Argos Vergara.

Fuertes Muñoz, Carlos (2017) *Viviendo en dictadura: la evolución de las actitudes sociales hacia el franquismo*, Granada: Comares.

Izaguirre, Inés (2009) *Lucha de clases, guerra civil y genocidio en Argentina 1973-1983*, Buenos Aires: EUDEBA.

Ivonne Barragán, Ana Belén Zapata (2015). Dictadura militar y represión a la clase trabajadora. La Armada Argentina, marco doctrinario y operaciones represivas en perspectiva regional para los casos de Ensenada y Bahía Blanca, *Diacronie. Studi di Storia Contemporanea*, 24/(4): 1–19.

James, Daniel (2000). *Doña María's story: life history, memory, and political identity*. Duke University Press.

Lobato, Mirta (2001). *La vida en las fábricas*. Buenos Aires: Prometeo.

Lobato, Mirta, Suriano, Juan (2006). Problemas e interrogantes de la historia de los trabajadores, *Estudios del trabajo*, 32: 55–79.

Lorenz, Federico (2013) *Algo parecido a la felicidad: una historia de la lucha de la clase trabajadora durante la década del setenta: 1973–1978*, Buenos Aires: Edhasa.

Mason, Tim (1981). The workers' opposition in Nazi Germany. *History Workshop*, 11: 120–137.

Mitidieri, Gabriela (2014). La huelga de Alpargatas en 1979: las nociones de lo justo en dictadura. *Revista Páginas*, 6/(12): 83–102.

Moriconi, Martina (2019). Los trabajadores de la fábrica Jabón Federal en los años setenta: una reconstrucción histórica y diferentes narrativas. Kamchatka. *Revista de análisis cultural*, 14: 437–467.

Passerini, Luisa (1987). *Fascism in popular memory: The cultural experience of the Turin working class*, Cambridge: Cambridge University Press.

Peukert, Detlev (1987). *Inside Nazi Germany: Conformity, opposition, and racism in everyday life*. Yale: Yale University Press.

Portelli, Alessandro (2007). *Storie orali: racconto, immaginazione, dialogo*, Roma: Donzelli.

Pozzi, Pablo, Schneider, Alejandro (2000). *Los setentistas, izquierda y clase obrera (1969–1976)*. Buenos Aires: EUDEBA.

Pozzi, Pablo (1988). *Oposición obrera a la dictadura, 1976–1982*. Buenos Aires: Contrapunto.

Robertini, Camillo (2019). *Quando la Fiat parlava argentino. Una fabbrica italiana e i suoi operai nella Buenos Aires dei militari 1964 1980*. Firenze: Le Monnier.

Salvi, Valentina, Garaño, Santiago (2014). Las fotos y el helicóptero: memorias de oficiales retirados y ex soldados conscriptos que participaron del Operativo Independencia (Tucumán, 1975–1977), *Estudios sociales*, 47: 163–189.

Thompson, Edward Palmer (1966). History from below. *Times Literary Supplement*, 7/(04).

Feld, Claudia, Salvi, Valentina (eds.) (2020). *Las voces de la represión: declaraciones de perpetradores de la dictadura argentina*, Buenos Aires: Miño y Dávila.

Van Der Linden, Marcel (2019). *Trabajadores y trabajadoras del mundo*. Buenos Aires: Imago Mundi.

2. *La construcción de conocimiento sobre la historia y memoria de la represión a los trabajadores durante la última dictadura militar*

Emilio Crenzel
Consejo Nacional de Investigaciones Científicas y Técnicas (CONICET)– Universidad de Buenos Aires

Introducción[1]

La noche del 24 de marzo de 1976 llovía copiosamente en San Miguel de Tucumán. En una habitación del local de la Asociación Tucumana de Educadores Provinciales (ATEP) dormían Francisco Isauro Arancibia, su secretario general, y su hermano Arturo. Diez policías y civiles irrumpieron en el sindicato. Arancibia, amenazado de muerte en 1975 por la Alianza Anticomunista Argentina "Triple A" responsable del asesinato de centenares de intelectuales, estudiantes y militantes sindicales, repelió el ataque con una escopeta de caza y mató a uno de los asaltantes. Sin embargo, fue asesinado junto a su hermano. Su cuerpo presentaba 120 orificios de bala y el de su hermano 70. Los asaltantes le robaron un par de zapatos nuevos. Se inauguraba, así, la dictadura en Tucumán.[2]

Arancibia había logrado desde ATEP logros corporativos: Juntas de clasificación con representación docente, régimen de licencias, bonificación por zona y antigüedad. Pero, además, propició la unidad sindical, especialmente

[1] Agradezco a la Agencia Nacional para la Tecnología, la Ciencia y la Innovación Productiva y a la Secretaría de la Secretaría de Ciencia y Técnica de la Universidad de Buenos Aires por los apoyos recibidos a los proyectos PICT 2019-01874 y UBACyT 20020190100085BA en los que se inscribe este trabajo.

[2] Sobre la lucha de Francisco Isauro Arancibia y su asesinato, véase Rosenzvaig, 1993 y el documental de CETERA, 2001.

con la Federación de Obreros y Trabajadores de la Industria Azucarera (FOTIA) cuyo líder, Atilio Santillán, había sido asesinado dos días antes; participó en 1973 de la fundación de la Confederación de Trabajadores de la Educación de la República Argentina (CTERA), de la que fue secretario general adjunto, y de la Asamblea Permanente por los Derechos Humanos (APDH), organismo de derechos humanos creado en diciembre de 1975, cuya mesa directiva integró.

Al cumplirse el primer año de su secuestro y del golpe de Estado, la CTERA intentó publicar un recordatorio en su homenaje que el diario tucumano *La Gaceta* no publicó.

Sin embargo, ese día, dos intervenciones denunciaron la brutal represión al movimiento obrero tras el golpe. El escritor y militante montonero Rodolfo Walsh envió su "Carta abierta de un escritor a la Junta Militar" denunciando la prisión política, el exilio, las ejecuciones y la responsabilidad estatal en las desapariciones y, entre las víctimas de ese último crimen, incluía a "delegados sindicales, intelectuales, familiares de guerrilleros, opositores no armados o simples sospechosos". Walsh entendía estos crímenes como una derivación del plan económico dictatorial, que comprendía despidos masivos, la pérdida del poder adquisitivo del salario, la anulación de los derechos de huelga y de asociación, y al que calificaba de "una atrocidad mayor que castiga a millones de seres humanos con la miseria planificada" (Walsh, 1977).[3]

El mismo día, Amnistía Internacional publicó el informe de su misión que había visitado el país en noviembre de 1976 tras recibir miles de denuncias por violaciones a los derechos humanos. Afirmaba que luego del golpe se denunciaron el doble de asesinatos políticos que los registrados previamente, el crecimiento de las denuncias de tortura, la muerte de personas bajo custodia y las ejecuciones sumarias. Señalaba, también, que la cantidad de desaparecidos variaba pero que, para la mayoría de las fuentes, se aproximaba a quince mil. Si bien a diferencia de Walsh el informe no establecía una relación entre las violaciones y la implantación de un modelo económico antipopular, incluía una lista de desaparecidos desde el golpe en la que se destacaba la presencia de 19 obreros, siete sindicalistas y 17 maestros (Amnistía Internacional, 1977: 7, 37 43, 44, 69, 95 y 118). El informe no alcanzó estado público pero el general Videla acusó a Amnistía de ser parte de la "campaña antiargentina" y de estar "infiltrada por la subversión marxista" (Gutman, 2015).

[3] Según Verbitsky, la conducción montonera objetó este párrafo por entender como más grave las violaciones de carácter político. "Walsh", *Página/12*, 25 de marzo de 1992: 32, nota de Horacio Verbitsky.

Las denuncias de las violaciones también se sucedieron en el exilio. A fines de 1977, la Comisión Argentina de Derechos Humanos (CADHU) creada en febrero de 1976 por abogados de larga trayectoria en la defensa de presos políticos y sindicales, publicó el libro *Argentina: proceso al genocidio* (CADHU, 1977). La obra, incluía un breve resumen de la historia política argentina y resaltaba la complicidad del gobierno peronista de María Estela Martínez de Perón (1974–1976) con la violencia parapolicial y paramilitar, la nueva legislación represiva introducida tras el golpe y la persecución de los abogados de los presos políticos y familiares de guerrilleros y militantes políticos, sindicales y estudiantiles.

En el marco de la denuncia de la perpetración de un "genocidio", la CADHU consideraba a la "represión obrera" una "razón de Estado" y, por ello, le dedicaba un capítulo específico del libro en el cual describía la supresión de la legislación laboral, el derecho a huelga y de organización, las negociaciones colectivas y la estabilidad en el empleo estatal, entre otras medidas. También, subrayaba la violencia económica que sufría la clase obrera producto del plan económico dictatorial que combinaba inflación, recesión y un creciente desempleo (CADHU, 1977: 139–170).

En paralelo, el "Comité Derechos Humanos para países del Cono Sur" (CLAMOR), fundado en 1978 en San Pablo, Brasil, con apoyo de la Arquidiócesis de San Pablo y su obispo Evaristo Arns, recibía, también, miles de denuncias de familiares de desaparecidos de la Argentina (Lima, 2002: 67). Según destaca Tolentino en este volumen, CLAMOR publicó en 1981 el boletín especial: "Los regímenes militares y los sindicatos del Cono Sur", donde alertaba sobre la desaparición de trabajadores y sindicalistas "con simpatía por la izquierda" o que intentaron organizar paros contra la dictadura. Presentaba, además, una lista de "dirigentes sindicales y trabajadores muertos y desaparecidos en los países del Cono Sur" pero, también, denunciaba la legislación represiva, la supresión de derechos, la caída del salario real y los despidos masivos (CLAMOR, Boletín III (14), diciembre de 1981, citado por Tolentino). A fines de 1982, CLAMOR publicó el libro *Desaparecidos en la Argentina*, con una lista de 7291 casos de los cuales el 48,6 % eran trabajadores (CLAMOR, 1982: 46, citado por Tolentino). Pese al vínculo que CADHU y CLAMOR establecían entre la represión a la clase obrera y el modelo económico dictatorial no mencionaban, en ningún caso, la adscripción política de los trabajadores víctimas de la represión.

En septiembre de 1979, arribó al país la Comisión Interamericana de Derechos Humanos de la OEA (CIDH), tras haber recibido centenares de denuncias por desapariciones. El informe de la CIDH fue publicado en abril de 1980 (Comisión Interamericana de Derechos Humanos, 1984 [1980]).

Precisaba haber recibido 5580 denuncias de desapariciones, inspeccionado sitios denunciados como "Centros Clandestinos de Detención" y afirmaba que las desapariciones afectaban a profesionales, estudiantes, sindicalistas, empleados, periodistas, religiosos, conscriptos, comerciantes a quienes describía como "aprehendidos en operativos que por las condiciones en que se llevaron a cabo y por sus características, hacen presumir la participación en los mismos de la fuerza pública". Retomaba, así, los términos utilizados en la presentación realizada por la APDH en el caso "Pérez de Smith, Ana María y otros sobre privación ilegítima de la libertad", producido tras la desaparición del líder sindical Oscar Smith que dio lugar a un fallo de la Corte Suprema de Justicia de la Nación el 21 de diciembre de 1978, que reconocía la privación de justicia y reclamaba al gobierno que arbitre medidas para que el Poder Judicial contara con medios adecuados para atender las demandas (CIDH, 1984 [1980]: 13–18 y 148–152).

A partir de su informe, se fue estandarizando una nueva forma de presentar a los desaparecidos que privilegiaba la descripción de sus datos identitarios básicos –la nacionalidad, el sexo, la edad– y sus ocupaciones y profesiones sin mencionar sus adscripciones políticas. La presentación de los desaparecidos con los rasgos mencionados fue reproducida ese año en un informe de Amnistía el cual, en los casos con información, consignaba nombres y apellidos de los desaparecidos, sus documentos de identidad, nacionalidad, edad, si tenían hijos y cuántos, la fecha y el lugar de desaparición y sus profesiones u ocupaciones (CIDH, 1984 [1980]: 17, 18 y 25 y Amnistía Internacional, 1979). Estos informes no historizaban la violencia política y no establecían vínculos entre los crímenes del "terrorismo de Estado", la represión al movimiento obrero y el plan económico dictatorial.

Las denuncias por violaciones a los derechos humanos contra los trabajadores fueron vehiculizadas por diversas organizaciones sindicales internacionales y tuvieron por destinataria, entre otras entidades, a la Organización Internacional del Trabajo (OIT) y su Comité de Libertad Sindical. Ello motivó que el Comité pidiera a la dictadura informes sobre presos y desaparecidos (Zorzoli, 2017: 5, 6 y 8). En cambio, solo en dos oportunidades sindicatos argentinos se dirigieron al Comité para reclamar por la situación represiva e, incluso, la dirigencia sindical junto a la empresaria asumió en estos órganos internacionales la defensa de la represión dictatorial. Ramón Baldassini, dirigente de la Federación de Obreros y Empleados de Correos y Telecomunicaciones, como otros dirigentes que participaron de reuniones del Consejo o de las reuniones anuales en la OIT, responsabilizaron a la "subversión izquierdista" por la violencia y afirmaron que esos militantes no eran "verdaderos representantes del sindicalismo y la forma de vida argentina" (Actas de la sexagésima quinta Conferencia Anual de la OIT, 1979 citadas por Zorzoli, 2017: 10). Por su parte, las misiones que la OIT envió a la Argentina para investigar *in situ* la situación de los derechos de los trabajadores –entre el 27 de agosto y el 3 de septiembre de 1978 y, la segunda, entre el 17 y el 13 de diciembre de 1980–, encabezadas por Antonio Malintoppi, consignaban que el movimiento sindical se había interesado solo por presos a disposición del Poder Ejecutivo los cuales "no tenían nada que ver con los otros que estaban en discusión internacional" en referencia a los desaparecidos. El propio informe de la OIT hacía suya la explicación oficial que proponía a las desapariciones como meros excesos de la "guerra antisubversiva" (Boletín Oficial, Vol. LXII, 1979, Serie B, OIT, citado por Zorzoli, 2017: 12).

En síntesis, durante la dictadura fue configurándose un nuevo modelo de denuncia de la violencia estatal, caracterizada por la descripción fáctica y realista de las violaciones el cual, en la mayoría de los casos, no establecía relaciones entre ellas, el orden social o los grupos de poder. Este cambio se tradujo, además, en la presentación de los desaparecidos. La mención a sus militancias políticas, mucho más si se trataba de organizaciones armadas, fue omitida, incluso en aquellas denuncias como las de CLAMOR o la CADHU que asociaban la represión con el modelo económico dictatorial y sus consecuencias para la clase obrera. En cambio, los desaparecidos fueron presentados a partir de sus datos identitarios básicos: edades y sexos, ocupaciones, profesiones o creencias religiosas. Los formularios utilizados para recabar las denuncias y clasificar a las víctimas son reflejo de ese proceso. En paralelo, las intervenciones de representantes sindicales ante organizaciones internacionales como la OIT mostraban que la "lucha antisubversiva" emprendida por las Fuerzas Armadas contaba con consenso entre la conducción del movimiento obrero.

En función del nuevo estilo de denuncia forjado en los años previos, tras la derrota argentina en la guerra por las Islas Malvinas, comenzó a circular en el espacio público una representación que proponía el carácter indiscriminado de la represión la cual habría abarcado a una mayoría de jóvenes "inocentes e idealistas" provenientes de las clases medias. Se trataba de una interpretación que buscaba evitar su impugnación alejándose de cualquier proximidad con la guerrilla y todo lo que pudiera asociarse con la subversión. El mayor acceso a instancias de denuncia y, por ende, visibilidad de familiares de esa condición social enarbolando los reclamos junto a la negación cómplice o la defensa de la represión clandestina e ilegal de parte de la dirigencia sindical contribuyeron a construir una imagen que o negaba la adscripción política de los trabajadores desaparecidos o negaba a los desaparecidossu condición de "verdaderos" trabajadores.[4]

Nunca Más

Tras el retorno de la democracia, el presidente constitucional Raúl Alfonsín dispuso el enjuiciamiento de las cúpulas guerrilleras y de las tres primeras juntas militares, llamada desde entonces "teoría de los dos demonios" pues reducía a dos personificaciones la responsabilidad por la violencia y exculpaba, en ese acto, al resto de la sociedad y creó la Comisión Nacional sobre la Desaparición de Personas (CONADEP) para investigar el destino de los desaparecidos, recibir las denuncias por desaparición, remitirlas a la Justicia y emitir un informe final (Poder Ejecutivo Nacional, decreto 187, 15 de diciembre de 1983, Boletín Oficial de la República Argentina, 19 de diciembre de 1983, 2).

Publicado en noviembre de 1984, *Nunca Más*, el informe de la CONADEP, se constituyó, por su éxito editorial, su papel probatorio en el juicio a las Juntas militares, como modelo de otras comisiones de la verdad a escala internacional y como medio para transmitir sentidos del pasado a las nuevas generaciones en la representación dominante sobre las desapariciones en Argentina (Crenzel, 2008). Durante su investigación, la CONADEP concentró y centralizó las denuncias obrantes en el país y en el exterior sobre las desapariciones. De hecho, CLAMOR envió una copia de su lista de desaparecidos y de las denuncias recabadas a la Comisión (CONADEP, acta del 10 de enero de 1984: 16). También, recibió miles de nuevas denuncias. Se trataba, especialmente, de testimonios provenientes de las periferias de las grandes ciudades. De hecho, el 64 % provino de habitantes de esas localidades. Según Klimovsky, uno de los comisionados, "en Tucumán, en Jujuy y en muchos otros lugares, la CONADEP encontró un denunciante absolutamente virgen que durante siete años no había tenido a nadie delante para declarar la desaparición de su hijo". Otros, inclusive, les manifestaron a su llegada que "nuestros hijos eran muy buenos y trabajadores, se los llevaron hace siete años, que suerte que ustedes vinieron porque ahora me lo van a devolver". De este modo, estos nuevos testimonios alumbraron la magnitud de las desapariciones entre los trabajadores modificando el perfil de clase de los desaparecidos disponible hasta entonces. Ello sorprendió a los comisionados que compartían la creencia sobre la identidad de clase media de los desaparecidos.[5]

[4] Crenzel, 2013. En el mismo sentido, Wlosko, 2016.

[5] De mi entrevista a Gregorio Klimovsky, Buenos Aires, 6 de septiembre de 2004. Sobre la proporción de denuncias provenientes de esas localidades, Izaguirre, 1992: 41.

Sin embargo, la contundencia de estos nuevos registros no se reflejó en el *Nunca Más*. Solo en tres pasajes el informe refiere a la desaparición de trabajadores: en su prólogo, en el cuadro estadístico que presenta la distribución socioocupacional de los 8961 desaparecidos registrados por la CONADEP y en el apartado sobre los "gremialistas" desaparecidos.

En su prólogo, *Nunca Más* pone en primer plano la responsabilidad en el proceso de violencia de dos actores: la guerrilla y las Fuerzas Armadas y propone una periodización institucional de la violencia que adjudica exclusivamente la práctica de la desaparición forzada a la dictadura militar, ocluyendo su ejercicio y otras formas de violencia estatal durante el gobierno peronista de María Estela Martínez de Perón. Esta operación, a la vez, ocluye los conflictos sociales y políticos que atravesaban a la sociedad argentina antes del golpe en los cuales los trabajadores tuvieron un rol protagónico; el ejercicio o apoyo de la burocracia sindical y las corporaciones económicas a la represión y el compromiso empresario y con las transformaciones estructurales que produjo la dictadura (Grandin, 2005: 46–67 y Wilson, 2005: 84–85; Crenzel, 2008: 107–109).

También, en su prólogo, *Nunca Más* propone una imagen vasta e imprevisible de quienes podían sufrir las desapariciones, dada la consideración de los victimarios sobre su enemigo. Una, en sus palabras, "infinita caza de brujas" donde "todo era posible". En ese marco, el informe señala que las víctimas fueron también: "dirigentes sindicales que luchaban por una simple mejora de salarios" (CONADEP, 1984: 9 y 10). Los trabajadores integran, así, el universo de desaparecidos. Sin embargo, su identidad queda constreñida al marco económico-corporativo, ajena a la participación política, la lucha armada y/o la lucha clasista o antiburocrática.

En segundo lugar, el informe clasifica a los desaparecidos según sus "profesiones u ocupaciones". Destaca que los "Obreros" representan el 30,2 % de los desaparecidos, los "estudiantes" el 21 %, los "empleados" el 17,9 %, los "profesionales" el 10,7 %, los "docentes" el 5,7 %, los "autónomos y varios" el 5 %, las "amas de casa" el 3,8 %, los "conscriptos y personal subalterno de las fuerzas de seguridad" el 2,5 %, los "periodistas" el 1,6 %, las "actividades artísticas" 1,3 % y los "religiosos" el 0,3 %. En otro apartado, se menciona la doble condición de estudiantes y trabajadores de una porción de ellos (CONADEP, 1984: 294, 296 y 375). Esta clasificación no presenta alternativas excluyentes al combinar categorías ocupacionales como "obreros" y "empleados", ocupaciones concretas como "periodistas" o "docentes" y calificaciones ocupacionales como "profesionales". Sin embargo, revela el peso entre los desaparecidos de los "obreros" y "empleados" que representan la mitad de ese universo.

Por último, el apartado "gremialistas", de escasas quince páginas, concentra las treinta veces en las cuales *Nunca Más,* de casi 500 páginas, incluye las palabras "obrero" o "trabajador".[6] Además de su brevedad, el apartado incluye casos ajenos a su título como la desaparición de funcionarios de la dictadura, Hidalgo Solá y Elena Holmberg, las monjas francesas Alice Domon y Leonie Duquet, la adolescente sueca Dagmar Hagelin y testimonios de desaparecidos liberados como Adolfo Pérez Esquivel, Premio Nobel de la Paz, o Jacobo Timerman, el director del diario *La Opinión.*

Pese a ello, este apartado incluye la mención de la práctica sistemática de las desapariciones contra los trabajadores tras el golpe de Estado. Se trata, en varios casos, de desapariciones colectivas, producidas en los propios lugares de trabajo: astilleros, fábricas de automotores, de acero, organismos públicos e ingenios azucareros (CONADEP, 1984: 218, 375 y 380). Los testimonios incluidos presentan al golpe como el momento de inflexión en la relación de fuerzas entre los directivos y gerentes de las empresas con su personal. Evidencian la complicidad empresaria con las fuerzas represivas mediante la entrega de listas, legajos y fotografías de militantes y delegados sindicales a las fuerzas represivas e incluso el funcionamiento, dentro de la empresa ACINDAR, en la provincia de Santa Fe, de un Centro Clandestino de Detención, empresa de la cual el ministro de Economía de la dictadura, José Alfredo Martínez de Hoz integraba, entonces, su directorio (CONADEP, 1984: 54, 140, 169, 180, 198, 276, 352, 381 y 386). De este modo, este pasaje del informe propone la participación del poder económico en las desapariciones.

También, el apartado tensiona la periodización institucional de la violencia estatal propuesta en el prólogo al mencionar su ejercicio desde 1974, cuando el gobierno de María Estela Martínez de Perón instauró el Estado de Sitio, al mencionar la represión contra los trabajadores rurales y las "Ligas Agrarias" del noreste –Calvo aborda este tema en este volumen–; contra trabajadores metalúrgicos antiburocráticos y clasistas de la seccional de Villa Constitución, provincia de Santa Fe, y contra los trabajadores del Ingenio Ledesma, en la provincia de Jujuy. Por último, este apartado incluye la mención al funcionamiento en un local del gremio docente de filiación peronista "Unión de Docentes Argentinos", en la provincia de Santa Fe, de un Centro Clandestino de Detención, esbozando la complicidad de fracciones del movimiento obrero con el sistema de desaparición forzada (CONADEP, 1984: 195, 276, 379, 380, 384, 386 y 387).[7]

[6] Elaboración propia en base a los testimonios incluidos en el informe *Nunca Más.*

[7] Estas menciones podrían deberse a que el apartado "gremialistas" lo escribió Raúl Aragón, quien había sido abogado del Sindicato Gráfico Argentino y de la CGT de los Argentinos, e integró en 1970 la Comisión por la vida y la libertad de Néstor

Más allá de ello, el perfil de los trabajadores víctimas de la represión que propone el informe subraya su ajenidad con la política y la guerrilla. De hecho, el único relato sobre esta relación narra cómo los militares fraguaron la convocatoria a una huelga por parte de la organización Montoneros para justificar la ilegalización del conflicto, fraguar un enfrentamiento, fusilar a desaparecidos en la puerta de la fábrica y desaparecer a dirigentes sindicales (CONADEP, 1984: 377 y 378).

En síntesis, *Nunca Más* puso en evidencia la magnitud de las desapariciones entre los trabajadores, pero le dedicó una presencia reducida en su texto en comparación a la que le otorgó a desaparecidos definidos en base a su perfil demográfico. Su periodización institucional del "terrorismo de Estado", a excepción de algunas referencias escuetas a su ejercicio antes del golpe, obliteró los conflictos sociales en los cual los trabajadores fueron protagonistas centrales, el cariz de clase de la represión estatal más allá de los cambios institucionales, las luchas al interior de la clase obrera entre sus corrientes clasistas y la burocracia sindical, el consenso que otorgó esta última a la represión paraestatal y estatal.

Prolongando la lectura del *Nunca Más*, en el juicio a las Juntas militares la fiscalía utilizó su clasificación ocupacional de los desaparecidos como evidencia de que la represión no tuvo por objeto a la guerrilla. Buscó evitar, a la vez, la apertura de nuevas confrontaciones que desviaran la acusación hacia otros actores que, antes o después del golpe, apoyaron la represión. Por ello, no procuró establecer las responsabilidades de las grandes corporaciones económicas o la burocracia sindical en la represión, como se manifestó, por ejemplo, en la ausencia de más repreguntas cuando los secretarios de la Confederación General del Trabajo, Jorge Triaca y Ramón Baldassini, mencionaron en sus testimonios ante el tribunal el buen trato recibido en prisión, negaron conocer la existencia de desaparecidos en el ámbito sindical y ante esa pregunta, se dedicaron a mencionar a los dirigentes sindicales asesinados por la guerrilla.[8] Baldassini mostraba, así, una posición consecuente con el apoyo a la dictadura militar ante la OIT cuando ante ese organismo responsabilizó a la subversión

Martins y Nildo Centeno, primeros desaparecidos bajo la dictadura de la Revolución Argentina, además de haber sido cofundador, en 1975, de la Asamblea Permanente por los Derechos Humanos y denunciar, desde el exilio, los crímenes dictatoriales. CONADEP, acta número 24, 15 de mayo de 1984: 100 y acta número 27, 5 de junio de 1984: 108 y entrevistas a Eduardo Rabossi y Graciela Fernández Meijide, Buenos Aires, 11 y 6 de mayo de 2005.

[8] Testimonios de Jorge Triaca y de Ramón Baldassini, juicio a las Juntas militares, Buenos Aires, 24 de abril de 1985, reproducido en *El Diario del Juicio*, año I, número 1, 27 de mayo de 1985, citado por Galante, 2019: 175.

por la violencia apoyando, de ese modo, la negación de los crímenes cometidos por la Junta militar.

Giro discursivo, nuevos escenarios judiciales e historia reciente

Desde el juicio a las Juntas el enjuiciamiento de los responsables de las violaciones a los derechos humanos asumió una trayectoria regresiva con el dictado de las leyes de "Punto Final" y "Obediencia Debida" aprobadas en el Congreso por iniciativa del gobierno de Alfonsín y, luego, con los Indultos a las cúpulas guerrilleras y a las Juntas militares dictados por el presidente Menem. En ese marco de impunidad, al cumplirse el vigésimo aniversario del golpe, se produjo un giro en el discurso del movimiento de derechos humanos. En los actos masivos en torno a esta fecha se vinculó fuertemente el "terrorismo de Estado" ejercido por la dictadura con la implantación de un modelo económico neoliberal cuya vigencia se repudiaba (Lorenz, 2002: 83–88).

El creciente peso explicativo de los factores económicos para explicar el golpe de Estado de 1976, se reveló en las iniciativas de los organismos las cuales tuvieron impacto en el plano jurídico.

En función de la búsqueda de alternativas a la clausura de la escena judicial penal tras los Indultos, varios dirigentes del Centro de Estudios Legales y Sociales, reclamaron ante la Corte Interamericana de Derechos Humanos el "derecho a la verdad" el cual fue reconocido por este tribunal. Comenzaron, entonces, a desarrollarse en la ciudad de La Plata y luego en Jujuy, Mendoza y Salta y la ciudad de Mar del Plata los llamados "juicios por la verdad" de carácter oral que, a pesar de no tener alcances punitivos, pusieron de relieve la responsabilidad de las Fuerzas Armadas, policiales y de seguridad en la perpetración de las desapariciones pero, además, las de diversos actores de la sociedad civil (Andriotti Romanin, 2013). En algunos casos, estos juicios evidenciaron responsabilidades de grandes empresas multinacionales, como las automotrices Ford y Mercedes Benz, en la desaparición de militantes y dirigentes sindicales. En el caso de la empresa alemana, ello dio lugar a la apertura de una investigación interna pero, también de una investigación judicial por parte de la fiscalía de Nüremberg (CELS, 2002-2003: 36 y 64). De este modo, esta iniciativa trascendió la responsabilización dominante desde el inicio del proceso de enjuiciamiento penal tras el retorno de la democracia.

Los "juicios por la verdad" develaron otras responsabilidades. En el caso Mercedes Benz, la corresponsabilidad de la dirección del "Sindicato de Mecánicos y Afines del Transporte Automotor" (SMATA), dirigido entonces por José Rodríguez en la desaparición de comisiones internas y militantes antiburocráticos. Asimismo, pusieron en cuestión la periodización del sistema de represión ilegal propuesta por el *Nunca Más* y el juicio a las Juntas. En efecto, sus investigaciones trascendieron la fecha de inicio de la represión canonizada hasta entonces, el golpe de Estado, para incorporar el ejercicio previo de la violencia estatal de carácter legal e ilegal. Por último, estos juicios dieron lugar a nuevas producciones culturales como el documental *Milagros no hay ... los desaparecidos de Mercedes Benz* (2003) de la periodista alemana Gabriela Weber que impulsaron la circulación pública de este sentido del pasado.[9]

En paralelo, la movilización masiva del vigésimo aniversario del golpe impulsó al abogado Carlos Slepoy, preso político entre 1976 y 1977 y luego exiliado en España, a reactivar la judicialización de los crímenes fuera del país mediante la denuncia contra los militares argentinos por los crímenes cometidos contra ciudadanos españoles. El 28 de marzo de 1996, el fiscal Carlos Castresana Fernández presentó una denuncia ante el juzgado de instrucción de la Audiencia Nacional en el que se encontraba de turno el juez Baltazar Garzón quien imputó por genocidio, terrorismo y torturas a los responsables de la dictadura militar, calificación incluida en el sistema jurídico español que, además, poseía competencia para tratar casusas de ciudadanos extranjeros.[10] El juicio dio lugar a un proceso transnacional de movilización y construcción de evidencias por parte de organizaciones políticas, sindicales y humanitarias, y sería decisivo para la reapertura de los juicios en la Argentina (Roht-Arriaza, 2005).

La Delegación de Asociaciones Israelitas de la Argentina (DAIA) entregó a Garzón un informe sobre los "Judíos desaparecidos", la Federación Universitaria Argentina presentó otro sobre los estudiantes y la Central de Trabajadores Argentinos (CTA), disidente de la Confederación General del Trabajo, elevó una lista de trabajadores y obreros desaparecidos y asesinados.[11] De este modo, esta iniciativa reforzó la lectura de los crímenes bajo la interpretación y la lógica clasificatoria forjada durante la dictadura y oficializada en *Nunca Más* y el Juicio a las Juntas enmarcada, ahora, en la calificación de los crímenes como genocidio.[12]

Finalmente, tras la derogación de las leyes de impunidad "Punto Final" y "Obediencia Debida" por parte del gobierno de Néstor Kirchner y el reinicio

[9] Sobre las causas Ford y Mercedes Benz, véase Basualdo, Ojea Quintana y Varsky, 2013.

[10] Anguita, 2001 y "El abogado que atravesó fronteras" *Página/12,* 18 de abril de 2017, Disponible en: https://www.pagina12.com.ar/32472-el-abogado-que-atraveso-fronteras

[11] Declaración de la Central de Trabajadores Argentinos ante el Juzgado de Instrucción N.º 5 de la Audiencia Nacional de Madrid. http://www.bibliotecacta.org.ar/bases/pdf/BIT00586.pdf

[12] Véase Alonso, 2013.

de los juicios penales en los años dos mil, en el marco político abierto por el vigésimo aniversario del golpe, comenzaron a investigarse las responsabilidades empresarias en crímenes de lesa humanidad. Entre los procesos más destacados, fueron llevados a juicio Marcos Levín, propietario de la empresa de transporte "La Veloz del Norte", Carlos Blaquier presidente del directorio del Ingenio "Ledesma", Héctor Queirel, Adolfo Navajas Artaza del establecimiento yerbatero "Las Marías" y gerentes de "Ford Motors" (sobre estos dos últimos juicios véase Martínez y Sarrabayrouse en este volumen).

Este giro en el ámbito judicial fue simultáneo a la expansión –fruto de políticas públicas de financiamiento de la investigación académica– de los estudios en historia reciente y memoria social sobre el período de radicalización política y represión.[13] Estos trabajos se vieron favorecidos por la apertura de archivos como los de la Dirección de Inteligencia de la Provincia de Buenos Aires (DIPBA), el Centro de Documentación e Investigación de la Cultura de Izquierdas (CEDINCI) y "Memoria Abierta" que pusieron a disposición de los investigadoresuna masa documental y testimonial original y sumamente valiosa. Delich (1982) había publicado una de las primeras contribuciones académicas sobre la clase obrera durante la dictadura que proponía su desmovilización e inmovilismo, seguido por los trabajos reunidos por Gallitelli y Thompson (1982) y Falcón (1996) elaborado en 1981 que, reconociendo la existencia de confrontaciones sindicales con éxitos parciales, advirtieron el retroceso experimentado, en términos generales, por la clase obrera ante la restructuración capitalista impulsada por la dictadura y, ya en democracia, el trabajo de Pozzi (1988) que enfatizó el carácter casi ininterrumpido de la resistencia obrera.

En el marco del impulso mencionado a la investigación científica, surgieron nuevos estudios de caso sobre la represión en diversos establecimientos o zonas (Santella, 2008; Zapata, 2014; Barragán, 2016b; Barragán y Zapata 2015; Asciutto, 2017; Lorenz, 2013; Robertini, 2019); comenzó a ser examinada la represión a los/las trabajadores/as desde perspectivas de género (Barragán, 2016); las memorias obreras de la represión (Da Silva Catela, 2003; Lorenz, 2007); la responsabilidad empresarial en la represión (Basualdo, 1996 y 2006; Ministerio de Justicia y Derechos Humanos de la Nación, Centro de Estudios Legales y Sociales, Facultad Latinoamericana de Ciencias Sociales, 2015; Verbitsky y Bohoslavsky, 2013; Payne y Pereira, 2016); las campañas de denuncias de los trabajadores de las violaciones a los derechos humanos en dictadura y el exilio obrero (Basualdo, 2006 y 2007); las denuncias ante la OIT y las relaciones de esta organización con la dictadura (Zorzoli, 2017);

[13] Para un panorama de este campo, véase Flier, 2015; Lvovich y Franco, 2017.

miradas comparativas sobre las dictaduras y los movimientos obreros del Cono Sur (Drake, 1996 y Winn, 2004); sobre la tramitación judicial de la represión (Gómez, 2015; Pereira y Martínez-Sarrabayrouse en este volumen) y nuevas interpretaciones generales sobre la relación de la clase obrera con la dictadura (Dicósimo, 2016).[14]

Estas contribuciones, que se articulaban con las nuevas investigaciones sobre actitudes sociales durante la dictadura (Águila, 2008; Lvovich, 2010; Alonso y Águila, 2013), transformaron el conocimiento existente sobre la clase obrera bajo la dictadura, tensionaron y discutieron afirmaciones canónicas y abriendo nuevas preguntas de investigación. Pese a ello, subsisten una serie de vacancias de importancia. Sabemos poco sobre el perfil social de las víctimas de la represión. Con relación a los desaparecidos, ello supone reprocesar y también recolectar nueva información ocupacional mediante criterios sociológicos para poder establecerlo con rigurosidad y superar las limitaciones mencionadas de la clasificación elaborada por la CONADEP. Esa nueva clasificación permitiría, también, comprobar las especificidades locales de la represión. A modo de ejemplo, la Delegación Córdoba de la CONADEP y la Comisión Bicameral Investigadora de Tucumán registraron un 42 % y 36 % de obreros desaparecidos respectivamente en esas provincias (Delegación Córdoba de la CONADEP, 1999: 161 y Comisión Bicameral investigadora de las violaciones a los Derechos Humanos en Tucumán, 1991: 290–298), mientras la CONADEP registró el 30 % de este grupo de víctimas a nivel nacional (Crenzel, 2013: 21–42). La tarea tiene un carácter urgente debido el proceso de tránsito generacional. Similar premura existe respecto a establecer los compromisos políticos de los trabajadores desaparecidos. Ello permitiría establecer la proporción de militantes encuadrados y de qué organizaciones, relacionar esos datos con el período institucional –antes o después del golpe de 1976– durante el cual desaparecieron lo cual permitiría discutir, con información rigurosa, las teorías de la “guerra antisubversiva” y de los “dos demonios”. Una recolección similar debería realizarse en torno a los presos políticos y a los sobrevivientes de los “Centros Clandestinos de Detención” cuyos perfiles de clase ignoramos.

Por último, sabemos poco sobre la experiencia de la represión entre la militancia sindical y sus familias pero, también, entre los trabajadores no encuadrados en organizaciones y partidos, los llamados, en palabras de Thompson “los trabajadores comunes”.

[14] Para un panorama exhaustivo de las producciones de este período, véase Venero, 2015 y Basualdo, 2018.

Precisamos contar con más casos de estudio que examinen cómo los militantes se vincularon con las organizaciones de derechos humanos y con las organizaciones internacionales de los trabajadores para denunciar la represión. En el mismo sentido, constituye un área vacante la investigación sobre cómo experimentaron ellos/as y los trabajadores no encuadrados en organizaciones sindicales o políticas el contexto de militarización del territorio, el desmantelamiento de las organizaciones sindicales, la violencia económica y normativa que desplegó la dictadura dentro y fuera de los lugares de trabajo.

La memoria de los trabajadores sobre la represión y su transmisión intergeneracional se encuentran, también, escasamente exploradas. Su examen podría alumbrar las especificidades de clase de la memoria, sus lazos y tensiones con la memoria hegemónica, habilitar nuevas estrategias para ampliar el "nosotros que rememora" a partir del reconocimiento de prácticas memoriales invisibilizadas. En síntesis, la agenda de investigación pendiente sobre estos tópicos revela la existencia de vacancias significativas y desafíos urgentes.

Las contribuciones que se presentan a continuación suponen un aporte para avanzar sobre ellas y como una forma de superar los paradigmas totalizadores de la inmovilidad o de la resistencia obrera durante la represión para poner en primer plano la diversidad de actitudes sociales asumidas durante ese período. Se trata de casos de estudio localizados en diversas provincias del país, en grandes ciudades, localidades pequeñas y zonas rurales, que dan cuenta de la represión a trabajadores urbanos y rurales antes y luego del golpe; examinan microhistóricamente la represión y las diversas reacciones que suscitó –resistencia, consenso, distanciamiento– en pueblos pequeños, considerados por sus habitantes ajenos a los procesos de radicalización y represión política. Además dichos casos se focalizan en procesos ocurridos en dependencias públicas y en establecimientos industriales privados; analizan las luchas entre las corrientes clasistas y antiburocráticas y la dirigencia sindical; la participación de esta última en la represión de las fracciones radicalizadas; las prácticas represivas de las empresas y las transformaciones represivas de la normativa laboral en el ámbito estatal y los procesos de adaptación y aceptación de esa nueva normalidad por parte de los trabajadores. También, se observa la percepción sobre la represión de obreros no encuadrados en organizaciones sindicales o políticas, sus actitudes sociales, los distanciamientos que muchos de ellos pusieron tanto de la represión como de la militancia sindical o política; las memorias de la represión en los barrios populares a la luz de los años ochenta; la intervención de las redes regionales de derechos humanos en la denuncia de la represión contra los trabajadores y ciertos procesos judiciales que tramitaron responsabilidades empresarias en esas violaciones y su suerte desigual en función de los procesos de acumulación de fuerzas y de las relaciones sociales comprometidas en cada caso por los familiares de los desaparecidos y las organizaciones que los acompañaron en sus luchas.

De este modo, la obra se propone como aporte a una tarea en marcha y de mediano plazo la elaboración de una historia social de la clase obrera durante la dictadura militar y el estudio de sus memorias sobre esa experiencia. A 45 años del golpe de Estado una decena de escuelas y diversas agrupaciones sindicales docentes adoptaron por nombre Isauro Arancibia en recuerdo de aquel maestro y dirigente sindical asesinado el 24 de marzo de 1976. Este trabajo académico asume ese mismo compromiso con la recuperación de la memoria histórica.

Bibliografía citada

Águila, Gabriela (2008) *Dictadura, represión y sociedad en Rosario, 1976–1983. Un estudio sobre la represión y los comportamientos y actitudes sociales en dictadura*, Buenos Aires: Prometeo.

Alonso, Luciano (2013) La Definición de las ofensas en el movimiento por los derechos humanos en Argentina y la calificación de genocidio, *Contenciosa*, Vol. 1/1, (2013) available: http://www.contenciosa.org/sitio/verarticulo.aspx?i=8

Alonso, Luciano, Águila, Gabriela (2013): *Procesos represivos y actitudes sociales: entre la España franquista y las dictaduras del Cono Sur*, Buenos Aires: Prometeo.

Amnistía Internacional (1977) *Informe de una misión de Amnistía Internacional a la República Argentina*, Barcelona: Amnistía Internacional.

Amnistía Internacional (1979) *The Disappeared of Argentina: list of cases to Amnesty International. March 1976- February 1979*, Nueva York: Amnistía Internacional.

Andreotti Romanin, Enrique (2013) "Decir la verdad, hacer justicia. Los Juicios por la Verdad en Argentina" *European Review of Latin American and Caribbean Studies*, 94: 5–23.

Anguita, Eduardo (2001) *Sano juicio. Baltazar Garzón, algunos sobrevivientes y la lucha contra la impunidad en Latinoamérica*, Buenos Aires: Sudamericana.

Asciutto, Alejandro (2017): *Represión en Campana: el caso de la Dálmine Siderca*, en *Negocios y dictadura. La conexión argentino italiana*, Hidalgo, Cecilia e Izaguirre, Inés, Buenos Aires: Imago Mundi.

Barragán, Ivonne (2016) Mujeres trabajadoras y delegadas sindicales en un astillero de la Armada Argentina. Astillero Río Santiago (1973–1978), *Nomadías*, 20: 227–248.

Barragán, Ivonne (2016b): *¿Quién construye la Nación? Obreros y militares en el Astillero Río Santiago. Procesos de trabajo, violencia y represión (1969–1979)*, Tesis doctoral, Facultad de Filosofía y Letras, UBA.

Barragán, Ivonne y Zapata, Ana Belén (2015): Dictadura militar y represión a la clase trabajadora. La Armada Argentina, marco doctrinario y operaciones represivas en perspectiva regional para los casos de Ensenada y Bahía Blanca, *Diacronie. Studi di Storia Contemporanea*, 24: 1–18 URL: http://hdl.handle.net/11336/48270

Basualdo, Victoria (1996): Complicidad patronal-militar en la última dictadura argentina: Los casos de Acindar, Astarsa, Dálmine Siderca, Ford, Ledesma y Mercedes Benz, Buenos Aires: CTA-FETIA.

Basualdo, Victoria (2006) La participación de trabajadores y sindicalistas en la campaña internacional contra la última dictadura militar argentina, *Sociedad*, 25: 197–221.

Basualdo, Victoria (2007) Una aproximación al exilio obrero y sindical, *Exilios. Destinos y experiencias bajo la dictadura militar*, Silvina Jensen y Pablo Yankelevich (eds.), Buenos Aires: Libros del Zorzal.

Basualdo, Victoria, Ojea Quintana, Tomás y Varsky, Carolina (2013): *Los casos de Ford y Mercedes Benz*, en Horacio Verbitsky y Juan Pablo Bohoslavsky (eds.) *Cuentas pendientes. Los cómplices económicos de la dictadura*, Buenos Aires: Siglo XXI, 185–202.

Basualdo, Victoria (2018): The Argentine Dictatorship and Labor (1976–1983): A Historiographical Essay, *International Labor and Working Class History* 93: 8–26.

Centro de Estudios Legales y Sociales (CELS) (2002–2003): *Informe sobre la situación de los derechos humanos en Argentina*, Buenos Aires: CELS.

CLAMOR (1982): *Desaparecidos en la Argentina. Desappeared en Argentina*, San Pablo: Arquidiócesis de San Pablo.

Comisión Argentina para la Defensa de los Derechos Humanos (CADHU) (1977): *Argentina: proceso al genocidio*, Barcelona: CADHU.

Comisión Bicameral de la provincia de Tucumán (1991): *Informe de la Comisión Bicameral Investigadora de las violaciones a los Derechos Humanos en la provincia de Tucumán*, Madrid: Universidad Nacional de Tucumán e Instituto de Estudios Políticos para América Latina y África.

Comisión Interamericana de Derechos Humanos 1984 [1980]. *El informe prohibido. Informe sobre la situación de los derechos humanos en la Argentina.* Buenos Aires: OSEA y CELS.

Comisión Nacional sobre la Desaparición de Personas (CONADEP) (1984): *Nunca Más. Informe de la Comisión Nacional sobre la Desaparición de Personas*, Buenos Aires: EUDEBA.

Crenzel, Emilio (2008) *La historia política del Nunca Más. La memoria de las desapariciones en la Argentina*, Buenos Aires: Siglo XXI Editores.

Crenzel, Emilio (2013) *Representaciones sobre los obreros desaparecidos: La lectura del Nunca Más, Memoria y trabajadores* Miriam Wlosko y Juan Besse (Comps.), Lanús: Ediciones de la UNLa: 21–42.

Da Silva Catela, Ludmila (2003): Apagón en el Ingenio, escrache en el museo. Tensiones y disputas entre memorias locales y memorias oficiales en torno a un episodio de represión de 1976, en Elizabeth Jelin y Ponciano Del Pino (Comps.): *Luchas locales, comunidades e identidades*, Buenos Aires: Siglo XXI, 63–106.

Delegación Córdoba de la CONADEP (1999): *Informe CONADEP. Delegación Córdoba*, Córdoba: Familiares de Desaparecidos y Detenidos por Razones Políticas de Córdoba.

Delich, Francisco (1982): "Desmovilización social, reestructuración obrera y cambio sindical", en *Crítica & Utopía. Latinoamericana de Ciencias Sociales,* 6. Buenos Aires: CLACSO. Recuperado de http://biblioteca.clacso.edu.ar/clacso/otros/20160212050516/DELICH.pdf, consultado el 4/5/2019.

Dicósimo, Daniel (2016): *Los trabajadores argentinos y la última dictadura. Oposición, desobediencia y consentimiento.* Tandil: UNICEN.

Drake, Paul (1996): *Labor Movements and Dictatorships. The Southern Cone in Comparative Perspective.* Baltimore: Johns Hopkins University Press.

Falcón, Ricardo (1996): "La resistencia obrera a la dictadura militar. Una reescritura de un texto contemporáneo a los acontecimientos," en *A veinte años del golpe. Con memoria democrática,* (comps.) Quiroga, Hugo y Tcach, César. Rosario: HomoSapiens, 123–142.

Flier, Patricia (Comp.) (2015): *Dilemas, apuestas y reflexiones teórico-metodológicas para los abordajes en historia reciente.* La Plata: Universidad Nacional de La Plata.

Galante, Diego (2019): *El Juicio a las Juntas Discursos entre política y justicia en la transición argentina.* Colección "entre los libros de la buena memoria". La Plata: Universidad Nacional de La Plata. Facultad de Humanidades y Ciencias de la Educación; Posadas: Universidad Nacional de Misiones.

Gallitelli, Bernardo y Thompson, Andrés (1982) "La situación laboral en la Argentina del 'proceso', 1976–1981", en *Sindicalismo y Regímenes militares en Argentina y Chile,* Gallitelli Bernardo y Thompson Andrés. Ámsterdam: CEDLA, 141–190.

Gómez, Elizabeth (2015): "La empresa Ledesma y la represión en la década de 1970. Conocimiento, verdad jurídica y poder en los juicios de lesa humanidad" *Clepsidra. Revista Interdisciplinaria de Estudios sobre Memoria,* 2/(3), 110–131.

Grandin, Greg (2005): "The Instruction of Great Catastrophe: truth commissions, national history, and state formation in Argentina, Chile and Guatemala", *American Historical Review* 110/(1), 46–67.

Gutman, Daniel (2015). *Noviembre de 1976. Una misión en busca de la verdad.* Buenos Aires: Capital Intelectual.

Izaguirre, Inés (1992): "Los desaparecidos, recuperación de una identidad expropiada", *Cuaderno 9,* Instituto de Investigaciones Gino Germani, Buenos Aires: Universidad de Buenos Aires.

Lima, Samarone (2002): "*Clamor*: la colcha de retazos de la memoria" en Da Silva Catela, Ludmila; Jelin, Elizabeth (Dir.). *Los archivos de la represión: documentos, memoria y verdad,* Buenos Aires: Siglo XXI, 115–135.

Lorenz, Federico (2002): "¿De quién es el 24 de Marzo? Las luchas por la memoria del golpe de 1976", en *Las conmemoraciones: las disputas en las fechas in-felices,* Elizabeth Jelin (comp.), Madrid: Siglo XXI, 53–100.

Lorenz, Federico (2007): *Los zapatos de Carlito. Una historia de los trabajadores navales de Tigre en la década del 70.* Buenos Aires: Norma.

Lorenz, Federico (2013): *Algo parecido a la felicidad. Una historia de la lucha de la clase trabajadora durante la década del setenta.* Buenos Aires: Edhasa.

Lvovich, Daniel (2010): "Micropolítica de la dictadura: Poder municipal y asociacionismo local, entre la aceptación y el distanciamiento" en Ernesto Bohoslavsky y Germán Soprano (Eds.) *Un Estado con rostro humano. Funcionarios e instituciones estatales en Argentina (de 1880 a la actualidad)*, Universidad Nacional de General Sarmiento, 411–430.

Lvovich, Daniel (2017): "Vida cotidiana y dictadura militar en la Argentina: un balance historiográfico". *Estudos Ibero Americanos*, 43, 2, 264-274.

Lvovich, Daniel y Franco, Marina (2017): "Historia Reciente: apuntes sobre un campo de investigación en expansión". *Boletín del Instituto de Historia Argentina y Americana "Dr. Emilio Ravignani"*, Tercera serie, 47, 190–217.

Ministerio de Justicia y Derechos Humanos de la Nación, Centro de Estudios Legales y Sociales, Facultad Latinoamericana de Ciencias Sociales (2015). Responsabilidad empresarial en delitos de lesa humanidad. Represión a trabajadores durante el terrorismo de Estado. http://www.cels.org.ar/common/Responsabilidad_empresarial_delitos_lesa_humanidad_t.1.pdf, consultado el 19/04/2020.

Payne, Leigh y Pereira, Gabriel (2016): "Corporate Complicity", *International Human Rights Violations* 12, 63–84.

Pozzi, Pablo (1988): *Oposición obrera a la dictadura (1976–1982)*, Buenos Aires: Contrapunto.

Robertini, Camillo (2019): *Quando la Fiat parlava argentino. Una fabbrica italiana e i suoi operai nella Buenos Aires dei militari.* Milano-Firenze: Mondadori/Le Monnier.

Roht-Arriaza, Naomi (2005): *The Pinochet Effect. Transitional Justice in the Age of Human Rights,* Philadelphia: University of Pennsylvania Press.

Rosenzvaig, Eduardo (1993): *La oruga sobre el pizarrón. Francisco Isauro Arancibia, maestro*, Buenos Aires: Colihue.

Santella, Agustín (2008): "Worker's mobilization and political violence: The conflicts in Villa Costitución, Argentina, 1970–1975", *Latin American Perspectives* 35, 146–157.

Venero, Felipe (2015): "Trabajadores y dictadura. Un balance crítico sobre la producción historiográfica" en *Clase obrera, sindicatos y Estado. Argentina (1955–2010)*, Alejandro Schneider y Pablo Ghigliani (comp.) Buenos Aires: Imago Mundi, 129–148.

Verbitsky, Horacio y Bohoslavsky, Juan Pablo (2013): *Cuentas pendientes. Los cómplices económicos de la dictadura*, Buenos Aires: Siglo XXI.

Walsh, Rodolfo (1977): "Carta Abierta de un escritor a la Junta Militar", Buenos Aires: mimeo.

Wilson, Richard (2005): "¿Is the legalization of human rights really the problem? Genocide in the Guatemalan historical clarification commission", Saladin Meckled-Garcia y Cali Basak (Eds.) *The Legalization of Human Rights*, New York: Routledge.

Winn, Peter (2004): *Victims of the Chilean Miracle: Workers and Neoliberalism in the Pinochet Era, 1973–2002.* Durham: Duke University Press.

Wlosko, Miriam (2016): "Les politiques de la mémoire et les travailleurs disparus durant la dictature en Argentine", *Travailler* 36 (2), 173–200.

Zapata, Ana Belén (2014) "Como el herrero que machaca sobre el yunque hasta moldear la forma ideal". La Nueva Provincia y su construcción del llamado "delincuente subversivo" (1975–1977), Mirta Varela y Mariano Mestman (dirs.) Red de Historia de los Medios, Dossier 7: *Televisión, Dictadura y Transición en Argentina*, Buenos Aires: Instituto de Investigaciones Gino Germani, 144–176.
Zorzoli, Luciana (2017): "La OIT y las dictaduras latinoamericanas: una aproximación al Caso 842 contra Argentina", *Anuario del Instituto de Historia Argentina*, 17 (1), e037 https://doi.org/10.24215/2314257Xe037

Boletines oficiales y actas

Actas de la CONADEP, 10 de enero y 15 de mayo de 1984.

Boletín Oficial, Vol. LXII, 1979, Serie B, OIT.

Boletín Oficial de la República Argentina, 19 de diciembre de 1983.

Documentales

CETERA (2001): *Maestros del viento,* producido y dirigido por Agustín Demichelis y Emiliano Fabris.
Weber, Gabriela (2003): *Milagros no hay... los desaparecidos de Mercedes Benz* (Argentina-Alemania).

Entrevistas del autor

Eduardo Rabossi, entrevista del autor, Buenos Aires, 11 de mayo de 2005.
Graciela Fernández Meijide, entrevista del autor, Buenos Aires, 6 de mayo de 2005.
Gregorio Klimovsky, entrevista del autor, Buenos Aires, 6 de septiembre de 2004.

3. *La represión a las Ligas Agrarias Chaqueñas en las vísperas del golpe de Estado de 1976*

CLAUDIA CALVO
Consejo Nacional de Investigaciones Científicas y Técnicas (CONICET)- Universidad de Buenos Aires

Introducción

El 13 de agosto de 1970, en el pueblo Machagai, centro de la nordestina provincia de Chaco, una multitudinaria concentración de productores algodoneros escuchó por primera vez a oradores que no provenían de las típicas corporaciones agrarias. Osvaldo Lovey, un joven agricultor de 20 años de familia cooperativista, enfatizó en su alocución que el problema campesino no concluía en las cuestiones de comercialización o producción del algodón, visibilizando por primera vez en la agenda pública local los problemas integrales de los "hombres del campo"[1]. Extensionista del Movimiento Rural de Acción Católica (en adelante MR) desde fines de los años sesenta[2], Lovey[3]

[1] *Norte*, septiembre de 1970.

[2] Hacia fines de los 50 una nueva conciencia social y política se gestó al interior de la iglesia que padeció un "dislocamiento social" (Moyano, 1992: 369) de su función en la sociedad así como una nueva conciencia de sí misma y de su misión, vinculada a la opción preferencial por los pobres y a una pastoral popular liberadora. Progresivamente la Iglesia comenzó a incidir en el surgimiento de sindicatos y movimientos rurales cristianos en el Cono Sur de América latina. En el ámbito rural de Argentina, este "dislocamiento" se tradujo en la formación de líderes campesinos, que, poco a poco, se comprometieron con la situación de explotación de los sectores subalternos del campo y fueron politizando sus demandas, especialmente a través del trabajo del Movimiento Rural de Acción Católica (MR). Este movimiento surgió en 1958 como una iniciativa de un sector del obispado el cual fue reconocido como una rama de la Acción Católica Argentina.

[3] Fue secretario general de las Ligas Agrarias Chaqueñas y coordinador nacional de las Ligas y Movimientos de Base.

coordinaba grupos de base de jóvenes cristianos de las colonias rurales de la diócesis de Sáenz Peña, con el fin de brindar al campesinado los elementos educativos que le permitieran emerger de la situación de marginación (Ferrara, 1973).

Acompañando su intervención, el obispo Monseñor Ítalo Di Stefano se comprometió a cerrar las iglesias de su diócesis "cuando los productores y las fuerzas vivas adopten medidas para protestar por la crisis actual", en una clara demostración de apoyo a la manifestación campesina[4]. La radicalidad de estos planteos comenzaba a alejarse de las posiciones vacilantes de la Federación Agraria Argentina (FAA) y la Federación Argentina de Cooperativas Agrarias (FACA) frente a los gobiernos de turno y al capital monopólico. Según testimonios de los militantes liguistas Luis Rodríguez y Ramón Chávez, días más tarde, una asamblea de la Unión de Centros Juveniles Cooperativistas y del MR decidió organizar una marcha campesina hacia Resistencia, independientemente de esas entidades.[5] Por primera vez en Chaco una acción de protesta desbordaba los límites de la mera concentración de productores. El sorprendente resultado de esa movilización, en términos de convocatoria e impacto mediático (las tapas de los diarios locales señalaban "El Campo de Pie: 5 mil agrarios se movilizarán a Plaza de Mayo. Tras el acto apareció el gobernador"[6]) fue la señal de que algo nuevo se estaba gestando.

Unos meses más tarde, el 14 de noviembre, se celebró en Sáez Peña el Primer Cabildo Abierto del Agro, bajo el lema "Grita lo que Sientes" con la participación de alrededor de 5 mil productores (Ferrara, 1973: 146). Se trató del acto fundacional de las Ligas Agrarias: por primera vez en Chaco se constituía una organización que llamaba al campesinado a ser protagonista de sus propias reivindicaciones y a plantear sus necesidades inmediatas. La presencia de la iglesia y el rol de la juventud campesina constituyeron un vector clave en las transformaciones que se avecinaron rápidamente en las formas de organización y lucha agraria.

Las Ligas se expandieron a las provincias de Misiones, Corrientes, Formosa, el norte de Santa Fe y Entre Ríos y, más tarde, en Buenos Aires, Córdoba y Santiago del Estero. Fueron la herramienta de representación y de lucha de las familias vinculadas a los complejos agroindustriales de la región. Impulsaron demandas múltiples, como la distribución y titulación de la tierra,

[4] *Norte*, septiembre de 1970.

[5] Según el relato de exliguistas que participaron de la protesta, la propuesta original había consistido en organizar una marcha agraria a Buenos Aires pero desistieron por las dificultades que revestía. Entrevista a Luís Rodríguez y a Ramón Chávez, realizadas el 21 de febrero de 2018 y el 17 de marzo de 2011, respectivamente.

[6] Norte, septiembre de 1970.

la regulación de la comercialización y la producción por parte del Estado, entre otras, y enfrentaron a los monopolios del acopio y la comercialización rural y a los terratenientes locales y extranjeros. Partícipes del proceso de radicalización política que caracterizó a la sociedad durante los años sesenta y setenta, sufrieron la represión de Estado ya desde comienzos de 1975 (Calvo, 2015). Acusados de subversivos, sus principales dirigentes fueron detenidos y las bases acosadas por fuerzas parapoliciales.

La persecución al campesinado, y a las Ligas chaqueñas en particular, ha sido escasamente examinada en las investigaciones sobre la historia reciente local y en los trabajos sobre esta organización en particular[7]. Esta ausencia se corresponde con el tardío surgimiento, en el campo de estudios de la memoria, de investigaciones sobre las representaciones obreras y campesinas de la violencia política y el terrorismo de Estado, pese a la importancia cuantitativa y cualitativa de la represión a estos actores. Aun tras su aparición, su estudio quedó circunscripto casi exclusivamente a las grandes ciudades y sus periferias (James, 2004; Maceira, 2005; Maneiro, 2005; Lorenz, 2007). Más recientemente, han surgido estudios sobre las memorias de las comunidades rurales y sus tensiones con las memorias nacionales, tanto en la región, particularmente en Brasil y Perú (Reyes Novaes, 2001; Jelin y Del Pino, 2003; Theidon, 2004; Rodríguez Maeso, 2011) como en Argentina (Da Silva Catela, 2003, 2006, 2007 y 2008; Figurelli, 2008; Da Silva Catela y Esposito, 2013; Calvo, 2015)[8].

En estas páginas me propongo describir y analizar las características del temprano avance represivo en las áreas rurales de Chaco, signado por la construcción de un ideario antisubversivo en torno al activismo campesino y el descabezamiento de su dirigencia. Este fenómeno, que tuvo lugar en el contexto del gobierno constitucional de Deolindo Felipe Bittel, permitió que para marzo de 1976 la organización ya estuviera desarticulada y neutralizadas sus posibilidades de acción. El trabajo apunta a construir conocimiento sobre las características de la violencia estatal y paraestatal previa a la última dictadura, en un territorio alejado de los centros metropolitanos de Argentina. Así, constituye una contribución tanto a las discusiones sobre configuración de los derechos humanos en las regiones periféricas como un aporte al estudio de las memorias sobre las desapariciones de trabajadores y campesinos en Argentina.

7 Véase Ferrara (1973); Roze (1992, 2007); Moyano (2009, 2011); Galafassi (2005, 2007); Lasa (1985) y Calvo (2015).

8 Con la excepción del texto canónico de Ribera Cusicanqui (1984) y, una década más tarde, el trabajo de Isla y Taylor (1995).

En función de estos objetivos, examino testimonios orales de exmiembros de las Ligas, del Movimiento Rural y del peronismo local; y reviso la prensa local, el diario "El Campesino", órgano de difusión liguista y documentos que circularon durante el periodo, disponibles en los archivos públicos especializados[9].

Antecedentes de la persecución en el campo

Las Ligas surgieron al calor del ciclo de protestas que marcó el inicio del fin de la dictadura iniciada en 1966, encabezada por el general Juan Carlos Onganía, influidas por las transformaciones en la institución eclesial con la Doctrina Social de la Iglesia Católica en el marco del Concilio Vaticano II de 1962. Estas mutaciones favorecieron la formación de una nueva conciencia política dentro del cristianismo, la "opción por los pobres", en el marco de lo que se conoció como el diálogo entre marxismo y cristianismo. Así surgió un activismo católico de grupos de laicos, en general jóvenes, que desbordaron las organizaciones tradicionales de la Iglesia en búsqueda del "pueblo" en las fábricas, en las villas de emergencia y en las zonas rurales (Romero, 2007, Moyano, 2011, Catoggio, 2016). En el noreste, estas transformaciones se expresaron con la emergencia de las Ligas Agrarias, en un contexto de doble crisis: del precio de los cultivos, cuya disminución, desde principio de la década del 60 venía acentuando el despoblamiento del campo y de las organizaciones tradicionales del sector, tras la pérdida de legitimidad de sus dirigentes y de sus acciones gremiales. Las Ligas irrumpieron en el espacio público con creativas acciones de protesta, en un contexto de crecimiento vertiginoso de la espiral de la violencia, y fueron integrándose paulatinamente al proceso nacional de contestación contra las consecuencias de las políticas de la llamada "Revolución Argentina". Su masificación fue resultado de un profundo trabajo de formación y organización en las colonias rurales.

Hacia fines de 1971 un suceso represivo inédito tuvo lugar en la región y su protagonista fue una maestra rural correntina integrante de las Ligas Agrarias. El 30 de noviembre las fuerzas de seguridad secuestraron a Norma "Coca" Morello.[10] Desde entonces las Ligas repudiaron públicamente su secuestro y desaparición. Tras cinco meses la maestra fue liberada gracias a la presión popular, sobre todo tras la concentración de más de cuatro mil

[9] En particular, utilicé el material del archivo Plancot, disponible en la Universidad Nacional General Sarmiento, donado por el cura Carlos Plancot en 2013.

[10] Años más tarde se supo que estuvo en dependencias del II Cuerpo del Ejército, en Rosario.

campesinos en Sáenz Peña reunidos por la visita del presidente Lanusse el 14 de abril de 1972. En aquella circunstancia, la multitud campesina reclamó directamente al jefe de Estado por la libertad y aparición de la militante. El relato de Morello, tras su liberación, se constituyó en un instrumento concientización al interior del campesinado.[11]

La visita del presidente a Chaco fue la primera de una gran gira planeada para toda la región. Lanusse necesitaba recuperar prestigio y confiaba en la posibilidad de reencauzar a los agricultores chaqueños a partir de la publicitación del llamado "Gran Acuerdo Nacional". Pero en el Chaco el desgaste del gobierno se había acentuado entre los sectores movilizados del agro, quienes veían con desconfianza los compromisos que la familia presidencial tenía con el proyecto AGREX, que consistía en la ocupación y puesta en cultivo de casi un millón de hectáreas de Chaco y Formosa por parte de empresas extranjeras y socios locales entre los que figuraban los hermanos Pedro y Antonio Lanusse, parientes del entonces presidente militar. Además, venían corroborando desde hacía más de un año, la falta de respuestas del gobierno frente a las cada vez más masivas movilizaciones. Ante el anuncio de la visita del presidente, las Ligas exigieron que se traslade al interior rural para que conociera personalmente la realidad vivida por los productores algodoneros.

En Sáenz Peña lo esperaron alrededor de 4 mil campesinos cantando consignas contra su gobierno. Un conjunto de oradores de menos de 25 años denunciaron frente a la multitud y al presidente la acción de los monopolios, el proyecto terrateniente que involucraba a su familia y señalaron la complicidad del gobierno con terratenientes, acopiadores e industriales. Ese día el presidente anunció que el proyecto AGREX sería abandonado y prometió entregar tierras fiscales a los campesinos, luego de escuchar que los liguistas negaran como interlocutores a los militares que habían secuestrado y torturado a Norma Morello. El obispo de Goya, Monseñor Devoto, había acordado con Di Stefano que las Ligas recibirían a Lanusse con ese asunto escrito en sus carteles. Su insistencia no fue en vano, Morello fue liberada a fines de mayo (Verbitsky, 2009: 146).

La visita de Lanusse constituyó un hito en la historia campesina local. Primero, porque un mes más tarde fue liberada Coca Morello. Segundo, expresó el punto más álgido de la organización campesina, porque el enfrentamiento al presidente demostró que las conquistas sociales eran resultado de la presión ejercida mediante las acciones públicas, producto de la organización.

[11] Véase, testimonio de Coca Morello y de Beatriz Tudy Noceti, exmiembro de las Ligas y del MR. Ambos disponibles en el Archivo Oral de memoria Abierta y Morello (1993).

De hecho, con dicha metodología de lucha concretaron conquistas como el acceso ilimitado a la cartera de créditos. Tercero, implicó el distanciamiento de la institución eclesial. En efecto, en aquella jornada el discurso del obispo constituyó un punto de inflexión, tras enfatizar su "rechazo masivo" a la "subversión".[12] Sus sacerdotes lo escucharon con asombro. Este posicionamiento se profundizó en una carta posterior donde expresó confianza en las promesas presidenciales (Verbitsky, 2009:145).

Pocos meses después un parte de inteligencia consignaba que Di Stefano había advertido al gobernador chaqueño sobre el recrudecimiento de la agitación en las Ligas Agrarias, de las que dijo haber perdido el control. A partir de entonces, se acentuó el proceso de persecución a las Ligas. Para ello el gobierno contó con el apoyo de los medios de comunicación locales mediante la difusión de la presunción de "peligrosidad" de los jóvenes liguistas. Durante los meses siguientes se sucedieron nuevas movilizaciones, congresos y concentraciones ya sin el acompañamiento eclesial, aunque una gran cantidad de sacerdotes y asesores laicos del MR continuaron acompañando al campesinado.[13]

El paro agrario de octubre[14] del 72 constituyó una medida desconocida hasta entonces en el ámbito rural. Fue trabajada internamente en las colonias para que los agricultores no comercializaran el algodón, no mandaran a sus hijos a la escuela, ni consumieran mercaderías en los pueblos. En Chaco se realizaron, además, cortes de ruta y marchas en diversos pueblos. Los comercios cerraron sus persianas en solidaridad con la medida que buscaba poner en suspenso el circuito del algodón y visibilizar el rol del campesinado en el complejo agroindustrial, así como su peso en la actividad económica de los pueblos. Di Stefano aclaró que la medida no era propugnada por la iglesia y recomendó mantener la cuestión agraria en su estricto ámbito "sin injerencias extrañas dentro del movimiento genuino de los hombres del campo" (2009: 148).[15]

[12] Véase, discurso del obispo Di Stefano publicado en el Boletín del Centro de Investigación y Acción Social, de extracción jesuita y ligado al MR, N.º 3, 31 de octubre de 1972 y la carta publicada por Di Stefano el 18 de abril de 1972 sobre la visita del presidente a Sáenz Peña.

[13] En mayo la Conferencia Episcopal decidió que el MR dejara de actuar como Acción Católica y solo continuara en aquellas diócesis cuyos obispos lo desearan.

[14] Convocado por la naciente Coordinadora Regional de Ligas y Movimientos Agrarios.

[15] Según Verbitsky no era el único obispo en retroceso de sus posiciones más combativas. En Posadas, Jorge Kemerer prohibió que durante una misa en homenaje a un estudiante asesinado se leyera un "mensaje de carácter político peronista y socialista". Diferente fue el posicionamiento del obispo de Formosa, Mons. Scozzina o del obispo de Goya, Monseñor Devoto, quienes acompañaron las luchas campesinas y denunciaron la represión a sus activistas aún durante la última dictadura militar. En

Hacia fin de año, nuevas concentraciones en diversos puntos de la provincia culminaron con la detención ilegal de varios campesinos y el control de las rutas por parte de las fuerzas de seguridad local.[16] Para entonces, las Ligas balanceaban que "a medida que pasa el tiempo aumentan las campañas intimidatorias a los agricultores de las Ligas, la prohibición a realizar reuniones, el encarcelamiento de militantes, el uso de la fuerza en los actos y manifestaciones masivas. Lo que constituye el plan de represión que el gobierno descarga sobre las organizaciones con características revolucionarias".[17]

El proceso de criminalización de las Ligas y sus colaboradores se acentuó tras el copamiento, por parte del Ejército Revolucionario del Pueblo, del destacamento policial en Colonia Aborigen, en abril de 1974, cerca de la localidad de Quitilipi. Durante varios días la prensa publicó declaraciones que repudiaban la "violencia subversiva".[18] Abonaba, así, a la configuración de un sujeto "peligroso", supuestamente foráneo y enemigo a los intereses del pueblo. Dos curas colaboradores de la Ligas, Gianfranco Testa y Joaquín Núñez fueron detenidos por su supuesta participación en los hechos.[19] El diario local *El Territorio* comunicó que la acción fue responsabilidad de "un grupo guerrillero perteneciente a una organización extremista declarada fuera de la ley" y afirmó que "dos sacerdotes del interior habrían conducido los vehículos con los que se cumplió la acción guerrillera". Ese mismo mes *El Territorio* adjudicó explícitamente la responsabilidad por la violencia extremista a las Ligas Agrarias y las vinculó a acciones delictivas por desparramar clavos miguelitos por las rutas. Di Stefano repudió los hechos de Colonia Aborigen, la participación de dos curas de su diócesis y la supuesta intervención de las Ligas en aquel acontecimiento. Y señaló, sobre los sacerdotes:

> Hacía tiempo venían siendo advertidos y apercibidos por sus actitudes contrarias a la doctrina de la iglesia. Nunca llegamos a suponer que integrarían células

febrero de 1976 Devoto se pronunció contra la detención de campesinos de las Ligas Agrarias correntinas.

16 *El Campesino*, Octubre de 1972.

17 Informe del Proyecto N.° 209.34 "Al Comité Católico contra el Hambre y para el Desarrollo", elaborado por la Unión de Ligas Agrarias Chaqueñas, 10 de diciembre de 1972.

18 *El Territorio*, 16 al 21 de abril de 1974.

19 En febrero de 2014, el entonces gobernador designó al comisario general retirado Eduardo Wischnivetsky, como asesor en asuntos de Seguridad de Chaco, quien había sido imputado por delitos de lesa humanidad cuando desempañaba funciones como jefe de policía de Machagai, en abril de 1974, en el marco de la represión que la policía y el ejército realizaron en Colonia Aborigen. El repudio social frente a dicha designación obligó a su pronta revocación. Wischnivetsky fue detenido en noviembre de 2015 por orden de la jueza federal Zunilda Niremperger.

> revolucionarias (...) en defensa de ellos y de otros, se preparó todo un dispositivo de defensa y solidaridad que incluyó a personas de la iglesia que nunca imaginé (...) se sumaron dirigentes de las Ligas Agrarias que llegaron a organizar una concentración en Machagai en apoyo al padre Testa (...) En realidad no les basta a estos presuntos dirigentes interferir y alterar (al servicio de otros intereses) la vida de la provincia con sus estrategias de distorsión de la verdad, de enfrentamientos y obstrucciones del trabajo pacífico de los agricultores y el libre tránsito de los caminos. Afortunadamente la opinión sana de la gente los tiene ya bien individualizados y catalogados como corresponde porque han desvirtuado todo un auspicioso movimiento de promoción agraria, convirtiéndolo en un instrumento de fines extraños a los sentimientos de los agricultores (...) no es la violencia el camino de los seguidores del evangelio[20]

Un mes antes, en el diario *El Campesino*, las Ligas manifestaban su repudio al pedido de traslado de Núñez a una localidad formoseña y denunciaban que todos los sacerdotes que estaban apoyando a las Ligas serían expulsados "porque su testimonio molesta, trae problemas, es una bofetada en el rostro de los poderosos".[21] A partir de entonces, el obispo disolvió la Junta de Religiosas, el Equipo de Monte y el Consejo presbiteral y desautorizó cualquier tipo de reunión intercomunitaria o intersacerdotal para debatir o analizar situaciones diocesanas. A la vez, comunicó que la misión de la iglesia no era cambiar las estructuras sino convertir a los hombres extrayéndolos de la lujuria, el adulterio, la ebriedad y el espíritu violento. También, rechazó la afiliación a grupos secretos ideológicos y el aprendizaje del manejo de armas. A los patrones de los montes, los campos y el comercio les pidió "que sean buenos" y señaló que "un buen sector de nuestro pueblo está siendo usado; se abusa de su ingenuidad exasperando sus ánimos para un ilusorio propósito de liberación político revolucionaria al servicio de unos pocos audaces" (Verbitsky, 2009: 308 y 309; Moyano, 2011: 339).

La pérdida de apoyo institucional de la Iglesia, tras la visita de Lanusse, repercutió negativamente en el respaldo social a la organización campesina. Paradójicamente, el momento más álgido de la organización coincidió con el proceso de reversión de su legitimidad (Moyano, 2011). Sin los recursos materiales que la iglesia proveía, las Ligas comenzaron a construir nuevos apoyos, en particular, con las organizaciones peronistas locales cada vez más radicalizadas. Y a implementar acciones de protesta sin la exposición directa de sus miembros, sobre todo, con el uso de clavos "miguelitos" para garantizar cortes de ruta y la paralización de la producción[22].

[20] *El Territorio*, 26 de abril de 1974.

[21] *El campesino*, marzo de 1974.

[22] Esta medida fue implementada para la "preservación" de las familias, evitando su exposición directa en rutas y caminos, en un contexto de avance represivo. Véase, Entrevista a Osvaldo Lovey realizada en Tres Isletas, Chaco, en marzo de 2011.

La creciente deslegitimización de las Ligas coincidió con un periodo de conquistas materiales. En febrero de ese año se realizó un paro agrario que paralizó completamente la producción y comercialización del algodón y el girasol, luego de un extenso plan de lucha que comenzó en enero cuando se resolvió no entregar girasol a la Junta Nacional de Granos (Roze, 1992: 278). Con un alto nivel de acatamiento, el paro logró revertir los precios del girasol. La mayor parte de los diarios locales enfatizaron la no entrega de granos y el incendio de transportes que no acataban la medida de fuerza como acontecimientos centrales de la jornada de lucha contribuyendo, así, a la difusión de sentidos peyorativos en torno a la protesta agraria.[23]

Temporalidades, magnitudes y actores de la represión política en el campo

En el interior chaqueño mucho antes del golpe de Estado se implementaron operativos que involucraban la participación de la policía provincial y el ejército. Durante los primeros meses de 1975 las razias en las casas de los agricultores, las "visitas" en las chacras y los pedidos de captura con la distribución y difusión de afiches con las caras de los dirigentes acusados de "subversivos" o "extremistas", eran acciones cotidianas.[24] Lovey destaca el clima de persecución que se vivía en 1975 al señalar que "de un día para el otro éramos el demonio, instrumento del comunismo internacional en Argentina, nos buscaban para matarnos".[25] El rol de la policía local en estas acciones, conocedora de las familias agricultoras y del territorio, fue central para la posterior intromisión del ejército en el campo: fortaleció el trabajo de inteligencia y aumentó el alcance de la acción represiva llegando a todos los parajes rurales.[26] Este aspecto de la represión también alude a la interacción "cara a cara" que tuvo la persecución en las colonias, en la cual víctimas y perpetradores muchas veces eran vecinos, amigos o incluso parientes de las familias liguistas.

[23] *Norte*, 24 de enero de 1975

[24] Véase, el testimonio de Norma Moreyra, cuñada de Ñaró Estigarribia, exliguista fusilado por las fuerzas conjuntas en una emboscada en Corzuela, en febrero de 1977. Juicio "Ligas Agrarias 1", 11 de abril de 2019, Resistencia, y el testimonio de Mario Piccoli, hermano de Carlos, vertido en el Juicio "contraofensiva", el 21 de mayo de 2019, Buenos Aires.

[25] Entrevista a Quique Lovey, marzo de 2011. Tres Isletas, Chaco.

[26] Testimonio de Osvaldo Lovey vertido en el juicio "Contraofensiva", 14 de mayo de 2019, Buenos Aires.

De hecho, durante el primer juicio por violaciones de derechos humanos a las Ligas Agrarias[27], por el homicidio de los dirigentes Carlos Piccoli[28] y Ñaro Gómez Estigarribia[29], Norma Moreyra, relató que en 1975 tres o cuatro camiones del ejército y dos camionetas de la policía allanaron su casa, buscando a Ñaró y a su compañera. Señaló que los policías eran conocidos de su suegro, a quien le habían advertido que allanarían su casa. Revolvieron todo, robaron el queso y las gallinas y hasta realizaron excavaciones dentro de la casa.[30] En la misma audiencia, Mario Piccoli, hermano de Carlos, describió el proceso de desintegración de las cooperativas a comienzos en 1975. Además, señaló que la persecución a su hermano comenzó ese año, previo al golpe, cuando un "operativo rastrillo", del que participaron el ejército y la policía, ingresó en su casa y a la de otro dirigente, Carlos Orianski.[31] También Luis Piccoli[32], su primo, describió que en enero de 1975 Carlos le había contado que ya no podía dormir en el mismo lugar porque lo venían persiguiendo. Según el relato de Mario:

> Venían a nuestra casa, bajaban con armas largas al patio, era aterrador. Ese hecho, sumado a las pegatinas en todos lados, almacenes, bancos, fiscalías, juzgado. Mi padre no soportó y se suicidó. Así comenzó el proceso de desintegración de la familia. Todos tenían miedo, todos mis hermanos estuvieron presos, días, semanas, meses. Yo no porque era chico, tenía 14 años. Todo por la búsqueda de mi hermano Carlos. Nos interrogaban en mi casa, a mi mamá y a mí en cuartos separados. Era tortura psicológica. Era el ejército. En otras familias de liguistas el ejército hizo lo mismo, por ejemplo en el caso de Orianski. La policía

[27] Desarrollado entre abril y junio de 2019 en el Tribunal Federal de Resistencia, provincia de Chaco.

[28] Nacido en el seno de una familia de pequeños productores de identidad política radical. Hacia fines de 1969 se unió a la rama juvenil de la Unión de Centros Cooperativistas de UCAL mientras participaba también de un grupo que se reunía en la Parroquia San José, en Roque Sáenz Peña. Formó parte del lanzamiento de las Ligas chaqueñas en noviembre de 1970 y rápidamente se transformó en uno de los máximos dirigentes de la organización. Fue asesinado por miembros de la policía provincial el 21 de abril de 1979 a los 28 años en la zona de Colonia La Matanza. Al respecto véase Registro Único de la Verdad de la Comisión Provincial de la Memoria de Chaco, disponible en http://comisionporlamemoria.chaco.gov.ar/ruv_mapas/web/

[29] Maestro rural y miembro de las Ligas Agrarias. Fue fusilado por las fuerzas de seguridad tras una emboscada en febrero de 1977. El 30 de junio de 2019 fueron condenados los perpetradores de su asesinato, en el Juicio por crímenes de lesa humanidad a las Ligas Agrarias.

[30] Testimonio de Norma Moreyra, 11 de abril de 2019, Resistencia.

[31] Fue miembro de la Comisión Central de las Ligas Agrarias. Actualmente se encuentra desaparecido.

[32] Testimonio vertido en el juicio "Contraofensiva", 14 de mayo de 2019, Buenos Aires.

> no actuaba de manera independiente. Había personal del ejército en el pueblo, además de los helicópteros que venían a casa.[33]

La temprana represión política fue una constante en todo el noreste. Con el agravante de que en provincias como Chaco y Corrientes era implementada o, al menos, avalada por gobiernos peronistas. Es decir, gran parte de las organizaciones políticas y gremiales. Las Ligas habían apoyado el retorno del peronismo en 1973 e incidido en la elaboración de la política agraria nacional[34]; y habían logrado formar parte del Instituto de Colonización colocando dos delegados liguistas en su directorio.[35] Jorge Giles[36] describe la temprana represión en todo el noreste al señalar:

> En toda la zona se dio muy fuertemente, nosotros conocimos la represión política mucho antes, dos años antes del golpe. El periodo de "primavera democrática" digamos es el que fue desde un poco antes de asumir Cámpora durante todo su gobierno en el 73, la algarabía en las calles . . . y ya a comienzos del 74 comenzamos a ver la represión. El 17 de octubre de 1974 celebrábamos un acto y nos cercan patrulleros, caballos . . .. digo esto para ponerte un ejemplo. A mi hermano lo echan del trabajo entonces. Los sectores de derecha se reacomodaron más pronto en esas provincias.[37]

[33] Testimonio de Mario Piccoli vertido en el Juicio "contraofensiva", el 21 de mayo de 2019, Buenos Aires.

[34] En efecto, en la plataforma electoral del FREJULI de 1973 las propuestas de política agraria consistieron en un plan de Reforma Agraria Integral. Las entidades y organizaciones rurales firmaron el "Acta de Compromiso para el Campo" orientada a aumentar la productividad, al aprovechamiento pleno y racional de toda la tierra con aptitud agropecuaria y forestal y a la aplicación del impuesto a la renta normal potencial de la tierra. Estas medidas nunca se concretaron.

[35] Se trató de Carlos Orianski, quien provenía del movimiento cooperativo y tenía una fuerte influencia, en parte por sus orígenes inmigrantes, en las zonas de la provincia donde estaban los productores liguistas más capitalizados (Charata, Las Breñas) y Héctor Norniella, un ingeniero que falleció en un dudoso accidente automovilístico en diciembre del 73. Hasta hoy sus compañeros de las Ligas sospechan que el accidente pudo ser provocado. Véase, entrevista a Osvaldo Lovey, marzo de 2011 en Tres Isletas, Chaco y entrevista a Adelina de León, 5 de octubre de 2018 en Buenos Aires.

[36] Militante de la Juventud Peronista de la Regional IV (del noreste). A principios de 1975 fue enviado por la organización Montoneros a trabajar en el interior de Chaco junto a las familias campesinas para comenzar el proceso de inserción agraria, rápidamente interrumpido por la represión estatal.

[37] Entrevista a Jorge Giles, 20 de septiembre de 2018, Buenos Aires.

Si bien ya en marzo y abril se produjeron algunas detenciones ilegales en las colonias[38], fue el 17 de abril cuando se produjo la mayor operación de las fuerzas conjuntas en el interior provincial[39] con la detención de los cuadros liguistas más importantes. Quique Lovey, su compañera Adelina de León[40] y el asesor legal de la organización, Lucho Rodríguez[41] fueron detenidos en Sáenz Peña y permanecieron varios meses desaparecidos en democracia. Otros dirigentes lograron escapar y fueron declarados "prófugos de la subversión".[42] También, una veintena de militantes de la Juventud Peronista, recientemente volcados al trabajo con el campesinado algodonero, fueron detenidos en Villa Ángela, entre ellos Jorge Giles. Luego de permanecer varios días en la comisaría del pueblo, los detenidos fueron trasladados a la Brigada de Investigaciones de Resistencia[43], sitio que funcionó hasta el fin del gobierno militar como el más importante centro clandestino de detención del noreste, dependiente de la VII Brigada de Infantería con asiento en Corrientes y comandado por el general Nicolaides.[44] Padecieron la tortura y el interrogatorio, y verificaron cómo llevaban a otros cautivos a recorrer la ciudad para delatar militantes. En la Brigada permanecieron alrededor de cuatro meses. Al respecto, Giles relata:

[38] Las Ligas presentaron una denuncia al secretario del Ministerio del Interior de la Nación, Ing. Beltrán por la detención de agricultores liguistas, tras el paro agrario de febrero. Véase, *Evita Montonera*, N.º 5, junio de 1975.

[39] Véase *El Territorio*, entre los días 20 y 25 de abril de 1975.

[40] Nacida en Buenos Aires a fines de los años 40. En 1969 se recibió de maestra e ingresó a la facultad de sociología. Conoció la realidad campesina de Chaco por los viajes que realizó a las colonias rurales junto a compañeros de facultad. Participó de Comisión Central de las Ligas Agrarias y fue la pareja del dirigente Quique Lovey hasta 1975 cuando fueron secuestrados. Nuevamente detenida en agosto de 1976 en Buenos Aires, permaneció cautiva en la Brigada de Investigaciones de Resistencia hasta diciembre del mismo año.

[41] Oriundo de Santa Fe y proveniente de la militancia estudiantil peronista y del cristianismo, se radicó en el interior rural de Chaco en 1969 por pedido del obispo Di Stefano para colaborar con la organización del campesinado.

[42] Entre otros, Carlos Piccoli, Carlos Orianski y Armando Molina. *El Territorio*, entre los días 20 y 25 de abril de 1975.

[43] En 2005 fue sancionada la Ley N.º 1412 A (antigua ley N.º 5582) que creó la Comisión Provincial de la Memoria. Desde entonces allí funciona la Casa de la Memoria, el Mueso de la Memoria, el Registro Único de la Verdad, entre otros organismos de preservación de la memoria histórica.

[44] En la provincia de Chaco existieron al menos cuatro centros de detención clandestina: la Brigada de Investigaciones, la Alcaldía Policial, la cárcel Unidad 7 y el Regimiento de la Liguria, todos ubicados en la ciudad de Resistencia y zonas cercanas a esta. Además, las comisarías de los pueblos funcionaron como centros de detención ilegal de los pobladores rurales detenidos durante días o semanas. La mayor parte de los centros ya funcionaba antes del golpe de 1976.

> Recibimos un mensaje desde Buenos Aires (...) se había detectado un mensaje de los servicios, de la policía, y era que se iba a desatar una operación llamada "la noche de San Bartolomé". E iba a consistir en que en un solo acto se iba a desmantelar nuestra organización en un lugar del país. Siguiendo con ese mensaje cifrado aparece Chaco. Entonces, bueno, "agarrate Catalina que se vienen para acá" dijimos. Lo que nosotros no llegamos a sospechar es que el golpe no era solamente Montoneros, sino a todo lo que sabía a JP, a todo lo que estuviera ligado ... ¿había alguien de las Ligas? Adentro! El preanuncio de lo que fue después durante el golpe, ya se empezaba a ver en la zona. Y yo creo que logra dos objetivos en un solo zarpazo, destruir a la organización peronista montonera ... no fueron caídas aisladas viste ... y al mismo tiempo destruir a las Ligas Agrarias. Fijate que cuando apresan a los dirigentes de las Ligas Agrarias, la propaganda que hacen para afuera, no es porque era dirigente de las Ligas, sino que porque eran dirigentes subversivos ¡Y estamos hablando de abril del 75![45]

Subyace en su relato que, si bien entonces la militancia política tenía conciencia de las condiciones de recrudecimiento de la violencia estatal y paraestatal, no podían dimensionar aún, a comienzos de 1975, la magnitud y densidad que tendría el proceso represivo en la región, alcanzando no solo a miembros de las organizaciones político-militares, sino también a dirigentes sociales y miembros de movimientos de masas, con amplia base social en toda la región. Respecto del alcance del terrorismo de Estado en 1975 explica:

> Después de estar unos cuantos días apaleado, yo llego a ver que hay otros compañeros presos, de la zona. Nos cargan en un vehículo una madrugada y nos llevan a la cárcel de Sáenz Peña. Cuando nos meten a todos en un calabozo grande vemos que había una persona durmiendo en un rincón con las pocas cobijas que tenía. Era Quique Lovey ... ahí dijimos "¡bueno!" (expresa mucha sorpresa). Caracterizábamos que a nosotros nos podían tocar, nosotros éramos un riesgo que caminaba, sabíamos que, así como se estaba definiendo la cosa, nos podían agarrar. Pero Lovey estaba en una categoría que ... ¡Era un dirigente social, un líder de masas, un tipo muy querido! Era realmente lo que se dice un líder campesino. Con su historia. Estábamos encadenados en el pasillo de la cárcel cuando vemos que viene caminando, acompañado por dos guardias, Lucho Rodríguez, el abogado de las Ligas. Un compañero que había tenido parálisis en la pierna, era muy fácil de reconocer. Y dijimos ¡Estamos salvados! Era un prestigioso abogado de las Ligas Agrarias ¡viene a sacarnos a todos! Cuando se va acercando nos hace un guiño con el entrecejo y vemos que la mano atrás era porque estaba esposado ... o sea también había caído. La historia de nuestra inserción y organización en esa zona para trabajar con las Ligas quedó trunca.[46]

Unos días más tarde, el diario *Norte* informaba que a partir del 17 de abril la policía de Chaco había orientado la represión hacia las áreas rurales:

[45] Entrevista a Jorge Giles, 20 de septiembre de 2018, Buenos Aires.
[46] *Idem.*

21 detenidos y 13 prófugos por actividades subversivas

INFORMACION

SINTESIS DE HECHOS ACLARADOS

PROFUGOS

Desechan

atentado

Figura 3.1 : “21 detenidos y 13 prófugos por actividades subversivas”. *Diario Norte*, 4 de mayo de 1975

> La jefatura de policía de la provincia (...) cumple en informar a la población que 1) desde el día 17 del corriente mes y año en la ciudad de Presidente Roque Sáenz Peña se efectuaron detenciones y allanamientos, con intervención de la justicia federal, lo que permitió comprobar que personas pertenecientes a las Ligas Agrarias Chaqueñas realizaban encubiertamente actividades netamente subversivas y militaban en organizaciones proscriptas[47]

Y agregaba:

> trascendió que serían numerosas las personas detenidas, que no habrían podido explicar las razones de su presencia tanto en esta capital como en localidades del interior teniendo domicilio real en otras ciudades y regiones apartadas del país, como en el caso concreto de 4 detenidos en Villa Ángela, responsables, al parecer, de distribuir panfletos en zonas agrícolas cercanas[48]

La noticia apareció en la sección “policiales” del diario bajo el título “21 detenidos y 13 prófugos por actividades subversivas” (Figura 3.1). Señalaba

[47] *Norte*, abril de 1975.

[48] *El Territorio*, 19 de abril de 1975.

los "procedimientos antisubversivos que se vienen practicando en nuestra provincia desde tiempo atrás, que adquirieron su mayor auge el 17 de abril, arrojaron la detención de 21 implicados en actividades subversivas mientras que se encuentran prófugos, con relación a las actividades investigadas, otras 13 personas". Una foto del rostro y el nombre y "alias" de los detenidos y prófugos era expuesta para la difusión entre la población, en un claro llamado a su delación. Los dirigentes campesinos eran presentados con sus datos identitarios y como miembros de las Ligas Agrarias; el resto de las fotos eran exhibidas como miembros de una organización guerrillera "autoproscripta", sin mencionarla. El informe de la policía vinculaba la supuesta participación de los liguistas en la operación definida como "subversiva". Así, por ejemplo, describía que una de las detenidas había dado referencias sobre la participación activa de integrantes de las Ligas Agrarias en hechos terroristas como el atentado contra oficinas de Bunge y Born en Sáenz Peña en 1974, la quema del camión girasolero en Tres Isletas y el atentado y desarme del cabo de policía Lezama.[49]

Durante ese mes continuaron las operaciones militares en el interior.[50] Las fuerzas conjuntas recorrían las colonias, secuestraban campesinos durante el día y la noche y los cargaban en camiones de animales. De ese modo, fueron detenidos decenas de pobladores campesinos, entre ellos los activistas Filomeno Chávez, Filemón Sánchez y a la esposa del dirigente Carlos Orianski pero, también, sacerdotes liguistas como el francés Charles Plancot colaborador de las Ligas de la diócesis de Sáenz Peña, acusado de tenencia de armas de guerra y material subversivo.

Respecto de la detención de abril del 75 Adelina de León relata:

> ¡nos mete presos Deolindo Felipe Bittel!. ¡Y la Chavela estaba en el gobierno! A los primeros que nos van a buscar es a nosotros. Va, a Lovey, porque en realidad yo era la "mujer de". Pero por algo me llevaron viste. Ya te digo, a la primera casa que fueron fue a la nuestra. No nos dieron tiempo a nada. Había gente del campo en mi casa. Se llevaron a todos. Después los largaron. Cuando llegan a nuestra casa tipo 12 de la noche estábamos durmiendo. De pronto escuchamos autos que paran. Nos despertamos pero ni pensamos que pasaba. Empiezan a golpear las ventanas y las puertas. Se meten por la parte del garaje, le dan una patada al alambre tejido. Y se nos meten por el patio donde estaba el aljibe, ahí estaba la puerta. Sale Quique. Eran policías. Se llenó la casa de policías. Yo no tuve tiempo ni de levantarme. La gente del campo que estaba en la otra pieza que había, un cagazo. Empiezan a abrirnos los roperos. Lo único que había era una escopeta de caza, que Quique iba a cazar y yo también. Era lo único que había, no había armas, no había nada. Nos dieron vuelta toda la casa. Yo seguía

[49] *Norte*, 25 de abril de 1975.

[50] *Evita Montonera*, N.º 5, junio de 1975.

en la cama con un cana que me apuntaba (la cabeza). Nos llevaron a una comisaría de Sáenz Peña y ahí a Quique ya no lo veo más Y entran a caer las mujeres montoneras, oficiales montoneras. Esa misma noche. O sea que fue razzia masiva (...) Estuvimos ahí toda la noche, en el calabozo, en el piso. Después nos llevaron a Resistencia. En Resistencia los hombres van a la plaza de Resistencia y los bajan en la Brigada de Investigaciones. Nosotros vimos cuando los bajaban. Lo veo a Quique con un montón de hombres que yo no conocía. Nosotras fuimos a una comisaría que estaba cerca de Barranqueras. Ahí nos ponen en calabozos individuales. Esos dos días fueron espantosos ... A partir del 75 a nosotros se nos hizo la noche[51]

Adelina describe la intensidad de la represión sufrida en cautiverio. Bajo la exclusiva acción de la policía provincial, fue interrogada por su actividad en el campo y por el paradero de su entonces marido, pudiendo constatar el encarnizamiento de la policía contra Quique Lovey por participar de la defensa de los derechos del campesinado pobre, viniendo de una familia de productores medianos, es decir, relativamente capitalizados. Y prosigue,

sabían que yo no era un cuadro oficial de Montoneros. Sabían que era la mujer de Lovey y que era una rompebolas que siempre andaba armando quilombo y tirando miguelitos. A Quique también lo torturaron mucho. A mí me preguntaban por el Impenetrable ... pero a Quique, además de lo que querían saber, era la venganza. Era la venganza por haberse cruzado del otro lado ¡qué tenía que hacer con los negros!, él no es morocho ... y bueno, lo torturaron mucho (...) Nadie está preparado para la tortura.[52]

Ya existía en el contexto del gobierno democrático un *modus operandi* del terrorismo de Estado basado en la utilización del interrogatorio bajo apremios físico-psicológicos[53], del que participaban el Departamento de Informaciones Especiales y la Delegación de la Policía Provincial, el Destacamento de Inteligencia 124 del Ejército, Gendarmería Nacional, Subprefectura Naval, Servicio Penitenciario Nacional y Fuerza Aérea Argentina. Al interior del Departamento de Política y del Grupo de Artillería 7 se planificaban los secuestros. La Brigada de Investigaciones alojó a los detenidos que se encontraban a disposición del Área militar 233 hasta el final de la faz de los interrogatorios para ser trasladados, luego, a la Alcaldía Policial o asesinados.[54]

[51] Entrevista a Adelina de León, 5 de octubre de 2018. Buenos Aires.

[52] *Idem.*

[53] Recuérdese la simultaneidad de estos procedimientos en el noreste con las operaciones militares desplegadas en esas fechas en Tucumán, a instancias del Operativo Independencia, que autorizaba al Ejército a intervenir en la "lucha antisubversiva" en esa provincia.

[54] Véase, Comisión Provincial por la Memoria de Chaco, disponible en www.comisiónporlamemoria.chago.gov.ar

Respecto de ese *modus operandi* Giles señala:

> En ese entonces no caracterizábamos eso como una desaparición, sino simplemente decíamos "que hijos de puta, no nos blanquean", como para que sepan dónde estamos. Hasta que finalmente nos blanquean y aparecemos en la Brigada por unos meses y ahí nos trasladan a todos a la Alcaidía de Resistencia (...) En Sáenz Peña estamos unos cuantos días y después nos trasladan a todos a la tenebrosa Brigada de Investigaciones, ahí empieza la tortura. No sé si habrás conocido vos, ahí está la Casa de la Memoria (...) Ahí fueron las torturas más crueles. Conocimos en nuestro cuero la picana eléctrica. La mayoría de nosotros estuvimos desaparecidos un par de meses.[55]

En abril del 75 se concretó el descabezamiento y pronta desarticulación de las Ligas. Mientras, continuaban las detenciones ilegales, los amedrentamientos, las "visitas" en las casas de las familias campesinas y los rodeos por los campos de helicópteros de las fuerzas de seguridad, sus dirigentes fueron asumiendo la opción del "insilio" y la "clandestinización" mediante la reclusión en el monte.

Crisis del algodón en tiempos de desmovilización

A comienzos de mayo la Coordinadora Nacional de las Ligas emitió un comunicado que señalaba la coincidencia de las detenciones con el inicio de los problemas algodoneros (Moyano, 2011). En efecto, un mes más tarde, los productores asistieron a una profunda crisis de sobreproducción y bajas en los precios profundizada por la política económica nacional que desató un salto inflacionario aumentando exorbitantemente el precio de los insumos. En un contexto de doble crisis por la hiperinflación nacional y por los *stocks* acumulados de algodón, comenzó a generalizarse el clima de ilegalidad en torno a las Ligas, relegadas también en el plano gremial. La persecución y las amenazas a sus cuadros, generaron un vacío en la convocatoria y la desmovilización de las colonias. Durante los meses que siguieron las acciones de las Ligas se redujeron a comunicados y solicitadas sobre la situación económica.

La FAA recuperó protagonismo tras el desgaste y pérdida de influencia de las Ligas. En julio organizó concentraciones de las que participaron 2000 agricultores en Villa Ángela, San Martín y Las Breñas donde exigieron respuestas frente al problema algodonero y reclamaron la libertad de los dirigentes campesinos (Roze, 2007: 85). La presión ejercida llevó a que el gobierno provincial los liberara luego de una intensa campaña de presión popular con significativos alcances en la opinión pública. En efecto, la liberación fue

[55] Entrevista a Jorge Giles, 20 de septiembre de 2018. Buenos Aires.

ordenada por la presidenta, María Estela Martínez, al ejecutivo provincial.[56] Jorge Giles recuerda el reclamo por la liberación de los dirigentes campesinos:

> La presión que ejercen las Ligas fue fabulosa. Venían delegaciones de extranjeros, mandaban cartas, todo el tiempo presionando sobre Bittel para que largue de inmediato a Lovey (. . .) todos los contactos latinoamericanos, gente que lo conocía. Viste que ellos eran de hacer muchos congresos y encuentros cuando estaban más ligados a la juventud católica, al Movimiento Rural. O sea habían construido una serie de relaciones que se pusieron de manifiesto muy solidariamente.[57]

Y Adelina enfatiza:

> Había mucha presión de todos los partidos políticos porque Quique era el Secretario General de las Ligas y nosotros estábamos por las Ligas ahí. Era un enemigo político. Se movieron muchísimo para conseguir la libertad y la consiguieron. Estábamos todavía en democracia, viste.[58]

Tras ser liberados, en agosto del 75, Lovey señaló al diario local *Crisol* que "nuestra libertad se debe a los reclamos de los campesinos que se han preocupado por nuestra injusta detención" y agregó que "de nuestra seguridad hacemos responsable a las autoridades de la provincia y la policía".[59] La liberación de los dirigentes campesinos fue simultánea al recrudecimiento de la derechización del país y del avance represivo. Sin el apoyo material (dinero, autos para recorrer los campos) y simbólico (legitimidad) de la Iglesia, varios dirigentes y militantes se volcaron a la clandestinidad en el monte, el refugio más seguro donde podían sobrevivir. Según cuenta Adelina:

> Ahí se plantea el pasaje a la clandestinidad de las Ligas. Es como que se nos desvaneció. Cuando salimos, en democracia todavía, fue una fiesta. Quedó la gente pero . . . en realidad, faltaban Lucho, faltaba Orianski, faltaba Piccoli. Quedamos solitos. Nos fuimos a vivir al campo. A partir del 75 ya fue un golpe muy fuerte que nos dieron (. . .) en el 75 ellos ya descabezan a las Ligas.[60]

Para septiembre del 75, todos los dirigentes liguistas ya se encontraban en la clandestinidad.[61]

56 *Norte*, 5 de agosto de 1975.
57 Entrevista a Jorge Giles, 20 de septiembre de 2018. Buenos Aires.
58 Entrevista a Adelina de León, octubre de 2018, Bs. As.
59 *Crisol*, 5 de agosto de 1975.
60 Entrevista a Adelina de León, 5 de octubre de 2018, Buenos Aires.
61 Durante los meses que siguieron el campesinado también padeció operativos de las fuerzas conjuntas y secuestros de liguistas en otras provincias. En noviembre, se desplegaron en las áreas rurales de Formosa, secuestrando a muchos pobladores, entre ellos, a cinco miembros de la Comisión Central de las Ligas. En septiembre, Ana Olivo, dirigente campesina de las Ligas correntinas fue secuestrada y liberada

Giles destaca la decisión colectiva de las Ligas de autopreservación de la vida de sus cuadros más valiosos, al señalar que a Lovey:

> lo largan ponele hoy a esta hora a las seis de la tarde y a las nueve de la noche ya lo estaba buscando la gendarmería para meterlo en cana. Bittel le concede esa libertad pero de inmediato tiene toda la jauría. No pudo gozar de su libertad. Todo esto antes del golpe. Quique tuvo la suerte de salvar su vida. Los compañeros tuvieron la visión de resguardarlo, para ver qué pasaba. Estaba en todas las noticias, "dónde está Lovey". Si vos te parabas en un legalismo burgués, tenías ganas de contestar "qué te pasa con Lovey? Le dieron la libertad, acá está".[62]

La concentración de productores en Castelli, en septiembre del 75, fue la última acción pública de las Ligas. Sin la presencia física de sus máximos dirigentes, participaron unos 3000 agricultores. Una cinta grabada con el mensaje del dirigente Carlos Orianski, escondido en el monte, fue transmitida por altoparlante.[63] En aquella jornada se pidió el cese de persecución a los liguistas y se responsabilizó al gobierno nacional por la crisis económica y su falta de control en las agroindustrias (Roze, 1992: 90). Esa concentración coronaba un plan de lucha que consistía en un nuevo paro agrario, en el que los agricultores de la región no vendieron productos ni hicieron compras en comercios (Moyano, 2011: 294). Al respecto Lovey recuerda:

> la última movilización que hicimos fue en ese momento que me largan a mi luego de 111 días. Después de eso ya no hicimos más. Prácticamente a partir de ahí la represión ya se hizo ostensible, ¡mucho antes del golpe, eh! Es más, tampoco salieron en libertad ni un preso político más. Y se sabía que estaba tomada la decisión ya del golpe de Estado. Nada más que iban preparando el terreno cosa de que cuando las cosas se dieran esté todo más ... tal es así que después de esa concentración, a los pocos días, me fueron a buscar a mi devuelta, que si yo no eludo, me hubieran metido en cana y me hubieran chupado como 8 años.[64]

El VI Cabildo Abierto de las Ligas, planificado para octubre, fue suspendido por la bomba que estalló en un local de la organización en una cooperativa en Quitilipi (Moyano, 2011). Esta vez las amenazas no pudieron ser repudiadas con la presencia masiva de agricultores en las rutas (Roze, 2007: 85–86). En el mismo mes debía realizarse el congreso liguista pero también fue

a las pocas semanas, volviendo a padecer el secuestro en marzo de 1976. Véanse *La Mañana*, 1975 y el testimonio de Ana Olivo, disponible en el Archivo Plancot. UNGS, Los Polvorines, provincia de Buenos Aires.

[62] Entrevista a Jorge Giles, 20 de septiembre de 2018. Buenos Aires.

[63] *Crisol*, 16 de agosto de 1975. El diario señala que Orianski se encontraba "prófugo" y con pedido de captura.

[64] Entrevista a Quique Lovey, marzo de 2011. Tres Isletas, Chaco.

suspendido. A partir de entonces, no volvieron a realizar acción alguna bajo el nombre del movimiento.

Durante 1975 se allanó el camino para la ocupación permanente de las zonas algodoneras de la provincia: a partir de Octubre de 1976 se implementaron los llamados "Operativos Toba" cuando el gobierno designó el interior de la provincia como zona militar desplazando efectivos del ejército y de gendarmería en todas las poblaciones importantes y por las rutas principales.[65] Para entonces, hacía ya casi un año que la dirigencia liguista estaba presa, desaparecida o en la clandestinidad en el monte.

Conclusión

El golpe de Estado de 1976 emergió como respuesta a un proceso histórico de larga duración en el que se fue construyendo una representación sobre la violencia y sus responsables, un clima de consentimiento y de aceptación tácita (Franco, 2012, Romero, 2007, Vezzetti, 2002). De manera progresiva, el discurso dominante comenzó a ser el de la ilegitimidad de la violencia popular con el cual fueron justificados, como contrapartida, discursos y prácticas represivas que se acumularon y desembocaron en el golpe de Estado de 1976. Las Ligas Agrarias no permanecieron ajenas a este proceso. Su asociación al extremismo y la acentuación de la persecución, tras el paro agrario de febrero del 75, logró la desmovilización de las bases campesinas. Por ello, cabe señalar que el temprano avance represivo en la región tuvo como objeto no solo la neutralización de los grupos político militares que se habían volcado al trabajo con el campesinado, sino, sobre todo, el descabezamiento de la dirigencia liguista para el desmantelamiento del complejo algodonero y el principal factor de poder que lo sostenía, las cooperativas. El caso chaqueño fue la punta de lanza de ese proceso de reversión de la legitimidad del movimiento campesino en todo el noreste.

Además de abonar a la reflexión acerca de la temporalidad de las formas de la violencia estatal y paraestatal en Argentina, el análisis de la represión en el campo de Chaco echa luz sobre las características que esta ha asumido en los territorios alejados de los centros metropolitanos, donde actores como la policía o la Iglesia (con sus homilías) han tenido históricamente un protagonismo central en la conformación de la opinión pública y, en este caso,

[65] Véase, Informe sobre los Operativos Toba elaborado en 2014 por el Equipo de Trabajo en los Archivos del Ejército, Dirección de Derechos Humanos y Derecho Internacional Humanitario del Ministerio de Defensa de la Nación y Salamanca (2015) y Colombo (2018).

gran eficacia en la estrategia de reversión de la legitimidad de las Ligas. Ello sumado a que, en los pueblos y comunidades rurales, los perpetradores y sus cómplices conviven cotidianamente con las víctimas, haciendo que esa interacción "cara a cara" torne aún más densa la trama de la represión con la difusión de sentidos peyorativos en torno al activismo campesino.

Este trabajo repone, además, la tardía visibilización de las violaciones a los derechos humanos al interior del campesinado en Argentina. Algunos de los testimonios examinados fueron vertidos en juicios por crímenes de lesa humanidad celebrados en 2019. Salvo excepciones, como el caso de Lovey o el de Jorge Giles, en esas audiencias los testigos evocaron por primera vez, luego de 40 años, la experiencia vivida y los acontecimientos traumáticos. En otros casos, los relatos fueron elaborados, por exclusiva solicitud de mi investigación, como el caso de Adelina de León o el de Ramón Chávez, quienes nunca antes habían narrado públicamente su historia. Ello evidencia la falta de documentación de una porción no desdeñable tanto de la historia local chaqueña como de la historia rural en Argentina. Y da cuenta de los silencios que han circulado sobre las desapariciones de campesinos en nuestro país[66] aun en tiempos de estatalización[67] de la memoria.

Bibliografía

Borón, Atilio, Pegoraro, Juan (1985). Las luchas sociales en el agro argentino en González Casanova, Pablo (ed.) (1985): *Historia política de los campesinos latinoamericanos, Tomo 1*, México: Siglo XXI, IIS-UNAM. 149–200.

Calvo, Claudia (2015): "La configuración de las memorias y representaciones sociales sobre las Ligas Agrarias Chaqueñas desde la apertura democrática a la actualidad (1984–2011)" Tesis de Maestría. Maestría en Investigación en Ciencias Sociales, Facultad de Ciencias Sociales, Universidad de Buenos Aires, marzo de 2015.

Catoggio (2016) Los desaparecidos de la Iglesia. El clero contestatario frente a la dictadura, Buenos Aires: Siglo XXI.

Colombo, Pamela (2018) "Construire (dans) les marges de l´Etat, entre politiques de developpment" etc stratégies de contre-insurrection (Chaco, Argentina 1976-1980)", *Critique International* 79, 87-110.

Crenzel, Emilio (2008) *La historia política del Nunca Más*. Buenos Aires: Siglo XXI.

Crenzel, Emilio (2016) Sitios de memoria en Argentina, una reflexión. *Revista de Investigación en Ciencias Sociales*, 3, 62–65.

[66] Esto guarda relación con la escueta relevancia que se ha otorgado al campesinado como sujeto político en Argentina de parte de las ciencias sociales. Véase Borón y Pegoraro, 1985 y Calvo, 2015.

[67] Véase Crenzel (2016).

Da Silva Catela, Ludmila (2003): Apagón en el Ingenio, escrache en el museo. Tensiones y disputas entre memorias locales y memorias oficiales en torno a un episodio de represión de 1976, en Del Pino, Ponciano, Jelin, Elizabet (comps.): *Luchas locales, comunidades e identidades*, Madrid: Siglo XXI.

Da Silva Catela, Ludmila (2006) El Estigma de la Memoria en Tumbaya, *Revista Puentes*. 17, 61–66.

Da Silva Catela, Ludmila (2007) Poder Local y Violencia: Memorias de la represión en el Noroeste Argentino, *Los márgenes de la ley. Inseguridad y violencia en el cono sur*. Buenos Aires: Paidós.

Da Silva Catela, Ludmila (2008) Violencia política y dictadura en Argentina: de memorias dominantes, subterráneas y denegadas en Fico, Carlos y otros (Orgs.). *Ditadura e democracia na América Latina: balanço histórico e perspectivas*. Rio de Janeiro: FGV, 179–199.

Da Silva Catela, Ludmila. y Esposito, Guillermina (2013) "Indios, comunistas y guerrilleros: miedos y memorias de la lucha por tierras en la Quebrada de Humahuaca, Jujuy, Argentina", en *Revista CORPUS. Archivos virtuales de la Alteridad Americana*, Vol. 3, N.º 1, Enero-Junio 2013, Buenos Aires.

Ferrara, Francisco (1973) *¿Qué son las Ligas Agrarias? Historia y Documentos de las organizaciones Campesinas del Nordeste Argentino*, Buenos Aires: Siglo XXI.

Figurelli, Fernanda (2008) Rozando la memoria. Memoria y trabajo entre campesinos "sin tierra", *AVA Revista de Antropología*, n. 12, 27–42.

Franco, Marina (2012) *Un Enemigo para la Nación. Orden Interno, Violencia y "Subversión", 1973–1976*, Buenos Aires: Fondo de Cultura Económica.

Galafassi, Guido (2005) Rebelión en el Campo. Las Ligas Agrarias de la Región Chaqueña y la Discusión del modelo dominante de Desarrollo Rural (1970–1976) en Lázzaro, Silvia y Guido Galafassi (comp.) (2005) *Sujetos, Políticas y Representaciones del mundo rural. Argentina 1930–1976*. Buenos Aires: Siglo XXI.

Galafassi, Guido (2007) Economía regional y emergencia de movimientos agrarios. La región Chaqueña de los años setenta, *NERA*, 10/10, 11–36.

Isla, Alejandro, Taylor, Julie, (1995) Terror e Identidad en los Andes. El caso del Noroeste Argentino, *Revista Estudios y Debates*, 2, 311–356.

James, Daniel (2004) *Doña María: Historia de vida, memoria e identidad política*. Buenos Aires: Ediciones Manantial.

Jelin, Del Pino (2003) (comp.) (2003) *Luchas Locales, comunidades e Identidades*, Madrid: Siglo XXI.

Lasa, Claudio (1985) Un Proceso de Mediación Política: Movimiento Rural y las Ligas Agrarias Chaqueñas en http://www.ceiliette.gov.ar/docpub/revistas/sociedadyreligion/sr07/sr07lasa.pdf

Lorenz, Federico (2007) *Los Zapatos de Carlito*. Buenos Aires: Norma.

Maceira, Verónica (2005) La recurrencia del recuerdo. Prácticas de historización entre trabajadores desocupados del conurbano bonaerense. *Revista Prohistoria*, n.º 9, 153–178

Maneiro, María (2005) *Como el Árbol Talado*, Buenos Aires: Al Margen.
Morello, Norma (1993) *Con el canto del último gallo. Proceso a la represión. Un testimonio de militancia en los años 60–70.* Buenos Aires: Camino Real.
Moyano, Mercedes (1992) *Organización popular y conciencia cristiana. En 500 años de cristianismo en Argentina*, Buenos Aires: CEHILA.
Moyano, Mercedes (2009) El Movimiento Rural de Acción Católica y las Ligas Agrarias en Argentina. Inédito.
Moyano, Mercedes (2011) El Mundo Rural en Emergencia. Las Ligas Agrarias, las Cooperativas y Sindicatos Rurales en el Noreste argentino de los setenta. Tesis de Doctorado no publicada. Universidad de Buenos Aires, Facultad de Ciencias Sociales. Argentina.
Reyes, Novaes, Regina (2001) Lembrancas camponesas: repressão, sofrimento, perplexidade e medo, en Neide, Esterci, Peter, Fry, Mirian, Goldenberg (Eds.) Fazendo Antropologia no Brasil. Rio de Janeiro: DP&A.
Ribera Cusicanqui, Silvia (1984) *Oprimidos pero no Vencidos. Luchas del Campesinado Aymara y Quechua (1900–1980)*, La Paz: La Mirada Salvaje.
Romero, Luis Alberto (2007) "Argentina: el tiempo largo de la violencia política. Introducción", en *Historizar el pasado vivo en América Latina.* Anne Perotin Dumon (dir.), disponible en http://etica.uahurtado.cl/historizarelpasadovivo/es_contenido.php
Theidon, Kimberly (2004) *Entre Prójimos. El Conflicto Armado Interno y la Política de Reconciliación en Perú.* Lima: Ed. Instituto de Estudios Peruanos.
Maeso Rodríguez, Silvia (2011) Comunidades campesinas y la construcción de "la violencia" en el Perú: secretos, memorias y científicos sociales, en *La comunidad como pretexto: en torno al (re)surgimiento de las solidaridades comunitarias*, Pablo de Marinis; Gabriel Gatti e Ignacio Irazuzta Di Chiara (Eds.), Barcelona: Antrhropos.
Roze, Jorge (1992): Conflictos Agrarios en la Argentina 1 y 2. El Proceso Liguista, Buenos Aires: CEAL.
Roze, Jorge (2007) Lucha de Clases en el Chaco Contemporáneo. Resistencia: Fundación Instituto de Estudios Sociales y Ambientales (Ideas).
Salamanca, Carlos (2015) "Espacios, tiempos, identidades: políticas de la última dictadura militar en el Chaco Argentino", *Revista de Estudios sobre Genocidio* 7 (10), 157-176.
Verbitsky, Horacio (2009) *Vigilia en Armas. Tomo III. Del Cordobazo de 1969 al 23 de marzo de 1976. Historia política de la Iglesia Católica*, Buenos Aires: Sudamericana.
Vezzetti, Hugo (2002) *Pasado y presente. Guerra, dictadura y sociedad en la Argentina*, Buenos Aires: Siglo XXI.

Fuentes documentales

Diarios

Crisol (1973–1975)
El Campesino (1973–1975)

El Territorio (1973–1975)
La Mañana, Formosa, (1975).
Norte (1973–1975)

Revistas

Evita Montonera, N.º 5, junio de 1975.
Documentos de la Comisión Provincial por la Memoria de Chaco, disponible en www.comisiónporlamemoria.chago.gov.ar

Archivos

Archivo Plancot, Universidad Nacional General Sarmiento, Los Polvorines, Buenos Aires.

Entrevistas

Osvaldo Lovey, 17 de marzo de 2011. Tres Isletas, Chaco y 18 de noviembre de 2018. Machagai, Chaco.
Ramón Chávez, 17 de marzo de 2011. Tres Isletas, Chaco
Luís Rodríguez, 21 de febrero de 2018, Santa Fe.
Adelina de León, 5 de octubre de 2018 Buenos Aires.
Jorge Giles, 20 de septiembre de 2018, Buenos Aires.

Entrevistas Archivo Oral de Memoria Abierta

Beatriz Tudy Noceti, 2013.
Norma Morello, 2010.

Testimonios vertidos en el "Juicio Ligas Agrarias 1", en el Tribunal Federal N.º 1, Resistencia, Chaco

Norma Moreyra, 11 de abril de 2019
Mario Piccoli, 11 de abril de 2019

Testimonios vertidos en el "Juicio Contraofensiva" Tribunal Federal N.º 4 de San Martín, Buenos Aires

Osvaldo Lovey, 14 de mayo de 2019.

4. *Los Estatutos de personal durante la última dictadura argentina. Usos y abusos en la Municipalidad de Rosario (1976–1983)*

Mariana Ponisio
Universidad Nacional de Rosario

Consideraciones iniciales

Durante la última dictadura argentina, en las agencias del Estado —de los ámbitos nacional, provincial y municipal— y en las empresas de capital estatal, las cesantías laborales fueron masivas y recurrentes. Se trató de un mecanismo expulsivo utilizado para implementar políticas de disciplinamiento y de control que apuntaron, por un lado, a la depuración[1] política e ideológica de las plantillas de trabajadores del Estado y, por otro lado, a la racionalización[2] de los recursos públicos. En este artículo, centro la mirada en la Municipalidad de Rosario y analizo el uso que durante la última dictadura (1976–1983) se

[1] Entiendo por *depuración* a la estrategia de castigo y control que recayó sobre los trabajadores estatales considerados nocivos para continuar en el servicio, lo que implicó su separación del cargo y su expulsión. Esta estrategia se inscribió dentro de las formas que adoptaron la violencia política y el control ideológico durante los años setenta, y constituyó un mecanismo de disciplinamiento laboral en las agencias del Estado.

[2] La *racionalización* supuso una serie de acciones llevadas a cabo por las agencias estatales para reorientar los recursos económicos hacia un uso "eficiente", en función de los proyectos e intereses de sus respectivas gestiones de gobierno. Considero un amplio abanico de posibilidades que incluye la implementación de herramientas de política económica de ajuste para reducir el gasto público, el recorte de partidas presupuestarias para ciertas áreas, la tercerización de actividades a empresas privadas, entre otras.

le dio al Estatuto de Estabilidad y Escalafón para el Personal Municipal para imponer el disciplinamiento y el control sobre los trabajadores municipales.

Ahora bien, el disciplinamiento laboral y la implementación de políticas represivas contra los sectores trabajadores se habían hecho visibles ya desde 1974 y continuaron durante el régimen dictatorial. Al respecto, se señala la importancia de trabajos que han dado cuenta de las particularidades que presentaron las prácticas represivas y de disciplinamiento antes y después del golpe de estado (Basualdo, 2006; Simonassi, 2007; Lorenz, 2013; Barragán, 2011; Dicósimo, 2015; VV. AA., 2015; Carminati, 2017; Zapata, 2018; Ortiz, 2019). Asimismo, cabe referir a un conjunto de investigaciones que exploraron la normativa y los procedimientos burocráticos utilizados por las agencias del Estado durante la década del setenta para disciplinar a los trabajadores del sector público y racionalizar las administraciones. En esta línea, se estudiaron, entre otras cuestiones, las continuidades y usos de las leyes de prescindibilidad y de las leyes de seguridad nacional entre las dos dictaduras (Franco, 2012; Arriaga, 2016; D'Antonio, 2018, 2019; Romano, 2018, 2020) y la implementación de estas normas de orden nacional en las provincias, municipios y comunas (Alonso, 2015; Ponisio, 2016 a y b; García, 2017; Páez, 2017). Se trata de aspectos de particular relevancia para este trabajo.

La instauración de la dictadura significó —como ha sido ampliamente estudiado— el desarrollo de una represión sin precedentes que buscó disciplinar a la clase trabajadora y al movimiento sindical, y que tuvo como consecuencia el asesinato, la detención, la desaparición o el exilio de trabajadores y activistas gremiales. Sin embargo, ese poder disciplinario no se sostuvo solo por la represión física, sino que también se apoyó en el uso de instrumentos simples, como la vigilancia jerárquica —que en este caso de estudio se implementó desde la Dirección General de Personal del Municipio de Rosario— y la sanción normalizadora —efectuada, principalmente, a través del mecanismo de las cesantías— que afectaron a los trabajadores en su conjunto (Foucault, 2014). Por lo tanto, aquí se define el disciplinamiento como la puesta en práctica de mecanismos de poder para regular el comportamiento de los trabajadores, desmontar las formas de resistencia y obtener su obediencia en el proceso de trabajo. Este se concretó, especialmente, a través de la implementación de leyes y reglamentaciones disponibles, instrumentos inherentes a los procedimientos burocráticos que son constitutivos del funcionamiento estatal. Además, el uso de las normas funcionó como una forma precaria de equilibrio entre la omnipotencia del régimen y la necesidad de reglas organizativas. De este modo, la interpretación oportunista de las leyes y reglamentos –y su aplicación– también resultó un recurso ideológico de legitimación (Groisman, 2015: 47).

En marzo de 1976 la Municipalidad de Rosario fue intervenida y, durante un quinquenio, estuvo bajo mando militar. En ese lapso, la plantilla de personal se redujo en un 35 %: en el momento del golpe de estado, el municipio registraba 8300 empleados y en abril de 1981, el número de trabajadores municipales había disminuido a 5350. Nuestra hipótesis sostiene que la reducción de empleados fue consecuencia del disciplinamiento que se impuso, principalmente, a través del mecanismo de la cesantía, cuyo uso estuvo encuadrado en normas de excepción y reglamentaciones disponibles. En tal sentido, se abordan, de manera específica, las modificaciones que el gobierno de la dictadura hizo al Estatuto de Estabilidad y Escalafón para el Personal Municipal con el fin de convertirlo en un instrumento coercitivo para imponer el disciplinamiento laboral.

Durante los años 1976 y 1977, en el municipio rosarino, se aplicó una batería de normas que habilitaron las cesantías. Me refiero a leyes nacionales como la ley de prescindibilidad, que encontró fundamento en "razones de servicio"[3] y la ley de bajas por "razones de seguridad",[4] que fue explícitamente punitiva y buscó expulsar al "enemigo interno" de las agencias del Estado y a una reglamentación local: el Estatuto de Estabilidad y Escalafón para el Personal Municipal, que regulaba las relaciones laborales entre el municipio y sus trabajadores. Avanzado el año 1977, las leyes nacionales mencionadas dejaron de aplicarse y el Estatuto de personal se convirtió en el marco regulatorio del disciplinamiento que se impuso sobre los trabajadores de la municipalidad durante toda la dictadura militar.

Como ya se expuso, los mecanismos utilizados por las agencias del Estado para disciplinar y racionalizar las administraciones públicas fueron estudiados a través de las normas de orden nacional y sus aplicaciones en otros niveles del Estado (Franco, 2012; Arriaga, 2016; Ponisio, 2016 a y b; Garaño, 2016; D'Antonio, 2018, 2019; Romano, 2018, 2020). No obstante, la escala de análisis local me permitió detectar que, durante la última dictadura, en el municipio rosarino, el disciplinamiento laboral se impuso, fundamentalmente, a

[3] La ley de prescindibilidad tuvo como fundamento la racionalización de los recursos del Estado y fue entendida como válvula reguladora de los presupuestos de las agencias estatales. No obstante, también tuvo una finalidad disciplinaria y, en algunos casos, fue usada para concretar la depuración política e ideológica de los planteles de personal bajo una forma solapada, que encontró justificación en el discurso de la racionalización económica (Ponisio, 2016b).

[4] La ley de bajas por razones de seguridad se articuló con otros mecanismos punitivos como los decretos del Poder Ejecutivo Nacional (PEN) y la ley de seguridad nacional N.º 20.840 (1974), sancionada y promulgada durante el gobierno constitucional peronista.

través de una reglamentación municipal existente que regulaba las relaciones laborales dentro de esa administración, y no solo mediante la aplicación de leyes nacionales. En función de lo planteado, considero de particular importancia analizar el rol que tuvieron los Estatutos de personal en el disciplinamiento laboral que recayó sobre los trabajadores estatales durante la última dictadura. Dichas reglamentaciones definieron el funcionamiento de los organismos estatales, los términos de las relaciones laborales y también se inscribieron en una línea de continuidad con ordenamientos y prácticas precedentes. Al respecto, Rodríguez (2009) y Rodríguez Agüero (2014) exploraron el uso de los Estatutos en algunas administraciones provinciales durante los años setenta. Asimismo, los aportes de Robertini (2016) permiten pensar la influencia que las reglamentaciones internas tuvieron en el comportamiento de los trabajadores y la cotidianeidad del trabajo.

Me interesa resaltar que la particularidad de los Estatutos de personal es que no surgieron como instrumentos coercitivos, sino como reglamentos cuyo objetivo era brindar garantías a los empleados estatales frente al poder público. En efecto, fueron resultado de negociaciones paritarias entre sindicatos y agencias estatales, pero adoptaron sentidos diferentes según el uso que hicieron de esas reglamentaciones los distintos regímenes políticos y las gestiones de los diferentes gobiernos. Debido a esto, es importante historiar el uso de los Estatutos y su implementación porque aporta a la comprensión de las relaciones laborales entre los empleados públicos y el Estado en su faceta de empleador y patronal. El Estado no se concibe aquí como un actor unívoco, sino que se lo entiende como desacoplado en una multiplicidad de agencias, figuras, lógicas y prácticas sociales que son resultado de múltiples tensiones. Asimismo, está constituido por las normas que lo configuran, y también por las personas que producen y actualizan sus prácticas cotidianas dentro de las formaciones institucionales y en interlocución con esas normas (Bohoslavsky y Soprano, 2010: 23–27). En este sentido, el análisis de los matices, pliegues y contradicciones de las prácticas e ideas de los miembros de las burocracias estatales aporta a la comprensión del funcionamiento de las agencias del Estado (Sarrabayrouse, 2011; Crenzel, 2014; Villalta, 2016; Gandulfo, 2018).

La manera directa en que las políticas estatales afectan a los trabajadores del Estado ha sido oportunamente señalada por Simonassi y Vogelmann (2018b). Así, observan que, por un lado, en determinados lapsos históricos, la ampliación de la planta de trabajadores estatales permitió la consolidación de sus organizaciones y la contundencia de los procesos de lucha. No obstante, toda vez que tuvieron lugar procesos de ajuste y racionalización económica, estos recayeron sobre esos colectivos de trabajadores no solo en forma de despidos y contracciones salariales, sino también bajo la forma del ejercicio de la violencia represiva. En esta línea, los trabajadores del sector público, sus organizaciones gremiales, las estrategias de lucha y el disciplinamiento laboral durante los años cincuenta y ochenta del siglo XX han sido abordados en algunos estudios sobre la clase trabajadora y el movimiento obrero (Salas, 2006; Rodríguez, 2009; Barragán, 2011; Ghigliani, 2012; Iramain, 2014; Rodríguez Agüero, 2014; Arriaga, 2016; Iramain y Pérez, 2017; D'Antonio, 2018; Alonso, 2017; Simonassi y Vogelmann, 2018 a y b; Romano, 2018, 2020). Por otra parte, los estudios sobre la represión en la historia argentina reciente permitieron pensar en la variedad de formas y modalidades que adquirió el disciplinamiento en distintos ámbitos y regiones del país, y dieron cuenta de un amplio abanico de estrategias relativas a este que oscilaron entre la represión física y el control autoritario de la vida cotidiana (Águila, Garaño, Scatizza, 2020, 2016).

Siguiendo este derrotero historiográfico, considero que las modificaciones y los usos que las agencias estatales hicieron de las normas durante la última dictadura estuvieron marcados por la dimensión represiva del régimen militar. Ello no implica, sin embargo, interpretar que toda regla haya sido utilizada para reprimir en el sentido del ejercicio de la fuerza física directa, sino que se trata de subrayar, precisamente, el modo en que las normas fueron resignificadas, de manera unilateral, en un contexto en el que las políticas represivas recayeron sobre los sectores trabajadores y sus organizaciones gremiales.[5]

Es en este sentido que afirmo que, en la Municipalidad de Rosario, el gobierno de la dictadura modificó el Estatuto de Estabilidad y Escalafón para el Personal Municipal a fin de convertirlo en un instrumento coercitivo para imponer el disciplinamiento laboral. Para dar cuenta de esta articulación, recurrí al análisis de registros burocráticos y administrativos de la municipalidad que fueron triangulados con fuentes orales.[6] Con el objeto de exponer los distintos aspectos que apuntalan esta hipótesis, comienzo por reconstruir de forma breve, la historia del Estatuto. Luego caracterizo la situación de la administración del municipio y de sus trabajadores al momento del golpe de estado de marzo de 1976 y desarrollo las políticas de disciplinamiento que se implementaron en la Municipalidad de Rosario durante la última dictadura. Para finalizar, estudio las modificaciones que se aplicaron al Estatuto en ese contexto y analizo la cesantía laboral por "ausencia sin justificación" que se

[5] Dar cuenta del fuerte disciplinamiento al que fueron sometidos los sectores trabajadores no significa desconocer las resistencias y la adaptación de las formas del conflicto al contexto represivo. Véase: Dicósimo, 2015.

[6] Siguiendo a Schwarzstein (2002: 478), considero que los testimonios orales son productos culturales complejos influidos por discursos y prácticas del presente.

enmarcó en dicho reglamento. También indago en el uso particular que, en ocasiones, se le dio a esa cesantía, cuando tuvo relación directa con el aparato represivo y sirvió a una finalidad punitiva.

Breve historia del Estatuto de Estabilidad y Escalafón para el Personal Municipal

"Fue sacado espada en mano como los varones antiguos su carta de derechos al Rey Juan".[7] Así caracterizó un periódico local el origen de la "ordenanza-contrato" que regulaba la estabilidad y el escalafón del personal de la Municipalidad de Rosario desde el año 1949. El autor de la nota era el asesor letrado del Sindicato de Trabajadores Municipales de Rosario, quien sostenía que "el trabajador municipal se había movilizado y aunado sus fuerzas formando un conjunto difícil de vencer ennobleciendo su vida y legando a su posteridad un instrumento que a la par que defendía sus derechos fijaba sus obligaciones conforme la doctrina del derecho administrativo".[8]

El Estatuto de Estabilidad y Escalafón era un logro de las luchas gremiales y se convirtió en el instrumento que debía garantizar a los agentes estatales el derecho a permanecer en su empleo, entretanto no se probara un "matiz negativo" en su desempeño. El reglamento estableció que cualquier imputación grave debía ser comprobada mediante sumario, y el proceso de investigaciones administrativas se convirtió en un requisito *sine qua non* previo al despido. A su vez, el escalafón significó que nadie pudiera ascender sin concurso y tampoco ingresar sino por el último cargo del presupuesto, previa justificación de la idoneidad.[9] Además, el Estatuto instituyó organismos paritarios integrados por representantes del municipio y del sector trabajador.[10] Así, el poder público declinó su preeminencia en virtud de la ordenanza-contrato que había firmado con el Sindicato de Trabajadores Municipales.

En abril de 1969, durante la dictadura autodenominada "Revolución Argentina", el Estatuto fue reformado y la gestión de gobierno del municipio

7 "Estabilidad y Escalafón del trabajador municipal", *La Capital* (en adelante *LC*), 16/03/1969.

8 *Ibidem.*

9 Ordenanza municipal (en adelante OM) N.º 537/49.

10 Uno de estos organismos fue el Tribunal de Disciplina, que vigilaba la actuación del agente y luego del sumario emitía su dictamen. Otro organismo fue el Tribunal Administrativo, que se ocupó de controlar la ejecución del contrato laboral para que no se produjeran ingresos ni promociones a su margen. También, se constituyó una comisión integrada por el municipio y sus agentes que se encargó de resolver la interpretación y aplicación del Estatuto, OM N.º 537/49.

prescindió de los organismos paritarios en lo referente a concursos de ingreso, procedimientos de sumario, el tratamiento de los reclamos interpuestos por el personal y la emisión y revisión de nombramientos.[11] En un principio, el asesor letrado del gremio manifestó su preocupación por la pérdida de voz de los organismos paritarios. También destacó que el reglamento no podía modificarse sin la anuencia del sindicato, que había participado en su concreción, porque eso representaba un acto desprovisto de toda juridicidad.[12] Pero lo cierto es que, más allá de las preocupaciones y las quejas, el Sindicato terminó dialogando con el Ejecutivo municipal y continuó teniendo injerencia, aunque por otras vías, en las cuestiones relativas al personal.

El Sindicato de Trabajadores Municipales de Rosario estaba conducido por Ignacio Varela, quien fue su secretario general desde 1966 hasta la intervención del sindicato en marzo de 1976, y por una Comisión Directiva que ejercía un tipo de liderazgo sindical burocrático que colaboraba con la patronal y los gobiernos de turno, y seguía la línea de la CGT-Azopardo. Durante la Revolución Argentina, el sindicato logró que le otorgasen la personería gremial, obtuvo mejoras en las condiciones salariales y jubilatorias, y ofreció a sus afiliados servicios sociales varios: construyó el camping municipal, compró una colonia de vacaciones en Córdoba y abrió una farmacia sindical.[13] Así, el sindicato consolidó su poder y supo ganarse el apoyo de los trabajadores municipales.

Durante la segunda mitad del año 1972, con un contexto marcado por la transición hacia un régimen constitucional,[14] el ascenso de la conflictividad social y las expectativas de amplios sectores de la sociedad ante el fin de la proscripción del peronismo, el sindicato reclamó a la intendencia la participación paritaria que se le había quitado unos años antes. También demandó una serie de modificaciones al Estatuto que aumentaban las garantías de estabilidad y seguridad en el empleo público. Fue así que, en el mes de diciembre, se sancionó una nueva ordenanza y comenzó a regir un nuevo Estatuto de

[11] Decreto ordenanza municipal (en adelante DOM) N.° 37.783/69.

[12] "Estabilidad y Escalafón", *LC*, 16/03/1969.

[13] Sánchez y Moyano, 2006.

[14] En 1972, el general Lanusse quiso imponer las reglas de juego de una transición institucional cuyo desenlace debía ser un presidente aceptado por las Fuerzas Armadas. El repudio generalizado hacia el régimen militar echó por tierra sus ambiciones presidenciales y obligó al gobierno militar a seguir la dinámica del proceso que había desencadenado. La decisión de institucionalizar el país y la negociación de una salida electoral fueron irreversibles y Perón volvió a convertirse en el árbitro de la política argentina (De Riz, 2010).

Estabilidad y Escalafón para el Personal de la Municipalidad de Rosario, cuya norma marco fue la pionera "ordenanza contrato", de 1949.

El nuevo reglamento, que funcionó durante los años de gobierno constitucional (1973–1976), reestablecía los organismos paritarios, extendía a treinta la cantidad anual permitida de inasistencias injustificadas, fijaba el abandono de servicio a partir de quince días consecutivos de ausencias sin justificación y restablecía el procedimiento de sumario antes de separar a personal municipal de su puesto de trabajo.[15] Cuando en el año 1975, algunos trabajadores municipales que militaban en organizaciones de las izquierdas peronista y marxista fueron afectados por la escalada de violencia represiva que se produjo en Rosario y la región,[16] desde el municipio se abrieron los sumarios correspondientes, con el objetivo de dar cauce a la justificación de las ausencias al trabajo. Esos procedimientos administrativos, que no habían tenido resolución, fueron cerrados en abril de 1976 por la intervención militar del municipio, que ya entonces recurrió a la cesantía laboral.

A partir del golpe de Estado de marzo de 1976, la Municipalidad de Rosario fue intervenida por fuerzas militares; a lo largo del período dictatorial, el Estatuto fue reformado en sucesivas ocasiones y se convirtió en una de las herramientas normativas más utilizadas para disciplinar y controlar al personal.

Los trabajadores municipales durante la última dictadura y el disciplinamiento laboral

En los años setenta, gran parte de las actividades de la Municipalidad de Rosario se concentraban en el Palacio Municipal, sede del Poder Ejecutivo. Dicho edificio, llamado "Palacio de los Leones", está ubicado frente a la Plaza 25 de Mayo, alrededor de la cual se sitúan los edificios públicos principales, como la Catedral y el Correo Argentino. En las cercanías también se encuentran el Monumento Histórico Nacional a la Bandera y el Palacio Vasallo, sede del Concejo Municipal. Aún se desarrollan en la zona descrita las actividades de gobierno, pero en los años setenta también se centralizaban allí las actividades administrativas y los trabajos de oficina. No obstante, el personal de Salud y Asistencia Social trabajaba casi en su totalidad en nosocomios y salas ubicadas en distintos barrios; y los trabajadores de Servicios Públicos

[15] DOM N.º 46.657/72.

[16] Para un análisis de la escalada represiva en la región véase Águila, 2016. Un estudio sobre el disciplinamiento laboral que afectó a los trabajadores del área del gran Rosario puede encontrarse en Simonassi, 2007 y Carminatti, 2017.

desarrollaban parte de sus actividades en dependencias y talleres situados en los alrededores del Parque Independencia. El área de Obra Pública también tenía dependencias en la zona centro-oeste de la ciudad, donde se depositaban materiales de construcción y se guardaban máquinas. Por tanto, una parte del personal del municipio trabajaba en el centro de la ciudad y otra parte realizaba sus tareas en dependencias municipales localizadas en otras áreas. A grandes rasgos, la plantilla municipal se dividía en personal administrativo, personal de mantenimiento y servicios, y personal profesional y técnico. En efecto, los empleados municipales desempeñaban distintos tipos de trabajo que se ubicaban dentro de un amplio abanico de actividades y oficios que incluía desde las tareas no calificadas de barrido y limpieza hasta el trabajo profesional y técnico de médicos y enfermeros de los hospitales municipales. Esto muestra que el colectivo laboral de los trabajadores municipales excedió ampliamente la noción de trabajadores de "cuello blanco" y oficinistas y que el mundo del trabajo municipal fue complejo y diverso en términos de oficios y tipos de tarea.

Durante los años de gobierno constitucional (1973–1976), se produjeron modificaciones en la plantilla municipal y en la situación laboral de los trabajadores del municipio. Esto se debió a que la gestión municipal del Frente Justicialista de Liberación (FREJULI) implementó políticas que promovieron el alza en la ocupación del empleo municipal, la estabilidad laboral y la reincorporación de trabajadores cesanteados durante el lapso 1955–1973. Las políticas de empleo se definieron en medio de las disputas y negociaciones entre actores partidarios y sindicales que actuaron en la arena municipal, en un contexto en el que el peronismo volvía al poder después de largos años de proscripción y en que el actor sindical pudo acceder a los aparatos del Estado. En relación con esto, dichas políticas se utilizaron con regularidad como un mecanismo para dirimir disputas políticas y sindicales del ámbito local que se manifestaron en el reparto de poder dentro de la Municipalidad y del Sindicato de Trabajadores Municipales de Rosario. En términos cuantitativos, en mayo de 1973, la Municipalidad de Rosario empleaba aproximadamente 7000 agentes, y un porcentaje importante de ellos no estaba efectivizado. Para marzo de 1976, la plantilla de empleados había aumentado cerca de un 20 % y el presupuesto municipal registraba 8300 agentes, entre los que predominaban los empleados de planta permanente.

El gremio municipal tenía un alto nivel de sindicalización y el sindicato, como ya se observó, estaba conducido por un tipo de liderazgo burocrático. En 1973, por otra parte, habían cobrado fuerza listas gremiales que cuestionaron las relaciones de poder entre la dirigencia sindical y las autoridades municipales, y disputaron la conducción del Sindicato. En este sector se ubicaron actores del peronismo tradicional, así como también actores vinculados a la juventud revolucionaria. Sin embargo, la conducción burocrática contó con un importante apoyo de los trabajadores municipales, además de tener el control de la Junta Electoral, y en 1974 se consolidó en la dirección del sindicato.[17] Mantuvo fuerte influencia en el control de espacios dentro de la administración municipal, a través de ingresos de personal y del tejido de redes, algo que, a partir del golpe de estado de 1976, la intervención militar del municipio y del sindicato buscaría desmontar, a través de la implementación de políticas de disciplinamiento laboral.

En marzo de 1976 se produjo el golpe de Estado, y la provincia de Santa Fe y la Municipalidad de Rosario[18] fueron intervenidas por coroneles del Ejército que iniciaron el "reordenamiento" de las administraciones públicas.[19] Durante el mes de abril de 1976, la dictadura nombró a las "autoridades definitivas" y en la provincia Santa Fe se visibilizó la presencia de la Armada en los cargos de gestión política, según lo establecido por el reparto tripartito

[17] A juicio de Ghigliani y Belkin (2010): "las direcciones sindicales tienen fuentes de poder interno que provienen no sólo del entramado institucional de gobierno, de la conformación y representación efectiva de ciertos intereses obreros inmediatos, del consentimiento pasivo y de la movilización controlada; en determinados momentos también juega a su favor el individualismo y el conservadorismo existente entre los trabajadores. Además, las conducciones burocráticas cuentan con fuentes de poder externas, producto de sus compromisos y de su participación en alianzas reformistas o conservadoras, que suelen ser cruciales para la delimitación de los objetivos de su política sindical".

[18] Rosario era la ciudad principal del sur de la provincia de Santa Fe y tenía tradición de lucha sindical. Desde finales de la década del 50, se había convertido en eje de una región que había adquirido una fisonomía industrial marcada y se había transformado en un centro de atención tanto provincial como nacional no solo por su importancia en términos políticos y económicos, sino también por los procesos de contestación social y política que se habían registrado en su área de influencia (Viano, 2000). En relación con esto, se había establecido en la ciudad la Comandancia del II Cuerpo de Ejército y se había puesto en marcha una escalada represiva que experimentó características e intensidades diferentes en el período comprendido entre las dos dictaduras (Águila, 2017). La presencia de los militares en la ciudad no había quedado reducida a las acciones represivas, sino que se había expresado en su participación en actividades en las que el Ejército había desarrollado vínculos con instituciones y organizaciones de la sociedad rosarina y la región (Divinzenso, 2017). Por tanto, cuando se produjo el golpe de Estado en marzo de 1976, la presencia de los militares en la ciudad y el vínculo con sus instituciones no representó una novedad para la ciudadanía local.

[19] Para un análisis de la dictadura en otras localidades de la provincia de Santa Fe, véase: Schenquer, 2015; Alonso, 2016; Ponisio, 2016a; Pisarello y Beltramone, 2019.

del poder que aseguraba a las tres Fuerzas la equidad en la representación.[20] La gobernación fue ocupada por el vicealmirante Jorge Aníbal Desimoni y en la Municipalidad de Rosario fue nombrado intendente el capitán de navío Augusto Félix Cristiani. Así, el gobierno municipal quedó bajo mando militar durante un quinquenio, que se correspondió con los años de la presidencia del general Jorge Rafael Videla. A su vez, el Sindicato de Trabajadores Municipales de Rosario también fue intervenido y estuvo bajo control militar hasta 1982.[21]

Cuando los militares intervinieron el municipio, la economía municipal estaba en crisis y el contexto general estaba marcado por el descalabro que atravesaban las cuentas del Estado en todos sus niveles, debido a los impactos del *Rodrigazo*.[22] A ello se sumó el déficit presupuestario elevado que había manejado la gestión municipal del FREJULI, en el que habían impactado las políticas de empleo. Además, actores políticos variados, incluso del propio oficialismo, criticaban a la gestión destituida por "desordenada" e "ineficiente". Siguiendo a Águila (2000: 125), la condena y oposición al gobierno del FREJULI y sus "herencias" constituyeron un fuerte argumento de legitimación del golpe, y el "reordenamiento" del Estado municipal se manifestó, desde los primeros momentos, como un "ajuste de cuentas" con la gestión peronista precedente. Los fundamentos fueron la "corrupción" administrativa, la

[20] Canelo (2012) sostiene que el reparto tripartito se aplicó tanto en los altos niveles gubernamentales, como en medios de comunicación, organizaciones sindicales y empresarias, obras sociales y directorios de empresas bajo administración estatal. Hasta el diseño territorial del terrorismo de Estado fue ordenado tripartitamente y sobre la división de los Cuerpos de Ejército se delimitaron Zonas y Subzonas donde operaron "fuerzas conjuntas" del Ejército (Fuerza que tuvo la responsabilidad operativa primaria) "apoyado" por la Marina y la Fuerza Aérea mediante la asignación de elementos propios. No obstante, a pesar de la búsqueda de "equilibrio interno" entre las Fuerzas, se manifestaron desequilibrios a favor del Ejército. Esto se explicitó en la distribución de las gobernaciones donde la Fuerza de tierra controló la mitad de las provincias y la otra mitad se dividió entre la Armada y la Fuerza Aérea. En este reparto, a la Marina le correspondió el gobierno de la provincia de Santa Fe, mientras que el esquema represivo quedó bajo control del II Cuerpo de Ejército.

[21] El Sindicato de Trabajadores Municipales de Rosario estuvo intervenido por capitán Hilgert (abril-mayo 1976); capitán Occofer (mayo 1976-febrero1978); teniente primero Ferreyra Villanueva (febrero 1978-septiembre 1979); teniente coronel Cuello (septiembre 1979-febrero 1982) Sánchez y Moyano, 2006.

[22] Se conoce como Rodrigazo al plan de ajuste implementado por el Ministro de Economía Celestino Rodrigo a mediados del año 1975 que provocó una profunda crisis económica. Uno de los efectos más marcados de la crisis fue la aceleración inflacionaria que tuvo como correlato la caída drástica de los ingresos públicos y un explosivo crecimiento del déficit fiscal en todos los niveles del Estado (Schvarzer, 1986).

"demagogia" y la "partidocracia" que habían prevalecido durante el retorno del peronismo al poder y la "infiltración subversiva" en el Estado. En consecuencia, la intervención militar del municipio buscó desmantelar las dinámicas de funcionamiento que había adquirido la administración municipal y la organización gremial de sus trabajadores. Para esto se implementaron políticas de disciplinamiento laboral que apuntaron, por un lado, a desarticular el control que tenían distintos sectores del peronismo y del gremio de los trabajadores municipales sobre ciertas áreas de la municipalidad y a terminar con el poder de presión de estos actores en la toma de decisiones políticas dentro del municipio. Por otro lado, el disciplinamiento buscó reordenar la estructura administrativa bajo una premisa de racionalización de los recursos públicos.

Durante el mes de intervención a cargo del coronel Laciar, una de las primeras medidas tomadas fijó las pautas que regirían las relaciones entre empleados del municipio y autoridades.[23] Esto quedó manifiesto en una disposición:

> El Departamento Ejecutivo estima conveniente canalizar y orientar el trato que debe existir diariamente entre el personal municipal, cualquiera sea la categoría que revista en el escalafón, estableciendo en forma rigurosa la observancia de la vía jerárquica, lo que significa el fiel y natural acatamiento de la disciplina que debe prevalecer en el ejercicio de la función pública, como condición primordial para su ordenado y correcto desenvolvimiento.[24]

La reglamentación de las relaciones jerárquicas dentro de las agencias estatales es inherente a su organización burocrática y los órganos del Estado siempre están regidos por jerarquías de responsabilidad, rendición de cuentas y líneas de autoridad. No obstante, me interesa explorar este tipo de ordenamientos administrativos en dictadura para comprender cómo se tramaron las relaciones laborales en el marco de un régimen político que se destacó por su dimensión represiva y dio un amplio grado de poder en la toma de decisiones a las autoridades máximas, aunque esto no significa desconocer que los matices y las ambigüedades atravesaron a las burocracias públicas. En dictadura se estableció una cadena de mando que estipuló las formas en que los trabajadores municipales debían dirigirse a jefes de sección y directores de repartición, luego estos debían autorizarlos para que realizaran sus presentaciones ante los secretarios y, por conducto de estos, ante el intendente.[25] Así, el coronel Laciar impuso estructuras jerárquicas fuertes, y este modo de proceder continuó durante la intendencia del capitán Cristiani. Al respecto, un marino que fue secretario de gobierno entre 1977 y 1978 expresó que había un "total

[23] "Las irregularidades en la Municipalidad", *LC*, 24/04/1976.
[24] DM N.º 12/76.
[25] DM N.º 12/76.

acatamiento de las directivas impartidas por el intendente municipal claramente expresadas en folletos impresos que cada funcionario, hasta el nivel de director, tiene en su poder".[26]

La reformulación de las relaciones al interior de la municipalidad vino de la mano del recambio de empleados que ocupaban puestos claves. No es casual que la primera renuncia de que se tiene registro después del golpe de Estado haya sido del jefe de la Dirección General de Personal (DGP), una figura central para controlar la plantilla municipal y poner en práctica un nuevo régimen de disciplina laboral. Además, Laciar decretó la inmediata colaboración de los directores de reparticiones para analizar la situación en que había recibido el municipio.[27] Por tanto, el interventor recurrió a la información y experiencia que disponían quienes tenían cargos jerárquicos y conocían las dinámicas de funcionamiento del municipio. Antonio Ratner, actual secretario general del Sindicato de Trabajadores Municipales de Rosario, desempeñaba tareas propias de las categorías inferiores del escalafón en la Oficina de Control de Ausentismo cuando los militares intervinieron el municipio. Al respecto, recordó: "eran todos capitanes, era toda gente militar sin conocimiento de cómo era el trabajo en la municipalidad y les preguntaban a los que sabían cómo funcionaba la cosa".[28] Él había entrado a trabajar a la municipalidad en 1972, cuando aún era menor de edad. Su padre era empleado municipal, trabajaba en la Dirección de Tránsito, era delegado gremial del sector que conducía el sindicato y fue cesanteado a mediados de 1976 por ley de prescindibilidad. Antonio continuó trabajando durante toda la dictadura en las oficinas del Palacio Municipal.

El coronel Laciar buscó disciplinar la plantilla de personal, principalmente, mediante el mecanismo de la cesantía laboral, para lo cual encontró en el déficit municipal la excusa para su implementación. Esto estuvo en consonancia con lo establecido desde el Ministerio de Economía nacional, que había elaborado una batería de políticas económicas que sostenían, entre otras medidas de ajuste ortodoxo, la reducción del déficit fiscal a partir del recorte del gasto público. Por tanto, el discurso de la intervención municipal sostuvo que era necesario "sanear" la administración "heredada", signada por "excesos" e "irregularidades" y desde el municipio se implementaron prácticas de disciplinamiento que tuvieron como marco normativo a la ley de prescindibilidad, la ley de bajas por razones de seguridad y el Estatuto de Estabilidad y Escalafón para el Personal Municipal, que es objeto de este estudio.

[26] "Definió los objetivos de su gestión el secretario de Gobierno de la Comuna", *LC*, 23/03/1977.

[27] DM N.º 17/76.

[28] Antonio Ratner. Entrevista personal, Rosario, febrero de 2019.

El Estatuto del personal municipal contenía una serie de artículos que fueron utilizados para dar marco legal a las primeras cesantías. Uno de los artículos habilitó la remoción de trabajadores con menos de seis meses de antigüedad que aún no habían sido confirmados en sus cargos. A través de esta medida, en el lapso de diez días, fueron expulsados 209 empleados municipales porque no tenían la antigüedad requerida para ser designados.[29] Además, el Estatuto fue usado para despedir a quienes acumulaban ausencias sin justificación y sumarios administrativos. A su vez, haciendo referencia a la reglamentación local, Laciar dejó cesantes a asesores veedores y asesores debido a que habían sido designados al margen de lo que establecía el Estatuto, "enervaban" la escala jerárquica, no respetaban la carrera burocrática y "recargaban" las finanzas del municipio.[30] Durante el mes que Laciar estuvo en el poder se produjeron 720 cesantías de las cuales 350, casi el 50 %, fue enmarcada en el articulado del Estatuto del personal y afectó a empleados que habían ingresado al municipio durante el último año de gestión del FREJULI y no formaban parte de la carrera administrativa, a trabajadores que habían acumulado contravenciones y a cuadros técnicos de la gestión precedente. El otro 50 % de las cesantías estuvieron vinculadas en gran parte a la ley de prescindibilidad y, en un porcentaje ínfimo, a la ley de bajas por razones de seguridad.

A fines de abril de 1976, el capitán Cristiani fue designado como "autoridad definitiva" en la Municipalidad de Rosario y cuando inició sus funciones expresó que: "el coronel Laciar y sus colaboradores realizaron lo imposible, saneando un estado de cosas verdaderamente calamitoso".[31] El nuevo intendente continuó con el reordenamiento administrativo y propició la aplicación de una serie de medidas para disminuir el ausentismo, el incumplimiento de horarios y el "vagabundeo", con el objetivo de aumentar la eficiencia en el funcionamiento de la administración. Al respecto, Antonio Ratner, rememoró:

> En el Palacio municipal a las once de la mañana te daban la orden de cerrar las puertas de entrada y las de calle Santa Fe y se tocaba un timbre y todo el mundo tenía que ir a remarcar, eso es lo que te hacían hacer los militares. Lo hicimos durante un montón de años, ponele cada dos meses, una cosa así. Vos hacías el informe de las tarjetas no remarcadas y ahí se le pedía el descargo a cada Director de repartición y ojo que dejaron gente cesante por eso.[32]

[29] DM N.° 118/76, N.° 151/76, N.° 154/76, N.° 311/76; "Disponen no confirmar a 171 agentes municipales", *LC*, 11/04/1976.

[30] "Cesan en sus funciones asesores de la comuna", *LC*, 27/03/76.

[31] "Definió Cristiani la política referida al área de personal", *LC* 14/05/1976.

[32] Antonio Ratner, entrevista personal.

Lo cierto es que, durante el quinquenio que el capitán Cristiani estuvo en el poder se implementaron políticas de disciplinamiento que persiguieron dos objetivos. Uno de estos objetivos, que se concretó entre los años 1976 y 1977, fue depurar una plantilla de personal integrada por gran cantidad de trabajadores que adherían o militaban en el peronismo y que, a su vez, tenía un alto nivel de sindicalización, en cuyo ámbito la línea de la conducción burocrática del sindicato tenía gran influencia. El otro objetivo fue hacer un uso "eficiente" de los recursos municipales a través de la reducción de personal y de la tercerización de actividades de servicios a manos privadas. En consecuencia, para inicios del año 1977 la plantilla de personal ocupó un total de 6800 agentes y, entre febrero de 1977 y marzo de 1981 la cantidad de trabajadores municipales se redujo a 5350. Así, durante el gobierno del intendente militar fueron expulsados del municipio, aproximadamente, 2200 trabajadores municipales, de los cuales 1850 fueron cesanteados según lo establecido por el Estatuto de Estabilidad y Escalafón para el Personal Municipal que fue modificado en sucesivas ocasiones por el capitán de navío.

Para fines del año 1977, el argumento del exceso de agentes municipales y la corrupción peronista ya no tenían asidero. Por tanto, a partir de ese momento, se hizo visible que el rígido sistema de disciplina laboral que se estableció en el Estatuto también buscaba incrementar la tercerización de actividades de servicios a la comunidad, que se había puesto en práctica durante 1976, pero cobró fuerza entre 1977 y 1979. La decisión de tercerizar tuvo que ver con la evaluación respecto de que un tercero podía realizar determinadas tareas con mayor eficiencia, posibilitando un mayor rendimiento y mayores beneficios en términos monetarios, con los menores costos posibles (Basualdo y Esponda, 2014)· La tercerización también tuvo como marco las directivas iniciales de la cartera de economía nacional, que promovieron un Estado subsidiario. En esta tónica, desde la Secretaría de Hacienda de la Municipalidad de Rosario se comunicó a la sociedad rosarina las decisiones en materia de gasto público para el año 1977:

> se han analizado con sentido realista las tendencias de la economía. Derivaremos, y lo estamos haciendo, todo aquello que hoy en día es municipal y que la actividad privada está en condiciones de hacer eficientemente. Mantendremos, aún a perdida, aquello que no sea redituable para dicha actividad o que por razones de seguridad convenga al ámbito estatal.[33]

La decisión política de delegar parte de las tareas de mantenimiento y/ o suministro de servicios mostró la retirada del Estado municipal de ciertas

[33] "Cristiani dio amplio informe sobre su labor", *LC* 28/10/1976.

actividades y la promoción del desarrollo de la actividad privada. La primera medida, en 1976, fue licitar el servicio de recolección, barrido y limpieza e industrialización de residuos domiciliarios. En 1977 se subcontrató el mantenimiento del servicio de luminaria y de trabajos de bacheo. En 1978, año en que Rosario fue subsede del Campeonato Mundial de Fútbol, se derivó a manos privadas el mantenimiento de los espacios verdes y la reparación de veredas en parques, plazas y paseos.[34] En 1979 el Estado municipal también emprendió la retirada en el área del servicio eléctrico de transporte y privatizó el servicio de Trolebuses. La tercerización de actividades de servicios buscó hacer un uso más eficiente de los recursos públicos y tuvo relación directa con el disciplinamiento implementado en el municipio y la consecuente reducción de personal que fueron justificados a través de la puesta en práctica del Estatuto de personal reformado durante la dictadura.

Las reformas del Estatuto de Estabilidad y Escalafón para el Personal Municipal y su implementación durante la última dictadura

En octubre de 1976, el capitán Cristiani se abocó a reformar algunos puntos del Estatuto. En particular, los artículos que referían a las cesantías y los sumarios administrativos. El Sindicato de Trabajadores Municipales de Rosario estaba intervenido, la represión estaba en un momento de máximo despliegue y Rosario, donde tenía asiento el II Cuerpo de Ejército, se había convertido en el eje desde el cual se diseñaba y ejecutaba el accionar represivo en el sur de Santa Fe (Águila, 2008). En este marco, el intendente reformó el Estatuto, según el texto de la disposición, "con miras a que sea un instrumento idóneo para el logro de los objetivos fijados dentro del proceso reorganizativo".[35]

La cantidad anual de inasistencias sin justificación que habilitó la cesantía bajó de treinta a cinco y también se consideró que cinco inasistencias sin justificación en el transcurso del año significaban el "abandono del servicio". También fue modificado el artículo referido a los sumarios y el personal municipal perdió la posibilidad de acceder al procedimiento de investigación administrativa obligatorio antes del despido. En efecto, el Departamento Ejecutivo se arrogó la facultad de disponer en forma directa las cesantías por ausentismo sin justificación, previo informe de la Dirección General de Personal. El argumento de Cristiani fue que era necesario "agilizar y desburocratizar"

[34] "Nueva nota del intendente sobre imagen de la ciudad", *LC* 10/03/1978.
[35] DM N.° 1443/76.

el trámite que conllevaban los sumarios y fundamentó su decisión en las atribuciones que le confería la Ley Orgánica de Municipalidades.[36] Dicha ley planteaba que los municipios tenían la facultad de legislar y reglamentar las relaciones entre la Administración y su personal, y el Ejecutivo mantenía su competencia "natural" y específica en todo lo que se refería a los aspectos disciplinarios.[37] En los hechos, estas modificaciones al Estatuto, que aludieron a marcos legales precedentes, habilitaron a la gestión del capitán de navío para implementar cesantías de manera discrecional y arbitraria.

En mayo de 1977, el intendente militar volvió a reformar el Estatuto y estableció que la cesantía por abandono del servicio podría aplicarse sobre los agentes municipales "cualquiera fuese el número de las ausencias sin justificación".[38] Por tanto, una sola ausencia sin justificar se convirtió en motivo suficiente para decretar la baja del personal del municipio. Antonio Ratner, que trabajaba en la Oficina de Control de Ausentismo recordó:

> nos obligaban a pedir la cesantía con una falta. A mí se me caían las lágrimas, pero ... lo que pasa es que uno tenía gente arriba, o sea, si yo no lo hacía ... En esa época tuve que buscarme otro trabajo más porque el sueldo municipal era una miseria. Bueno, la cosa era así. Había un parte diario en cada repartición donde tenían que comunicar todas las novedades: licencia anual, enfermedad y en este caso entraban las ASA o el ausente sin aviso. Vos a eso lo pasabas a un planillón, ahí se pasaba cada novedad que tenía cada persona. Y ahí después se traían las novedades para pasar a liquidación de haberes, había muchas llegadas tarde. Había un régimen que vos hasta la tercera llegada tarde de quince minutos se te descontaba medio presentismo, a la cuarta se te descontaba día y presentismo. Pero el tema era cuando la persona no avisaba qué le había pasado y te mandaban el ASA. Nosotros teníamos que hacer el pedido, nuestro departamento de control de ausentismo bajaba el legajo con una ficha al despacho de Personal que hacía la nota al Secretario de Gobierno y venían los decretos. Sin descargo, porque no había posibilidad. Los militares decían que no había descargo porque entendían que el Estatuto de personal tenía todas las licencias y franquicias por si te pasaba algo y que vos tenías que saber eso. Bueno, eso fue, hubo cantidad de cesantías por ASA.[39]

Los empleados municipales debieron "obediencia extrema" a la DGP. Cada movimiento debía ser informado a la brevedad porque, de lo contrario, el costo era la cesantía y la consecuente pérdida de la fuente laboral. Los registros municipales muestran casos de agentes que por no informar el motivo de su ausencia quedaron cesantes el mismo día que faltaron al trabajo. Debido

[36] DM N.º 1201/76.

[37] Ley Orgánica de Municipalidades de la Provincia de Santa Fe N.º 2756/39.

[38] DM N.º 3422/77.

[39] Antonio Ratner, entrevista personal.

a esto, los problemas o imprevistos que surgieron en la vida cotidiana de los trabajadores fueron elementos de los que se sirvió el gobierno local de la dictadura para llevar adelante la reducción de empleados. Además, la cesantía por ausencia sin justificación funcionó como un mecanismo de vigilancia, ya que la DGP tuvo un seguimiento estricto sobre la vida del personal municipal. En consecuencia, el Estatuto dejó de cumplir la función para la que había sido creado y se convirtió en un instrumento de disciplinamiento laboral que impuso un férreo control sobre los trabajadores del municipio.

Asimismo, este tipo de cesantía puso el peso de la "responsabilidad" en la persona que se había ausentado al trabajo debido a que, según el gobierno municipal, eran los agentes municipales quienes infringían lo establecido en el reglamento de personal. Esto eximió al Estado municipal de la responsabilidad de la acción del cesanteo y también le evitó el pago de indemnizaciones por despido (Ponisio, 2018). También este mecanismo expulsivo afectó al conjunto de los trabajadores del municipio y se percibe cierta mecanización para implementarla, ya que con solo una ausencia sin justificar la DGP asentaba la baja sin necesidad de sumario previo ni posibilidad de descargo. A su vez, la cesantía por ausencia sin justificación se aplicó de forma continua durante la dictadura y desde fines de 1977 –cuando en el municipio se dejó de aplicar la ley de prescindibilidad y la ley de bajas por razones de seguridad– se convirtió en la herramienta jurídica más utilizada para disciplinar y expulsar empleados, incluso durante la gestión del gobierno civil de la dictadura (1981–1983).

Ahora bien, la cesantía por ausencia sin justificación también tuvo una función disciplinatoria directamente vinculada al despliegue represivo que caracterizó al período bajo estudio. Como sostiene Alonso (2014: 211), junto a la represión física directa, las cesantías o los despidos, la estigmatización de conductas y la presión que derivó en insilios o exilios también fueron formas concretas y estables de contener o anular las insurgencias y resistencias. Uno de los motivos de cesanteo por ausencias injustificadas estuvo relacionado al abandono de cargo por motivos de persecución política e ideológica a manos de los grupos de tareas que llevaban adelante los operativos de secuestros, el allanamiento de viviendas y los lugares de trabajo. Al respecto, Inés Cozzi, abogada y militante del movimiento de derechos humanos desde la transición democrática, relató:

> Hubo gente que se tuvo que ir porque los fueron a buscar y a lo mejor no estuvieron detenidos y se tenían que ir y se iban y dejaban el cargo. No iban a laburar porque sabían ... Ahí los declaraban cesantes por abandono de cargo.[40]

[40] Inés Cozzi. Entrevista personal, Rosario, mayo de 2017.

Cabe agregar que la cesantía por ausencia sin justificación funcionó, además, como un mecanismo que permitió formalizar en el plano burocrático el cese de la relación laboral del personal que se había ausentado al trabajo por persecución, secuestro, encarcelamiento o desaparición forzada. En este sentido, lo que en el procedimiento burocrático apareció como una cesantía por ausencia injustificada tuvo una justificación más que clara tanto para el Estado como para el personal dado de baja que había sido represaliado por la dictadura. Uno de estos casos fue el de Luis Alberto Pell Román, un trabajador municipal que militaba en el Partido Revolucionario de los Trabajadores - Ejército Revolucionario del Pueblo (PRT-ERP): fue secuestrado por las fuerzas de seguridad el 17 de mayo de 1977 y quedó cesante por faltas injustificadas el 28 de junio del mismo año y aún continúa desaparecido.[41]

Esto muestra que las normas que sirvieron al disciplinamiento laboral, en ocasiones, resultaron funcionales al despliegue represivo y también se articularon con la faceta clandestina del régimen militar. En este sentido, pienso a la cesantía laboral como un mecanismo que integró las trayectorias represivas. Su análisis da cuenta de la variedad de relaciones entre las burocracias estatales y las prácticas represivas y visibiliza las formas de articulación entre dimensiones legales e ilegales de la represión a escala local. A continuación, expondré algunos casos que resultan significativos para comprender el uso que el gobierno local de la dictadura hizo del Estatuto de personal en el sentido expuesto más arriba. En los casos seleccionados, la cesantía por ausencias sin justificación estuvo vinculada a la desaparición forzada de las personas.

Marta Diez era bibliotecaria y trabajaba en la Biblioteca Argentina "Juan Álvarez", dependiente de la Municipalidad. El 15 de mayo de 1977, un grupo de tareas la secuestró junto a su novio, en un operativo. Según testimonios de familiares y amigas, Marta no tenía militancia en organizaciones políticas, gremiales o estudiantiles. Su familia supone que su novio tenía "alguna" militancia política.[42] Lo cierto es que, desde el momento del secuestro, Marta estuvo desaparecida hasta que en 2015 el Equipo Argentino de Antropología Forense identificó sus restos en una tumba N.N. del Cementerio La Piedad, en Rosario.[43]

[41] DM N.º 3793/77.

[42] Entrevista a Marta Rabinovich, amiga de Marta Diez. Testimonio tomado por Sandra Cachenot, julio de 2005. Carpeta N.º D-0001/D-A, Entrevista a Graciela Diez, hermana de Marta Diez, y a Liliana Isaurralde, prima de Marta. Testimonio tomado por Sandra Cachenot, septiembre de 2004. Carpeta N.º D-0001/D-A, Centro de documentación del Museo de la Memoria, Rosario.

[43] "Rosario: restituyeron a sus familiares los restos de una mujer que estuvo desaparecida", https://www.fiscales.gob.ar/lesa-humanidad/rosario-restituyeron-a-sus-familiares-los-restos-de-una-mujer-que-estuvo-desaparecida/ (Último acceso: 05/02/2020).

A los pocos días de la desaparición de Marta, sus familiares informaron a los directivos de la biblioteca: "ha desaparecido inesperadamente y hasta el momento no se conoce su paradero" y presentaron una certificación del recurso de *habeas corpus*.[44] El subdirector de la biblioteca elevó una nota al director general de Personal para ponerlo en conocimiento de la situación. Frente a esto, la Dirección General de Personal cursó una comunicación al secretario de gobierno, capitán de Corbeta Enrique Mac Laughlin, en la que planteó:

> Desde el 16 de mayo Marta Diez no concurre a prestar servicios. Se agrega asimismo un certificado extendido por el Juzgado Federal N° 2 de Rosario, por el que se comunica que se presentó un recurso de *habeas corpus* en favor de la Sta. Marta Susana Diez, no habiéndose dictado resolución alguna al día de la fecha. En consecuencia, dicha agente se encontraría incursa en causal de cesantía de acuerdo a las reglamentaciones vigentes.[45]

Un mes después de iniciado el proceso burocrático, el Ejecutivo municipal no reconoció la presentación del recurso de *habeas corpus* y decretó que Marta quedaba cesante por ausencia injustificada. La decisión que se tomó desde el municipio estuvo a tono con lo que estaba sucediendo en el plano de la Justicia, en el que los funcionarios pasaban por alto las evidencias de los crímenes dictatoriales (Bohoslavsky, 2015).[46] El caso de Marta muestra que en la Municipalidad de Rosario, durante la última dictadura, se optó por "blanquear" la desaparición forzada de trabajadores a través de la implementación de la cesantía por ausencia sin justificación.

Otro caso de cesantía por ausencia sin justificación fue el de José Luis Acosta, un empleado de la sección mantenimiento del Hospital de Niños "Víctor J. Vilela", que había ingresado al municipio en mayo de 1973. Dentro del hospital había entablado amistad con compañeros que militaban en el peronismo revolucionario. Mercedes Sanfilippo (exdetenida-desaparecida por razones políticas, actualmente fallecida) y Jorge Francesio (quien continúa desaparecido) pertenecían a la organización Montoneros y, según distintas versiones, José Luis habría militado junto a ellos.[47]

[44] Libro de decretos de la Municipalidad de Rosario, 1977, tomo 8, pp. 471–472.

[45] Libro de decretos de la Municipalidad de Rosario, 1977, tomo 8, p. 470.

[46] Es muy factible que el recurso jurídico haya sido rechazado por el poder judicial, como sucedió con los 5487 *hábeas corpus* que se tramitaron en los tribunales federales y de los cuales, según registro de la Conadep, solo un puñado fue acogido de manera favorable. La práctica de permitir la tramitación de los recursos, pero rechazarlos sin más, tuvo como propósito brindar un manto de legalidad y encubrimiento a la actuación de las fuerzas represivas (Bohoslavsky, 2015: 28).

[47] Entrevista a Adriana Acosta, hermana de José Luis Acosta. Testimonio tomado por Violeta Bodiño, julio de 2005. Carpeta N.° A-0001/D-A. Entrevista a Graciela

José Luis había solicitado una licencia sin goce de sueldo desde el 25 julio hasta el 30 de septiembre de 1977. En su legajo de personal figura la aprobación del permiso de licencia. Sin embargo, una nota de la Dirección General de Personal solicitó su cesantía por haber faltado al trabajo en forma injustificada los días 25 y 26 de agosto, fecha en que se encontraba en curso la licencia. Esto muestra la arbitrariedad de los procedimientos administrativos durante la dictadura y la manipulación de los legajos laborales durante el gobierno militar del municipio.

Para comprender mejor el motivo de esta cesantía, es necesario resaltar que en agosto, mientras corría la licencia, José Luis le había dicho a su madre que se iba con unos amigos a pasar unos días a Armstrong, a cien kilómetros de Rosario. Tres días después de que se fuera, allanaron su domicilio y lo fueron a buscar a su lugar trabajo, sin éxito. No hay datos precisos sobre la fecha y el lugar en que secuestraron a José Luis, pero su ambigua cesantía en la Municipalidad de Rosario coincide con los días de su desaparición. Por tanto, el análisis del legajo laboral de José Luis también muestra que el municipio optó por recurrir a la ausencia sin justificación para "blanquear" o formalizar el cese de la relación laboral de quien estaba en situación de desaparición. A la vez, la resolución de cesantía es reveladora no solo porque especifica el procedimiento falaz seguido por la Dirección General de Personal, sino también porque deja constancia de la fecha en que se decidió la baja, dato relevante porque es llamativamente cercana a la fecha de desaparición. En 1984, cuando comenzó una nueva etapa constitucional, la hermana de José Luis solicitó al municipio que se dejara sin efecto el decreto que disponía la cesantía por falta injustificada. El argumento fue que su hermano se encontraba en situación de "detenido-desaparecido" desde el 18 de agosto de 1977 y exigió que una vez liberado fuera reincorporado a la municipalidad.[48] Hasta el día de hoy José Luis permanece desaparecido y en su legajo de personal continúa registrado como cesante por "ausencia sin justificación".

Durante 1980, el capitán Cristiani comunicó a la sociedad rosarina que podía irse de la Municipalidad en 1981, con la finalización del gobierno del general Videla, y sistematizó e institucionalizó las modificaciones que había introducido al Estatuto durante su gestión de gobierno. Así fue que derogó el Estatuto del año 1972, que había surgido de la negociación entre el sindicato y el municipio al final de la anterior dictadura, y promulgó un nuevo Estatuto

Borda, compañera de trabajo de José Luis. Testimonio tomado por Violeta Bodiño, agosto de 2005. Carpeta N.° A-0001/D-A, Centro de documentación del Museo de la Memoria, Rosario.

48 Información extraída del legajo personal de José Luis Acosta, apartado "otros expedientes tramitados", Centro de documentación del Museo de la Memoria, Rosario.

que reglamentó las obligaciones y derechos del personal, y fijó el régimen disciplinario que, en adelante, regiría para los trabajadores de la administración municipal. En lo que respecta al régimen disciplinario, el Estatuto de la dictadura estableció:

> la cesantía corresponde en los casos de faltas graves que signifiquen un daño moral o material para la Administración Municipal o para terceros, o cuando el infractor registre antecedentes disciplinarios. Se aplicará con fines expulsivos, por: inasistencia injustificada, cualquiera fuese su número; abandono del servicio, sin causa justificada y sin autorización superior, ausencia por causa imprevista sin formular el descargo dentro de las 24 horas siguientes. Se dispondrá el cese de funciones del agente en forma inmediata y sin necesidad de sumario, por estimarse que su actitud significa el reconocimiento pleno de la infracción cometida.[49]

El intendente militar impuso la nueva reglamentación y si bien no fue producto de la representación paritaria, se realizó una consulta dentro de la municipalidad que tuvo como objetivo buscar la legitimación de la nueva norma y ponerla a punto. El Estatuto entró en vigencia, con carácter experiencial, a partir del primero de enero de 1980. Hasta el primero de julio del mismo año, se abrió un período en el que los directores generales y directores de las distintas reparticiones evaluaron la implementación y comunicaron al Departamento Ejecutivo los resultados obtenidos y las observaciones que, a su juicio, debían introducirse en el instrumento legal. Luego, la comisión redactora del texto reglamentario evaluó las modificaciones sugeridas, resolvió lo que consideró pertinente y, a fin de septiembre de 1980, elevó al Ejecutivo municipal el texto definitivo.[50]

Cuando el capitán Cristiani se fue del municipio en abril de 1981, dejó un nuevo Estatuto de Estabilidad y Escalafón para el Personal Municipal que rigió el funcionamiento de la plantilla de trabajadores hasta octubre de 1983, cuando una ley provincial, impulsada por la presión de los sindicatos municipales en el marco de transición hacia la democracia, estableció un Estatuto de personal único para todos los municipios de Santa Fe. Entre 1981 y 1983, años en los que estuvo en la intendencia un civil, un representante del Partido Demócrata Progresista (PDP), continuaron implementándose cesantías por ausencia sin justificación. No obstante, en los inicios de la década del 80 los recursos de legitimación del régimen militar comenzaron a debilitarse producto de la crisis económica, los cuestionamientos a las restricciones a la actividad política y sindical, y las denuncias de los organismos de derechos

[49] DM N.º 2499/79.
[50] OM N.º 2756/80.

humanos frente a la represión estatal. En el plano local, en 1982 el gobierno de la Municipalidad de Rosario se convirtió en blanco de duras críticas por parte de distintos actores sociales y políticos que comenzaron a cuestionar a la dictadura. En este marco, el régimen de disciplinamiento laboral continuó siendo opresivo, pero los agentes afectados por las medidas disciplinarias comenzaron a presentar recusaciones frente a los procedimientos de expulsión. Al mismo tiempo, distintas agrupaciones gremiales demandaron la "normalización" del sindicato y reclamaron por la reincorporación de trabajadores cesantes. Por tanto, el disciplinamiento laboral continuó, pero cuestionado en el contexto de agotamiento del régimen militar.

Conclusiones

Llegado este punto, es posible afirmar que, durante la última dictadura, en el municipio rosarino se hizo un uso del Estatuto de Estabilidad y Escalafón para el Personal Municipal opuesto a la finalidad que tenía en tanto herramienta jurídica destinada a dar garantías a los empleados municipales frente al poder público, en la medida en que se lo modificó de manera unilateral para imponer el disciplinamiento laboral. El Estatuto estaba en vigencia desde 1949, y aunque no era la primera vez que desde el municipio se cambiaban el sentido y la función del reglamento, a partir del golpe de estado de marzo de 1976, este adquirió un fuerte carácter coercitivo.

En esta dirección, el Estatuto reglamentó la cesantía por ausencia sin justificación que fue utilizada con múltiples objetivos; a los fines de depurar la plantilla municipal, pero también para imponer políticas de racionalización que apuntaron a la tercerización de servicios y actividades, que fueron a dar a manos privadas. En consecuencia, el articulado referido a las cesantías y sumarios profundizó el control cotidiano y el disciplinamiento sobre el personal municipal que vio profundamente cercenados sus derechos laborales. Además, en algunos casos, cuando la cesantía tuvo relación directa con el entramado represivo, sirvió a una finalidad punitiva y permitió *blanquear* la situación laboral de los trabajadores que se encontraban detenidos o desaparecidos. Este tipo de uso que se dio al mecanismo expulsivo fue reducido –si se lo compara con los millares de expulsiones vinculadas al disciplinamiento laboral–. No obstante, su análisis aporta a la comprensión de las relaciones entre las burocracias estatales y las prácticas represivas y visibiliza las formas de articulación entre dimensiones legales e ilegales de la represión a escala local.

Por último, cabe destacar la importancia de los estudios locales para mostrar que durante la última dictadura el disciplinamiento laboral en las agencias del Estado se impuso no solo mediante la aplicación de leyes nacionales, sino que también fueron determinantes los usos y modificaciones de las reglamentaciones locales existentes llevados a cabo por parte del gobierno dictatorial. A partir del caso estudiado, se buscó aportar en esta dirección a través del análisis de los usos y abusos del Estatuto de Estabilidad y Escalafón para el Personal municipal.

Bibliografía

Fuentes primarias

Archivos y Bibliotecas:
Centro de documentación del Museo de la Memoria, Rosario.
Diario *La Capital*, Rosario.

Entrevistas:
Antonio Ratner, entrevista personal, Rosario, febrero de 2019.
Inés Cozzi, entrevista personal, Rosario, mayo de 2017.

Páginas web:
Ministerio Público Fiscal disponible en: https://www.fiscales.gob.ar/

Fuentes secundarias

ÁGUILA, Gabriela (ed.) (2017): *Territorio ocupado. La historia del Comando del II Cuerpo de Ejército en Rosario (1960–1990)*. Rosario: Editorial Municipal de Rosario.

ÁGUILA, Gabriela (2016): "Modalidades, dispositivos y circuitos represivos a escala local/regional: Rosario 1975–1983". En: *Represión estatal y violencia paraestatal en la historia reciente argentina: Nuevos abordajes a 40 años del golpe de Estado*, ÁGUILA, Gabriela; GARAÑO, Santiago; SCATIZZA, Pablo (coords). La Plata: Universidad Nacional de La Plata. FaHCE, Estudios/Investigaciones, 57, 353–378.

ÁGUILA, Gabriela (2008): *Dictadura, represión y sociedad en Rosario, 1976/1983. Un estudio sobre la represión y los comportamientos sociales en dictadura*. Buenos Aires: Prometeo.

ÁGUILA, Gabriela (2000): "El terrorismo de Estado sobre Rosario (1976–1983)". En: *Rosario en la Historia*, tomo 2, Pla, Alberto (coord.). Rosario: UNR Editora, 121–221.

ÁGUILA, Gabriela; GARAÑO, Santiago; SCATIZZA, Pablo (coords.) (2020): *La represión como política de Estado. Estudios sobre la violencia estatal en el siglo XX*. Buenos Aires, Imago Mundi.

ÁGUILA, Gabriela; GARAÑO, Santiago; SCATIZZA, Pablo (coords.) (2016): *Represión estatal y violencia paraestatal en la historia reciente argentina: Nuevos abordajes a 40 años del golpe de Estado*, La Plata, Universidad Nacional de La Plata. FaHCE, Estudios/Investigaciones, 57.

ALONSO, Luciano (2017): "Las estrategias de la UPCN Santa Fe y sus posicionamientos institucionales, c. 1970–1984". En VEGA, Natalia y ALONSO, Luciano, *Lugares de lo colectivo en la historia local. Asociaciones, trabajadores y estudiantes de la zona santafesina*. Santa Fe: María Muratore Ediciones.

ALONSO, Luciano (2016): "Sobre la vida (y a veces la muerte) en una ciudad provinciana. Terror de Estado, cultura represiva y resistencias en Santa Fe". En: *Represión estatal y violencia paraestatal en la historia reciente argentina: Nuevos abordajes a 40 años del golpe de Estado*, ÁGUILA, Gabriela; GARAÑO, Santiago; SCATIZZA, Pablo (coord.), La Plata: Universidad Nacional de La Plata. FaHCE, Estudios/Investigaciones, 57, 2016.

ALONSO, Luciano (2015): "¿Qué era lo normal? Represión y pseudo juridicidad en la última dictadura militar argentina", *Contenciosa*, año 3, n.º 5.

ALONSO, Luciano (2014): "Las violencias de Estado durante la última dictadura argentina: problemas de definición y análisis sociohistórico". En: *América Latina. Tiempos de violencias,* ANSALDI, Waldo; GIORDANO, Verónica (coords.). Buenos Aires: Ariel, 191–213.

ARRIAGA, Ana (2016): "Represión sindical y disciplinamiento laboral: la violencia en el dispositivo de control del conflicto en EPEC (1973–1978)". En: *Córdoba a 40 años del golpe. Estudios de la Dictadura en clave local*, SOLIS, Ana Carol; PONZA, Pablo (comps.). Córdoba: Universidad Nacional de Córdoba, 75–104.

BARRAGÁN, Ivonne (2011): "Acción obrera durante la última dictadura militar, la represión en una empresa estatal. Astillero Río Santiago (1974–1984)". En: *La clase trabajadora argentina en el Siglo XX: Experiencia de lucha y organización,* BASUALDO, Victoria (coord.). Buenos Aires: Atuel, 279–323.

BASUALDO, Victoria (2006): "Complicidad patronal-militar en la última dictadura argentina: Los casos de Acindar, Astarsa, Dálmine Siderca, Ford, Ledesma y Mercedes Benz", *Revista Engranajes*, Suplemento Especial. Disponible en: http://publicacioneseconomia.flacso.org.ar/images/pdf/1.13.pdf (Último acceso: 22 de febrero de 2020).

BASUALDO, Victoria y ESPONDA, M.ª Alejandra (2014): "La expansión de la tercerización a nivel global a mediados de los años setenta, sus antecedentes históricos y su alcance actual". En *La tercerización laboral. Orígenes, impacto y claves para su análisis en América Latina*, BASUALDO, Victoria y MORALES, Diego (coords.), Buenos Aires: Siglo XXI, pp. 19–64.

BOHOSLAVSKY, Juan Pablo (2015): "Introducción". En: *¿Usted también doctor? Complicidad de jueces, fiscales y abogados durante la dictadura*, BOHOSLAVSKY, Juan Pablo (ed.). Buenos Aires: Siglo XXI, 21–41.

BOHOSLAVSKY, Ernesto y SOPRANO, Germán (2010): "Una evaluación y propuestas para el estudio del Estado en Argentina". En: *Un Estado con rostro humano. Funcionarios e instituciones estatales en Argentina (desde 1880 a la actualidad),* BOHOSLAVSKY, Ernesto; SOPRANO, Germán (ed.). Buenos Aires: UNGS-Prometeo, 9–55.

CANELO, Paula (2012): "Los efectos del poder tripartito. La balcanización del gabinete nacional durante la última dictadura militar argentina". *Prohistoria*, 17, 129–150.

CARMINATI, Andrés (2017): Los trabajadores del cordón industrial del Gran Rosario ante la dictadura militar (1973–1983). Tesis doctoral. Escuela de Posgrado, Facultad de Humanidades y Artes, Universidad Nacional de Rosario.

CRENZEL, Emilio (2014): "Otra literatura. Los registros burocráticos y las huellas de las desapariciones en la Argentina", *Estudios de Teoría Literaria Revista digital*, año 3, n.º 6, 29–42.

D'ANTONIO, Débora (2019): "Purga política de activistas en (y por) el estado argentino (1973–1983)", *Revista Historia social y de las mentalidades.* 23, (2), 132–168.

D'ANTONIO, Débora (2018): "Bajas, cesantías, suspensiones y renuncias forzadas: trabajadores y trabajadoras del Estado en la mira (Argentina: 1973–1983)". En: *Violencia, espionaje y represión estatal. Seis estudios de caso sobre el pasado reciente argentino*, D'ANTONIO, Débora (comp.). Buenos Aires: Imago Mundi, 59–91.

DE RIZ, Liliana (2010): *La política en suspenso. 1966–1976.* Buenos Aires: Paidós.

DICÓSIMO, Daniel (2015): "La resistencia de los trabajadores a la última dictadura militar. Un aporte a su conceptualización", *Avances del Cesor*, 12/(13), 71–93.

DICÓSIMO, Daniel (2013): "Represión estatal, violencia y relaciones laborales durante la última dictadura militar en la argentina". En *Contenciosa*, Año I, n.º 1, segundo semestre.

DIVINZENSO, María Alicia (2017): "La 'Acción Cívica' del Ejército argentino: características, modalidades y planificación de una estrategia de legitimación. 1966–1975", *Páginas*, 9/(19), 75–97.

FOUCAULT, Michel (2014): *Vigilar y castigar. Nacimiento de la prisión.* Buenos Aires: Siglo XXI.

FRANCO, Marina (2012): *Un enemigo para la Nación. Orden interno, violencia y "subversión", 1973–1976.* Buenos Aires: Fondo de Cultura Económica.

GANDULFO, Juan (2018): "Las burocracias estatales y el tratamiento de los cuerpos de los desaparecidos enterrados como nn en el cementerio de Grand Bourg". En *Historias de/en General Sarmiento*, LVOVICH, Daniel (comp.). Los Polvorines: Universidad Nacional de General Sarmiento, 139–166.

GARAÑO, Santiago (2016): "Dar solución a la situación planteada en relación laboral: Las formas burocráticas de asentar el 'cese de la relación laboral' en el caso de los trabajadores de YPF desaparecidos y asesinados por el accionar del terrorismo de estado (1975–1977)", ponencia presentada en las VIII Jornadas de Antropología Social "Santiago Wallace", Facultad de Filosofía y Letras UBA.

GARCÍA, Natalia (2017): *La educación clandestina. Espiar, colaborar y depurar (Santa Fe, 1966–1983)*, Rosario: Prohistoria.

GHIGLIANI, Pablo (2012): "La resistencia de Luz y Fuerza a las políticas de la dictadura: los conflictos de 1976 y 1977", *Historia Regional*, Sección Historia, ISP N.º 3, año XXV, n.º 30, pp. 51–71.

GHIGLIANI, Pablo y BELKIN, Alejandro (2010): "Burocracia sindical: aportes para una discusión en ciernes", *Nuevo Topo. Revista de Historia y Pensamiento Crítico*, n.º 7, Buenos Aires, Prometeo.

GROISMAN, Enrique (2015): "El derecho durante el Proceso. Una relación ambigua". En: *¿Usted también doctor? Complicidad de jueces, fiscales y abogados durante la dictadura*, Bohoslavsky, Juan Pablo (ed.). Buenos Aires: Siglo veintiuno, 45–59.

IRAMAIN, Lucas (2014): "La política laboral de la última dictadura cívico-militar argentina en el ámbito de las empresas públicas", *Anuario IEHS*, 29/30, 71–96.

IRAMAIN, Lucas y PÉREZ, Verónica (2017): "Rieles y política económica durante la última dictadura cívico-militar argentina (1976–1983)", *Sociohistórica*, 39. Disponible en: http://www.memoria.fahce.unlp.edu.ar/art_revistas/pr.7820/pr.7820.pdf (Último acceso: 20 de febrero de 2020).

LORENZ, Federico (2013): *Algo parecido a la felicidad. Una historia de la lucha de la clase trabajadora durante la década del setenta (1973–1978)*. Buenos Aires: Edhasa.

ORTIZ, M.ª Laura (2019): *Con los vientos del Cordobazo. Los trabajadores clasistas en tiempos de violencia y represión*. Córdoba: Editorial de la UNC.

PÁEZ, Janet (2017): "Prácticas depurativas del Estado Provincial durante la última dictadura militar 1976–1979. Entre la investigación y la extensión". Ponencia presentada en: V Jornadas Internacionales de Problemas Latinoamericanos, Córdoba.

PISARELLO, María Virginia y BELTRAMONE, Jorgelina (2019): "Pueblo chico, infierno grande. Los desaparecidos y la memoria en la 'pampa gringa' ", *Revista de la Red de Intercátedras de Historia de América Latina Contemporánea*, año 6, n.º 11, pp. 20–39.

PONISIO, Mariana (2018): La 'depuración' de personal estatal durante la última dictadura argentina. El caso de la Municipalidad de Rosario (1976/1981), Tesina de licenciatura, Facultad de Humanidades y Artes, Universidad Nacional de Rosario.

PONISIO, Mariana (2016 b): "Las leyes de prescindibilidad en los gobiernos locales de la provincia de Santa Fe durante la última dictadura (1976–1983). Antecedentes y particularidades en su aplicación a partir de un estudio de caso", *Revista de Historia*, Universidad Nacional del Comahue, N.º 17, pp. 202–224.

PONISIO, Mariana (2016 a): "La capilaridad del gobierno militar durante la última dictadura (1976–1983). Un abordaje de caso desde el nivel de las agencias estatales comunales de la provincia de Santa Fe", *Historia Regional*, Sección Historia, ISP n.º 3, Villa Constitución, Año XXIX, n.º 35, pp. 7–18.

ROBERTINI, Camillo (2016): ""Laburar y cumplir". El disciplinamiento de la clase trabajadora durante la última dictadura militar argentina", *Iberoamérica Social: revista-red de estudios sociales,* número especial, 1, 10–24.

RODRÍGUEZ, Laura Graciela (2009): "Los trabajadores del sector público durante la última dictadura militar. El caso de los docentes, las reformas al Estatuto y los sindicatos", *Memoria Académica*. Disponible en: http://www.memoria.fahce.unlp.edu.ar/trab_eventos/ev.9717/ev.9717.pdf (Último acceso: 20 de febrero de 2020).

RODRÍGUEZ AGÜERO, Laura (2014): "Experiencias organizativas de bancarios y estatales en la Mendoza de los 70. Del Mendozazo a la dictadura (1972–1976)", *Cuadernos del Sur*, 42, 127–146.

ROMANO, Silvia (2020): "Trama burocrática y documentos secretos. Dispositivos 'legales' para la represión de los trabajadores de la administración pública de Córdoba (1974–1978)", *Estudios*, n.º 44, julio-diciembre 2020, pp. 49–81

ROMANO, Silvia (2018): "Prácticas burocráticas en contextos autoritarios: represión y disciplinamiento en la Administración Pública de Córdoba, 1974–1978", *Cuadernos de Historia. Serie economía y sociedad*, 20, 47–88.

SALAS, Ernesto (2006): *La resistencia peronista. La toma del frigorífico Lisandro de la Torre*. Buenos Aires: Altamira.

SÁNCHEZ, Luis y MOYANO, Pablo (2006): *Apuntes para la historia del Sindicato Municipal de Rosario*. Rosario: Sindicato de Trabajadores Municipales de Rosario.

SARRABAYROUSE OLIVEIRA, María José (2011): *Poder judicial y dictadura: el caso de la Morgue Judicial*. Buenos Aires: Del Puerto; Buenos Aires: Centro de Estudios Legales y Sociales.

SCHENQUER, Laura (2015): "Dispositivos de control: pornografía, teatro y subversión en una pequeña localidad del norte de Santa Fe durante la última dictadura militar". Ponencia presentada en el VI Congreso Regional de Historia e Historiografía, Santa Fe: Universidad Nacional del Litoral.

SCHVARZER, Jorge (1986): *La política económica de Martínez de Hoz*, Buenos Aires: Hyspamérica.

SCHWARZSTEIN, Dora (2002): "Memoria e historia". *Desarrollo económico*, 42, (167), 471–482.

SIMONASSI, Silvia (2007): "A trabajar y muzzarella". Prácticas y políticas de disciplinamiento laboral en la industria metalúrgica de Rosario, 1974–1983, *Historia Regional*, 25, 57–82.

SIMONASSI, Silvia y VOGELMANN, Verónica (2018a): "Los trabajadores del Estado frente a las políticas de racionalización y privatización. Rosario 1955–1962", ponencia presentada en las II Jornadas de Historia del Movimiento Obrero y la Izquierda, Facultad de Filosofía y Letras UBA.

SIMONASSI, Silvia y VOGELMANN, Verónica (2018b): "Pegar un chiflido y juntar gente. La conflictividad obrera en el Gran Rosario, 1955–1962". En: *Trabajadores y sindicatos en Latinoamérica. Conceptos, problemas y escalas de análisis*, SIMONASSI, Silvia; DICÓSIMO, Daniel (coords.). Buenos Aires: Imago Mundi, 151–171.

VIANO, Cristina (2000): "Una ciudad movilizada (1966–1976)". En: *Rosario en la Historia*, tomo 2, Pla, Alberto (coord.). Rosario: UNR Editora, 23–119.

VILLALTA, Carla (2016): "Circuitos institucionales y tramas de relaciones sociales: las formas de materialización de la apropiación criminal de niños". En: Represión estatal y violencia paraestatal en la historia reciente argentina: Nuevos abordajes a 40 años del golpe de Estado, ÁGUILA, Gabriela; GARAÑO, Santiago; SCATIZZA, Pablo (coords.). La Plata: Universidad Nacional de La Plata. FaHCE, Estudios/Investigaciones, 57, 305–327.

VV. AA. (2015): *Responsabilidad empresarial en delitos de lesa humanidad. Represión a trabajadores durante el terrorismo de Estado*, tomos 1 y 2. Buenos Aires: Ministerio de Justicia y Derechos Humanos de la Nación.

ZAPATA, Ana Belén (2018): "Modalidades represivas en escala local y estrategias para 'recuperar un orden productivo'. Aportes sobre disciplinamiento laboral durante la dictadura en Argentina (1976–1983)", *Nuevo Mundo. Mundos Nuevos*. Disponible en: https://journals.openedition.org/nuevomundo/72155 (Último acceso: 25 de febrero de 2020).

5. *Entre la resistencia a la dictadura y la normalización sindical. El terrorismo de Estado en Fiat Córdoba*

María Laura Ortiz
Universidad Nacional de Córdoba

Introducción

En este capítulo se analizan las consecuencias derivadas de la instalación del terrorismo de Estado entre los trabajadores cordobeses, examinando particularmente a los obreros de Fiat. Se registrarán las estrategias represivas orientadas hacia ese sector, tanto en lo económico como en lo político, reconociendo las modalidades, expresiones y limitaciones de la resistencia obrera en aquellas condiciones. Asimismo, se identificarán los posicionamientos de los dirigentes gremiales en torno a la normalización sindical producida a finales de la última dictadura cívico-militar.

La hipótesis general de este trabajo sostiene que la represión política y económica del terrorismo de Estado hizo foco en los núcleos de trabajadores clasistas y combativos, que en los años previos habían generado formas de organización sindical muy eficaces para la defensa de sus derechos. Por ello, la represión fue encabezada por el gobierno militar pero montada sobre la disputa capital-trabajo en favor del primero y traducido en el cambio de modelo económico. El caso seleccionado posee un valor instrumental y heurístico útil para la comprensión de procesos más generales (Archenti, 2018), ya que cada una de las maneras en que la contracción de la industria afectó a los trabajadores es posible de rastrear en la experiencia de Fiat en Córdoba: despidos, suspensiones y licencias forzosas que reducían el salario real, agravado por los aumentos de precios y de tarifas. No obstante, los trabajadores conservaron una serie de formas organizativas que formaban parte de la experiencia obrera de los años previos y que pervivieron a pesar del inmenso peso de la represión en las fábricas de Córdoba y la desarticulación de las estructuras sindicales. Aunque no era posible sostener manifestaciones masivas, durante los primeros años de la dictadura los trabajadores ejercieron distintas acciones clandestinas para regenerar la organización de las bases y resistir a la represión. Pero a partir de 1980 esas acciones de bases fueron diluyéndose, a la par que las dirigencias sindicales tradicionales reaparecieron en la escena para negociar la normalización en los sindicatos y centrales obreras locales con el gobierno militar en retirada.

Más allá de los estudios previos sobre este tema a nivel nacional o en otras localidades, sobre el período abordado en Córdoba hay investigaciones en torno de las políticas de disciplinamiento aplicadas hacia los trabajadores públicos (Romano, 2018), sobre trabajadores de fabricaciones militares (Roitman, 2018) o sobre los trabajadores industriales clasistas y combativos (Ortiz, 2019). Otros trabajos han indagado procesos vinculados a la dictadura en Fiat Sauce Viejo (Bianco y Brandolini, 2019) o en Fiat en toda la Argentina, ya sea con el objetivo de indagar sobre la complicidad empresarial con el terrorismo de Estado (Galli, 2018) o con la preocupación de analizar la vida cotidiana de los trabajadores en contextos represivos (Robertini, 2016).

En los últimos años se ha complejizado el recorte temporal del terrorismo de Estado, incluyendo en él distintas experiencias que se extendieron en el tiempo, como es el caso de Córdoba que comenzó a partir del Navarrazo en 1974.[1] De la misma manera habría que considerar la desintegración de la dictadura y la transición a la democracia, como parte de un proceso al que es difícil poner coto en 1983.

Como se podrá apreciar, en este trabajo se abordarán diferentes tipos de fuentes históricas, pero principalmente se utiliza la serie documental constituida por memorándums y radiogramas de la Policía Federal Argentina (PFA) con sede en Córdoba. Se trata de un corpus producido entre los años 1974–1982, cuyas copias digitales se resguardan en el Archivo Provincial de la Memoria de Córdoba. En ellos se concentra la información que circulaba internamente entre organismos de inteligencia del Ejército y la Policía sobre todo lo relativo a la considerada "subversión", constituyendo una evidencia de la infiltración que los servicios de inteligencia tenían sobre estos ámbitos, ya que en su mayor parte fueron elaborados en base a "medios propios", es decir mediante datos obtenidos de "informantes" que trabajaban para la fuerza. La existencia de este acervo es la demostración de la faz burocrática de las instituciones de inteligencia policial cuya rutinización de las tareas de "auscultar" información de posibles "enemigos" o "sospechosos" generó un convencimiento arraigado

[1] El Navarrazo (28 de febrero de 1974) consistió en un golpe de Estado provincial encabezado por el jefe de la policía provincial, teniente coronel (re) Antonio Domingo Navarro. Derrocó al gobierno de Córdoba liderado por Ricardo Obregón Cano y Atilio López, derivando en la intervención federal de la provincia (Servetto, 2010).

que terminó autolegitimando la tarea y promoviendo su continuación en el tiempo (Marengo, 2015: 2). Una vez que se procedió a la desclasificación de esos documentos, estos archivos pueden ser utilizados con otros fines diferentes a la represión y de hecho se erigieron como una de las pruebas fundamentales para el desarrollo de juicios por delitos de lesa humanidad (Kahan, 2007). Sin embargo, esta documentación ha sido poco explorada con fines de investigación, por lo que este trabajo pretende aportar también en ese sentido, utilizando estos "archivos de la represión" a contrapelo de las intenciones opresivas de su creación. Pero lo que los documentos dicen no puede ser tomado como mera "verdad", hay que problematizar esas verdades cruzándolas con el contexto de producción del documento y el proceso de conservación en el tiempo (Marengo y Castronuovo, 2015: 114).

Breve racconto *de la historia de Fiat en Córdoba*

Fiat se instaló en Córdoba en la década de 1950 en el marco de un proceso de industrialización regional que, en el segundo gobierno de Juan Domingo Perón, promovía las inversiones extranjeras (Robertini, 2020). Se erigieron tres establecimientos en la zona de Ferreyra, al sudeste de la ciudad capital: Concord, que primero producía tractores, luego autos y camiones; Materfer que fabricaba equipos ferroviarios y Grandes Motores Diesel (GMD) que elaboraba motores para camiones, ómnibus y locomotoras.

Debido a ese proceso de industrialización desarrollado en Córdoba, se produjo un flujo migratorio que atrajo a trabajadores y trabajadoras jóvenes del interior provincial hacia la ciudad capital (Gordillo, 1996: 39–55). La importancia del proceso migratorio fue determinante en la conformación del movimiento clasista ya que los/as migrantes se convirtieron mayoritariamente en obreros/as sin calificación, por lo que debieron enfrentar las peores condiciones laborales y salariales, lo que generó un nivel de combatividad más alto que el de los trabajadores calificados (Mignon, 2014: 73–76, 167). Asimismo, para que esa combatividad tuviera lugar, se requirió de la conjunción de una serie de tradiciones y costumbres que se socializaban no solo en el lugar de trabajo, sino también en las relaciones de parentesco, la vecindad, los clubes sociales y los eventos deportivos, lo que generó altos niveles de confianza y apoyo mutuos en la comunidad local (Ortiz, 2019). Estas características de la clase obrera cordobesa provocaron la reacción empresaria de Fiat, que desde la década de 1960 intentó dividir y subordinar a sus trabajadores.

En los primeros años, todos los trabajadores de Fiat fueron encuadrados sindicalmente en la Unión Obrera Metalúrgica (UOM), pero desde 1965 la empresa buscó fragmentar la organización de los trabajadores para su disciplinamiento, logrando la creación de dos sindicatos por planta: el Sindicato de Trabajadores de Fiat Concord (SiTraC) y de Fiat Materfer (SiTraM), mientras los obreros de GMD fueron afiliados al Sindicato Mecánico y Afines del Transporte Automotor (SMATA) (Brennan, 1992: 7–13). Los intentos de control empresario se vieron dificultados después del Cordobazo de mayo de 1969, en un clima de movilización de las bases obreras que reaccionaron ante nuevas reglamentaciones laborales y salariales, ejerciendo presión sobre la dirigencia sindical. A partir de allí comenzó un proceso de autoorganización obrera que terminó desplazando a la anterior conducción sindical y formando una nueva Comisión Directiva. Para presionar sobre su reconocimiento, los obreros de Concord ocuparon la fábrica, inaugurando un repertorio de confrontación que caracterizaría al clasismo: los jefes quedaron como rehenes y rodearon el establecimiento con tanques de líquido altamente inflamable y bombas Molotov. Se inició así un proceso de politización y de participación gremial en los obreros de Concord que fue imitada por sus compañeros de Materfer, quienes también expulsaron a "la dirección amarilla" de SiTraM (Duval, 2001: 29–32; Flores, 2004:152). El proceso histórico que despuntó desde aquel entonces tuvo una gran intensidad y gravitó profundamente en la realidad social de aquellos años. Se había regenerado el clasismo como una propuesta sindical alternativa al modelo tradicional poniendo en discusión todo el sistema fabril: defendieron los descansos y el desacople de tareas, lograron el reconocimiento de tareas insalubres e intentaron acompasar los aumentos salariales con las ganancias de la empresa quitando el premio a la producción (Brennan, 1992: 13–14). La organización de bases, con recurrentes asambleas abiertas y delegados mandatados, con ocupaciones de fábrica como la que se acaba de referenciar, fueron características distintivas de estos sindicatos. Sus vinculaciones con partidos de izquierda revolucionaria promovieron una definición por el socialismo, asociando al clasismo con la vanguardia en un proceso revolucionario que, según sus evaluaciones, estaba iniciando (Laufer, 2020; Ortiz, 2019).

La existencia de sindicatos clasistas había cristalizado un conjunto de demandas obreras que para las patronales empresarias significaban un aumento sustancial de los costes de producción. Por ello buscaron sofocar su actuación disolviendo los sindicatos a poco más de un año de presencia clasista en la dirección sindical. A partir de allí, las resistencias obreras eran dificultadas sistemáticamente por una dura persecución empresarial y militar: no podían hablar entre ellos, la fábrica "se había convertido en una cárcel" y se despidió a casi 300 operarios, activistas y dirigentes sindicales.[2]

[2] *Córdoba*, 30/10/1971, p. 1; *Córdoba*, 02/11/1971, p. 3; *Córdoba*, 03/11/1971, p. 7.

Luego de la disolución de los sindicatos clasistas, los obreros lucharon por recuperar sus sindicatos por planta, mientras la Secretaría de Trabajo los obligó a encuadrarse en la UOM. Con ello los nuevos dirigentes fabriles, que estaban ligados al peronismo ortodoxo, implantaron un modelo sindical de negociación con la patronal y sofocaron los intentos de organización de las bases, incluso dejaron de acatar los paros declarados por la Confederación General del Trabajo (CGT) regional.[3] Según denuncias de los obreros, los nuevos representantes sindicales eran "matones de la SIDE" contratados por la patronal.[4] Gracias a estos cambios la empresa se garantizaba la desmovilización necesaria para aumentar los ritmos productivos y la vuelta al acople de máquinas, dos cuestiones que habían sido revertidas durante la dirección clasista de los años anteriores. No obstante, los activistas clasistas que habían conservado su trabajo en Concord y Materfer promovieron elecciones para una nueva Comisión Interna de Reclamos, por fuera de la UOM. También convocaron a un plebiscito y, viendo que no eran escuchados, organizaron una ocupación de fábrica en agosto de 1973 (Ortiz, 2019: 290–306).

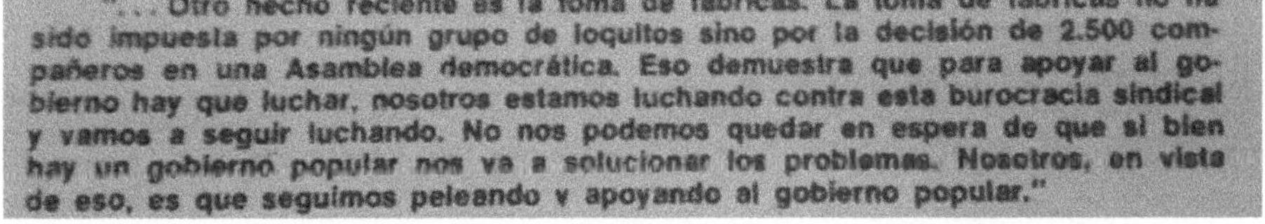

COMPAÑERO ALBERTO CANOVAS, DE LA COMISION DE FIAT CONCORD

"... Otro hecho reciente es la toma de fábricas. La toma de fábricas no ha sido impuesta por ningún grupo de loquitos sino por la decisión de 2.500 compañeros en una Asamblea democrática. Eso demuestra que para apoyar al gobierno hay que luchar, nosotros estamos luchando contra esta burocracia sindical y vamos a seguir luchando. No nos podemos quedar en espera de que si bien hay un gobierno popular nos va a solucionar los problemas. Nosotros, en vista de eso, es que seguimos peleando y apoyando al gobierno popular."

Declaraciones de uno de los miembros de la comisión provisoria de Fiat Concord en El Descamisado, N.° 25, 6/11/1973. Alberto Canovas fue secuestrado en su domicilio de Córdoba el 27/3/1976 y continúa desaparecido.

[3] *Córdoba*, 04/02/1972, p. 1; *Córdoba*, 30/05/1972, p. 5; *Córdoba*, 29/06/1972, pp. 3–4; Revista *SMATA Córdoba,* N.° 106, 04/07/1973, p. 2. A fines de la década de 1960, los ortodoxos se definieron así para remarcar su adhesión intransigente a los principios peronistas y distinguirse del sector legalista, más dispuesto a la negociación con el Estado y a competir por el liderazgo de Juan Domingo Perón. Defendían el verticalismo como única forma de dar fidelidad incondicional a Perón. En la década de 1970 el peronismo ortodoxo se convirtió en sinónimo de contrarrevolucionario, sobre todo por sus vinculaciones con los comandos parapoliciales que operaron en consonancia con la policía y otras esferas estatales de la provincia luego del Navarrazo (Brennan y Gordillo, 2008: 34–47; Ortiz, 2019: 131–138).

[4] Rognone, Rubén, obrero de Fiat Materfer, entrevista realizada en Córdoba el 22/09/2011 por Florencia Céspedes. SIDE: Secretaría de Inteligencia de Estado.

En ese momento se profundizaron las amenazas a los trabajadores por parte de comandos paramilitares que tenían acceso a la planta,[5] o que participaron en ataques a sedes partidarias y sindicales identificadas con la izquierda, como sucedió en el asalto al sindicato mecánico en julio de 1973 en el que los atacantes se refugiaron luego en la sede de la UOM.[6] Otro hecho similar sucedió en la agresión contra un activista de Concord en 1975, por el cual se decidió expulsar de la UOM a dos dirigentes metalúrgicos supuestamente implicados.[7]

Revista Ya! Es tiempo de pueblo, N.° 23, 29/11/1973, p. 8.

En esa situación de doble organización sindical dentro de las fábricas de Fiat Córdoba se instaló el terrorismo de Estado, que golpeó especialmente al

5 Declaraciones de Mario Abdon en la conferencia de prensa de despedidos de Fiat Concord y Materfer en el local de la Unión Obrera Gráfica en Buenos Aires, publicadas en *Ya! Es tiempo de pueblo,* Año 1, N.° 9, 24/08/1973, pp. 14–15.

6 *Córdoba*, 17/07/1973, pp. 1 y 5; *El Descamisado*, Año I, N.° 10, 24/07/1973, pp. 38–39; *Ya! Es tiempo de pueblo,* Año 1, N.° 4, 20/07/1973, pp. 26–27; *El Peronista*, Año I, N.° 3, 24/07/1973, p. 12.

7 Ortiz, María Laura (2019). *Con los vientos . . . op. cit.*

sector obrero industrial con políticas represivas en lo económico y lo político. La violencia se fue acelerando entre los años 1974 y 1976, iniciando con el Navarrazo y derivando en el golpe de Estado del 24 de marzo de 1976 y la instalación de la dictadura cívico-militar hasta 1983.

Políticas represivas en Fiat durante el terrorismo de Estado

Desde los primeros años de la transición a la democracia se dimensionaron las consecuencias del terrorismo de Estado en Argentina, reconociendo que aquella maquinaria se había implementado para cambiar sustancialmente las bases sociales, económicas y políticas de la Argentina. A partir de informe elaborado por la CONADEP[8] se conocieron las estrategias represivas y, sobre todo, el sujeto social contra quien se implementaron: los "subversivos". Aunque la definición de subversión nunca fue del todo clara –y justamente esa era una de las razones por las cuales se generaba el terror– lo cierto es que en las memorias se la asoció con guerrilleros/as, revolucionarios/as, intelectuales, universitarios/as, entre otros/as. Sin embargo, el 30,2 % de los/as desaparecidos/as fueron obreros/as y, en el caso de la provincia de Córdoba esa cifra ascendía a 41,90 %.[9] De ellos/as, al menos 118 eran trabajadores o extrabajadores de las distintas plantas fabriles y oficinas de la Fábrica Italiana de Automóviles Torino (Fiat) asentadas en Argentina y unos 35 pertenecían a las plantas ubicadas en Córdoba.[10] Un estudio de las listas de desaparecidos obreros de Córdoba permite reconocer que el componente obrero estaba ligado al sector de activistas y dirigentes sindicales clasistas y combativos (Di Rienzo et al., 2012; Romano, 2016). Hay que aclarar que estas cifras están en constante revisión ya que todavía hoy, a más de 40 años de los hechos, se

[8] La Comisión Nacional por la Desaparición de Personas (CONADEP) fue designada por el Poder Ejecutivo Nacional para investigar los casos de desapariciones forzadas durante la dictadura militar (1976–1983). A partir de sus informes se publicó el libro *Nunca Más*, que recopilaba sus conclusiones y algunos testimonios. En cada provincia, a su vez, se constituyó una comisión local, que se encargó de recibir las denuncias en el territorio y elaborar informes parciales, que luego se concentraron a nivel nacional.

[9] *Nunca Más, Informe, Comisión Nacional sobre la Desaparición de Personas* (CONADEP), Buenos Aires: Eudeba, 1984, p. 375; *Informe Comisión Nacional sobre la Desaparición de Personas* (CONADEP) delegación Córdoba, Córdoba, 1984, p. 109.

[10] *Responsabilidad empresarial en delitos de lesa humanidad: represión a trabajadores durante el terrorismo de Estado.* Ministerio de Justicia y Derechos Humanos de la Nación (Programa Verdad y Justicia), Secretaría de Derechos Humanos de la Nación, Facultad Latinoamericana de Ciencias Sociales (Área de Economía y Tecnología), Centro de Estudios Legales y Sociales, Buenos Aires, 2015, tomo II, p. 215.

siguen incorporando denuncias por desapariciones, sobre todo en sectores obreros y populares que por distintas razones no accedieron a los canales de denuncia instaurados en la década de 1980.

Si bien la represión en Fiat había iniciado antes de 1976, como se ha mencionado anteriormente, el golpe de Estado inauguró las desapariciones en Fiat desde el día 1: el 24 de marzo de 1976 un obrero fue secuestrado y desaparecido desde su lugar de trabajo en Fiat Concord. Aunque el informe de inteligencia de la PFA lo indica como militante del Partido Revolucionario de los Trabajadores-Ejército Revolucionario del Pueblo (PRT-ERP), otros testimonios lo habían identificado repartiendo prensa del Partido Comunista Revolucionario (PCR).[11] Claramente este no fue el único caso, pero quizás la desaparición desde la fábrica fue tan visible que los siguientes memos internos de los servicios de inteligencia remarcaban la necesidad de actualizar los domicilios de todos los trabajadores, ya sean industriales, de comercio o de servicios públicos, probablemente para poder realizar los secuestros allí. El comandante del III Cuerpo de Ejército daba un plazo perentorio de 72 horas para realizar la declaración jurada del domicilio real, haciéndose constar que en caso de falsedad se procedería a la cesantía. Explícitamente se argumentaba que la medida era una "acción psicológica" para "obstruir el accionar de los activistas fabriles y alterar sus planes en lo que respecta a la movilización proyectada". Asimismo se indicaba que se complementaría con "controles colectivos" que se realizarían con las listas confeccionadas con los nombres de los operarios y sus direcciones reales, para detectar si las razones del ausentismo eran valederas para la empresa (enfermedad, por ejemplo) o se debían a razones de persecución política.[12] En los primeros meses después del golpe de Estado en Fiat se registraba un ausentismo de entre un 8 % y un 11 % en las tres plantas,[13] lo que generaba una preocupación empresaria para sostener los ritmos productivos, en un momento en el que justamente estos se aceleraban cada vez más. Ciertamente gran parte del ausentismo se debía a que los activistas temían estar señalados como "subversivos" y ser secuestrados desde el lugar de trabajo. Por ello la función del ejército y la policía era la "búsqueda

[11] Archivo Provincial de la Memoria (APM), Policía Federal Argentina (PFA), Radiograma (Rad.), Córdoba, 10/05/1976, DGI.cd N.° 232 S. Para favorecer la fluidez de la lectura, en las notas subsiguientes solo se indicará el tipo, número y fecha del documento; todos pertenecientes a la misma serie documental.

[12] Memorándum (Mem.), 12/05/1976, DGI.cd N.° 68 "R"; Rad., 23/05/1976, DGI.cd N.° 268 S.I.

[13] Mem., 27/04/1976, DGI.cd N.° 50 "R"; Mem., 05/05/1976, DGI.cd N.° 61 "R".

de información atinente a la detección de activistas" en las principales fábricas de Córdoba: Renault, Fiat, Forja, Transax, Perkins, entre otras.[14]

En los meses sucesivos ese trabajo de inteligencia comenzó a dar frutos: en septiembre de 1976 detuvieron a un obrero en la puerta de GMD repartiendo volantes de la CGT en la Resistencia,[15] organización sobre la que profundizaremos más adelante. Por este hecho seis operarios se presentaron ante la dirección empresaria pidiendo información sobre la detención de su compañero: todos fueron identificados, catalogados como activistas y exdelegados, incluso algunos vinculados a la izquierda. Tres de ellos fueron detenidos en la planta mientras los otros huyeron del procedimiento: según las fuentes policiales "lograron eludir la acción del personal policial y militar, presumiblemente escondiéndose en algún lugar del establecimiento".[16] Debido a estos acontecimientos la Guardia de Infantería custodió los alrededores de la planta para evitar "alteraciones al orden". En su operativo detuvieron a nueve personas que se encontraban "merodeando en actitud sospechosa", quienes también fueron trasladadas al Departamento II de Informaciones de la Policía local, junto a los obreros detenidos antes. Algunos de ellos fueron liberados luego de ser identificados, pero otros quedaron a disposición del Área 311 del Ejército.[17]

En el contexto de este conflicto el Ejército montó un "operativo ventilador" en cercanías a la planta en Ferreyra, con el fin de disciplinar a los trabajadores a partir del terror. Según sus propias explicaciones, efectivos militares se encontraron con dos "delincuentes subversivos" que distribuían panfletos en las inmediaciones de Fiat, huyeron ante la presencia militar pero fueron perseguidos. Intentaron resistir disparando armas de fuego y lanzando una granada que no explotó, por lo que tuvieron que ser abatidos.[18] El relato de este último documento es característico de los informes del Ejército para legalizar ejecuciones sumarias por razones políticas, que en los años del terrorismo de Estado se multiplicaron por miles. Se trataba de asesinatos ocurridos en muchos casos en centros clandestinos de detención, los cadáveres eran luego colocados en la vía pública y fraguados los informes para simular enfrentamientos inexistentes.

En el caso de uno de los activistas detenidos por estar presuntamente a cargo de repartir panfletos en un ómnibus, el comandante del III Cuerpo

[14] Mem., 22/06/1976, DGI.cd N.° 107 "R".
[15] Rad., 21/09/1976, DGI.cd N.° 684 S.I.
[16] Rad., 22/09/1976, DGI.cd N.° 693 S.I.
[17] Rad., 22/09/1976, DGI.cd N.° 693 S.I.
[18] Rad., 23/09/1976, DGI.cd N.° 694 S.I. Vid informe *Responsabilidad empresarial* ... tomo II, pp. 242–243.

de Ejército determinó que no tenía vínculo con la "subversión", luego de los interrogatorios a otros trabajadores secuestrados. Por ello Luciano Benjamín Menéndez ordenó su libertad y solicitó a Fiat que lo reintegrase a su puesto y se le abonaran los jornales de los días en que estuvo detenido, lo que fue aceptado por la empresa.[19] Este dato se suma a muchos otros que evidencian la connivencia entre el ejército y las direcciones empresarias (Basualdo, 2017; Schorr, 2013). Cada vez que la empresa lo requería, el ejército apoyaba la seguridad interna de la fábrica para evitar "alteraciones al orden", o sea, identificar activistas y efectuar detenciones ante la menor acción.[20] Asimismo, las patronales echaron mano a una táctica tradicional en las relaciones capital-trabajo para subordinar a los trabajadores: los traslados entre distintas secciones, talleres y fábricas de la misma firma. Según la documentación de inteligencia de la PFA, estos movimientos se realizaban "con el objeto de aislar activistas y agitadores".[21] Otra estrategia empresarial para menguar el descontento obrero solía ser el otorgamiento de aumentos salariales, aunque en menor proporción al solicitado por los trabajadores. Según las evaluaciones que hacían las fuerzas represivas esas medidas "constituyen un factor de desahogo para los trabajadores y, a la vez, concurre a quitar ´banderas´ a los agitadores que ven cada vez más dificultado su accionar en el complejo Fiat".[22]

También el ministerio de Trabajo de la Nación fue parte de la maquinaria represiva, ya que a pesar del golpe de Estado que suspendió el funcionamiento institucional, la dependenciacontinuó constatando las medidas de acción directa que realizaban los obreros y, a pedido de la Empresa, los intimaba a normalizar sus tareas.[23]

Junto con las modalidades políticas de la represión, el cambio de modelo económico que se estaba imponiendo en todo el país comenzó a golpear al sector obrero. Ciertamente estas transformaciones se correspondían con una mudanza en las relaciones de poder en la economía mundial occidental que se venía manifestando desde la década de 1960 pero que se aceleraron con la crisis del petróleo en 1973, evidenciado en recesión, inflación, desaceleración de la productividad y de los márgenes de ganancias capitalistas (Peralta Ramos, 2007). Pero más allá de estas contingencias generales, el cambio de modelo económico nacional no

[19] Rad., 24/09/1976, DGI.cd N.º 697 S.I.

[20] Otros pedidos similares se registraron en: Rad., 29/04/1977, DGI.cd N.º 344 S.I.; Rad., 20/05/1977, DGI.cd N.º 415 S.I.

[21] Rad., 14/06/1976, DGI.cd N.º 343 S.I.

[22] Rad., 01/12/1976, DGI.cd N.º 985 S.I. Otras apreciaciones similares en: Rad., 05/04/1979, DGI.cd N.º 121 S.I.

[23] Rad., 07/10/1976, DGI.cd N.º 761 S.I. Se sabe que el Ministerio de Trabajo de la Nación delegación Córdoba tiene un archivo con documentación de aquellos años pero está cerrado al público.

derivó de un agotamiento de la industrialización por sustitución de importaciones, sino por la instauración de un nuevo gobierno de facto que sostenía las necesidades del bloque social dominante, que en la década previa al golpe de Estado venía perdiendo poder frente al sector asalariado (Basualdo, 2006). Por ello la política económica del PRN en lo industrial favoreció a las grandes empresas en detrimento de las pequeñas y medianas, para quienes la subsistencia dependió de la alianza con un grupo financiero, la importación de sus producciones o la reducción al máximo de la actividad (Peralta Ramos, 2007: 175). A pesar de ello, una gran empresa como Fiat, que incluso se fusionó con Peugeot en 1980, disminuyó su producción y sostuvo a lo largo de todo el período una serie de medidas por acumulación de *stock* en sus establecimientos cordobeses. Se reordenaron tareas entre las plantas, se redujeron las jornadas de trabajo a algunos días de la semana, se suspendieron las horas extras, se otorgaron licencias obligatorias para todos los trabajadores juntos e incluso hubo cierres de planta por un par de días. Estas medidas repercutían en los trabajadores con una rebaja de entre un 25 % y hasta un 50 % del salario.

El descenso de la producción industrial cordobesa durante la dictadurafue muy notable. La Asociación de Fábricas de Automotores (ADEFA) informaba que la disminución en la producción cordobesa durante el primer semestre de 1976 en comparación con el mismo período de 1975 era de un 27,7 %.[24] Claramente esta situación no afectaba únicamente a Fiat ni a la industria mecánica en especial, sino que era parte de una transformación estructural. En agosto de 1976 los organismos de inteligencia hicieron un listado de 62 casos de establecimientos de la provincia de Córdoba que desde el 24 de marzo de ese año habían tomado medidas en contra de los trabajadores como licencias, despidos y suspensiones.[25] En ese marco de fuerte caída de la producción local, Fiat Concord suspendió a 3800 obreros por exceso de *stock* entre el 12 y el 30 de julio de 1976, continuando en agosto y octubre del mismo año.[26]

En 1978, debido a la aceleración de la crisis en el sector mecánico, Fiat volvió a establecer programas de suspensiones por acumulación de *stock*. Durante todo enero no se trabajó los días viernes y en febrero otorgaron la licencia anual a todo el personal, mientras en junio suspendieron el trabajo dos días a la semana, achicando la producción a un tercio de lo "normal". Así continuaron hasta mediados de 1980.[27] Al mismo tiempo, la patronal

[24] Rad., 05/08/1976, DGI.cd N.° 513 S.I.

[25] Mem., 06/08/1976, DGI.cd N.° 146 "R".

[26] Mem., 29/06/1976, DGI.cd N.° 114 "R"; Rad., 06/07/1976, DGI.cd N.° 419 S.I.; Rad., 05/10/1976, DGI.cd N.° 743 S.I.

[27] Rad., 03/01/1978, DGI.cd N.° 4 S.I.; Rad., 05/01/1978, DGI.cd N.° 13 S.I.; Rad., 06/06/1978, DGI.cd N.° 325 S.I.; Rad., 15/06/1978, DGI.cd N.° 344

inició una política de cesantías encubiertas: según recogían los informantes policiales "la empresa estaría llamando a sus operarios y les ofrece una indemnización si renuncian, caso contrario se les declara prescindibles".[28] También continuaron despidos de pocas personas por semana y dedicación de personal calificado a tareas de mantenimiento y limpieza, acreditando que tanto maquinarias como obreros se encontraban ociosos.[29] En octubre volvieron suspender dos días la actividad en Concord, y ante los reclamos de los trabajadores, despidieron a cinco obreros considerados activistas "agitadores".[30] De nuevo en 1980 se trabajaba cuatro días a la semana por acumulación de *stock*, abonándose un 50 % del salario.[31] Lo mismo sucedió en enero de 1981, cerrando la planta cinco días al mes y liquidando el 50 % del salario.[32] Entre marzo y septiembre de ese año aconteció de nuevo: se suspendió a casi todo el personal (entre 2500 y 1500 operarios) en distintos días, abonándoseles el 50 % del salario. Además, en ese período se enviaron 301 telegramas de despido por reducción de personal.[33]

En 1980 la fusión de Fiat con Peugeot (formando SEVEL) también generó nuevos despidos, tanto de administrativos como de operarios.[34] En ese contexto, el achicamiento de la industria afectaba al sector metalúrgico de una manera desesperante: en el primer semestre del año 15 empresas metalúrgicas habían despedido entre 3 y 70 operarios, sumando en total 366, de los cuales 80 eran de Fiat. Asimismo, en el mismo período 21 firmas suspendieron personal entre 10 y 30 días, que en el caso de Fiat afectó a 2324 obreros.[35] En el marco de la Guerra de Malvinas, entre abril y junio de 1982, SEVEL despidió a 15 operarios y continuó con un cronograma de suspensiones, lo que fue denunciado por la comisión interventora de la UOM como "una

S.I.; Rad., 11/08/1978, DGI.cd N.° 402 S.I.; Mem., 16/08/1978, DGI.cd N.° 135 "R"; Mem., 31/07/1980, DGI.cd N.° 104 "R".

28 Rad., 26/01/1978, DGI.cd N.° 74 S.I.; Mem., 15/02/1978, DGI.cd N.° 31 "R".

29 Mem., 05/10/1978, DGI.cd N.° 177 "R"; Rad., 03/11/1978, DGI.cd N.° 505 S.I.

30 Rad., 19/10/1978, DGI.cd N.° 489 S.I.

31 Rad., 06/08/1980, DGI.cd N.° 597 S.I.

32 Rad., 21/01/1981, DGI.cd N.° 47 S.I.; Rad., 21/01/1981, DGI.cd N.° 43 S.I.

33 Rad., 19/02/1981, DGI.cd N.° 118 S.I.; Rad., 04/03/1981, DGI.cd N.° 157 S.I.; Rad., 17/03/1981, DGI.cd N.° 191 S.I.; Rad., 23/03/1981, DGI.cd N.° 208 S.I.; Rad., 23/03/1981, DGI.cd N.° 208 S.I.; Rad., 08/04/1981, DGI.cd N.° 264 S.I.; Rad., 14/04/1981, DGI.cd N.° 280 S.I.; Rad., 07/05/1981, DGI.cd N.° 327 S.I.; Rad., 04/06/1981, DGI.cd N.° 409 S.I.; Rad., 02/06/1981, DGI.cd N.° 402 S.I.; Rad., 10/08/1981, DGI.cd N.° 969-551 S.I.; Rad., 01/09/1981, N.° 969-622 S.I.; Rad., 21/09/1981, DGI.cd N.° 969-669 S.I.

34 Mem., 31/07/1980, DGI.cd N.° 104 "R".

35 Rad., 18/08/1980, DGI.cd N.° 642 S.I.

agresión de la empresa multinacional (...) en concordancia con la actitud de su metrópoli, ligada a su vez con los intereses colonialistas que hoy pretenden agredir a Argentina a través de la Comunidad Económica Europea".[36]

Ante estas modalidades represivas, los trabajadores reaccionaron de diferente manera, de acuerdo al horizonte de su propia experiencia y las condiciones de posibilidad que el contexto político imponía.

Acciones, posiciones y formas de organización obrera en Fiat

Los cambios en los repertorios de confrontación de los trabajadores de Fiat fueron modificados por la dictadura , aunque como ya se ha mencionado, la conflictividad obrera se había iniciado antes. En los meses previos al golpe de Estado de 1976, en Fiat existían dos tipos de organización obrera: los cuerpos de delegados que respondían a la UOM, identificados con el peronismo ortodoxo, y los que se habían formado en contra de ellos, tratando de reconstituir el sindicalismo clasista. Estos segundos habían organizado quites de colaboración en Materfer en octubre de 1975, reduciendo la productividad a un 30 % de lo habitual. Por ello la empresa Fiat había cerrado por unos días, pensando que el *lock-out* calmaría el descontento.[37] En los días previos al 24 de marzo de 1976, los reclamos obreros coordinados desde la Mesa de Gremios en Lucha –que incluían a las bases de Fiat– se orientaban en contra del plan Mondelli, que venía reduciendo el salario obrero. Por ello las peticiones se orientaban a aumentos salariales de hasta un 80 %.[38]

Antes del 24 de marzo en GMD y Materfer se realizaban disminuciones de producción de entre un 50 % y un 75 %. La diferencia es que antes del 24 de marzo podían manifestarse en asamblea en el lugar de trabajo y el Cuerpo

[36] Rad., 19/04/1982, N.° 969-13-000371-82; Rad., 06/05/1982, N.° 969-13-000428-82; Rad., 13/05/1982, N.° 969-13-000442-82; Rad., 19/05/1982, N.° 969-13-000451-82; Rad., 21/05/1982, N.° 969-13-000457-82; Rad., 31/05/1982, N.° 969-13-000435-82, Rad., 02/06/1982, N.° 969-13-000474-82; Rad., 04/06/1982, N.° 969-13-000478-82.

[37] Rad., 20/10/1975, DGI.cd N.° 205 S.I.

[38] Rad., 19/03/1976, DGI.cd N.° 113 S.I. La Mesa de Gremios en Lucha era una coordinadora sindical identificada con el clasismo que se había formado en 1974 en Córdoba con el fin de establecer redes entre activistas de sindicatos intervenidos o que no tenían reconocimiento institucional (Ortiz, 2019: 352–354). El Plan Mondelli consistió en un paquete de medidas antiinflacionarias impuestas por el entonces ministro de Economía. Fundado en una mirada económica ortodoxa, propuso aumentos en las tarifas de hasta un 150 %, una devaluación del peso del 22 % y un incremento salarial del 12 %. A pesar de imponer un período de 180 días de "tregua social", las movilizaciones obreras en su contra no se hicieron esperar.

de Delegados actuaba como tal. En Materfer incluso habían realizado un abandono de tareas de un par de horas por turno y proyectaron un paro de 48 horas para los días 22 y 23 de marzo de 1976.[39] En cambio, después del 24 de marzo ya no fue posible mantener acciones visibles como paros, asambleas y abandonos, pero sí se sostuvieron las disminuciones de producción por un 10 % o 15 % con trabajo a desgano y la no realización de horas extras. Tal fue el caso de GMD y Materfer unos días después del 24 de marzo, según fuentes policiales, debido al malestar que provocaba el pedido de aumento salarial sin obtener respuestas de la empresa.[40] En los meses siguientes la situación continuó con altibajos, pero en octubre todavía la empresa se quejaba que en Materfer la producción rondaba en un 60 % de lo normal "notándose el accionar de activistas y la estructuración de comisiones internas clandestinas".[41]

Los reclamos por el salario llevaban a discutir los precios de la canasta básica y de los precios de los comedores de la fábrica, por lo que otra de las modalidades de acción eran los boicots al comedor de la fábrica en protesta por sus precios.[42] También se manifestaron con cánticos de descontento contra el gobierno en momentos del pago de la quincena.[43]

Aunque los reclamos salariales tuvieron momentos de mayor tensión y otros donde disminuía, lo que se consideraba "normalidad" en la producción durante todo el período estaba teñido de descontento y expresiones de disconformidad.[44] Ello se debía por un lado a la situación de crisis económica, pero también porque los trabajadores industriales tenían una experiencia de lucha y organización en los años previos que dificultaba el sometimiento social que el PRN pretendía instaurar. Obviamente, las condiciones de posibilidad que el contexto represivo imponía, condicionaron las formas de actuación obrera a movimientos subterráneos. Los servicios de inteligencia de la PFA reconocían que, a pesar de la estricta vigilancia del personal de seguridad de la empresa, se detectaba que en las distintas plantas se realizaban reuniones clandestinas entre obreros, entre dos y tres personas, simulando trabajar, o en los baños.[45]

[39] Rad., 18/03/1976, DGI.cd N.° 112 S.I.

[40] Rad., 13/04/1976, DGI.cd N.° 161 S.I.; Rad., 22/04/1976, DGI.cd N.° 188 S.I.

[41] Rad., 05/10/1976, DGI.cd N.° 743 S.I.

[42] Rad., 05/05/1976, DGI.cd N.° 216 S.I.; Rad., 07/05/1976, DGI.cd N.° 226 S.I.; Rad., 12/08/1976, DGI.cd N.° 538 S.I.

[43] Rad., 06/05/1976, DGI.cd N.° 219 S.I.; Rad., 21/01/1977, DGI.cd N.° 44 S.I.; Rad., 28/01/1977, DGI.cd N.° 58 S.I. Otras situaciones similares en: Rad., 05/04/1977, DGI.cd N.° 262 S.I.; Rad., 06/10/1978, DGI.cd N.° 475 S.I.

[44] Rad., 15/04/1977, DGI.cd N.° 301 S.I.

[45] Mem., 27/04/1976, DGI.cd N.° 50 "R"; Rad., 11/05/1977, DGI.cd N.° 369 S.I.; Rad., 20/10/1978, DGI.cd N.° 494 S.I.

En los primeros tiempos después del 24 de marzo, la inteligencia de la PFA registraba que en Materfer la mayoría de los representantes obreros eran peronistas ortodoxos y los de Concord eran activistas de izquierda.[46] Estos últimos estaban identificados con la Mesa de Gremios en Lucha y, como tales, intentaron por un tiempo sostener la organización de las bases en pro de la defensa de los intereses obreros. En mayo de 1976 los organismos de inteligencia se quejaban de una intensificación en la distribución de volantes firmados por la Mesa de Gremios en Lucha exhortando a la movilización que procuraron generar en conmemoración del Cordobazo, acción que no se pudo realizar.[47] Según las auscultaciones de los informantes las volanteadas eran constantes pero en pocas unidades se propagaban "a modo de pasamano", probablemente porque los controles en el ingreso de los establecimientos dificultaban el traslado de grandes cantidades e implicaban un inmenso riesgo en caso de una detención, tal como mencionamos al comienzo de este capítulo. Los panfletos de la Mesa de Gremios instaban a los trabajadores a resistir a la dictadura, que según sus palabras representaba la defensa militar de la clase dominante para someter a los trabajadores. Llamaban a organizarse en contra de la represión política, representada en asesinatos y torturas, y también contra la represión económica, encarnada en la quita de derechos laborales, el aumento de las horas de trabajo y de los ritmos de producción, el congelamiento de salarios y la suba de los precios de los productos de primera necesidad. En concreto reclamaban un aumento salarial de emergencia, el cese de las intervenciones y la democratización de los sindicatos, la restitución del derecho a huelga y demás derechos cercenados, la libertad de los presos políticos y gremiales, el fin de los allanamientos, torturas, secuestros y asesinatos. En sus propios términos, señalaban el camino de la organización obrera desde las bases, en la fábrica y los barrios obreros.[48]

En los meses siguientes fueron desapareciendo las expresiones de la Mesa de Gremios en Lucha, probablemente ya desarticulada, con la mayoría de sus activistas detenidos, secuestrados, exiliados, insiliados o en clandestinidad. Pero sí continuaron en actividad otras organizaciones políticas que tenían incidencia en los trabajadores de Fiat. Según los propios registros de los represores continuaban en actividad el PCR, la Liga Comunista, Orientación Socialista y la Organización Comunista Poder Obrero (OCPO). Pero las dos organizaciones con mayor presencia eran Montoneros y el PRT-ERP.[49]

[46] Rad., 06/05/1976, DGI.cd N.° 219 S.I.
[47] Mem., 12/05/1976, DGI.cd N.° 68 "R".
[48] Rad., 13/05/1976, DGI.cd N.° 244 S.I.
[49] Rad., 01/06/1976, DGI.cd N.° 293 S.I.; Rad., 01/12/1976, DGI.cd N.° 985 S.I.

Entre 1976 y 1977 los volantes del PRT-ERP demostraban su conexión con los trabajadores, ya que tenían un profundo conocimiento de los cambios que habían sucedido en el interior de la fábrica. Por ejemplo, se quejaban de que el jefe de personal de Concord no dejaba que los trabajadores hablasen entre ellos. También denunciaban despidos hormiga y traslados de obreros entre las distintas plantas, con el apoyo de los encargados, jefes de taller o de sección. Llamaban a sabotear la producción para lograr aumentos salariales, reclamaban solución al pedido de insalubridad en la sección de Tratamientos Térmicos, la inmediata categorización, la libertad de los presos, el cese de despidos y suspensiones, y el restablecimiento de plenas libertades sindicales[50]. También la organización Montoneros difundió su prensa y volantes en Fiat en ese tiempo, con títulos como "Resistencia popular a los milicos gorilas" e instando a organizarse. En algunos panfletos proponían formar clandestinamente Coordinadoras con delegados por secciones, fábricas y zonas, en otros comenzaron a bregar por organizar una CGT en la Resistencia y la UOM en la Resistencia.[51] En cualquiera de los casos, argumentaban que se debía luchar por el congelamiento de precios y un aumento salarial, exigiendo el respeto de las conquistas obreras, repudiando las intervenciones a los sindicatos y agregando, algo novedoso en agosto de 1976, el "respeto a los derechos humanos". También recomendaban aplicar todas las herramientas a disposición para luchar dentro de las fábricas: el sabotaje y la disminución de los ritmos de producción.[52] Hacían pintadas en los baños de las fábricas, apuntando frases como "Simó-Videla te quedan pocos días. Resistencia activa contra los milicos gorilas".[53]

[50] Rad., 17/05/1976, DGI.cd N.° 250 S.I. El término "despido hormiga" refiere a la tradición de cesantear en pequeñas cantidades por quincena o por mes, para fragmentar la organización obrera de resistencia a los despidos. Otros volantes, prensa y pintadas del PRT-ERP repartidos en Fiat con similares propuestas: Rad., 13/10/1976, DGI.cd N.° 788 S.I.; Rad., 01/12/1976, DGI.cd N.° 982 S.I.; Rad., 15/04/1977, DGI.cd N.° 297 S.I.; Rad., 27/05/1977, DGI.cd N.° 437 S.I.; Rad., 06/10/1978, DGI.cd N.° 475 S.I. Después de 1978 ya no aparecen más documentos que los mencionen.

[51] Argañaraz, Jorge, obrero de Fiat y militante de Montoneros, entrevista realizada en Córdoba el 09/05/2015 por Laura Ortiz.

[52] Rad., 10/06/1976, DGI.cd N.° 330 S.I.; Mem., 10/06/1976, DGI.cd N.° 96 "R"; Rad., 10/08/1976, DGI.cd N.° 529 S.I.; Rad., 09/09/1976, DGI.cd N.° 651 S.I.

[53] Alejo Simó fue secretario general de la UOM desde la década de 1960 y, entre 1974 y 1976, fue el Delegado regional del ministerio de Trabajo de la Nación. Era uno de los principales referentes del sindicalismo peronista ortodoxo. Jorge Rafael Videla fue el primer presidente de la Junta de Comandantes del gobierno militar. Rad., 01/09/1976, DGI.cd N.° 613 S.I. Otra situación similar en: Rad., 01/03/1977, DGI.cd N.° 143 S.I.

Hasta 1978 los organismos de inteligencia policial tenían claro que el activismo era fuerte todavía en las fábricas y que trabajaba para movilizar a las bases.[54] En efecto, a los pocos días que Montoneros lanzó la convocatoria para formar la UOM en la Resistencia, con un formato organizativo y una serie de demandas que debía encarar la organización, apareció en los transparentes de Fiat Materfer un petitorio firmado por "Trabajadores de Materfer" con algunas de las peticiones que había señalado Montoneros: aumento salarial para obreros y empleados del 38 %, la categorización del personal y una bonificación del 100 % para gastos de transporte, comedor y medicamentos.[55] En la misma época en Concord también una Junta Promotora de la UOM en la Resistencia impulsó la presentación de petitorios casi con las mismas demandas que el anterior: un aumento salarial del 50 % y categorizaciones, garantías de que no se realicen despidos y la gratuidad del transporte y comedor. En este caso el petitorio fue entregado a la dirección empresaria en la mano, y según denunció la organización obrera, no solo no respondieron a los reclamos, sino que además ordenaron la detención de los dos obreros encargados de esa presentación.[56] A los pocos días de estos petitorios se anunció el despido de 24 operarios de Materfer, señalados "como activistas de la Unión Obrera Metalúrgica en la Resistencia y que fueron detectados por la empresa, introduciendo algunos de ellos material dentro de la fábrica".[57] Sin embargo, las pintadas en los baños de Materfer continuaron en los meses siguientes: algunas firmadas por Montoneros con el pliego de reivindicaciones ya establecido, incluyendo amenazas contra guardias, capataces y dirigentes empresariales y políticos[58], pero también otras pintadas "anti-subversivas" en contra de ellos, del estilo: "Levantemos el país, trabajando más y mejor. Saquémoslo del pozo donde lo metieron los peronistas imbéciles e inútiles. Que los militares no tienen la culpa. Donde están los del ERP, los Montoneros y su familia. Un argentino".[59] Sin embargo la UOM en la Resistencia

[54] Mem., 26/05/1976, DGI.cd N.° 80 "R"; Mem., 25/08/1976, DGI.cd N.° 158 "R"; Rad., 15/09/1976, DGI.cd N.° 662 S.I.; Rad., 20/04/1977, DGI.cd N.° 317 S.I.

[55] Rad., 16/09/1976, DGI.cd N.° 665 S.I.

[56] Rad., 20/09/1976, DGI.cd N.° 682 S.I.

[57] Rad., 08/10/1976, DGI.cd N.° 770 S.I. Luego de un par de meses los informantes de la policía recogieron rumores de que ese núcleo de despedidos de Materfer se estaba organizando en un grupo denominado Movimiento de Resistencia y Recuperación Sindical, con el fin de continuar activando la resistencia a la dictadura en la fábrica. Rad., 08/03/1977, DGI.cd N.° 160 S.I.

[58] Rad., 15/10/1976, DGI.cd N.° 795 S.I.; Rad., 14/12/1976, DGI.cd N.° 1011 S.I.; Rad., 12/05/1977, DGI.cd N.° 377 S.I.; Rad., 09/06/1977, DGI.cd N.° 471 S.I.; Rad., 25/08/1977, DGI.cd N.° 743 S.I.

[59] Rad., 21/10/1976, DGI.cd N.° 823 S.I.

siguió alentando las acciones obreras clandestinas, sumando al trabajo a desgano, el sabotaje a la producción: arruinando máquinas, cortando asientos de autos, incendiando repuestos o rayando revestimientos.[60]

Otras medidas de acción directa fueron los abandonos de fábrica, aunque en menor cantidad respecto de épocas anteriores. En noviembre de 1976 los obreros de Concord hicieron uno en solidaridad con los trabajadores de Renault que reclamaban un aumento salarial. Allí también se estaba formando el SMATA en la Resistencia, que proponía reclamos similares a los que hacía la UOM en la Resistencia.[61] Entre fines de marzo y comienzos de abril de 1977 otra vez hubo una conflictividad similar: los obreros de GMD, Materfer y Concord reclamaron a las patronales por desconocer el aumento salarial que el gobierno había dispuesto. Por ello realizaron trabajo a desgano, paro de dos horas por turno dentro del establecimiento, asambleas en el comedor de la fábrica, la presentación de petitorios y pintadas en los baños.[62] En respuesta la empresa despidió a ocho trabajadores, seguramente identificados como activistas. Algunos de ellos comenzaron a reclamar la reincorporación pero otros prefirieron ser indemnizados.[63]

La actuación de los activistas que firmaban como "Trabajadores de Materfer" continuó entre junio y septiembre de 1977. En junio volvieron a presentar un petitorio para reclamar un aumento salarial del 80 % y otras reivindicaciones en relación a las categorizaciones y bonificaciones por transporte, comedor y medicamentos. Como la empresa los ignoró, se escucharon cánticos y palabras injuriosas contra directivos de la empresa, además del trabajo a desgano y pintadas en los baños.[64] En respuestas a esas acciones, la empresa suspendió a 12 obreros de GMD que encontraron en los baños en horario de trabajo, aunque aclarando que estaban jugando ajedrez o durmiendo.[65] Luego de eso se fueron normalizando las tareas en GMD y Materfer. Concord fue la última planta que sostuvo el trabajo a desgano, incluso luego del incremento salarial del 12 % que dispuso Fiat en septiembre de 1977.[66]

60 Rad., 07/10/1976, DGI.cd N.º 760 S.I.
61 Rad., 26/11/1976, DGI.cd N.º 972 S.I.
62 Rad., 22/03/1977, DGI.cd N.º 200 S.I.; Rad., 23/03/1977, DGI.cd N.º 207 S.I.; Rad., 23/03/1977, DGI.cd N.º 211 S.I.; Rad., 30/03/1977, DGI.cd N.º 237 S.I.; Rad., 04/04/1977, DGI.cd N.º 259 S.I.
63 Rad., 12/04/1977, DGI.cd N.º 280 S.I.
64 Rad., 29/06/1977, DGI.cd N.º 523 S.I.; Rad., 06/07/1977, DGI.cd N.º 552 S.I.; Rad., 08/07/1977, DGI.cd N.º 568 S.I.; Rad., 22/07/1977, DGI.cd N.º 626 S.I.; Rad., 12/08/1977, DGI.cd N.º 706 S.I.; Rad., 16/08/1977, DGI.cd N.º 716 S.I.; Rad., 18/08/1977, DGI.cd N.º 719 S.I.; Rad., 24/08/1977, DGI.cd N.º 741 S.I.
65 Rad., 18/08/1977, DGI.cd N.º 723 S.I.
66 Rad., 31/08/1977, DGI.cd N.º 764 S.I.; Rad., 14/09/1977, DGI.cd N.º 814 S.I.; Rad., 19/09/1977, DGI.cd N.º 729 S.I.; Rad., 21/09/1977, DGI.cd N.º 840 S.I.

A partir de 1978 todas aquellas acciones resistentes de bases, ya sean clandestinas o públicas, fueron desapareciendo. En las dos grandes huelgas durante la dictadura (en abril de 1979 y marzo de 1982), los trabajadores de Fiat no tuvieron una participación activa. No así en diciembre de 1982, momento en que la UOM Nacional declaró un paro y la regional cordobesa acató. En este caso, la medida reclamaba un aumento salarial, el fin de la legislación laboral represiva y la normalización del sindicato. La adhesión fue de entre un 80 % y un 85 % en toda la rama metalúrgica local, siendo del 100 % en Materfer y SEVEL, quienes participaron de una asamblea en la puerta del complejo de Ferreyra encabezada por el delegado normalizador del sindicato[67]. Sin embargo, la composición de los trabajadores había cambiado, los activistas de izquierda ya no aparecían en los documentos de inteligencia como un problema central sino que, al contrario, las fuerzas represivas evaluaban que el problema de la "subversión" en las fábricas había acabado.

Estructura sindical y proceso de normalización

Según las evaluaciones que hacían los servicios de inteligencia, hacia 1979 se consideraba que había llegado el momento de normalizar los sindicatos, ya que no había grandes riesgos de acciones directas de las bases obreras. El poder sindical se reactivó desde las cúpulas tradicionales que, durante esos últimos años, no habían tenido ninguna actividad pública. En esta coyuntura los documentos de inteligencia comenzaron a registrar a estos referentes gremiales en reuniones variadas, tratando de reunificar el movimiento obrero, sobre todo a partir de su raigambre peronista. Ya desde 1978 los informantes policiales daban cuenta de encuentros entre Alejo Simó y Mauricio Labat con otros dirigentes sindicales nacionales, con el fin de "aunar criterios que hagan a una mayor cohesión político-gremial y así poder contrarrestar a potenciales opositores en el campo por ellos dirigido".[68]

Si bien a nivel nacional la UOM se encontraba intervenida desde marzo de 1976 (Zorzoli, 2018: 500), en la seccional de Córdoba se mantuvo en la dirección a la cúpula sindical anterior, siendo su secretario general Juan Carlos Romero. Pero con motivo de la Jornada Nacional de Protesta del 29 de abril de 1979, en vistas a que el principal dirigente metalúrgico había firmado el documento de adhesión a la misma, el interventor nacional de la UOM

[67] Rad., 13/12/1982, N.° 969-13-000911-82; Rad., 15/12/1982, N.° 969-13-000913-82.

[68] Rad. DGI.cd. N.° 394 S.I., 03/08/1978. Tanto Simó como Labat eran representantes del núcleo peronista ortodoxo, en el caso de Labat era el histórico dirigente del Sindicato de Taxis.

ordenó desplazar a la conducción de esta seccional y nombró como delegado normalizador a José González, quien hasta ese momento había sido titular de la Comisión Interna de Fiat. Según las fuentes consultadas, este cambio obedecía a razones "de imagen" más que de fondo, ya que González "sustenta el mismo criterio peronista que su antecesor".[69]

Aunque pareciera no tratarse de una intervención con fines de desarticulación de organizaciones sindicales combativas, tampoco la intromisión se trató de un típico proyecto de normalización sindical, según la clasificación que construyó Zorzoli (2018). Al contrario, la medida tuvo que ver con conflictos internos a las cúpulas peronistas, ya que el recambio dirigencial hizo que el sector metalúrgico local tradicionalmente encabezado por Alejo Simó se viera desplazado de su espacio y por ello iniciase una gran cantidad de críticas a la dirigencia metalúrgica nacional. En efecto, el Cuerpo de Delegados de Fiat –alineado con la UOM local y nucleado en el Movimiento de Agrupaciones Metalúrgicas "José Ignacio Rucci"–, emitió varias declaraciones públicas donde apuntaba que la comisión interventora estaba formada por miembros que habían sido desplazados de la conducción gremial por haber llevado a la quiebra al sindicato. En particular apuntaban en contra de José González, a quien señalaban como "informante"[70] de los servicios de inteligencia. En respuesta, González resolvió retirar los permisos gremiales existentes en los distintos establecimientos, atacando especialmente a las comisiones internas.[71]

Las vinculaciones entre la dirigencia metalúrgica y los servicios de inteligencia tenían larga data en Córdoba, como mencionamos al comienzo de este trabajo. Sin embargo, las disputas hacia 1981 en la UOM local no tenían que ver con eso sino con el liderazgo. Por ello el sector encabezado por Alejo Simó influyó en el gobierno provincial que ordenó una auditoría contable al sindicato metalúrgico en marzo de 1981, detectando cierta anormalidad en el manejo de los fondos sindicales.[72] Por ello González fue removido del sindicato, dejando a Alfredo Perulero a cargo. Pero Alejo Simó se quejaba de que habían dejado al resto de la comisión que eran "partícipes" de la defraudación, y al poco tiempo fueron detenidos todos los miembros de la comisión normalizadora.[73] Luego se designó interinamente a Juan Andrés Orello, y

69 Rad., 18/06/1979, DGI.cd N.° 233 S.I.
70 Rad., 29/06/1979, DGI.cd N.° 268 S.I.
71 Rad., 03/07/1979, DGI.cd N.° 273 S.I.; Rad., 11/08/1980, DGI.cd N.° 608 S.I.; Rad., 18/08/1980, DGI.cd N.° 629 S.I.; Rad., 27/08/1980, DGI.cd N.° 665 S.I.
72 Rad., 02/03/1981, DGI.cd N.° 148 S.I.
73 Rad., 01/06/1981, DGI.cd N.° 396 S.I.; Rad., 10/11/1981, N.° 969–797 S.I.; Rad., 10/03/1982, N.° 969-13-000227-82. A los pocos días fueron excarcelados en su mayoría, excepto González y otros dos miembros de la comisión normalizadora,

finalmente fue nombrado Juan Bautista Mangas como delegado normalizador de la UOM.[74] El peso de Alejo Simó en la cúpula del gobierno local era evidente, ya que había sido delegado regional del ministerio de Trabajo entre 1974 y 1976, y en 1983 fue candidato a vicegobernador junto a Raúl Bercovich Rodríguez, que había sido interventor federal en la provincia desde septiembre de 1975 hasta el 24 de marzo de 1976.

En aquel contexto de la normalización sindical, hacia 1980, resurgieron nucleamientos de izquierda en el sector metalúrgico. Uno de ellos era el autodenominado "Trabajadores Socialistas de Fiat", quienes emitieron volantes llamando a la organización de las bases, sección por sección, para convocar a asambleas y huelgas donde se enfrentase a la patronal.[75] Por otro lado apareció en varias oportunidades el periódico "La Mulita", identificado con los trabajadores comunistas de Fiat. Con un lenguaje propio de las organizaciones de izquierda, en sus notas se criticaba la política económica de Martínez de Hoz, se comentaban conflictos políticos en América Latina y, sobre todo, se examinaba cómo la situación de crisis en Fiat afectaba a los trabajadores. Criticaban las políticas de "reacomodamiento" de la empresa luego de la fusión con Peugeot por considerarlas antiobreras. Pedían el cese de suspensiones y despidos, un aumento salarial de emergencia del 30 % y la normalización sindical. También reclamaron una respuesta sobre el paradero de Néstor Gilberto Lellin, desaparecido en 1976.[76]

Es sintomático que solo las organizaciones de izquierda reclamaran por la aparición con vida de los desaparecidos, algunas incluso tan tempranamente como en 1977.[77] En 1981 aparecieron en SEVEL volantes firmados por "Trabajadores comunistas" que reclamaba que la crisis no debían pagarla los trabajadores sino "los grandes monopolios, la oligarquía terrateniente y financiera". Exhortaban a organizarse en los lugares de trabajo para "reconquistar lo que nos han arrebatado" y entre las reivindicaciones, además del aumento salarial y la defensa de las 8 horas de trabajo, exigían la normalización sindical democrática y "la vigencia de las libertades democráticas, libertad a los presos políticos sin causa y esclarecimiento de la situación de los desaparecidos".[78]

que lo lograron unos meses más tarde. Rad., 24/03/1982, N.° 969-13-000290-82; Rad., 13/07/1982, N.° 969-13-000537-82.

[74] Rad., 12/03/1982, N.° 969-13-000238-82; Rad., 19/04/1982, N.° 969-13-000371-82.

[75] Rad., 11/08/1980, DGI.cd N.° 608 S.I.

[76] Rad., 19/09/1980, DGI.cd N.° 704 S.I.; Rad., 13/11/1980, DGI.cd N.° 813 S.I.; Rad., 07/05/1981, DGI.cd N.° 325 S.I.

[77] Rad., 21/04/1977, DGI.cd N.° 323 S.I.

[78] Rad., 06/05/1981, DGI.cd N.° 319 S.I.

A juzgar por la principal fuente consultada, en este período las apariciones de la izquierda fueron marginales y no generaron acciones concretas de protesta en la masa obrera, siendo el sector peronista ortodoxo el principal interlocutor sindical legitimado desde el poder. Estos dirigentes y sus nucleamientos sindicales no se pronunciaron nunca en defensa de los Derechos Humanos o pidiendo justicia por las desapariciones que afectaron fuertemente su sector. Tampoco reclamaron por el ajuste que los había aquejado con el cambio de modelo económico impulsado por la dictadura. Al contrario, sus demandas tenían que ver con la normalización sindical, en vistas a recuperar aquellos espacios institucionales perdidos. Por ello fueron un interlocutor que resultaba útil al gobierno militar en transición, como sucedió en Buenos Aires (Molinaro, 2016), ya que estas cúpulas sindicales garantizaban restablecer el "orden" en las estructuras sindicales.

Conclusiones

En este trabajo se han examinado las transformaciones en Fiat durante el terrorismo de Estado. Aunque se advierte que la mayoría de los cambios no fueron exclusivos de esta empresa sino que se reprodujeron en distintos sectores productivos de Córdoba y del resto del país, se sostiene que la reducción de la escala de análisis favorece a la comprensión de fenómenos más estructurales. La reconstrucción de estas historias se fundamentó en el análisis exhaustivo de documentación interna de los servicios de inteligencia de la PFA con sede en Córdoba, una forma de acceso privilegiado a información que no circulaba en otros medios en aquellos años. Sin embargo, no se puede desconocer que la producción de esa información perseguía el fin de la identificación de "subversivos" en las fábricas para su posterior represión, elaborando un discurso legitimador de su función en el marco del PRN. No obstante, a partir de un profundo examen y una lectura a contrapelo de las intenciones de su producción, se reconoce en estos registros una fuente extraordinaria para conocer qué quedó del clasismo a partir del nuevo contexto abierto el 24 de marzo de 1976, cuáles fueron sus nuevos desafíos y posibilidades.

Por un lado, se han analizado las políticas represivas implementadas en Fiat Córdoba, considerando al terrorismo de Estado como el resultado de la conjunción de necesidades del bloque social dominante que requirió de ajustes represivos en lo económico y en lo político, lo que afectó de manera compleja a la sociedad en su conjunto y al sector obrero especialmente. Las desapariciones de trabajadores de Fiat, tanto desde el lugar de trabajo como desde los domicilios particulares, se combinaron con una serie de políticas que achicaron el salario real y los derechos laborales. Si bien a los efectos analíticos se han separado las estrategias represivas de las acciones obreras, lo cierto es que a lo largo del trabajo se advierte que unas y otras no solo estuvieron relacionadas, sino que se condicionaron mutuamente, estableciendo horizontes de posibilidad para las expresiones y acciones obreras en los márgenes de la clandestinidad y el anonimato.

A partir de lo que se colige de las fuentes consultadas, se reconoce que las acciones obreras de protesta tuvieron mucha importancia hasta 1979, sugiriendo un hilo de continuidad con el período previo en que las organizaciones obreras de Fiat habían adoptado una identidad clasista. Al igual que en aquel período anterior, sería infructuoso intentar clasificar las acciones de protesta obrera entre aquellas que eran más políticas, en contra de la dictadura en estos años, de las acciones por motivaciones inmediatas o salariales; en tanto unas y otras estuvieron en consonancia por el cambio de modelo económico que el PRN sostuvo. No obstante, a partir de 1980 las apariciones de los activistas clasistas fueron esporádicas y marginales, probablemente por la eficacia de los dispositivos represivos implementados por la dictadura. Al mismo tiempo, las dirigencias peronistas ortodoxas resurgieron de su silencio mantenido durante los primeros años y se reposicionaron para negociar las normalizaciones sindicales en la transición a la democracia.

Bibliografía

Archenti, Nélida (2018). Estudio de caso/s, en: *Manual de metodología de las ciencias sociales*, Alberto, Marradi, Nélida, Archenti, Juan, Ignacio, Piovani, Buenos Aires: Siglo XXI, 291–303.

Basualdo, Eduardo M. (2006). “La reestructuración de la economía argentina durante las últimas décadas de la sustitución de importaciones a la valorización financiera”. En: *Neoliberalismo y sectores dominantes. Tendencias globales y experiencias nacionales*, Eduardo Basualdo y Enrique Arceo. Buenos Aires: CLACSO.

Basualdo, Victoria (2017). “Responsabilidad empresarial en la represión a los trabajadores durante el terrorismo de Estado: avances recientes sobre la dictadura argentina (1976–1983) en un marco regional e internacional”, *La Rivada* 5 (9), 14–29.

Bianco, Diana y Brandolini, Carolina (2019). “Represión en el mundo del trabajo durante los ´70. El caso de la empresa Fiat Concord Sauce Viejo”. *III Coloquio Internacional sobre violencia política en el siglo XX / IV Jornadas de la Red de Estudios sobre Represión y violencia política*, Facultad de Humanidades y Artes, Universidad Nacional de Rosario.

Brennan, James (1992). El clasismo y los obreros. El contexto fabril del “sindicalismo de liberación” en la industria automotriz cordobesa, 1970–75. *Desarrollo Económico* 32 (125), 3–22.

Brennan, James y Gordillo, Mónica (2008). *Córdoba rebelde. El Cordobazo, el clasismo y la movilización social.* Buenos Aires: De la Campana.

Di Rienzo, Gloria; Céspedes, Florencia; Cocilovo, Agustín; Lescano, Melisa; Ortiz, María Laura y Puttini, María Paula (2012). *Lucha gremial y represión fabril. Para un homenaje a los obreros desaparecidos de la zona del cordón industrial de Ferreyra*, Córdoba. Publicación e investigación dirigida por la Dirección de Secuelas del Terrorismo de Estado de la Secretaría de Derechos Humanos de la Provincia de Córdoba [mimeo].

Duval, Natalia (2001). *Los sindicatos clasistas: SITraC (1970–1971).* Córdoba: Fundación Pedro Milesi.

Flores, Gregorio (2004). *SITRAC-SITRAM. La lucha del clasismo contra la burocracia sindical.* Córdoba: Editorial Espartaco Córdoba.

Galli, Marianela (2018). Procesos de trabajo, conflictividades, represión y responsabilidad empresarial en delitos de lesa humanidad contra trabajadores en las fábricas de Fiat, Argentina (1974–1983). *Workshop Clase Obrera y Dictadura Cívico-Militar*, Facultad de Humanidades y Ciencias de la Educación de la Universidad Nacional de La Plata (UNLP).

Gordillo, Mónica (1996). *Córdoba en los ´60: la experiencia del sindicalismo combativo.* Córdoba: Dirección general de publicaciones de la UNC.

Kahan, Emmanuel (2007). "¿Qué represión, qué memoria? El ´archivo de la represión´ de la DIPBA: Problemas y perspectivas" *Questión* 16 (1).

Laufer, Rodolfo (2020). "Intervención de las izquierdas y politización obrera en SITRAC-SITRAM, la experiencia paradigmática del sindicalismo clasista de los' 70". *Izquierdas* (49), 743–766.

Marengo, María Eugenia (2015). *Lo aparente como real: un análisis del sujeto comunista en la creación y consolidación del servicio de inteligencia de la policía de la provincia de Buenos Aires, 1930–1962.* UNLP, UNGS, UNL. E-book.

Marengo, María Eugenia y Castronuovo, Sabrina (2015). El archivo policial como espacio de memoria: un sondeo por el ex archivo de la DIPPBA. *Revista Electrónica de Fuentes y Archivos* 6 (6), 106–125.

Mignon, Carlos (2014). *Córdoba obrera. El sindicato en la fábrica, 1968–1973.* Buenos Aires: Imago Mundi.

Molinaro, Leandro (2016). El reposicionamiento de la burocracia sindical en el ocaso del ´Proceso´ (julio de 1982-diciembre de 1983). *Archivos de historia del movimiento obrero y la izquierda* 8 (4), 33–53.

Ortiz, María Laura (2019). *Con los vientos del Cordobazo. Los trabajadores clasistas en tiempos de violencia y represión.* Córdoba: Editorial UNC.

Peralta Ramos, Mónica (2007). *La economía política argentina: poder y clases sociales (1930–2006).* Buenos Aires: FCE.

Robertini, Camillo (2016). *"Gente que labura", operai in Argentina durante la dittatura. Vita quotidiana, soggettività e memoria: il caso della Fiat Concord (1976–1983).* Tesis doctoral de Università degli Studi Firenze / Università de Siena, Italia.

Robertini, Camillo (2020). "«Hacia el soberano y próspero futuro de la nación». Los inicios de Fiat Concord en la Argentina del primer peronismo (1945–55)". *Pasado Abierto* 6(12).

Roitman, Susana (2018). En la guarida del lobo: resistencias y organización obrera en las Fábricas Militares de Villa María y Río Tercero (1976–1983). *Workshop Clase Obrera y Dictadura Cívico-Militar*, Facultad de Humanidades y Ciencias de la Educación de la Universidad Nacional de La Plata (UNLP).

Romano, Silvia (ed.) (2016). *Colectivos y parcialidades políticas y sociales. Los desaparecidos y asesinados de Córdoba en los '70.* Córdoba: Editorial de la UNC.

Romano, Silvia (2018). "Prácticas burocráticas en contextos autoritarios: represión y disciplinamiento en la Administración Pública de Córdoba, 1974–1978". *Cuadernos de Historia. Serie economía y sociedad* 20, 47–88.

Schorr, Martín (2013). "El poder económico industrial como promotor y beneficiario del proyecto refundacional de la Argentina (1976–1983)". En: *Cuentas pendientes: los cómplices económicos de la dictadura,* Horacio Verbitsky y J. P. Bohoslavsky (eds.), Buenos Aires: Siglo XXI, pp. 275–298.

Servetto, Alicia (2010). *73/76. El gobierno peronista contra las "provincias montoneras".* Buenos Aires: Siglo XXI editores.

Zorzoli, Luciana (2018). "Las intervenciones a organizaciones sindicales durante la última dictadura militar argentina: un estudio cuantitativo". *Desarrollo económico* 57 (223), 487–510.

6. *La dictadura en los barrios de Córdoba bajo el prisma de los ochenta*

Ana Carol Solis
Universidad Nacional de Córdoba

Introducción

> "Nosotros tenemos memoria. No olvidamos que el Proceso Militar invadió
> con su violencia nuestras vidas, se metió sin pedir permiso en las calles
> de nuestros barrios, destruyendo lo que en años de lucha
> y esfuerzo habíamos logrado construir"
>
> (Editorial. Pateando sapos. *Barrial,* N.°1, 1984, p2)

El creciente interés por los años posdictatoriales y la dinámica de la última transición en Argentina ha significado un retorno a temas clásicos y la apertura hacia nuevas preocupaciones. Liberada de las premisas y avatares políticos y performativos de la transitología, esa reconsideración de los años ochenta democráticos se ha promovido también por la ampliación de las temporalidades de la historia reciente argentina y su esfuerzo, entre otros, por discutir la construcción y uso de diversas escalas analíticas y sus efectos en la labor historiográfica.[1] En esa tarea, el capítulo se ocupa de temas inicialmente abordados por otros cientistas sociales, como fue la problemática de los denominados nuevos movimientos sociales en la Latinoamérica posdictatorial y, dentro de estos, la emergencia de los movimientos urbanos y del protagonismo de los vecinos. (Bombal, 1988) En otras latitudes, una preocupación similar ha guiado los estudios de la transición española desde el franquismo al indagar el lugar de los movimientos vecinales en la salida de la dictadura (Gonzalo Morell, 2010). Retomando esos antecedentes, la perspectiva desde la que se aborda este tema es su imbricación con los cambios y continuidades en las

[1] Sobre la transitología y sus efectos performativos, Lesgart, 2002. Para revisiones de los años ochenta, Ferrari y Gordillo, 2015.

formas y escenas del compromiso político en la posdictadura argentina. En otras palabras, lo barrial/vecinal fue uno de los escenarios y formas de participación y activación política que caracterizó a la transición, y que tomó aristas particulares en el tiempo posdictatorial, marcado tanto por los reingresos o retornos a la política de los antiguos militantes que habían sido represaliados como por la incorporación de nuevos sujetos y generaciones al compromiso político. Esa fue la preocupación central que trabajamos en nuestra tesis doctoral[2] y de la que se desprende este capítulo que retoma la cuestión del vínculo entre las militancias y la democratización, pensando puentes de sentido entre la historia de las luchas por el derecho a la ciudad –una preocupación ya visitada (Franco, Medina y Solis, 2015)– con los aportes de la historia y la memoria para situar los relatos sobre el pasado reciente en la construcción de agencia en la posdictadura. En particular, el trabajo se interroga por los relatos construidos por los vecinos en los años ochenta respecto de la experiencia vivida en los barrios de la ciudad de Córdoba en Argentina[3] durante la dictadura iniciada en 1976, al recuperar ese primer momento de circulación de discursos públicos que acompañó el proceso de repolitización del espacio barrial. Para ello tematiza y recupera los relatos de vecinos producidos y difundidos en la revista *Barrial*, experiencia militante que se ocupó de cartografiar y promover esa repolitización de los vecinos.

Entendemos que recuperar esos relatos y experiencias compartidas fue posibilitado y a la vez agenciado por las construcciones políticas que jugaron su apuesta en el territorio, aportando a dilucidar las características y modalidades del compromiso político posdictatorial. Pero además existen otras motivaciones. La escena reciente de la justicia en Córdoba por los crímenes de lesa humanidad visibilizó, entre muchas cuestiones, la dimensión y el anclaje territorial/barrial del terror de estado, a través de los relatos de los testimoniantes que muestran la multiplicidad de tramas que allí se anudaron, como uno más de los espacios en los que la dictadura cívico militar marcó su impronta represiva y también su pretensión refundacional. (Solis, 2016)

[2] El capítulo recupera dos antecedentes, una ponencia en las XV Jornadas Interescuelas / Departamentos de Historia, Comodoro Rivadavia, Chubut, Argentina, 2015 y parte del capítulo 4 de mi tesis doctoral; Solis, 2018. Agradezco especialmente los comentarios a la ponencia para esta revisión.

[3] La ciudad de Córdoba es la capital de la provincia homónima de Argentina. En dictadura fue la sede de Comando del Tercer Cuerpo de Ejército que controlaba diez provincias argentinas del centro y noroeste. Es una ciudad que en la modernización se caracterizó, entre otras dimensiones, por su perfil industrial y la activa presencia de estudiantes universitarios. De allí que en los años sesenta y los primeros años del setenta del siglo XX fue escenario de una fuerte y multiforme activación política y radicalización; a la que siguió una dura represión en dictadura.

Un primer discurso público de la vida en los barrios durante la última dictadura fue posible en la apertura de los procesos de democratización que acompañaron la transición política[4] desde diciembre de 1983. En efecto, junto con la resignificación y reapropiación que los vecinos hicieron del territorio, de sus espacios y labores comunes, se articularon discursos y relatos sobre la inmediata dictadura en los barrios. Esta dimensión, escasamente explorada, permite aproximarnos además a la variedad de modos de habitar el barrio y de actitudes sociales en dictadura, temática que sí ha tenido mayor despliegue, aunque en este capítulo nos concentramos en los relatos de los contemporáneos, al recuperar publicaciones destinadas y producidas con los vecinos por emprendimientos militantes. De este modo, se presenta un itinerario reflexivo sobre las condiciones, contenidos y contornos de esas miradas habilitadas por la puesta en circulación y articulación pública de estos relatos que fuera, en nuestra perspectiva, otra de las vertientes de la repolitización de los barrios en los ochenta que requiere destacarse.

En otras palabras, durante los inicios del proceso democratizador se produjeron condiciones que posibilitaron la inscripción de relatos sobre lo acontecido durante la dictadura en los barrios, convirtiéndose en un discurso público (en los términos de Scott) que ayudó a construir y circular representaciones sociales e interpretaciones del pasado inmediato, en el marco de las nuevas disputas por definir los contenidos, espacios y vías de la democratización. De este modo, los relatos sobre los barrios en dictadura articularon múltiples funciones: diagnósticas frente a la configuración de un escenario nuevo, deslegitimadoras de la institucionalidad dictatorial y, fundamentalmente, legitimadoras de nuevos (o renovados) modos de politicidad con anclaje territorial. Entonces, la difusión de esas memorias, junto a la recuperación y resignificación de los espacios permitía ensayar –al mismo tiempo que la activación de nuevos y viejos actores del barrio– contornos novedosos en la formulación de demandas, articulación y entramado organizacional y en las fronteras de lo democrático en reconstrucción. El análisis de ese discurso público es inescindible del proceso de recomposición que los actores desplegaron en el espacio barrial, lo que oportunamente realizamos pero que no será parte de este capítulo por exceder el interrogante principal plantado. (Solis, 2018)

[4] Por transición entendemos principalmente la salida desde un gobierno autoritario, etapa que culminaría con el efectivo traspaso a un gobierno no autoritario –que puede devenir o no en democrático– lo que se habría efectivizado, para el caso argentino, el 10 de diciembre de 1983. O´Donnell, Guillermo; Schmitter, Philippe, 2010.

Democratización, compromiso político y discurso público

Desde la perspectiva analítica asumida se integran lecturas ancladas en el giro sociológico de la reconstrucción historiográfica que Nora Pagano señala como una de las alternativas del campo en los últimos años y en los aportes de la historia reciente argentina. (Pagano, 2010; Águila, Luciani, Seminara y Viano, 2018) En este sentido, hasta hace algo más de una década se había condensado una imagen de los años ochenta caracterizada por lecturas que contenían un fuerte componente prescriptivo que, en general, consideraron los conflictos como resultado de acciones corporativas y desestabilizadoras, sin detenerse en la consideración de las demandas planteadas, en los marcos de sentido en que eran inscriptas, en su procesamiento por el gobierno democrático, es decir en la dinámica de la interacción entre los distintos actores y el Estado. En contraposición, desde los debates en torno a la democratización nos interesamos en reconstruir históricamente las condiciones de emergencia de una serie de conflictos promovidos por actores que disputaban las formas y los sentidos de ese proceso o que pretendían restaurar y/o ampliar derechos ante los cambios operados en las relaciones sociales. La vía de acceso es la reconstrucción histórica de experiencias de activación política que no habían sido analizadas en profundidad por el peso mayor que la dinámica de los partidos políticos tradicionales y algunos sectores sindicales ocuparon en la agenda de los historiadores y otros analistas sociales al abordar los años ochenta. En las investigaciones previas que enmarcan este capítulo abordamos iniciativas políticas colectivas ligadas al espacio territorial/barrial en tanto espacio de construcción política y ámbito de militancia. (Solis, 2018) Precisamente, uno de los tópicos en los que se asentó parte de aquella revitalización de lo barrial se liga con las lecturas que se hacían del presente y del pasado inmediato, el tiempo de la dictadura.

En términos generales, uno de los efectos de la dictadura fue que, dadas las condiciones de cercenamiento de lo público que caracterizaron a ese pasado, lo que entonces se habría construido y circulado como discurso oculto –así como las diferentes modalidades que asumió la resistencia– tuvieron posibilidad de ser reinscriptas como discurso público una vez que las condiciones de la apertura política fueron consistentes. De allí, la importancia de recuperar los aportes de James Scott y de revisar las lecturas ya realizadas respecto de los barrios en Córdoba. Scott se aboca a las relaciones establecidas entre dominados y dominadores con el fin de dar cuenta de la variedad de matices que la acción de los primeros puede tomar. Su investigación se ocupa prioritariamente de las relaciones entre la dominación, la resistencia, la ideología y la hegemonía. Parte de considerar que la premisa "hablarle con la verdad al poder" es la excepción más que la regla, lo que no implica deducir una aceptación acrítica de tales relaciones desiguales cuando el desafío abierto no procede. Un aporte central del autor para abordar relaciones de poder es lo que en español se ha traducido como la distinción entre discurso público y discurso oculto. El discurso público refiere a lo siguiente:

> Con raras pero significativas excepciones, el subordinado, ya sea por prudencia, por miedo o por el deseo de buscar favores, le dará a su comportamiento público una forma adecuada a las expectativas del poderoso. Usaré el término *discurso público* como una descripción abreviada de las relaciones explícitas entre los subordinados y los detentadores del poder. (Scott, 2000: 24)

Por ello, el discurso público "cuando no es claramente engañoso, difícilmente da cuenta de todo lo que sucede en las relaciones de poder" (Scott, 2000: 26). En ellas, cuanto más grande sea la desigualdad de poder entre los dominantes y los dominados y cuanto más arbitrariamente se ejerza el poder, el discurso público de los dominados adquirirá una forma más estereotipada y ritualista. En otras palabras, cuanto más amenazante sea el poder, más gruesa será la máscara.

Ahora bien, ¿es productivo y conveniente pensar el problema delimitado desde los aportes de Scott? Entiendo que sí, aunque con algunas revisiones que hacen a pensarlos dentro de otros contextos de interrogación. Una revisión necesaria es plantear que, desde nuestra perspectiva, la correspondencia entre discurso público y oculto no siempre guardaría relaciones de contemporaneidad. En situaciones represivas como las dictaduras de Seguridad Nacional vividas en América Latina, el fin de las experiencias dictatoriales permitió que se hicieran públicos aquellos discursos que hasta entonces circulaban como discurso oculto. Por otra parte, según Scott, el discurso público está dominado por su tendencia acomodaticia, tiende a ofrecer pruebas convincentes de la hegemonía de los valores dominantes, de la hegemonía del discurso dominante. De allí que nos interesamos también por cómo lo decible en la iniciada transición pautaba, de algún modo, los relatos públicos que tenían posibilidades de ser audibles. Si bien entendemos que los términos de lo decible bajo condiciones de dictadura y transición democrática son diferentes, no sería inoportuno pensar que, frente al equipo editor de una revista barrial que será destinada a la comunidad de los vecinos, también pudo haber construcciones de pasado que fueran presentadas como más audibles en ese contexto de fervor democrático.

La otra revisión de Scott necesaria es considerar que los relatos con los que trabajamos se encuentran entre la historia y la memoria, en términos de ser reelaboraciones sobre el pasado cercano que se realizan desde el presente de las entrevistas y refieren a experiencias vividas. El discurso público se hace de todo ello pero también, entendemos, de aquello que antes discurría oculto, arista esta que ha sido menos frecuentemente recuperada al trabajar estas temáticas.

En efecto, para Scott, la dominación genera también un espacio para la disidencia que discurre en otros términos cuando no es posible el desafío abierto y apela a la conceptualización de un registro diferente, al que denomina discurso oculto y define en los siguientes términos:

> [. . .] usaré el término *discurso oculto* para definir la conducta "fuera de escena", más allá de la observación directa de los detentadores de poder. El discurso oculto es, pues, secundario en el sentido de que está constituido por las manifestaciones lingüísticas, gestuales y prácticas que confirman, contradicen o tergiversan lo que aparece en el discurso público. [. . .] los discursos ocultos se producen en función de un público diferente y en circunstancias de poder muy diferentes a las del discurso público. (Scott, 2000: 28)

A partir de esta distinción proponemos que fueron las condiciones de apertura de procesos democratizadores las que permitieron volver discurso público aquello que antes, conjeturamos, era producido y circulado como discurso oculto, en tiempos de dictadura, a la vez que lo recuperado está también ligado a las cuestiones que se problematizan en el presente. Para ello, es preciso recuperar aportes sobre la temática barrial a escala local.

Miradas sobre los barrios de Córdoba

El ciclo de radicalización política e ideológica que se dio en nuestro país en los sesenta y principios de los setenta implicó, para los barrios de grandes centros urbanos –como la ciudad de Córdoba–, una fuerte presencia de la política en sus diversas formas, siendo escenario de conformación y trabajo de las diferentes modalidades que adquirió el compromiso político en aquellos años. Numerosos trabajos recuperan esas experiencias, sea desde la perspectiva de los militantes y sus organizaciones –en relación a las opciones de construcción territorial, como también de los pobladores de los barrios refiriéndose en general a villas, barrios populares y obreros–. La densa trama organizativa de aquellos años se espacializaba también en los barrios a través de múltiples presencias de las organizaciones partidarias, político-militares, cristianas, etc. Varias de estas experiencias han sido recuperadas en las obras de carácter testimonial que han tenido mayor proliferación desde mediados de la década de los noventa. (Pittaluga, 2010)

Desde el ámbito académico, y considerando los trabajos relativos al espacio barrial de la ciudad de Córdoba, hay obras claves: Alicia Gutiérrez ha analizado las estrategias de reproducción social de unidades domésticas ubicadas en situaciones de pobreza a través de un análisis de caso realizado por diez años en la ciudad de Córdoba. En su capítulo dedicado a la conquista de la tierra reconstruye, a partir de los entrevistados, los vínculos de los miembros del barrio –que antes era una villa en los márgenes inundables del río– con militantes de la organización Montoneros, mostrando la red de intercambios que se estableció entre ellos a comienzos de los setenta, así como su progresiva desarticulación frente al avance represivo, incluso ya antes del golpe de estado del 24 de marzo de 1976. (Gutiérrez, 2007) Una ponencia reciente recupera relatos referidos a las vivencias en los barrios durante la dictadura, en el marco de un proyecto orientado a la transmisión de relatos intergeneracionales con militantes territoriales. Entre los sustanciales aportes del estudio, se recuperan diferentes "maniobras" para sembrar el terror en los territorios: manipulación y coerción para desarticular redes organizacionales, propaganda y rumores atribuyendo a las organizaciones sus propias acciones criminales, ataques, saqueos y destrucción de locales vecinales y parroquiales; asesinatos de jóvenes y familias y sus cuerpos maltratados, arrojados en la vía pública y, por último la represión selectiva: secuestro, desaparición, tortura y cárcel a dirigentes. (Piotti, Morillo y Elorza, 2014) Desde la perspectiva de los abordajes en términos de memorias, se han realizado en Córdoba experiencias importantes. Sobre los años de mayor intensidad represiva, se destaca un trabajo de recopilación de memorias urbanas en el marco de una experiencia de extensión realizada en la seccional 5.º de la ciudad, donde funcionó un centro clandestino. (Baldo, Maffini, Samoluk, Tabera, 2011). Otros trabajos sobre memorias sociales en Córdoba también han incursionado en lo barrial; las investigaciones de Vanesa Garbero relativas a memorias locales en las inmediaciones de los ex centros clandestinos ayudaron a situar las temporalidades de las memorias y los anclajes diferenciales de estas en las localizaciones analizadas. (Garbero, 2017)

En resumen, los trabajos reseñados son fundamentales para resituar el espacio barrial en los años setenta, atravesado por los ciclos de activación y desactivación represiva; lo que constituye un marco de referencia que incluye a los que se abocan a las memorias trabajadas desde el presente, siendo menores las investigaciones que analizan la historia de los barrios en la etapa de la última dictadura en la ciudad de Córdoba. En este sentido, centrándonos en la pregunta por cómo se había vivido la dictadura en los barrios produjimos un primer aporte al identificar la confluencia de diferentes lógicas en el territorio: desde las represivas, las refundacionales y hasta las protestatarias al analizar de manera contrastiva el momento predictatorial con momentos y conflictos claves de la dictadura. Allí encontramos que variadas fueron las actitudes sociales de los habitantes de los barrios cordobeses, al tiempo que pudimos establecer algunas de las modalidades de intervenciones estatales que la dictadura produjo al intentar modelar un cierto vecinalismo permitido. (Solis, 2016)

Retomando esos antecedentes, en lo que sigue, la diferencia principal es que no utilizamos entrevistas realizadas a esos vecinos testimoniantes en el presente del investigador, sino en relatos expresados dentro de una contemporaneidad contextual diferente: la apertura de los procesos de democratización[5] habilitados por el fin del régimen dictatorial y las iniciativas de militancia que produjeron y conservaron esas voces.

En efecto, pese a la centralidad de los partidos políticos y el peso que fue adquiriendo la dimensión procedimental de la democracia, hubo otros modos de pensar la construcción de lo democrático, así como una notable pervivencia de algunas continuidades en los modos de militar y asumir el compromiso político con la etapa predictatorial. Estas continuidades, en muchos casos resignificadas, operaron por vía de la actualización de memorias y tradiciones y, además, por el retorno al (o reactivación) en el territorio de actores, individuos y redes previas. Sostener estas apreciaciones implica, en términos metodológicos, realizar una reconstrucción minuciosa de esas experiencias. En esta línea, ya existe una primera lectura desde la óptica de la conflictividad social desplegada en los barrios cordobeses durante la reconstrucción de la democracia. Decíamos entonces a modo de caracterización del período que la salida del régimen dictatorial habilitó en Córdoba un escenario en el que se destacaba la participación de los vecinos de barrios y villas dentro de una nutrida gama de espacios y entramados organizativos. De este modo, el aumento sostenido de la participación vecinal acompañó el proceso más general de repolitización de la sociedad, luego de años de autoritarismo y violencia que habían impactado decisivamente en el tejido social e institucional. En relación con esa trama, encontramos: "Los centros vecinales (intervenidos, en formación, recuperados, con comisiones provisorias de vecinos, etc.) coexistieron en los ochenta junto a múltiples instituciones inscriptas en el territorio: clubes deportivos, centros recreativos, bibliotecas populares, cooperadoras escolares, mutuales y comisiones formadas para atender distintas problemáticas, entre otras expresiones" (Franco, Medina y Solis, 2015: 154). Este primer diagnóstico de los entramados organizativos que poblaron los barrios y villas de la capital es el punto de partida para preguntarnos por las

[5] Entendemos democratización como proceso, dentro de los términos aportados por los analistas de la contienda política. Mc Adam, Doug; Tarrow, Sidney y Tilly, 2006; Charles, 2005.

referencias públicas que, en este contexto de repolitización, se hacían respecto del pasado inmediato en las revistas políticas.

El mundo de las revistas en la militancia de los ochenta

El lugar de las revistas políticas ha sido ampliamente trabajado en las últimas décadas, con mayor énfasis en aquellas ligadas a diferentes organizaciones y vertientes de los años sesenta y setenta en Argentina. La producción de revistas con fines políticos fue una tarea regularmente asumida por las militancias, tanto en su producción y circulación como en los modos en que estas viabilizaban formas de construir el compromiso político. En este punto, me interesa destacar que en los años ochenta las revistas todavía guardaban una relación muy cercana y particular con las militancias. Sobre todo hacia finales de la última dictadura hay una proliferación de revistas políticas, entendiendo por ellas a una gama amplia de iniciativas que eran militantes, sea que dependieran de organizaciones explícitamente asumidas en su autoría o no. La revista seguía siendo, pese a la dictadura y la censura, una práctica política vigente. Y varias de ellas se convirtieron en vehículos relevantes para volver a introducir voces y temáticas militantes en la escena pública. Por todo ello, las revistas como emprendimientos militantes fueron formas de continuar con habitualidades políticas preexistentes aunque resignificadas a un nuevo tiempo, constituyéndose en nuevos vectores de la repolitización general de la sociedad.

Sobre esa consideración general, los relatos de la dictadura en los barrios pueden hallarse en publicaciones de la época. En este caso, trabajamos con la revista *Barrial* que apareció en los barrios a fines de 1984. Un emprendimiento político inicial de un grupo de militantes que habían sido represaliados, algunos de ellos habían estado presos, otros en el exilio o insilio, pero todos habían participado de las vertientes revolucionarias de la militancia setentista, y sus referentes principales en el PRT ERP. Hacia 1986/7 fue uno de los espacios principales que promovió públicamente el paso a la acción político partidaria desde la construcción barrial, mediante la conformación del Movimiento Cordobés que se alineó a nivel nacional con el Movimiento Todos por la Patria.[6] Para comprender su ubicación en la cartografía militante, es preciso situar con más precisión la experiencia política que produjo la revista.

El Movimiento Cordobés se constituyó públicamente hacia fines de 1986 y con mayor presencia a inicios del año 1987, como el paso a la acción político-partidaria de una experiencia preexistente de articulación territorial

[6] En adelante MTP. Sobre su conformación y devenir, ver Carnovale, 2014.

en los barrios de Córdoba que se inició en la inmediata posdictadura y que –entre otras iniciativas políticas– tomó cuerpo a través de la publicación de la revista *Barrial*, aparecida a fines de ese año.[7] Pese a la relevancia de esta experiencia por ser temprana y original, no existían en Córdoba obras académicas que se hayan abocado a su estudio hasta nuestra investigación ya culminada, aunque sí algunas referencias colaterales cuando se lo reconoce como espacio de militancia al seguir trayectorias posteriores. Sin embargo, el Movimiento Cordobés es parte de los relatos que han circulado y circulan entre cierta tradición de militancia, trasmitiéndose oralmente entre diversas generaciones convocadas por renovadas formas de compromiso con la política.

Entonces, la iniciativa de la revista se liga inicialmente a militantes con experiencia política previa. Uno de ellos, ex preso político, emprende en base a vínculos familiares y personales la tarea de organizar una publicación que tuviese en *la realidad* de los barrios cordobeses el centro de su material informativo. Entendida como expresión de un periodismo horizontal, su singularidad radica en que parte del contenido de las notas era acordado con los sectores organizados de cada barrio.

Por último, precisamos una primera caracterización de los barrios con los que trabajó la revista. Según un integrante de la misma, en Córdoba había 400 barrios, ellos lograron contactarse con cerca de la mitad y de ellos habrían podido escribir sobre alrededor de 100.[8] Fuera de esta descripción rememorada, es clara la preferencia por el trabajo con barrios populares, algunos de fuerte tradición obrera, como se explicitará en cada caso, otros de composición más mixta pero de fuerte tradición y antigüedad en la ciudad. También trabajaron con barriadas nuevas y con las denominadas villas que, para entonces, varias de ellas estaban en un proceso organizativo de coordinación con el que articulaban algunas acciones o al menos contribuyeron a su noticiabilidad. Respecto de su localización, los mismos se hallaban en diferentes sectores de la ciudad, por lo que dominaban algunas barriadas cercanas al centro –que se cuentan a su vez entre las más antiguas como Alberdi o Alta Córdoba– y otras más periféricas, en los cuatro puntos cardinales. Claramente, por la frecuencia de sus apariciones y el tipo de trabajo comunitario y organizacional referenciado, en algunos barrios tenían los integrantes de la revista y las redes

[7] Agradezco muy especialmente a Alejandro F. el haberme permitido acceder a la publicación referida. Exmilitante de organizaciones armadas y ex preso político de la dictadura, su trayectoria posterior muestra que algunos ex represaliados convergieron en nuevos modos del compromiso político; así se convirtió en uno de los fundadores de la experiencia inaugural de la revista *Barrial* que, con posterioridad, alumbró la emergencia del Movimiento Cordobés. Solis, 2018.

[8] Entrevista de la autora a Alejandro, en Solis, 2018.

de confianza de las que participaban una mayor capilaridad y referencialidad en el territorio, en ocasiones porque moraban allí o en zonas próximas. No hay disponible a la fecha una cartografía de los esfuerzos militantes en el territorio de la ciudad para esos años ochenta que pueda resultar complementaria de esta información fragmentaria, pero entendemos que sobre ese territorio se asentaron diferentes tradiciones organizativas y colectivos o grupos de acción, varios de los cuales habían pervivido aún en dictadura o al menos se habían logrado reorganizar en la coyuntura de transición. Con esto queremos marcar que los barrios retratados por la revista tienen en su mayoría algún tipo de entramado propio, de diferente espesura temporal y tradición organizativa mientras en otros esta acción era más reciente, promovida por nuevas acciones de politización comunitaria; aquí las demandas referidas a la habitabilidad de los barrios resultan una línea común de acción. Por último, los barrios sobre los que no se ocupan son aquellos de altos ingresos que, además, concentran un hábitat con mayores y mejores servicios y condiciones de habitabilidad. Al centrarse en la acción comunitaria vecinal y en la revitalización de los centros vecinales, esa es la puerta de ingreso para pensar en los territorios con los que se trabajaba desde la revista.

A su vez, para articular una referencia más precisa de quiénes son los sujetos que se expresan en la revista y sus condiciones de existencia, la publicación contiene información a tener en cuenta. Por un lado, fue frecuente incluir en su tapa los informes temáticos destinados a visibilizar/crear agenda sobre las necesidades acuciantes de los barrios capitalinos. Si bien no puede exponerse que fueran ellas necesidades generalizadas, en la mayoría de los casos refieren a los barrios de condiciones más vulnerables y aquellos otros barrios que tradicionalmente tuvieron una fuerte presencia de trabajadores. Sucesivamente, se publicaron informes que daban cuenta de las carencias o insuficiencia en la provisión de agua corriente, en el servicio de transporte –principalmente en las zonas periféricas–, en el acceso a la tierra y respecto de la situación de loteos indexados o la situación de la "minoridad" en referencia a las infancias vulnerables. Se incluyeron también notas específicas sobre problemáticas de salud, salud mental, insuficiencia de viviendas, desempleo, situación de las juventudes o encuentros de mujeres, entre otras.

Por otro lado, la revista Barrial coordinó notas barriales articulando la escucha y difusión de los diferentes grupos, organizaciones o instituciones del barrio que aceptaban participar. Las notas colectivas contenían en general una breve historización o presentación del barrio, un balance diagnóstico de su situación y una formulación de demandas prioritarias. En esas notas pautadas se puede relevar la condición específica de los vecinos de cada barrio, a la luz de quienes oficiaron en cada una de ellas como voceros de sus vecinos y vecinas. Si bien ello nos advierte sobre la subjetividad del relevamiento y de la jerarquización de demandas, ofrece de igual manera una mirada que no es estrictamente individual, ni solamente editorial respecto de la situación de cada barrio. Teniendo en cuenta lo anterior, al incorporar los relatos referidos al barrio en dictadura presentaremos esas contextualizaciones para contener una somera caracterización del perfil de sus habitantes.

Por último, corresponde insistir en que iluminamos uno de los aspectos que hacen a los relatos de la dictadura en los barrios, ligados a la problemática de los centros vecinales entendidos como espacios de participación vecinal en un sentido amplio que incluye hasta las posibilidades de accionar para trabajar en el mejoramiento de las condiciones de habitabilidad de los barrios. Sin embargo, cabe recordar que el impacto de las políticas económicas de la dictadura no está directamente incluido en este recorte, pero es parte de la trama en la que se inscriben estas demandas de participación y estas lecturas del pasado que se convocan y difunden; en particular para los sectores más afectados por estas políticas. Un modo de congregar estas lecturas de corte estructural es referenciar las dinámicas generales de la economía provincial en dictadura y las transformaciones de su mercado de trabajo, en particular del empleo urbano. Siguiendo a Julieta Almada (2019), hasta la dictadura, Córdoba participó activamente del modelo de Industrialización Sustitutiva como productora de bienes industriales, destacándose su sector metal-mecánico que integraba proveedores y productores "de insumo trabajo-intensivos" (p.72). Dado que la dictadura inauguró un modelo de acumulación basado en la valorización financiera, la provincia se vio afectada en su dinámica previa por lo siguiente:

> "la reducción de la participación de las industrias manufactureras en el Producto Bruto Geográfico, tendencia que se hará cada vez más pronunciada, conforme se intensifiquen las políticas liberalizadoras. [. . .] Con el proceso aperturista, las importaciones tanto de bienes terminados, como de autopartes crecieron significativamente. [. . .] Esto contribuyó a que los componentes de producción nacional fueran disminuyendo cada vez más, con el consecuente cierre de talleres industriales y la destrucción de puestos de trabajo en el sector más importante para el empleo local: el de producción de autopartes". (Almada, 2019: 72–73)

La historiadora agrega que el impacto de esta transformación en el mercado de trabajo implicó un peor desempeño de la mayoría de los indicadores laborales y ocupacionales que se sostendrá en los años ochenta, confirmando las tendencias negativas de la nueva orientación: aumento de la P.E.A. (población económicamente activa) que no se acompañó de un aumento de la demanda de fuerza de trabajo, aumento de la desocupación y de la subocupación; lo que generó una tendencia a la subutilización de la fuerza de trabajo. (Almada,

2919: 73–74) Este cuadro de transformaciones que iba operando en la provincia ayuda a situar las demandas de los vecinos en procesos de organización y la relevancia que fue adquiriendo la exigencia de una pronta normalización de los centros vecinales. Recordemos que otra faceta de las transformaciones económicas de la dictadura y posdictadura fue el desfinanciamiento de lo público estatal en aspectos claves como la provisión de servicios.

Participando en defensa de la democracia

El título precedente es el eslogan de la revista *Barrial* que se publicó en Córdoba entre fines de 1984 y 1988, con informaciones y propuestas sobre la situación de numerosos barrios de la ciudad de Córdoba. La revista alude a ese proceso de recomposición (en el sentido de fin de la clausura) de las instancias organizativas con anclaje territorial. Con ello no omitimos las formas preexistentes, algunas heredadas del tiempo dictatorial y otras clausuradas en aquel período, pero sí la configuración de un escenario alternativo que implicaba la conjugación de demandas propias de las agendas de transición y de democratización. La exposición de las principales líneas de acción política que la iniciativa de esta publicación cristalizó se editorializan en la sección "Pateando sapos" que en cada número propone contextualizaciones y difunde lecturas de situación; pudiendo en ella identificarse núcleos argumentales persistentes y una progresiva politización del espacio articulado (Solis, 2013). Básicamente, las líneas subyacentes del proyecto editorial tienden a visibilizar y potenciar las redes organizativas y a constituir una *agenda alternativa* de cuestiones y demandas que –formulada desde sus protagonistas– compitiera o confrontara con aquellas oficiales o mediáticas en la que la situación de los barrios es releída por otros. Por lo tanto, una lectura de conjunto de la publicación permite dilucidar tanto la construcción diacrónica de esta agenda "vecinalista"[9] como el devenir de las instancias organizativas barriales y suprabarriales. La publicación constituyó su red argumental articulando una serie de proposiciones que se irán manteniendo a la largo de las ediciones. La primera de ellas es en torno a las caracterizaciones de la última dictadura cívico-militar, enfatizando sus responsabilidades en la actual coyuntura de crisis económica y en la situación de la desarticulación y vaciamiento de las organizaciones barriales. La segunda de ellas es trabajar en la valorización de la democracia y, en particular, en propiciar la defensa de la misma a través de una activa participación,

[9] Encomillamos el término para denotar la construcción de lo vecinalista como referencia identitaria asociada a este mismo proceso, en las antípodas de una definición identitaria apriorística.

cual reza el subtítulo de la publicación. La tercera de ellas es construir como destinatario principal a los "sectores populares", los que se convierten en sinónimo de vecinos. La cuarta es la apuesta por la construcción vecinalista, la que se irá definiendo como referencia de un proceso político que sostiene la unidad, movilización y organización de los habitantes de los barrios de Córdoba. Esta última deriva a su vez del proceso de construcción colectiva de la situación de los barrios expuesta en una agenda vecinalista, en íntima relación con la afectación de la crisis en los sectores populares y una denuncia cada vez más intensa de los desaciertos en la política gubernamental, principalmente municipal, en el proceso de normalización de los centros vecinales. Por ello la quinta proposición que recorre las editoriales es la progresiva construcción de un distanciamiento con cierto modo de accionar y gestionar políticamente, sin elaborar una lejanía con la política –en el sentido amplio de compromiso político– pero sí de ciertas claves político-partidarias.

La revista *Barrial* guardaba fuerte similitud con otras revistas de la época que circularon en Córdoba y particularmente con la revista *Entre Todos*, la publicación del MTP, pero se diferenciaba centralmente de ella por la menor presencia que en la publicación cordobesa tenían los temas vinculados a las violaciones cometidas durante el terror de estado y a las memorias de la dictadura. Tampoco refleja explícitamente acciones conjuntas con otras organizaciones como el movimiento de derechos humanos, lo que definió un perfil muy ligado a lo estrictamente barrial, sobre todo durante los primeros años. Por ello, la revista *Barrial* vehiculiza relatos en que los vecinos y organizaciones articulaban múltiples demandas. En su formulación, los vecinos realizaron operaciones discursivas en las que difundieron también copiosa información respecto a cómo había sido la vida en los barrios bajo la dictadura. Al mismo tiempo, la cada vez mayor gravitación de las opciones políticas que sus editores plasmaban en la revista se expresaba en las reiteradas alusiones a la dictadura en las editoriales y en las notas de opinión en las que se analizaba el proceso político. De este modo, en la voz de los "vecinos" y también "de la" revista la dictadura cobraba presencia en los relatos. Analizaremos a continuación, cuáles fueron los tópicos de ese discurso que tenía posibilidades de hacerse público una vez iniciado el proceso de democratización, pero concentrándonos en la palabra de los vecinos.

La publicación se concibió como un espacio de comunicación para recuperar y promover centralmente las experiencias organizativas de los vecinos, facilitando la inscripción de demandas pero también fomentando la participación en la resolución de las mismas. Este sesgo inicial de la revista hizo que lo noticiable en ella estuviese muy vinculado a construir nutridos diagnósticos de la realidad de los barrios. Como se indicó, en un trabajo previo hemos analizado las características de la conflictividad social asociada a los barrios en los ochenta y establecimos que podía analizarse en torno a la configuración de ciertas *cuestiones:* el acceso a la tierra, a los servicios, la infraestructura urbana y la vivienda, a la alimentación y la democratización de las instituciones vinculadas con el territorio. (Franco, Medina y Solis, 2015)[10]

En *Barrial* estas líneas se observan claramente en las cuestiones que los vecinos inscriben y es precisamente en esa construcción diagnóstica y de formulación de demandas que aparecieron las referencias más claras y precisas al período dictatorial. Dado que uno de los principales conflictos que vivieron los barrios de Córdoba estuvo ligado al proceso de normalización de los centros vecinales, esto también sesgó las referencias a la dictadura, poniendo en primer plano las consecuencias que la misma tuvo en términos de la trama organizacional previamente existente en los barrios. Por las características de la revista y del modelo de construcción de lo noticiable en ella, las principales referencias a la dictadura se hallan tematizadas, en este momento inicial, en relación con su participación en diferentes procesos de reinstitucionalización con sentido democratizador. Recordemos que el proceso general que acompañó el cambio de régimen político implicaba ajustar el funcionamiento y vigencia de las instituciones a pautas asociadas a un orden democrático, por contraposición a la anterior institucionalidad dictatorial incluyendo en ello los diferentes sentidos y modos en que lo democratizador era disputado/consensuado entre actores diversos.

Las intervenciones y el entramado organizacional

Un eje común de los relatos de vecinos refiere a la situación de las instituciones locales generada por las intervenciones que se hicieron en la mayor parte de los centros vecinales durante la dictadura; aunque, en ocasiones, las referencias a ese pasado suelen ser muy elípticas y solo con el afán de contraponer las actividades emprendidas en el presente. Ello se visualiza, por ejemplo, en la permanencia de términos asociados al paradigma legitimador de la dictadura como la denominación de "Proceso" para referir la etapa. En una nota con los referentes del centro vecinal de barrio Patricios de la zona noreste, de

10 Para la identificación y tratamiento de esas cuestiones se analizaron las acciones colectivas de protesta "comunitarias" –relevadas en una base de datos construida a partir de prensa gráfica comercial–, publicaciones organizacionales –entre ellas la Revista *Barrial*– y diario de sesiones de la Cámara de Diputados de la provincia de Córdoba.

origen ferroviario, con cerca de mil familias a comienzos de los ochenta,[11] se describe:

> Durante los últimos años Patricios no fue intervenido y mantuvo su funcionamiento normal. Actualmente, y desde el 18–12–1983, la Comisión Vecinal está compuesta por (. . .) Este centro vecinal desarrolla una prolífica labor, la cual se mantuvo aún bajo las adversas condiciones del proceso político de los últimos años. (*Barrial*, N.°1,1984, p.3)

Una situación muy diferente es la ocurrida en el populoso barrio de Alta Córdoba[12], donde el pasado inmediato impactó en las instituciones barriales de manera más definida:

> El 17 de julio de este año se realizó una asamblea en la cual se unificó lo que antes correspondía a cuatro Centros Vecinales: Alta Córdoba Norte, Oeste, Sud y Sudeste, dos de ellos no funcionaban más y los dos restantes fueron intervenidos por el Proceso Militar. De allí surgió una Comisión Organizadora Provisoria de 6 personas que de hecho también actúa como normalizadora que agrupa una amplia zona de 264 manzanas en donde viven aproximadamente 60.000 personas. (*Barrial*, N.°1, 1984, p.6)

A diferencia de la memoria de continuidad del primer barrio citado, en esta zona se observa en el relato de los vecinos la debacle organizativa que la dictadura provocó, fragmentando y disolviendo el poder de labor comunitaria, lo que habría ocurrido incluso con entidades deportivas del barrio: "La comisión funciona en el Club Municipal, Club que fuera fundado y construido con el esfuerzo del vecindario de Alta Córdoba. En 1979, por decreto el club pasó a la Municipalidad sin mediar ninguna motivación ni previo aviso. No

[11] Fundado en 1953, ligado a la Unión Ferroviaria. Sus primeros habitantes fueron trabajadores ferroviarios. Se formó tempranamente el Club Social y Deportivo Ferroviario. A inicios de la posdictadura tenía activo un centro vecinal y cultural, siendo unos de los pocos con personería jurídica que se fundó el 23 de mayo de 1954 y contaba, en 1984, con 299 socios. Para aproximarnos a las condiciones de existencia de sus vecinos, en la revista *Barrial* se relevaron en diferentes notas las siguientes demandas y situaciones problemáticas: equipar dispensario, limpieza del canal, alumbrado, posta policial, gas natural, teléfonos públicos, otra escuela para tender a la demanda creciente y reabrir la biblioteca, entre las principales.

[12] Se trata de un barrio muy tradicional, también ligado al paso del ferrocarril en sus orígenes. En la coyuntura de la posdictadura se expresaron por las siguientes situaciones de carencia o insuficiencia: falta de alumbrado público y semáforos, necesidad de mejorar la plaza y terminar el dispensario, solucionar el problema de las aguas servidas y lograr la instalación del gas natural domiciliario. Puede decirse que aunque de composición algo heterogénea según sus zonas, contaba con más condiciones de habitabilidad que otros más recientes o más periféricos con relación al centro capitalino.

obstante los vecinos siguen sintiéndolo suyo y esperan un resarcimiento de tan arbitraria medida." (*Barrial,* N.°1, 1984, p.7)

Algo similar habría ocurrido en otra barriada popular del sur capitalino. En barrio Oña:

> Pero llegó la larga noche de terror de la Dictadura y en 1978 se instaló en el Centro vecinal un grupo de personas, muchas de las cuales no son del barrio. Impusieron la prepotencia y convirtieron la Vecinal en el lugar de sus juegos. Se enquistaron allí. El resultado lógico fue el alejamiento de los vecinos del centro vecinal, que ante esta situación dejó de pertenecerlos y de expresar sus intereses. [. . .] Durante cinco años no se pagó personería jurídica y no se llevaron los libros contables. Ahora la Subcomisión pidió la intervención del centro vecinal al Ejecutivo Provincial. (*Barrial,* N°1, 1984, p.10)

Una situación semejante a la anterior se produjo en barrio Talleres Este, cuyo centro vecinal se formó en 1954, con una primera comisión vecinal que funcionó hasta 1956. Según la publicación, el mismo fue intervenido con la dictadura iniciada en 1966 y también desde 1976. En 1985, los vecinos denuncian que el centro materno infantil que se había creado estaba cerrado desde entonces. Se proponían, en ese marco, recuperar el centro vecinal y el centro materno: "Fue intervenido con la dictadura de Onganía y en la de Videla fue quitado definitivamente a sus dueños naturales, los vecinos, y traspasado a la provincia a espaldas del barrio" (*Barrial,* N.° 3, 1985, p.4). Ese recuerdo implica una memoria más larga de las actuaciones dictatoriales interviniendo los centros vecinales aún en dictaduras diferentes, mostrando que fue un recurso habitual apelar a este mecanismo de intervención.

En las expresiones recogidas, no solo se observa el peso de las intervenciones en la desarticulación de los espacios de participación vecinal, sino también situaciones particulares en las que otras instituciones vecinales fueron literalmente sacadas de la órbita vecinal y pasaron a ser gestionadas y a depender de la municipalidad.

Un modo diferente de referir al pasado es aludir a la dictadura para contraponerse al compromiso que los vecinos hacen con la democracia; usos del pasado para legitimar el presente como en barrio San Jorge[13]: "queremos

[13] En la publicación, barrio San Jorge se asocia a demandas propias: las frecuentes inundaciones de terrenos, los problemas de zonas sin desmalezar y la falta de alumbrado público. A las claras, se trataba de un barrio con carencias básicas de habitabilidad. Ubicado en la zona este, lindero al arco de la avenida de Circunvalación; era por entonces, junto a otros cercanos, un barrio que estaba siendo construido con aportes de la municipalidad y trabajo de los vecinos. Tenía una localización periférica con respecto a otros más céntricos que contaban tradicionalmente con mejor equipamiento urbano y mayor provisión de servicios.

participar y ayudar al gobierno (...) No queremos quedar excluidos del aporte que podemos darle a esta democracia. Queremos darle apoyo porque somos partidarios de la democracia y no de la dictadura militar" (Un vecino de barrio San Jorge, en *Barrial,* N.°3, 1985, p.2). Aquí, sin profundizar en las representaciones y valoraciones sobre ese pasado, el esfuerzo de contraposición es parte de las discursividades comunes que impregnan la publicación al mostrar con recurrencia la imagen de una ciudadanía participativa y cuidadosa del orden democrático.

Las asociaciones intermedias como formas de resistencia

Otra de las dimensiones novedosas que aparecen en el relato de los vecinos es el que hace a las diferentes modalidades que asumió la resistencia. Una de ellas es la compartida por la comisión vecinal de barrio Alto Alberdi, en la zona norte de la ciudad. Con 44 años de existencia, el centro desarrollaba una actividad polifacética que incluía tareas de reparación comunitaria, talleres, cursos, servicios de salud, entre otras. Lo novedoso es cómo lograron continuidad:

> En 1978, durante la dictadura, se sancionó la Ordenanza 71/78 mediante la cual los centros vecinales fueron intervenidos por la Municipalidad. Algunos tenían personería jurídica provincial como en nuestro caso. A estos Centros se les dio la posibilidad de cambiar su denominación y función, pasando a ser club o asociación. La alternativa que tuvimos entonces era seguir como Centro Vecinal intervenido o cambiar de nombre, quedando así fuera del área de influencia de la Municipalidad (relato de Iris, vecina, en *Barrial,* N.° 2, 1985, p.7)

El centro vecinal se convirtió por decisión de los vecinos en Asociación Cultural y Deportiva Alto Alberdi, aunque siguió desarrollando las mismas actividades que antes de este cambio. Con una composición sociodemográfica diferente, en barrio Guiñazú ubicado sobre la ruta 9 norte[14], las experiencias relatadas por los vecinos también señalan los efectos represivos y la discontinuidad institucional:

> Precisamente en 1976 sentimos el sabor amargo de lo que significa una intervención militar. La participación fue nula, se produjo una incomunicación entre

[14] Barrio Guiñazú se fue integrando a la trama urbana por el norte de la ciudad, siendo denominado coloquialmente como pueblo por esa condición de su espacialidad, ubicada justo en el límite del departamento capital. El barrio se articuló en torno al paso del ferrocarril y luego la ruta en paralelo, guardaba ya entonces esa doble condición urbana y rural. Como se observa en la revista, tenía una cierta tradición organizativa que logró sobrevivir a la dictadura.

> todos los vecinos. Todos estos nefastos años produjeron un gran retroceso. Nadie se animaba a reclamar por la represión y su secuela de desaparecidos ... gente del barrio desapareció y otra por suerte apareció. Hubo una *gran cacería de brujas* (destacado en el original con comillas), los vecinalistas estaban marcados a fuego. Si tenían trabajo llegaba la información y el patrón los despedía. (Barrial, N.°5, 1985, p.5)

Dentro de las estrategias de resistencia, los vecinos consultados describieron el mantenimiento de aquellas actuaciones públicas aceptadas por la dictadura:

> Pese a esto, durante la dictadura se mantuvieron formas de organización intermedias que no creaban irritabilidad a los militares como las cooperadoras escolares, el Club, la Comisión Parroquial, la Cooperativa, etc. Se montaron estructuras para canalizar en lo posible la vocación vecinal como la denominada AGRUPACIÓN UNIDA Y ACCIÓN VECINAL "YA MISMO" que aunque surgió como consecuencia de la intervención de 1975, continuó de hecho trabajando durante parte de la intervención de 1976 impulsando acciones concretas como la coordinación entre todas aquellas entidades que podían seguir funcionando. Entre dichas instituciones, por sus características y acción externa amplia, se incluye el "Club Defensores de Guiñazú", partiendo de la base que su función específica, la incentivación deportiva, cultural y social, posibilitaba que la gente se reencontrara y dialogara. Este es un punto de referencia importante, como por ejemplo: a partir de un asado entre vecinos, de un campeonato de fútbol o de bochas la gente se agrupaba y hablaba de los problemas que vivía y sufría. Entonces por supuesto estaba en el tapete el problema de la recuperación de las instituciones, de la democracia, de la desocupación. (*Barrial,* N.°5, 1985, p.5)

Similar al caso anterior, los vecinos encontraron modos novedosos de proseguir con el trabajo colectivo:

> (...) decíamos que la intervención de 1976 dejó sin efecto el funcionamiento del Centro Vecinal, a los fines de seguir luchando por algunas de las obras que necesitaba Guiñazú se formó LA COOPERATIVA DE PROVISION DE OBRAS, SERVICIO PÚBLICO Y CRÉDITO DE GUIÑAZU LTDO., cooperativa que obtuvo su personería Jurídica y que continúa con su accionar luchando por el tema del agua. (*Barrial,* N.°5, 1985, p.5)

La apuesta por pasar a conformar asociaciones intermedias o emprender formatos de cooperativismo requiere un mayor análisis, pero queremos acotar la novedad de asumir estas trayectorias diferentes.

En definitiva, el peso de las intervenciones y el impacto de la dictadura en la trama organizativa de los barrios fueron sintetizadas por la revista con la pretensión de generalizar situaciones. Al presentar una asamblea barrial, se afirmaba con fines diagnósticos:

> El Proceso Militar hizo sentir su presencia en los barrios. Fueron años de obligada inactividad y postergación. De los 50 o 60 Centros vecinales con personería jurídica quedaron sólo 20. La mayoría tuvieron que constituirse en centros deportivos o culturales o se transformaron en lugares de juego. Muchos quedaron en manos de los interventores. (*Barrial*, N.°1, 1984, p.5)

De este modo, además de señalar los efectos de la dictadura, se reconocen estrategias de resistencia que permitieron mantener labores comunes dentro de lo que denominamos, siguiendo a Tilly (2006), como actuaciones permitidas.

Entre el pillaje y los contornos de lo decible

El testimonio de los vecinos de barrio San Roque[15], cercano a la salida hacia Carlos Paz, con un centro vecinal que entonces contaba con más de 25 años, pone de relevancia tanto la nutrida actividad antes del golpe en el mismo como la dimensión del pillaje que también acompañó la dictadura en los barrios, incluso en aquellos de condición popular como este:

> (…) en 1973 hubo elecciones democráticas y se designó una Comisión Directiva. Se organizaban bailes, se consiguió una guardería y se daban cursos de dactilografía y cocina, funcionaba el DINEA nocturno para adultos. En 1975 el Centro vecinal es intervenido. Lamentablemente hubo enfrentamientos con el gobierno que terminaron con la Comisión y con el trabajo que se estaba haciendo por el barrio. Había que ver cómo estábamos de organizados, había una gran solidaridad entre los vecinos, pero eso parecía molestar ya por esa época. (…) La intervención hizo mucho: ¡hizo desaparecer todo lo que había! Máquinas de coser, de escribir, sillas, mesas, camillas y todos los elementos del dispensario. Ese fue el castigo que se nos quiso dar. Pasaron entonces muchas cosas. Por ejemplo, se perdieron misteriosamente los boletos de compra-venta de los terrenos del centro vecinal y la ex – dueña que los revendió. (*Barrial,* N.°5, 1985, p.10)

Si con frecuencia el pillaje no se menciona entre las representaciones circuladas sobre la dictadura (salvo recientemente, por el aporte de los juicios reactivados

[15] Barrio San Roque se encuentra en la zona oeste de la ciudad, paralelo a la ruta 20 que une Córdoba con su principal ciudad turística, en una zona que es cercana a la Fábrica Militar de Aviones. En sus orígenes se ha tratado de una zona alejada del centro. En la posdictadura, la revista recoge demandas de habitabilidad básicas como falta o insuficiencia de servicio de luz, agua potable, asfalto, limpieza de baldíos y otras que dan cuenta de la insuficiencia de los ingresos familiares como el pedido de mejoras en la provisión de alimentos del programa P.A.I.COR (Programa de Asistencia Integral Córdoba) con que el gobierno provincial buscaba paliar la desigualdad alimentaria en las escuelas públicas.

en los años dosmil), este relato desmiente el supuesto rol ordenador de la dictadura y hasta cierto paternalismo con las clases populares. En este caso, la humilde barriada fue objeto de múltiples despojos, desde los más evidentes hasta los más inexplicables.

Pero no todos los relatos que la revista publicó eran adversos a la dictadura. En algunas ocasiones, el discurso público también intentaba acomodarse al nuevo clima. Al respecto, en testimonios de otros vecinos referidos a las experiencias de trabajo comunitario que se habrían iniciado durante la dictadura, los voceros ponen de manifiesto esa aparente paradoja, mostrando de qué modo lo dicho parece corresponderse con una nueva configuración de lo decible en la que parecieran no permitirse elogio alguno a aquel período. Esto exponían los miembros del dispensario de barrio Comercial[16], una populosa barriada de la zona sur, muy próxima a Villa Libertador:

> Por esas cosas paradójicas que tiene la historia, durante el proceso y sujeto a sus reglas de juego, se creó el Centro de Asistencia Comunitaria, con profesionales muy bien orientados que trabajan con nosotros. Entre la gente del barrio, ellos y nosotros, surgió lo que llamamos la Organización Brochero. Esta es una organización barrial que se ocupa de organizar los recursos que tenemos entre todos para la atención de la salud. Este trabajo es anterior al gobierno democrático, pero a partir de este cambio, muchas cosas que a la Organización Brochero se le planteaban como imposibles, ahora son solucionables. El diálogo con las autoridades es abierto, fluido, sin ningún tipo de presiones. (*Barrial,* N.°4, 1985, p.8)

De este modo, se iluminan otros procesos también asociados al tiempo de la dictadura como fueron las nuevas apropiaciones que en el barrio se realizaron a partir del inicio de otros modos de trabajar en el territorio que, aparentemente, eran permitidos por el régimen y cuya continuidad se mantuvo y hasta se vio fortalecida desde el cambio de régimen político.

Las conmemoraciones felices: "No se querían ir"

Por último, un rasgo que merece ser destacado es el relato de conmemoraciones felices. En la zona sur, cerca del acceso de la ruta provincial N.°5, se

[16] Barrio Comercial se ubica en la muy poblada zona sur, tradicionalmente ligada al conflicto por la falta de agua potable antes y durante la última dictadura. Fueron frecuentes las protestas por la reiteración de los cortes de agua y la demanda de una red suficiente de provisión del vital elemento. Entre las demandas visibilizadas en la publicación, a la salida de la dictadura los vecinos reclamaban por la insuficiencia de transporte (por la baja frecuencia de las unidades) y de los servicios de salud pública. Para los barrios alejados del centro, típicos de trabajadores, ambos problemas estaban muy asociados.

encuentra el populoso barrio Santa Isabel, ligado a la expansión de la industria automotriz en Córdoba[17] pero su pujanza se había visto muy resentida en los años previos: "en los últimos años mucha gente fue despedida de la Renault y otras fábricas menores. Esto perjudicó una enormidad al barrio ya que produjo un gran desempleo en el sector" (*Barrial,* N.° 4, 1985, p.2). Otra de las consecuencias del desempleo fue la disminución en la provisión de transporte público. Por entonces, su centro vecinal era de lo más antiguo, junto con la estafeta y la escuela. "La gente del Proceso dispuso de nuestras instalaciones a su antojo, sobre todo durante la intendencia del Sr. Olmedo, un coronel del Ejército. Ahora con la democracia quieren poner un registro civil sin preguntar a nadie" (*Barrial,* N.°4, 1985, p.2). La oportunidad abierta frente a la pregunta del reportero respecto a cómo vivió el barrio durante los años del proceso permitió a los vecinos que conforman la comisión vecinal provisoria marcar un contraste fundamental entre ambas épocas:

> Durante el Proceso el barrio se resintió totalmente. Mire señor, de este sector desaparecieron 10 jóvenes y una niña. Realmente este sector sur fue muy golpeado y quedaron rastros. Por ejemplo este Polideportivo lo inauguró el Proceso, pero acá no venía nadie a jugar a nada ¡con lo lindo que es! Ahora la puerta siempre está abierta desde tempranito se llena de chicos. Durante el Proceso los padres tenían miedo de que los chicos salieran a cualquier lado. Ahora no, ahora estamos en democracia y la gente se mueve sin miedo. Mire, en 1983 se hizo una fiesta por el día del Niño, les dieron chocolate y facturas, pero la gente menuda tenía miedo, no se atrevían a entrar, veían a los soldados, porque aunque resulte difícil de creer vinieron con camiones con soldados. Pusieron una cocina de campaña y les daban el chocolate en tarros de aluminio, todo eso daba temor. En cambio el año 84, con nosotros, no se querían ir. Estuvieron todo el día cerca de 300 niños y adultos. Se les repartió chocolate, facturas, golosinas de alto nivel, globos. Hubo regalos para todos. (*Barrial,* N.° 4, 1985, p.2)

Esta es una de las pocas referencias explícitas respecto a los saldos represivos de la dictadura en los barrios capitalinos, contabilizando desapariciones. Si bien no hay más datos biográficos, destacamos que haya sido parte de lo que los vecinos hicieron público en la entrevista. Un barrio obrero, fuertemente

[17] Este barrio surgió por la radicación de la fábrica automotriz Kaiser, luego Renault. Según mencionaron sus vecinos a la revista, en su pasado de mayor esplendor llegó a cobijar 10 000 empleados. Compartía con otros de la zona sur la demanda principal de la falta o insuficiencia en la provisión de agua potable. Junto a otros barrios, Santa Isabel (segunda sección) participó de una protesta por el costo de los impuestos inmobiliarios urbanos de la Municipalidad de Córdoba que cobraba altos intereses por mora. En la oportunidad manifestaron que varios vecinos eran jubilados con ingresos insuficientes o adultos desempleados, lo que mostraría el agravamiento de sus condiciones socioeconómicas a la salida de la dictadura.

afectado por las políticas represivas y económicas de la dictadura. La extensión de la cita se justifica además por vertebrar un relato que contempla múltiples aristas de las vivencias que los vecinos de este barrio exponían mediante un claro ejercicio de contraposición. En un trabajo previo argumentamos que una característica de la implantación de la dictadura fue la instauración de un discurso dominante, posibilitado –entre otros factores– por el despliegue de estrategias de labor política utilizadas para lograr esa imagen de unanimidad (Oviedo y Solis, 2006). Entre ellas analizamos lo que Scott describe en estos términos: "la afirmación, el ocultamiento, la eufemización, la estigmatización y, por último, la apariencia de unanimidad parecen ser elementos esenciales del tipo de dramatización de la dominación analizada aquí" (Scott, 2000: 71).

El festejo del día del niño propiciado aun en dictadura pone de manifiesto tanto el afán de construir consenso como su especial interés por los niños que ya habíamos visto entonces en la proliferación de actos y actividades orientadas al público infantil (Oviedo y Solis, 2006) y ese esfuerzo por la dramatización del poder que incluye al tiempo de las conmemoraciones. En contraposición, la extensa cita alude también a las representaciones y valoraciones circuladas por los vecinos en torno a la configuración de un tiempo radicalmente nuevo, en el que las actividades promovidas por ellos son más convocantes, duraderas y hasta cualitativamente diferentes. El relato expresa una variación de actitudes interesante, entre aquellas cuasi obligadas de la conmemoración de origen castrense y las deseadas y celebradas de la conmemoración de origen vecinal; alertándonos sobre las complejidades que asumió la presencia territorial de las fuerzas armadas en los barrios incluso en acciones festivas y expresando cierta liberación o al menos una vivencia más espontánea del barrio y sus actividades al producirse la apertura política.

A modo de cierre

El capítulo se ha interrogado por los relatos de vecinos sobre la vida en los barrios en dictadura a la luz del *prisma* de los años ochenta posdictatoriales, una vez producida la transición política, mediante su recuperación en revistas políticas de la época editadas por iniciativas militantes como fue la publicación *Barrial*. Recuperar esos relatos y experiencias compartidas fue posibilitado y a la vez agenciado por las construcciones políticas que jugaron su apuesta en el territorio, aportando por esta vía a dilucidar también las características y modalidades del compromiso político posdictatorial. Esas iniciativas militantes nos acercaron a relatos, entre la historia y la memoria, que se convirtieron en discurso público al generarse nuevas condiciones de emergencia de lo decible promovidas por la apertura de procesos democratizadores, una vez instaurado un nuevo gobierno.

Dentro de los relatos que circularon en aquellas revistas nos interesamos por las narraciones de la dictadura y por la red de conflicto que articulaba las demandas por la normalización de los centros vecinales, una preocupación relevante en el perfil de la publicación y en la agenda de sus promotores. Las referencias a ese pasado reciente fueron múltiples y diversas en coincidencia con las diferentes funciones que esos relatos cumplían en tanto argumentos de justificación de las acciones presentes, sean estas relativas a la instalación de demandas o a la legitimación de nuevos espacios y formas de participación popular. A su vez, el abordaje de estos relatos que contenían lecturas desde el presente, cargado de expectativas y nuevos horizontes de lo decible, mostraba fragmentos del otrora discurso oculto respecto de algunos aspectos de la vida de los barrios en dictadura. En particular, los relatos difundidos en *Barrial* brindan elementos claros respecto al impacto del terror de estado en la trama organizacional territorial y también visibiliza la variabilidad de formas que la resistencia asumió, recordándonos con Scott la importancia de considerar esas zonas que él denomina como espacios de la infrapolítica donde se anidan respuestas y actitudes sociales que no pueden ser entendidas únicamente en clave de la aceptación o la oposición abierta a las políticas dictatoriales en y para los barrios.

En resumen, durante los inicios del proceso democratizador se produjeron condiciones que posibilitaron la inscripción de relatos referidos a lo acontecido durante la dictadura en los barrios, convirtiéndose en un discurso público (en los términos de Scott) que ayudó a construir y circular representaciones sociales e interpretaciones sobre el pasado inmediato, en el marco de las nuevas disputas por definir los contenidos, espacios y vías de la democratización. De este modo, los relatos acerca de los barrios en dictadura articularon múltiples funciones: diagnósticas frente a la configuración de un escenario nuevo, deslegitimadoras de la institucionalidad dictatorial y, fundamentalmente, legitimadoras de nuevos (o renovados) modos de politicidad con anclaje territorial. Así, la repolitización de la vida en común de los barrios y sus vecinos estuvo igualmente connotada de acciones y materiales de la historia y la memoria y se vinculó con las múltiples iniciativas políticas que habitaron los territorios a la salida de la dictadura.

Bibliografía

Almada Julieta A. (2019). Estado, economía y política: las intervenciones sociales del estado orientadas al mercado de trabajo en la provincia de Córdoba entre 1983 y 1995. *Anuario de la Escuela de Historia* Virtual 15, 68–90. [Último acceso, 20 de abril de 2021]

Águila, Gabriela; Luciani, Laura; Seminara, Luciana y Viano, Cristina (comps.) (2018) *La historia reciente en Argentina. Balances de una historiografía pionera en América Latina.* Buenos Aires: Imago Mundi.

Baldo, Alberto; Maffini, Gino; Samoluk, Guadalupe y Tabera, Noel (2011) *La historia que nos parió.* Córdoba: Edición de los autores.

Carnovale, Vera (2014) "De Entre Todos a La Tablada. Redefiniciones y permanencias del ideario setentista", *PolHis,* Boletín Bibliográfico Electrónico del Programa Buenos Aires de Historia Política, 6 (12), 244– 265. Publicación digital disponible en http://boletinhistoria.com.ar [Último acceso: 16 de abril de 2020]

Ferrari, Marcela y Gordillo, Mónica (comps.) (2015) *La reconstrucción democrática en clave provincial,* Rosario: Prohistoria.

Franco, María José; Medina, Leticia y Solis, Ana Carol (2015) "Conflictividad social y articulación política en los barrios cordobeses durante la reconstrucción de la democracia". En *La reconstrucción democrática en clave provincial.* Ferrari, Marcela y Gordillo, Mónica (comps.) Rosario: Prohistoria, pp.153–179.

Garbero, Vanesa (2017) "El terrorismo de estado en argentina a escala local. Tensiones entre la memoria dominante y memorias locales". *Península,* XII, (1), 31–53

Gonzalo Morell, Constantino (2010) "Una visión global del movimiento asociativo vecinal regional durante la Transición: 1970–1986" en *Estudios Humanísticos. Historia* 9, 195–220.

Gutiérrez, Alicia (2007) *Pobre', como siempre ... Estrategias de reproducción social en la pobreza.* Córdoba: Ferreyra Editor.

Lesgart, Cecilia (2002) "Usos de la transición a la democracia. Ensayo, ciencia y política en la década del ochenta" *Estudios Sociales* 22-23, 163–185.

Mc Adam, Doug; Tarrow, Sidney y Tilly, Charles (2005) *Dinámica de la contienda política.* Barcelona: Hacer.

O'Donnell, Guillermo; Schmitter, Philippe C. (2010) *Transiciones desde un gobierno autoritario.* Buenos Aires: Prometeo Libros.

Oviedo, Silvina, Solis, Ana, Carol (2006) "Violencia institucionalizada y formas de resistencia social: los organismos de Derechos Humanos en Córdoba durante la dictadura" Trabajo Final para acceder a la Licenciatura en Historia.

Pagano, Nora (2010) "La producción historiográfica reciente: continuidades, innovaciones, diagnósticos" en *Historiadores, ensayistas y gran público. La historiografía argentina, 1990–2010,* Devoto, Fernando (dir.). Buenos Aires: Editorial Biblos, pp.39–67

Piotti, María, Lidia; Morillo, Ernesto y Elorza, Ana (2014) "Desde la historia oral: relatos sobre el terrorismo de estado y sus consecuencias en la acción colectiva en Barrios y Villas de la Ciudad de Córdoba" ponencia presentada en Seminario Internacional Historia de la Violencia en América Latina, Facultad de Filosofía y Humanidades, Córdoba.

Pittaluga, Roberto (2010) *"Notas sobre la historia del pasado reciente"* en *Historia, ¿para qué? Revisitas a una vieja pregunta.* Cernadas, Jorge y Lvovich, Daniel (editores) Buenos aires: Prometeo Libros, pp. 119–143.

Scott, James (2000) *Los dominados y el arte de la resistencia. Discursos ocultos.* México: Ediciones Era.

Solis, Ana, Carol (2013) "Democracias en disputa: una aproximación a la experiencia del Movimiento Cordobés de los ochenta." *Brumario* Revista de Ciencias Sociales, 9, 67–83.

Solis, Ana, Carol (2016) "La última dictadura y los barrios de la ciudad de Córdoba. Aproximación a las protestas de vecinos y a las intervenciones estatales hacia un vecinalismo permitido" *Revista de Historia,* [S.l.], 17, 175–201. Disponible en: http://revele.uncoma.edu.ar/htdoc/revele/index.php/historia/article/view/1338 [Último acceso: 26 de abril de 2020]

Solis, Ana Carol (2018) *De la dictadura a las contiendas por la democratización. Reconfiguraciones de la militancia en la experiencia de Barrial y el Movimiento Cordobés.* Tesis de Doctorado en Estudios Sociales de América Latina, Centro de Estudios Avanzados de la Facultad de Ciencias Sociales de la Universidad Nacional de Córdoba, Córdoba: inédito.

Tilly, Charles (2006) *Violencia colectiva,* Barcelona: Hacer.

Fuentes:

Revista *Barrial,* n.º 1, 1984, p. 2, 3, 5, 6, 7 y 10.

Revista *Barrial,* n.º 2, 1985, p. 7.

Revista *Barrial,* n.º 3, 1985, p. 2, 4.

Revista *Barrial,* n.º 4, 1985, p. 2, 3, 8.

Revista *Barrial,* n.º 5, 1985, p. 5 y 10.

7. *Entrar en la fábrica para huir del temor. Vida cotidiana de los/las trabajadores/as "comunes" de una fábrica autopartista (Gran Buenos Aires, 1974–1983)*

MARINA L. NEGRI
Universidad Nacional de General Sarmiento

Introducción

El presente artículo indaga sobre las actitudes sociales de trabajadores y trabajadoras no militantes o con un bajo nivel de participación política y/o sindical durante la última dictadura militar argentina a partir del caso de una pequeña empresa autopartista dedicada a la producción de limpiaparabrisas de la zona norte de la provincia de Buenos Aires durante el período 1974–1983.[1] Cabe aclarar que no tomo la temporalidad tradicional que supone un corte a partir del golpe de Estado de 1976, en tanto me interesa evidenciar el juego de continuidades y rupturas que representó ese acontecimiento (Franco, 2012). El proceso más amplio que se inicia antes del golpe estuvo, en el caso de los sectores obreros, profundamente marcado por políticas autoritarias de disciplinamiento social y laboral.

A partir de los años ochenta, los trabajos sobre el movimiento obrero durante la última dictadura militar argentina (1976–1983) centraron su mirada en los/las trabajadores/as de base, enfatizando la resistencia obrera que habría influido en la crisis del régimen (Pozzi, 1988). En diálogo con

[1] El presente trabajo es una versión adaptada de un capítulo de mi tesis de maestría en Historia Contemporánea titulada: "Vivir la Fábrica. Vida cotidiana y actitudes sociales de trabajadores y trabajadoras fabriles sin militancia explícita". La investigación estuvo dirigida por la Doctora Marina Franco y fue defendida en septiembre de 2020 en la Universidad de General Sarmiento (UNGS).

estos estudios, este artículo tiene como objetivo principal iluminar otras lecturas posibles que contemplen aspectos tales como lo cultural y lo cotidiano de la experiencia de los/las trabajadores/as en ese período.[2] Tomando en cuenta estos elementos, propongo matizar estas interpretaciones a través de la problematización de una serie de testimonios orales de trabajadores/as de *Buffalo SACI*, pequeña fábrica autopartista de San Fernando, zona norte del Gran Buenos Aires.

En este trabajo me interesa abordar las actitudes sociales de lo que se ha denominado "gente común" a fin de analizar una amplia gama de expresiones que incluso pueden resultar contradictorias entre sí. Para ello, recurrí a un enfoque microsocial o más conocido como de la "vida cotidiana" dado que permite aportar una mirada "de abajo hacia arriba" a fin de reflexionar sobre las prácticas, representaciones y relaciones de hombres y mujeres "comunes", en este caso trabajadores/as. Tal como observa Camillo Robertini (2019) para los/las trabajadores/as de Fiat, los y los/las entrevistados/as, por lo general, se presentan con una identidad obrera opuesta al trabajador contestatario. Es decir, poseen una imagen positiva del trabajo en la fábrica y con actitudes de agradecimiento hacia la patronal, lo que se corresponde con una aceptación de la disciplina, subordinación a sus superiores y naturalización de la realidad sociopolítica de la época.[3]

Teniendo en cuenta estos elementos, me propongo indagar sobre uno de los núcleos problemáticos transversales que generan más contradicciones en relación al imaginario que, desde el presente, construimos sobre los años setenta: el supuesto del alto impacto que la situación política nacional habría tenido en su vida cotidiana y laboral dentro de la fábrica. A partir de esta investigación intento mostrar que la dictadura, al menos en este caso, no resultó un quiebre en la vida cotidiana de los/las trabajadores/as dentro de la fábrica, en contraste con algunas imágenes desde las cuales tradicionalmente analizamos dicho período y que suelen estar tomadas a partir de la experiencia de trabajadores/as con altos niveles de militancia. También me

[2] Tomé el concepto de "experiencia" en el sentido de que la clase no solo deriva de las condiciones objetivas de producción, sino también de la forma de vivenciarlas. De esta manera, la clase debe entenderse como un proceso no solo económico sino también cultural, que se define cuando esas experiencias comunes impulsan a los hombres a articular sus intereses en oposición a las otras clases sociales. La incorporación de dichas experiencias en términos culturales (tradiciones, sistemas de valores, ideas y formas institucionales) son las que darían lugar a la conciencia de clase (Thompson, 1997).

[3] Por lo general, en las primeras evocaciones sobre la fábrica, los entrevistados destacaron los atributos del patrón vinculados con una relación cercana con los trabajadores, el trabajar a la par que ellos y el pago de los salarios realizado en "tiempo y forma".

interesa mostrar que existió heterogeneidad en cuanto a las experiencias del colectivo de trabajadores/as estudiados durante esa etapa y que, si bien los trabajadores de la fábrica no fueron directamente afectados por la represión estatal, padecieron cambios abruptos en su cotidianeidad y en sus hábitos, que incluso ellos mismos pasan por alto o no pueden identificar claramente como asociados a la situación dictatorial.

En síntesis, me interesa analizar memorias de obreros y obreras que, en principio, no parecen haber sido atravesadas por las prácticas represivas del gobierno militar, a fin de problematizar la eventual existencia de una vida cotidiana dentro de la fábrica que se mantuvo aparentemente al margen de la violencia estatal, aunque posiblemente afectada por sus políticas disciplinadoras o económicas, a pesar de que los/las trabajadores/as no manifiestan haber sido afectados por ello. En otras palabras, cabe preguntarse si es posible que los/las trabajadores/as siguieran con su vida cotidiana sin vivenciar directamente los efectos del proceso político represivo y no se sintieran afectados por él en sus múltiples dimensiones.

Aspectos metodológicos y dificultades

Una de las mayores dificultades para desarrollar esta investigación ha sido la recolección de fuentes de cualquier tipo. Esto se debe principalmente, al hecho de que Buffalo no tuvo un grado alto de politización como ocurrió en otras fábricas de la zona –a las que sí se ha hecho referencia en la bibliografía especializada y que aparecen en fuentes sindicales u organizaciones políticas de la época–. Las escasas fuentes escritas utilizadas provienen del archivo de la Dirección de Inteligencia de la Policía de la Provincia de Buenos Aires (ex DIPBA) y del diario del Partido Socialista de los Trabajadores, *Avanzada Socialista*. Frente a esta situación, la materia prima fundamental de la investigación han sido las entrevistas orales realizadas, entre marzo de 2016 y diciembre de 2018, a un grupo de once extrabajadores/as (seis mujeres y cinco hombres) de la fábrica durante la década de 1970.

En relación al contexto de producción de las entrevistas, si bien la preocupación se centró en un período histórico determinado, pretendí abordar la experiencia cotidiana en la fábrica en el sentido más amplio. Para ello, construí los testimonios de dos formas: primero, mediante una narración libre del testimoniante respecto de su experiencia de vida y, segundo, a partir de preguntas generales semiestructuradas vinculadas con sus actividades cotidianas, de modo de obtener respuestas espontáneas pero focalizadas. Creo que dicha estrategia debe ser tenida en cuenta al momento de abordar períodos históricos altamente sensibles con el fin de no circunscribir los resultados a nuestras propias ideas o hipótesis, dando mayor espacio para la elaboración de una investigación abierta y atenta a las construcciones de los entrevistados y menos a las del entrevistador.

Entre industrias, aserraderos y autopartes

La fábrica analizada se encuentra emplazada en el partido de San Fernando, uno de los municipios más antiguos dada su creación en 1821 y el más pequeño de los veinticuatro partidos del Gran Buenos Aires con tan solo 163 240 habitantes para el 2010 (Bruno, 2013: 163). Pese a esta característica, para la década de 1970, contaba con empresas de diversos tamaños dedicadas a la elaboración de productos químicos y cosméticos, autopiezas, neumáticos, equipos electrónicos y frigoríficos además de talleres artesanales dedicados a la fabricación de muebles (Rougier y Pampin, 2013: 216).

Entre las distintas etapas del desarrollo de la industria automotriz argentina, el inicio de la historia de Buffalo se ubica en el período 1959–1975, época de consolidación de industrias dirigidas por empresas multinacionales que abastecieron al mercado interno.[4] Mi interés se sitúa, en primera instancia, en el período durante el cual se produce la llegada masiva de empresas extranjeras que establecieron plantas de producción, como consecuencia de un cambio en la política impulsado por el proyecto desarrollista del presidente Arturo Frondizi (1958–1962). Si bien las empresas extranjeras fueron las principales beneficiarias, las autopartistas nacionales se acogieron al régimen de prioridad de equipamiento, que implicaba la total eliminación de recargos para la importación de productos que la industria local no podía proveer (Sourrouille, 1980). Este elemento explica la preeminencia de las industrias autopartistas nacionales en el abastecimiento por sobre las extranjeras que, sin embargo, destacaron en la fabricación de neumáticos y motores (Morero, 2013).

[4] María Inés Barbero y Jorge Motta (2007) dan cuenta de cinco períodos en el desarrollo de la industria automotriz en Argentina. El primero (1920–1950) se caracterizó por la instalación de las primeras plantas de montaje, tales como Ford y General Motors, que producirían a partir de la importación de los insumos. Un segundo período, entre 1951 y 1958, caracterizado por el impulso estatal de la producción nacional. Luego del tercer (1959–1975) y cuarto períodos (1976–1990), contextos centrales de nuestro trabajo, la última etapa se asocia al acercamiento de la producción local según estándares tecnológicos internacionales, mientras que el segmento autopartista sufrió una enorme competencia importadora (1990–2002). Por su parte, Morero (2013) agrega una sexta etapa (2002–2010), de crecimiento prácticamente ininterrumpido, impulsado por un contexto macroeconómico favorable.

A fin de enmarcar el desarrollo de Buffalo en el devenir de la industria nacional y, en particular, en el de la zona norte del conurbano bonaerense, sus orígenes pueden resumirse brevemente. El antecedente directo de Buffalo fue un aserradero creado a mediados de la década de 1950 por Vicente Celesti, en medio de grandes aserraderos de renombre en la zona de Tigre y San Fernando tales como el de Domingo Pagliettini o el de los hermanos Ernesto y José Canestrari, así como el astillero Astarsa. En paralelo, diversas fábricas se instalaron en la localidad vecina de General Pacheco, tales como Ford, Fate y la industria de galletitas Terrabusi, hoy absorbida por Kraft. La historia de la fábrica que analizo comienza, pues, en 1959 a partir de un viaje realizado por Osvaldo Celesti, hijo de Vicente, a la ciudad de Buffalo (Nueva York, Estados Unidos), donde visita la fábrica Trico dedicada a la elaboración de limpiaparabrisas. Mediante una licencia otorgada por dicha empresa, Osvaldo Celesti convenció a su padre de fundar la fábrica en 1965, la cual continúa funcionando hasta nuestros días. Emplazada en un barrio de nivel socioeconómico medio-bajo, este distrito aportó los/las obreros/as que trabajaron tanto en dicha fábrica como en su vecina Gamuza, dedicada a la fabricación de cubiertos.

Buffalo se caracterizó por un bajo nivel de conflictividad social. Los entrevistados en general refieren a conflictos de baja intensidad, aunque los archivos de la ex DIPBA registran huelgas en abril y noviembre 1979, que no confluyeron con la jornada de protesta a nivel nacional organizada por el nucleamiento sindical denominado "Grupo de los 25" para el 27 de abril de ese año (Bitrán y Schneider, 1992).[5] Asimismo, a partir de las entrevistas se constató la existencia de una comisión interna, aunque no hay datos precisos acerca del período en el que funcionó. Por último, cabe señalar que se entrevistó a un ex delegado de la fábrica que tuvo participación en la coordinadora interfabril de zona norte y que, a su vez, era militante del Partido Socialista de los Trabajadores (Pozzi y Schneider, 2000: 428, 445).[6] Estas experiencias,

[5] Los archivos desclasificados de la ex-DIPBA dan cuenta de la inexistencia de representantes de los trabajadores hasta el 8 de noviembre de 1979, cuando se eligieron delegados para concurrir a una reunión en la Secretaría de Trabajo local, ubicada en el partido de Vicente López, ante un conflicto laboral por aumento de salarios iniciado el 4 de abril de ese año entre los obreros afiliados a la Unión Obrera Metalúrgica y la patronal. El hecho de no encontrar registros de elección de delegados sindicales con anterioridad a 1979 nos permite sugerir bajos niveles de organización obrera y conflictividad laboral en Buffalo.

[6] Las coordinadoras interfabriles se habían organizado en los principales centros industriales entre junio y julio de 1975, en oposición al plan económico del ministro Celestino Rodrigo. Al respecto de la coordinadora de zona norte del Gran Buenos Aires, véase Löbbe, 2009.

que apenas fueron evocadas por los/las obreros/as en sus testimonios, dan cuenta de ciertos niveles, aunque muy bajos y por lo general individuales, de actividad política.

Los/las trabajadores/as de Buffalo

Según las entrevistas realizadas, la mayor parte de los/las trabajadores/as eran vecinos de la fábrica o vivían en localidades cercanas como el barrio Crisol en Victoria o en Carupá, en el límite entre los partidos de San Fernando y Tigre. El hecho de provenir de los barrios aledaños favoreció la conformación de un grupo de trabajadores/as relativamente homogéneo en términos socioeconómicos que, por lo general, eran hijos de familias migrantes italianas.

De las entrevistas, se puede deducir que los orígenes de Buffalo fueron muy austeros dado que algunas trabajadoras rememoran las precarias condiciones de trabajo a las que estaban sometidas, que incluso llegaron a afectar a su salud, pero que sin embargo, son minimizadas en pos de resaltar la camaradería entre compañeras y compañeros que rondaban los 15 y 18 años de edad aproximadamente. A pesar de su edad, en la mayoría de los casos el ingreso a la fábrica no fue el comienzo de su actividad como operarias, dado que muchas ya habían trabajado en fábricas de la zona, como el frigorífico Cocarsa en San Fernando o la fábrica de pelucas Pelufo en Beccar. Este elemento da cuenta de un nivel socioeconómico bajo en el caso de las trabajadoras, en contraposición de los varones cuyas evocaciones dan cuenta de un ingreso más tardío a la fábrica.

En cuanto a sus trayectorias laborales, la gran mayoría ingresó a la fábrica mediante la recomendación de algún vecino o trabajador de San Fernando y localidades aledañas, mientras que solo dos obreros consiguieron su puesto a partir de la presentación espontánea en la fábrica. Si bien la empresa realizaba frecuentes despidos a quienes no cumplían con los estándares estipulados, la mayoría de los operarios entrevistados tuvieron una larga permanencia dentro de Buffalo, rondando entre los 30 y 40 años de servicio. Esta característica, sumada a las pequeñas dimensiones de la empresa, provocó la generalización de lazos de amistad y compañerismo, evidenciados en colectas de dinero para cumpleaños, nacimientos, casamientos y defunciones. Del mismo modo, los entrevistados mencionaron la elaboración de comidas dentro de la fábrica e incluso a escondidas de la patronal, dando cuenta de una complicidad entre los/las obreros/as y de un buen clima de trabajo. No obstante, esta situación no se replicaba fuera de la fábrica para las mujeres trabajadoras, en tanto sus posibilidades de sociabilizar luego de la jornada laboral eran escasas, y se limitaban a los días feriados como el 1.° de mayo, cuando frecuentaban locales de la zona como el restaurante "El Gran Sport" o "Zepelín". Este hecho se debía a que las trabajadoras debían cumplir con las tareas de cuidado tradicionalmente asociadas a los roles de madre y esposa. Recordemos que dentro del modelo de "domesticidad" (Cosse, 2010: 13) construido durante las décadas del cuarenta y cincuenta, el rol del varón era el de proveedor, mientras la mujer debía ser ama de casa. Por lo tanto, para las mujeres, el trabajo remunerado en la fábrica constituía solo una parte de sus obligaciones diarias, dado que por fuera de su relación laboral, las trabajadoras eran sometidas a una "explotación múltiple" (Lobato, 2007: 192) en tanto debían hacerse cargo de un trabajo extra fabril no remunerado dentro del hogar.

Si bien Buffalo no fue una fábrica con villa obrera, es decir, un establecimiento cuyo propietario establecía una relación de reciprocidad con los obreros en tanto les brindaba una vivienda, asistencia social y lugares de esparcimiento a cambio de fidelidad e involucramiento con el trabajo a desarrollar (Neiburg, 1988), durante el manejo por parte de su primer dueño, Osvaldo Celesti, y como producto del reclamo de los/las trabajadores/as, en Buffalo se estableció una enfermería y luego, un comedor. Asimismo, Celesti desarrolló estrategias propias, tales como trabajar a la par de los operarios y promover entre ellos el ideal de "gran familia". Esta última característica explica el relativamente alto grado de identificación de los/las trabajadores/as con el patrón, en tanto se sentían parte de los cimientos de la fábrica, dado que la mayoría comenzó su relación laboral en los inicios de la empresa y tuvieron un rol preponderante en su crecimiento. Uno de los entrevistados, José, utiliza la expresión "socios fundadores" para denominar el tipo de relación que unía a los/las trabajadores/as entre sí y con la empresa, evidenciando el nivel de involucramiento de un sector de los/las obreros/as, particularmente los hombres con mayor antigüedad, mientras que entre las mujeres prevalece la evocación de relaciones jerarquizadas.[7] Pese a las diferencias generizadas, el hecho de formar parte de "la gran familia" acentuó los lazos de solidaridad entre los/las trabajadores/as.

La jornada laboral era de ocho horas diarias, de 6:00 a 14:00 horas, y en el caso de que hubiera mucho trabajo, se podía extender hasta las 16:00. Según Mecha, si bien en un principio los sábados se trabajaba medio día, posteriormente comenzaron a trabajar una hora más para no tener que hacerlo el fin de semana. El trabajo realizado por fuera de ese horario contaría como hora extra.[8] A diferencia de la situación de los trabajadores varones, la legislación

[7] José "Chino" Moya, tornero y delegado, entrevista telefónica realizada en julio de 2018.

[8] Mecha, operaria y delegada, entrevista realizada en noviembre de 2017.

no permitía el trabajo nocturno de las mujeres y solo una de las entrevistadas evocó haber trabajado durante los fines de semana. Al respecto, interesa detenernos sobre cómo el género delimitó tareas específicas en Buffalo, cuya mano de obra era predominantemente femenina. A pesar de ser minoría, los hombres ocupaban los puestos más calificados, cargos de jefatura con un salario mayor que el de las trabajadoras, o en actividades consideradas peligrosas como en la zona de los balancines, donde se cortaban las chapas. La diferenciación según el género y la categorización dentro del sistema productivo también se manifestaba en que los cargos de matricero, ingeniero y jefe de las distintas áreas (matricería, producción, mantenimiento y venta), por lo general, eran ocupados por hombres que poseían una larga trayectoria en la fábrica y eran personal de confianza de la patronal.

La década de los noventa significó el fin de la trayectoria laboral de la mayoría de los/las entrevistados/as. Del análisis de los testimonios corroboramos que ese período representa un quiebre en la vida de estos "trabajadores/as comunes", evocado con los términos de "tristeza", "temor" e "injusticia". Las reformas neoliberales a nivel nacional implementadas por el gobierno de Carlos Saúl Menem (1989–1999) afectaron de manera negativa a la actividad industrial, sobre todo la producción en pequeñas y medianas empresas.[9] El ingreso indiscriminado de productos importados afectó directamente a las medianas y pequeñas empresas, que enfrentaron la dificultad de competir con productos menos costosos e incluso de mayor calidad provenientes del exterior. Dicha situación fue acompañada por la flexibilización laboral y la reducción de los gastos patronales, dando lugar a la promoción desde el gobierno de una partida de retiros voluntarios, que consistían en el ofrecimiento de la extinción del vínculo laboral a cambio de una indemnización para reducir la cantidad de empleados en contextos de retracción económica. Estos retiros voluntarios tuvieron un impacto directo en sus subjetividades como trabajadores/as, en tanto trastocaron el universo de sentido dentro del cual se habían manejado durante toda su trayectoria en Buffalo. En efecto, la década del noventa y las políticas neoliberales de ese período significaron una ruptura tanto en el tipo de vínculos más tradicionales establecidos en la fábrica entre los/las obreros/as y el empleador como en la propia trayectoria de los/las trabajadores/as.

[9] Particularmente, la industria autopartista sufrió una caída en el nivel de empleo de un 17 % durante el período 1974–1985, en el contexto de la implementación de la nueva ley de promoción industrial (N.° 21.608) de 1977, que flexibilizaba las importaciones de vehículos y de autopartes. En líneas generales, se estima un incremento cercano al 82 % en las importaciones de autopartes y accesorios por vehículo para el período 1991–2001 (Morero, 2013: 25).

La dictadura en la fábrica

A partir de un conjunto de entrevistas realizadas a operarios, operarias y dos jefes de sección de la fábrica Buffalo que trabajaron allí antes, durante y después del período 1974–1983, pude identificar que la dictadura y la represión no parecen ocupar un lugar privilegiado en sus narrativas, en tanto no constituyó un recuerdo espontáneamente evocado y relatado con respecto al ámbito fabril en particular. Frente a la pregunta sobre cómo los distintos contextos históricos afectaron a la fábrica, y en especial la dictadura, dos de los/las trabajadores/as de mayor antigüedad respondieron:

> No, la parte política no, porque Buffalo era una empresa que la política no [ingresaba]. Para que vos tengas una idea, Buffalo se mantiene. Nunca jamás para ningún político. Una empresa totalmente de ... sí, tendríamos que decir, laica. Este ... no ... no, Buffalo siempre se sostuvo sola. Nosotros éramos proveedores de todas las terminales.[10]
>
> Nosotros no nos metíamos mucho en esas cosas. Nosotros, a veces, las concentraciones que habían en el centro y eso, a nosotros ni fu ni fa. Yo me venía para mi casa ... lo lamento.[11]

Ambos testimonios dan cuenta de una historia local, a nivel de la fábrica y de los/las trabajadores/as, que se presenta como alejada de los avatares de la política nacional. Incluso, en el segundo caso se percibe una imposibilidad, desentendimiento y/o indiferencia hacia la participación política de los/las trabajadores/as en las manifestaciones y protestas que se realizaban en el centro de la ciudad de Buenos Aires. Si bien ambos entrevistados eran operarios, el relato de Jorge se enuncia identificándose con los intereses patronales y/o de la empresa, mientras que Celia lo hace desde su lugar de trabajadora.

Otro elemento destacable se vincula con la interpretación que hace Celia sobre la última dictadura militar. Ella caracteriza al período a partir de la movilización social y la lucha política cuando, por el contrario, estas actividades estaban legalmente vedadas y prácticamente ausentes por efecto del miedo y el control militar, sobre todo durante los primeros años. Teniendo en cuenta la imprecisión de fechas a la que está sometida la memoria y que parte de la estrategia de la entrevista fue no reponer sentidos al respecto, sino justamente indagar representaciones y asociaciones, este dato sugiere algunas observaciones. Cae la posibilidad de que esta respuesta incluya una operación de transferencia de información de otros períodos históricos tales como la agudización de los conflictos sociales posteriores al Cordobazo (1969),

[10] Jorge, operario, Buenos Aires, mayo de 2016.
[11] Celia, operaria, Buenos Aires, mayo y junio de 2017.

el gobierno de Cámpora y la tercera presidencia de Juan Domingo Perón (1973–1974) o el período de la crisis y derrumbe del último régimen militar (1981–1983). En este último caso, Celia asocia la dictadura a esas movilizaciones y no a otros procesos; en todo caso, ella no presenta, en principio, una narración que otorga centralidad a los elementos con los que desde el presente habitualmente solemos asociar la dictadura (la represión, la persecución política, el miedo, entre otros).

Otros testimonios que evocan de manera efectiva la dictadura cuando se les pregunta por ella, lo hacen en función de lo político o de la dimensión represiva en su vida cotidiana fuera de la fábrica, pero no dentro de ella. Es decir, sus narrativas no evidencian y/o desconocen experiencias que asocien el período dictatorial con su ámbito laboral. Por ejemplo, no mencionan implicancias económicas, cambios en la actividad o funcionamiento fabril, dimensiones represivas (o al menos de mayor control) en el ámbito fabril, excepto muy vagamente o para negar el tema. Al respecto, una de las trabajadoras relata:

> Bueno, me enteré porque era una cosa obvia. Por la gente ... ¿vos decís que llevaban gente? (...) Sabíamos que había un problema ... que en realidad nadie sabía nada. Sabíamos que los militares andaban ... pero en qué andaban ... En mi casa rodearon la manzana dos o tres noches y eran que estaba buscando muchachos, vecinos. Pero ¿quiénes andaban ...? No me acuerdo ... ¿Eran los Montoneros? No recuerdo bien qué buscaban ellos. Realmente no, no ... porque era un secreto a voces. No se podía ni siquiera hablar, yo creo. (...) La gente no pensaba ... es que no se sabía, en realidad. Todo saltó después. Viste que estaba el fútbol ... viste que ganaron ... y nadie sabía la tortura [enfatizando la palabra] que estaban haciendo en ese momento.[12]

Este testimonio da cuenta de una gran tensión y contradicción entre lo que se sabía y lo que no, entre lo que se expresa como recuerdos de aquella época y las capas del procesamiento social posterior del tema: "todo saltó después", dice la entrevistada. Por un lado, la trabajadora señala era obvio qué ocurría "algo", a partir de las persecuciones realizadas por las Fuerzas Armadas. No obstante, relativiza dicho conocimiento aclarando que no se sabía por qué los buscaban, qué les ocurría después ni quiénes eran. Este "secreto a voces", tal como lo denomina, funcionaba de forma efectiva dado el carácter fragmentario de la información que se tenía de lo que sucedía. Interesa analizar la estructura sobre la cual se organiza el testimonio, dado que, si bien comienza con una frase positiva acerca de lo que sabía, luego continúa negando lo dicho anteriormente. La idea misma de un "secreto a

[12] Teté, seudónimo de la entrevistada, operaria, Buenos Aires, septiembre de 2016.

voces" refleja parte de la ambigüedad de su manera de referirse al tema. Dicha estructura puede estar vinculada con una reconstrucción del pasado donde entran en conflicto las memorias personales con la hegemónica y, tal vez, la superposición y/o condensación entre recuerdos y saberes posteriores proyectados hacia atrás como experiencias. Es decir, frente a un cierto relato memorial sobre la posdictadura, especialmente de los años ochenta, que supone una sociedad atemorizada constantemente por la presencia de las Fuerzas Armadas y, asimismo, un desconocimiento absoluto de lo que estaba aconteciendo, en su relato de vivencias más inmediatas y cotidianas aparecen ciertos indicios de la presencia militar y de que estos "buscaban gente". A su vez, se percibe una reconstrucción sobre lo que debería haber sucedido en ese pasado que se rememora, corroborado a partir de la frase "No se podía ni hablar, yo creo".

Al respecto de la última dictadura militar, otra trabajadora sostiene:

-ELBA: Y mirá, yo en el lugar donde vivo ahí en [la calle] Necochea [del barrio de San Fernando], muchas casas que había gente ... mucho no las conocía. Ahí, mucha gente había desaparecido.

-MN: ¿Por qué?

-ELBA: No sé, debe ser porque eran obreros, porque eran gente humilde como nosotros. Pero no tenía amistad. Sabía porque muchas veces quedaban las casas solas. El barrio comentaba. No, pero no se comentaba mucho pero eso si se comentó. Andaban por todos lados los soldados.[13]

Esta evocación, algo más precisa, da cuenta del conocimiento, aunque fragmentario, de lo que estaba ocurriendo, al mismo tiempo que presenta estrategias similares de afirmar y negar de manera dubitativa y distanciada. Esta información, mínima y fragmentaria, hecha de rumores e indicios, pero existente finalmente, era parte del entramado de sentidos con los que se sostuvo el régimen militar. Como señala Pilar Calveiro (2006: 147), "los campos de concentración, en tanto realidad negada, en tanto, 'secreto a voces', son eficientes en la diseminación del terror".

Estas apreciaciones generales deben matizarse, sin embargo, con otros elementos. En relación precisa con el período dictatorial dentro de la fábrica, Teté señala:

> Fue bastante tranquilo lo de la empresa, no fue una situación violenta, una cosa que uno tuviera miedo, nada. Trabajamos tranquilos ahí. No, no hubo ... viste, yo sé que entraban en algunas empresas y sacaban a la gente. Nosotros no pasamos eso. Estaba la inspección, pero la verdad que no pasaban grandes cosas. Ese

[13] Elba, operaria, Buenos Aires, noviembre de 2017.

> acontecimiento del muchacho, después … [en referencia a un obrero y vecino de San Fernando secuestrado por los militares en su casa durante la noche]. Ni sé dónde está ese muchacho. Lo dejaron a la madrugada y le dijeron: "te bajás del coche, no te des vuelta y de esto, ni una sola palabra". Esto es lo más que te puedo decir. Después, que a nosotras nos hayan parado o hayan entrado al establecimiento, no, vamos a decir. De esa época es eso, hay a lo mejor, no sé, cosas que la gente común sabe … que venías en el tren y te bajaban los soldados y bueno, "manos arriba" y te hacían descalzar, y esas cosas … madre. Pero mucho más no sé. No han pasado cosas … que uno se acuerde, feas. Alguna cosa violenta, que hayan venido … Lo único que puedo yo acordarme es de eso, de pasada. Después, nada más.[14]

Como puede apreciarse, el testimonio de Teté evoca la represión a partir de una distinción entre lo que sucedía dentro y fuera de la fábrica. Luego, en un segundo momento, diferencia la ausencia y/o presencia de situaciones represivas dentro del ámbito fabril. La entrevistada comienza sosteniendo la falta de represión en su lugar de trabajo, rememorando algunos acontecimientos políticos como parte del "mundo exterior" de la fábrica. Sin embargo, la ausencia de conflicto mencionada en un primer momento entra en tensión con la evocación de aquellos hechos cotidianos que la impresionaron o le generaron temor, tales como las detenciones en los medios de transporte público, sobre las que volveremos más adelante. No obstante, interesa destacar que dicha tensión no es vivida como tal por la narradora, y que la represión no sucede dentro de su mundo cotidiano –"son cosas que la gente común sabe"–. Este aspecto fue investigado por Eleonora Bretal (2019: 75–119) para el caso de los/las trabajadores/as del frigorífico Swift de Berisso, dado que los entrevistados presentan los acontecimientos de disciplinamiento del régimen dictatorial como externos a su biografía personal, aun cuando hayan tenido un impacto sobre ellos. Para la autora, el hecho de relegar estas vivencias muestra el impacto del disciplinamiento impuesto por la dictadura en niveles más sutiles o menos violentos. Al igual que en el caso de los/las trabajadores/as de Swift, el análisis de las narrativas de los/las trabajadores/as de Buffalo da cuenta de esas formas en que el disciplinamiento recayó sobre ellos. Al respecto del "Proceso", Mecha –quien fue miembro de la comisión interna– sostiene: "no tuve problemas, ponele, un día yo salí de mi casa, llegué acá a tres cuadras, los militares nos bajaron, nos palparon, nos miraban los bolsos. Llegamos a la fábrica y también. Pero por eso te digo, todo se sabe, quién andaba en qué cosa".[15] En medio de una conversación sobre el vínculo entre compañeros y compañeras, sostiene:

[14] Teté, seudónimo de la entrevistada, operaria, Buenos Aires, septiembre de 2016.

[15] En las entrevistas se procuró utilizar la terminología de la época a fin de no circunscribir las respuestas de los entrevistados a nuestra perspectiva. En este caso, se utilizó

-MECHA: ¿Sabés qué pasa? Es que la relación del trabajo a veces uno pone un poquito una pared. Uno separa la relación del trabajo, de la familia. Al principio, era más familiero y después se fue enfriando.

-MN: ¿Cuándo te parece que fue cambiando?

-MECHA: Y, ya te digo, cuando empezaron estos líos con los militares y todo eso, era todo muy mutis.

-MN: ¿Cómo que tenías miedo?

-MECHA: Claro, claro que sí.

-MN: O sea que no se hablaba en la fábrica de los que andaba pasando.

-MECHA: Aparte vos veías que venía uno nuevo y nos sabías quién era.

Sobre las huelgas durante el período, remarca:

> Y, no era tan fácil porque lo que ahora dicen "salen a hacer piquete" ... Bueno, después cuando estuvieron los militares es como que empezaron con un estado de sitio que, ponele, en las esquinas no podía haber reunido más de cuatro personas. Entonces todo eso de corte de ruta, todo eso no existía.[16]

Asimismo, Tito comenta que en esa época se manejó tratando de "no hacer lío porque no era conveniente".[17]

Estos últimos testimonios me permiten sostener que, si bien la represión dentro de la fábrica no está presente en la mayoría de las entrevistas, dan cuenta, en mayor o menor medida, de un aumento en el disciplinamiento, el orden y el control o una "atomización social", entendida como la separación, el aislamiento y la sospecha entre sujetos y grupos dentro de la sociedad (Greco, 2014: 202). Al respecto, Guillermo O'Donnell (1997 [1983]: 136) sostiene que el impacto social de vivir bajo un régimen particularmente represivo estuvo vinculado con la aplicación de un "*pathos* microscópico" que garantizaría el reforzamiento de la autoridad de aquellos que, en cada microcontexto, tenían el derecho y la obligación de mandar. Según el autor, este proceso tendría como consecuencia la generación de minidespotismos en el hogar, el trabajo y la escuela, lo que habría dado como resultado formas de control social que internalizaban el sometimiento. En palabras de O'Donnell, la "sociedad se patrulló a sí misma" de tal forma que intentó colocar a todos "en su lugar", entendiendo por este a los roles tradicionales.

la palabra "proceso" en referencia al Proceso de Reorganización Nacional, nombre con el que los militares denominaron al período.

16 Mecha, seudónimo de la entrevistada fue operaria y participó de la comisión interna de la fábrica, noviembre de 2017.

17 La expresión "no hacer lío" está enmarcada en un momento anterior de la entrevista en el que se conversó sobre la elección de delegados y las formas de llevar a cabo los reclamos salariales y por mejoras en la forma de trabajo.

Los regímenes militares generan cambios abruptos en la cotidianeidad, en los hábitos y en las expectativas de quienes los viven (Lechner, 1988). Estos cambios en los ámbitos de lo "normal" y lo habitual nos permiten adentrarnos en aspectos tales como los criterios de normalidad que constituían la vida y cómo fueron construidos a fin de reponer el contexto simbólico que permitió que la dictadura tuviera lugar (Caviglia, 2006). En este caso, el testimonio de Mecha deja entrever rastros de los efectos del disciplinamiento al interior de la fábrica, cuando identifica al individualismo como elemento disruptivo en sus vínculos dentro del lugar de trabajo. Su identificación como cambio implica determinar lo que antes era cotidiano, es decir, el compañerismo y las acciones colectivas.

Llama la atención que incluso sensaciones como el "miedo" dentro del ámbito fabril pueden ser minimizadas por los/las trabajadores/as a partir de resaltar que la violencia no estaba dirigida contra ellos:

> Ah, el tiempo de los militares. Y ... mal, porque cuando es el golpe vos ibas para la fábrica y te encontrabas con un montón de soldados. Y bueno, yo estaba trabajando en el tercer piso. Eh, estaba revisando pastillitas de platino. Yo estaba muy entretenida y, cuando miro así de costado, los veo. Con esas ametralladoras ... Pero dentro de todo no nos molestaban a nosotros.

Este último testimonio abre ciertos interrogantes. ¿El acontecimiento relatado habrá sido un suceso aislado, y por eso no es evocado por las otras entrevistas? ¿O sería habitual la presencia militar en el establecimiento y la pregunta es entonces por qué no aparece en las otras rememoraciones? Si bien no tenemos respuestas sobre esta cuestión, interesa focalizarnos en el proceso de diferenciación que establece Elba entre "nosotros" y los "otros", es decir, aquellos/as trabajadores/as que fueron víctimas de la represión militar, en tanto estaban "metidos en algo", como generalmente son definidas las personas con militancia sindical o política durante la última dictadura militar. Más adelante, Elba sostiene:

> Yo me acuerdo que había ido a una panadería y había que andar con documento. Pero como yo tenía una panadería cerca y junto a mi hija que tenía ocho años y cuando quisimos recordar venía el camión, un camión grande, bajaron del "coso" y yo le pedí a la dueña que me escondiera porque yo no tenía documento en ese momento. Sí, no ... fue bravo. No fue tan fácil, eh (...). Muchas veces he tenido que andar corriendo. Y muchas veces veíamos los camiones de los soldados y disparábamos.

En este pasaje encuentro que la inseguridad y el temor estaban presentes como experiencia cotidiana y concreta. A diferencia de los testimonios anteriores, el miedo afectó personalmente a la entrevistada quién temió por su vida y la de su hija, llegando incluso a solicitar ayuda de la panadera. Nuevamente aparecen en este testimonio las tensiones entre afirmaciones y negaciones, entre universos de recuerdos que no terminan de construirse pero que dejan entrever temores, recuerdos selectivos y no enmarcados socialmente. Es decir, el miedo a la autoridad, la presencia del autoritarismo y la violencia militar no aparece formulado como tal, pero sí emerge en recuerdos fragmentarios.

Por otro lado, a diferencia de las otras entrevistas en las que el miedo está presente en el exterior del ámbito fabril pero no parece vinculado con la experiencia laboral cotidiana, Elba lo ubica en ambos espacios. Lo interesante es que, más allá de evocar el temor directo hacia su persona y explicar que en varias ocasiones no laborales tuvo que huir, desestima esta situación sosteniendo que no los afectó directamente. De forma similar a lo planteado por Mariana Caviglia (2006), la normalidad no era vivir sin temor, sino una vida en la que el terror existía, pero no estaba en todas partes o finalmente, como en este caso, asusta pero no es vivido directamente como algo sobre el propio cuerpo (le sucede a ella pero no lo ve como tal).

Ante la pregunta sobre si el temor también se percibía en la fábrica, la entrevistada sostiene: "éramos dos personas. No recuerdo haber comentado. Se hablaría en las dos secciones de abajo que estaban repletas". Aunque no tenemos datos suficientes como para comprobarlo, este testimonio podría dar cuenta de lo mencionado anteriormente en relación a cierto proceso de aislamiento y/o atomización que se produjo entre los/las compañeros/as de trabajo.

Vale la pena detenernos en la dimensión argumentativa de la memoria, es decir, en las valoraciones éticas y políticas que los/las extrabajadores/as construyeron desde el presente sobre la década de los setenta. En los testimonios puede observarse una distancia y, en algunos casos, atisbos de cierta naturalización de la violencia estatal a partir de la construcción de una ajenidad con los afectados y una delimitación de las responsabilidades a partir de señalar que ellos no se vieron afectados, aunque los relatos evidencien rastros del temor ante la presencia militar en el barrio y la fábrica. En este punto, es interesante preguntarse hasta qué punto el gobierno militar construyó un régimen que naturalizó las irrupciones en la vía pública o las detenciones arbitrarias, así como también reforzó la cuestión del "otro" como enemigo a eliminar (representación que se extiende mucho más atrás de la dictadura), a fin de legitimarse en el poder y ampliar las bases del consenso. Dicha construcción se produjo dentro del marco de un proceso de desintegración del Estado de derecho que no comenzó con el golpe del 24 de marzo de 1976, sino que podría rastrearse desde el gobierno de María Estela Martínez de Perón o incluso más atrás, en cuanto a la construcción de figuras de la subversión y el enemigo político. A través de los medios de comunicación, se intentó construir y se reforzó el discurso militar en torno a un binomio entre un "nosotros" vinculado con la Argentina capitalista y cristiana frente a ideologías "foráneas" que intentaban imponer el comunismo, así como también subvertir la familia tradicional y los valores católicos. Al respecto, Cora Gamarnik (2011) analiza el fotoperiodismo del período, identificando el hecho de que los "subversivos" fueron construidos por la prensa como una cosa: las menciones sobre ellos fueron despojadas de cualquier explicación política o social que pudiera generar empatía en los lectores. Este tratamiento deshumanizante también contribuyó a la desaparición forzada de personas, en tanto la naturalización de estas noticias en la población generó el acostumbramiento necesario para suspender la reflexión y, por ende, producir actitudes como la indiferencia o la negación. Asimismo, cabe destacar la reflexión de Greco (2014), en tanto el proceso de individualización puesto en práctica por la dictadura al prohibir las reuniones generó un desconocimiento del otro y, por lo tanto, desconfianza. Esta situación, se vería contrarrestada por la confianza depositada en los medios de comunicación como la televisión, cuyo contenido atemorizante sobre el prójimo, legitimó esas actitudes de ajenidad o indiferencia percibidas en la mayoría de los entrevistados.

Retomando el tema de las vivencias cotidianas de represión asociadas al ámbito externo de la fábrica, "Teté" evoca el episodio del tren como un recuerdo de gran impacto:

> Vinieron todos los soldados y un muchacho de pelo largo, de eso me acuerdo patente, no se quiso bajar. ¡Pobrecito! . . . el soldado le dijo al patrón [haciendo referencia al jefe militar]: "dejalo por mi cuenta", y me acuerdo que lo agarró del pelo de atrás, lo levantó y le dio una patada que lo sentó en la estación. Después le ató las manos. De eso me acuerdo como si fuera hoy. Yo dije: "Ah, ¿para qué te rebelaste?", claro, porque vos tenías miedo.

Este relato da cuenta de la preponderancia de lo emotivo-sensorial, en este caso incluso a través de los pequeños detalles y las imágenes visuales, del miedo frente a la violencia impuesta por las Fuerzas Armadas como punto de referencia en los recuerdos individuales (Pollack, 2006). En contraposición con lo que asegura que sucedía en el interior de la fábrica, la trabajadora evoca situaciones de temor vividas en el exterior que son subrayadas a partir del uso de determinados pronombres personales. Siguiendo el análisis de Pollack, podemos observar el uso de un "nosotros" al momento de describir su experiencia dentro de la fábrica para enfatizar su sentimiento de pertenencia. Mientras que Teté utiliza el término "la gente" en referencia a las vivencias cotidianas fuera del ámbito fabril, recuerdos que aparecen con mayor dramatismo en su relato, al mismo tiempo se coloca en condición de espectadora, como aprecia en su relato sobre las experiencias en la fábrica.

La experiencia fuera de la fábrica es rescatada insistiendo en lo vívido del recuerdo y en lo "obvio" del miedo que da por sentado en su relato. El ámbito construido como un "afuera" de la gente que no es ella, sin embargo, está atravesado con recuerdos fuertes e impactantes que no son tan externos, pero que se muestran disociados de su experiencia personal e individual como trabajadora y, por tanto, en su espacio "natural" dentro de la fábrica.

En línea con lo anterior, y en relación con el entramado fabril, los/las entrevistados/as evidencian contradicciones o ambigüedades en las evocaciones sobre este período histórico. Pero sobre todo, dan cuenta de una "normalidad". En este sentido, lo llamativo de las entrevistas es que, al narrar esa "normalidad", surgen en el recuerdo, casi sin buscarlos, los rastros de episodios vinculados a la represión o la violencia, ya sea fuera de la fábrica o vinculada a ella, pero que siempre se presentan como marginales al relato central de cierta normalidad, especialmente en relación al espacio de trabajo que es su espacio personal y con el cual se definen (al menos en función de la condición de trabajadores/as por la cual son entrevistados/as).

Resulta fundamental entender cómo estas referencias a la violencia son asimiladas de tal forma que los trabajadores no parecen encontrar incongruencias con su relato acerca de que "no pasó nada durante la dictadura". En este sentido, adhiero a lo sostenido por Caviglia en tanto el concepto de "normalidad" no estaba vinculado a la ausencia de violencia, sino que no la percibían como dirigida hacia ellos, aunque se estuviera muy presente.

El misterio de los/las militantes desaparecidos/as

Si bien la mayoría de los/las trabajadores/as –y la escasez de otras referencias– coinciden en la baja conflictividad en la fábrica y la ausencia de militancia política en los obreros, frente a esta imagen fuerte y dominante también aparecen otras memorias de algunos/as trabajadores/as que evocan el recuerdo de dos delegados que tuvieron que huir del establecimiento porque según Teté "andaban en algo fuerte, (...) en política fuerte. Rebeldes, o qué sé yo, tipo el Che Guevara".[18]

Como mencioné anteriormente, interesa analizar las representaciones que los trabajadores y las trabajadoras "comunes" poseían de quienes militaban políticamente. Según este testimonio, son vistos como "rebeldes", lo cual queda en evidencia cuando Teté los asocia rápidamente con una figura

[18] Teté, seudónimo de la entrevistada, operaria, Buenos Aires, septiembre de 2016.

icónica como el "Che" Guevara. El uso de esta imagen resulta significativo en tanto enfatiza la ajenidad entre un "nosotros" (los/las trabajadores/as que no se involucraban políticamente, sumado al acatamiento y la obediencia de las órdenes) frente a los "otros" (aquellos que discrepaban con la realidad cotidiana de los anteriores). En el caso puntual de la trabajadora, la percepción sobre esos "otros" no posee las connotaciones negativas que señala Bretal para su caso de estudio, pero sí una gran distancia subjetiva.

A continuación analizaremos las entrevistas que hacen referencia a lo político dentro de la fábrica. En algunas, se reitera el relato de los dos delegados que huyeron del establecimiento ante el inminente arresto por parte de las Fuerzas Armadas. De uno, los entrevistados no señalan datos personales o su filiación política. El otro, era un joven obrero llamado Luis Moya, perteneciente al Partido Socialista de los Trabajadores (PST).[19] Frente a la pregunta sobre cómo se vivió la dictadura en la fábrica, el jefe de matricería, Tito, explica:

-TITO: Yo recuerdo que tuvimos una época que había un grupo de delegados, la comisión interna que eran, había uno o dos, miembros del Partido Socialista de los Trabajadores, el PRT. Y toda esa gente tratando de ganar más lugares en una elección interna, agarraron una lista y se hizo una elección interna y a mí me convocaron como fiscal. Entonces yo fui el fiscal de la elección con el secretario adjunto del gremio, que había trabajado con nosotros, Shefer, que se paseaba por la empresa con un 38 en la cintura, atemorizando a los compañeros para que no votaran a los chicos del PRT. Y yo como fiscal, y bueno. Yo también me la jugué porque acepté, podría haber dicho que no.

-MN: *¿Y quién ganó?*

-TITO: Los del gremio pero por tres o cuatro votos, ahí nomás. A partir de ahí, ese chico que hubo persecución, que tal vez no nos dimos cuenta o no se dio cuenta la mayoría de la gente. Pero ese muchacho tuvo que irse porque le tiroteaban la casa, viste que ... él al final se tuvo que ir.[20]

Este testimonio resulta particularmente llamativo ya que, en su intento por evocar el período dictatorial, Tito refiere a hechos ocurridos en 1974, momento en que, según los entrevistados, los delegados y militantes del PST

[19] El PST fue un partido trotskista contrario a la guerrilla como táctica en la pelea por el poder, que intervino en la política argentina entre 1972 y 1982. Según datos proporcionados por Pozzi y Schneider (2000), se estima que para 1974 el partido contaba entre 1500 y 2000 militantes y poseían 35 locales que se distribuían en 19 provincias. En la zona norte, el partido contaba con cuatro locales: Munro, Beccar, San Miguel y Pacheco en la localidad del Talar.

[20] Tito, seudónimo del entrevistado, jefe de matricería, 28 de noviembre de 2017.

debieron retirarse de la fábrica dada la persecución de la que fueron víctimas. Tal como mencionamos al comienzo, los recuerdos asociados a la conflictividad son ubicados en momentos previos al golpe de Estado de 1976, a pesar de que la pregunta apuntaba claramente al período posterior.

Por otra parte, la narración da cuenta de cómo la política a escala nacional durante 1974 se condensa en un caso local. La elección que estuvo a punto de ganar Luis Moya, integrante del PST, al que el trabajador confunde con el Partido Revolucionario de los Trabajadores (PRT), reproduce la disputa que sostenían muchas agrupaciones obreras a partir del Cordobazo, cuya filiación ideológica era el clasismo, forma de militancia sindical que criticaba a la conducción de la CGT por estar en connivencia con la patronal.[21] A partir del énfasis en la participación de todos los/las trabajadores/as, se apelaba a estrategias de acción directa como las tomas de fábricas con rehenes. En este contexto, los cuerpos de delegados tomaron un papel protagónico en esta lucha e intentaron articularse con la lucha política en ámbitos como el barrio, las unidades de fomento y las parroquias (Werner y Aguirre, 2009). Para comprender mejor este fenómeno recurrimos a la entrevista que Pozzi y Schneider (2000: 411–453) realizaron a Oscar Bonatto, un militante del mismo partido en la zona de San Fernando que trabajó en las fábricas Fate y Del Carlo.[22] Bonatto relata su acercamiento al PST hacia 1973, momento en el que muchos obreros simpatizantes del peronismo decidían soportar la situación económica en aras de sostener al gobierno peronista. De su relato, se desprende que al igual que en Buffalo, entre marzo y abril de 1974, se sucedieron elecciones en las que la burocracia sindical de la Unión Obrera Metalúrgica de Vicente López envió matones a fin de ganar los comicios. Estas experiencias, sumadas al duro contexto posterior al "Rodrigazo", impulsaron el fortalecimiento de las Coordinadoras Interfabriles como la de Zona Norte en el período 1975–1976.[23] Según Ruth Werner y Facundo Aguirre (2009),

[21] El Partido Revolucionario de los Trabajadores (PRT) fue un partido marxista-leninista cuyo brazo armado era el Ejército revolucionario del Pueblo (ERP) (Pozzi y Schneider, 2000: 117–151).

[22] Del Carlo era una fábrica autopartista de capitales nacionales ubicada en la localidad de Beccar, partido de San Isidro.

[23] El proceso de conformación de Coordinadoras fue un fenómeno inédito en la historia del movimiento obrero dado que implicaban el establecimiento de lazos de solidaridad y organización entre fábricas de un mismo espacio territorial. En cuanto a la Coordinadora de Zona Norte, esta abarcaba establecimientos y fábricas de General Pacheco, Tigre, San Fernando, el partido de San Martín, la localidad de Villa Adelina, Villa Martelli, Florida, Munro, Carapachay, Olivos, en el partido de Vicente López y San Isidro (Werner y Aguirre, 2009). Si bien estuvo integrada por los trabajadores del sector industrial, fue liderada por los obreros metalúrgicos de empresas autopartistas

Buffalo habría participado de dicha coordinadora. No obstante, es la única referencia a esta fábrica en la bibliografía consultada, y no hallé rastros memoriales de ello entre los/las trabajadores/as entrevistados/as.

Volviendo a la incógnita sobre los/las trabajadores/as desaparecidos/as, el testimonio de Oscar Bonatto refiere a la existencia de un obrero de Buffalo que pertenecía al PST, pero no aporta más datos de su paradero actual o de su posible desaparición. La evidencia recolectada tras una intensa búsqueda durante la investigación sugiere que se trataría de Luis Moya.

De cualquier manera, este relato abre una serie de preguntas: ¿lograron escaparse o fueron desaparecidos? ¿Cómo esta evidencia de represión puede ser pasada por alto en las evocaciones de los/las trabajadores/as? Aunque no aparezca en los relatos espontáneos sobre el período, la presencia de Moya aflora en las evocaciones de algunos entrevistados, permitiéndonos explorar los imaginarios que desde el presente se construyeron en torno a su figura. Según los testimonios de Jorge, en la fábrica hubo "un muerto por la dictadura". Esta afirmación, evocada tan categóricamente, es afirmada por Teté, pero esta vez a partir de una suposición:

-TETÉ: Ahhh, me parece que lo mataron los militares. Era activista, ni me acuerdo nada. No me acuerdo ni de la cara. (...) pero era muy conocido por el apellido. Como en todo lugar, en el establecimiento de la fábrica siempre hay un alguien con diferente este ... de diferente política.

-*MN:* *¿Ideología?*

-TETÉ: ¡Claro! (...) Me parece que estuvo de delegado, había un movimiento fuerte [enfatiza la palabra] en ese tiempo ahí. Había mucha gente, creo que después lo persiguieron los militares creo, una cosa así. Pero hace rato, viste, cosas de pasada. Me dijiste que se llamaba Luis ¿me dijiste?[24]

Ante la misma pregunta, Tito responde:

No tengo idea, No, era esa gente que andaba dando vuelta [ríe]. Vivía en la zona, se había alquilado algo ... y después desapareció, nunca supe más nada de él. No sé si estuvo, si terminó mal tampoco nos enteramos. Claro, porque tampoco era una persona que había estado siempre en la fábrica. Claro, era un chico que poraí [*sic*] trabajó cinco o seis años. Tienen esa manera de trabajar de un lado al otro. Y bueno ...

y de la industria automotriz. Al respecto de su importancia, Löbbe (2009) señala que las coordinadoras eran parte de una acción política consciente que impugnó el sistema capitalista y propuso un proyecto de poder orientado al socialismo.

[24] Teté, operaria, Buenos aires, marzo de 2018.

El primer testimonio, de Jorge, aunque categórico, no aporta más datos para confirmar su afirmación y cruzarla con otra documentación. Aunque podríamos decir que, sin ser cierto el hecho de la muerte, para el entrevistado, era la posibilidad más plausible frente a la persecución. En relación al segundo testimonio, Teté construye una diferenciación entre el militante del PST y el resto de los obreros a partir de la ideología. Una vez más, esta construcción de ese "otro" genera por oposición, la construcción de un "nosotros". Dicha operación también se ve presente en el discurso de Tito, cuando sostiene la frase: "era esa gente" y enfatiza que no pertenecía a los/las trabajadores/as con más trayectoria en la empresa. Asimismo, Teté remarca que "Hubo un tiempo que había esa gente, que temblaba Buffalo porque había esa gente entre comillas fuerte".

En síntesis, si ese "otro" era un/una trabajador/a politizado que no perteneció al barrio y compartió pocos años trabajando con ellos/ellas (aunque podría señalarse que cinco o seis años no es una permanencia mínima para que su presencia no fuera recordada), por contraste, ellos/ellas eran trabajadores/as que llevaban muchos años de trabajo en la fábrica del barrio y que, además, poseían un bajo nivel de implicación política y/o sindical. Este testimonio refuerza la misma estrategia argumentativa que vimos antes en relación al afuera/adentro de la fábrica y la experiencia dictatorial.

Si tomamos en cuenta esto, cabe preguntarse hasta qué punto la construcción de estas diferenciaciones y ajenidades contribuyeron a la ruptura de los lazos sociales que posibilitaron el aniquilamiento de un sector de la población o, por lo menos, produjeron un desinterés por conocer la suerte o el paradero de un ex compañero de trabajo. Otro elemento que podría explicar la actitud del colectivo de los/las trabajadores/as pudo estar vinculado con la construcción posterior de esa distancia, por miedo, una vez que lo consideraron desaparecido, o bien se debió a la propia arbitrariedad del poder patronal. Según Mecha al respecto de los delegados, "y a lo mejor habrán sido jodidos (…) Esas cosas no se daban a conocer a nosotros. Lo echaron y lo echaron y no sabías por qué". Esta última frase nos recuerda que el disciplinamiento al interior de la fábrica era central para la imposición de un "orden" que permitiera la implementación de las reformas neoliberales.

Ante el misterio de lo sucedido con Luis Moya, consulté los registros de desaparecidos. Al no encontrarlo en ellos, cabía la posibilidad de que hubiera podido huir. La pista más importante en relación a su persona era que su apellido y su pertenencia partidaria coincidían con Carlos "Chino" Moya, fundador del Partido Socialista de los Trabajadores en Tucumán.[25] De modo

[25] Ante el cierre del comedor universitario, Carlos Moya lideró una movilización que incluyó mayormente estudiantes y obreros. Entre el 10 y el 13 de noviembre de 1970,

que rastreé su contacto y corroboré que no había vínculo entre ambos. No obstante, el entrevistado me ofreció llamar a su hermano, José "Chiquito" Moya, que había estado trabajando algunos años por la zona de San Fernando. Allí las cosas comenzaron a aclararse: "Chiquito" había trabajado cuatro años en Buffalo y su trayectoria dentro de la fábrica coincidía con la figura del misterioso trabajador, de modo que "Luis" Moya probablemente sea José Moya, apodado "Chiquito". Este trabajó alrededor de tres años en la fábrica de 1971 a 1974 en la sección tornería. Fue delegado de su sección y miembro de la comisión interna. En relación al momento en el que tuvo que irse de la fábrica, él mismo sostiene:

-JM: Trabajé en la sección tornería. Me fui porque en el ´74 fue el atentado de Pacheco[26] y yo, este ... estaba en la comisión interna, quisimos hacer un arreglo para que me dieran una especie de licencia por tiempo indefinido y ellos aceptaron con tal de que yo me fuera, pero al poco tiempo me despidieron.

-MN: ¿Hubo algún aviso de parte de los dueños?

-JM: No, los tipos, en eso ... hay que decir la justa. Los tipos tuvieron una actitud de cierta "permisiva" porque de palabra me había dado esa licencia entre comillas y cuando me llaman casi al mes para despedirme, el tipo que no era el dueño, era gerente, un ex obrero. No digamos que se justificó, pero me dijo: "mirá, esto viene de arriba viene ... de la ..." Para colmo, el gobernador de la provincia era el Tano Calabró que era dirigente metalúrgico, nada menos que de la sección de la Zona norte, o sea que era mi jefe sindical directo, aparte de mi jefe político. Así que bueno, lo apretan a los tipos y más bien que no ...[27]

Si contrastamos las versiones de los acontecimientos, podemos apreciar un elemento interesante vinculado con la cronología que manejan los/

los manifestantes se enfrentaron a las fuerzas de seguridad del entonces gobernador Carlos Imbaud.

[26] El 29 de mayo de 1974 fueron secuestrados y asesinados tres militantes del PST que se encontraban en el local de Pacheco: Oscar "Hijitus" Meza obrero de Astarsa, Antonio "Toni" Moses obrero de Wobron y Mario "Tano" Zida dirigente estudiantil de la Escuela Técnica N.° 1 de Tigre. Según Florencia Ossuna (2015), el atentado de Pacheco fue visto por los militantes como un acontecimiento novedoso dado que al ser un partido legal no imaginaban un atentado de tales características. A partir de este, el partido impuso una situación de semiclandestinidad, marco durante el cual el entrevistado deja su trabajo en la fábrica.

[27] José "Chiquito" Moya, tornero y delegado, entrevista telefónica realizada en julio de 2018.

las trabajadores/as respecto de la última dictadura. Al preguntar por este momento histórico, hacen referencia a acontecimientos del período previo, correspondiente a 1974. Esto, demuestra en parte que la memoria de los/las trabajadores/as comunes no está enmarcada por la cronología institucional ni por las memorias fuertes de las últimas décadas sobre la dictadura. En cambio, sus relatos permiten visibilizar que ciertas formas de violencia y conflictividad comenzaron a partir del último gobierno peronista, momento de agudización de las luchas en los establecimientos fabriles. Sin embargo, al asumir que el trabajador estaba desaparecido, rápidamente asocian su salida y persecución con la figura icónica de la represión –centro de las memorias fuertes sobre el terrorismo de Estado–, que es la desaparición forzada de personas. Estas memorias permiten ver cómo "los trabajadores comunes" descontextualizan los motivos por los cuales "Chiquito" Moya debió retirarse del establecimiento y resaltan que fue avisado por la patronal de su posible persecución –que suponen militar– dado su carácter de delegado: "se ve que habían ido los militares a preguntar cuántos delegados había y creo que la empresa, en aquel entonces, les comentó que renunciaran y se fueran porque los iban a venir a buscar. Capaz que si ellos hubieran estado, ellos hubieran entrado [sido desaparecidos]".[28]

El hecho de que el relato no sea verídico es interesante dado que la versión dada es congruente con la cosmovisión de los/las trabajadores/as donde el patrón, esa figura paternal, es la que logra evitar la detención. Antes que replantearse si la actitud conciliadora de la dueña, viuda del dueño fallecido, no respondería a las cualidades positivas del/de la trabajador/a u otros factores explicativos, los testimonios la evocan como quien protegió a "Chiquito" Moya. Respecto del compañero de militancia de Moya, los y las entrevistadas no evocaron su nombre. No obstante, a partir de las entrevistas realizadas a Mingo, ex trabajador que actualmente vive a pocas cuadras de la fábrica, pude constatar que él era el compañero de militancia de "Chiquito" Moya.[29] Dada su actividad actual como mecánico dental, está en contacto con algunos de sus compañeros de trabajo, como Teté. Sin embargo, a pesar del contacto regular entre ambos, ella no solo no ubica a Mingo como trabajador de la fábrica, sino tampoco como el compañero de militancia de "Chiquito", lo que le permite seguir manteniendo esa ajenidad en relación a aquellos/as trabajadores/as militantes.

[28] Teté, operaria, Buenos aires, septiembre de 2016.
[29] Mingo, tornero y matricero, militante del PST, Buenos Aires, noviembre de 2018.

Palabras finales

En este artículo analizo las evocaciones de los y las trabajadoras "comunes" al respecto de sus vivencias dentro de la fábrica durante el período represivo 1974–1983. El hecho de no preguntar directamente por el período de la dictadura militar permitió acceder a los modos en que las y los entrevistados narran y periodizan el pasado reciente.

A la luz del análisis realizado, podemos concluir que los testimonios que evocan efectivamente sus vivencias durante el período represivo, permiten vislumbrar una tensión entre una cierta "normalidad", que los actores tratan de poner en primer plano, y diversos acontecimientos violentos de los que tenían referencia o que incluso, los afectaron directamente. No obstante, a diferencia de lo que la historiografía detecta sobre el colectivo obrero más politizado (a saber: represión, persecuciones y amedrentamiento), los/las trabajadores/as de Buffalo, con un bajo nivel de actividad política, refieren a acontecimientos violentos en su mundo cotidiano fuera de la fábrica, mientras que al interior del ámbito fabril solo registran un aumento en el autodisciplinamiento. Es decir, en algunos testimonios se expresa un temor naturalizado en ese "afuera" de la fábrica, que se les presenta como un ámbito sobre el cual no poseen el control. Mientras que por el contrario, el ámbito fabril se les presenta como un lugar seguro, en el que no padecieron situaciones altamente conflictivas para ellos y que les permite construirse, en su condición de trabajadores/as, como ajenos a los efectos de la dictadura. En esa línea, tal como ha sido señalado en los estudios de empresas de mayor tamaño como el frigorífico Swift en Berisso o la fábrica Fiat del Palomar, se percibe una naturalización o ajenidad en cuanto a la violencia estatal perpetrada sobre los/las trabajadores/as fabriles, corroborada a partir de frases como: "estarían metidos en algo". Dicha ajenidad fue constatada en Buffalo a partir del análisis de las representaciones que las y los entrevistados poseían sobre "Mingo" y "Chiquito", aquellos/as trabajadores/as comprometidos/as políticamente.

Excediendo el recorte temporal y los objetivos de este trabajo, observo que en la experiencia de estos/as trabajadores/as, el momento de mayor impacto en su trayectoria laboral correspondió al período de imposición de las reformas neoliberales durante el gobierno de Carlos Menem (1989–1999), a diferencia de lo que evocan con respecto al período dictatorial. Para futuros avances de investigación, queda pendiente la indagación sobre esta etapa a fin de ponderar en qué medida la década del noventa significó una ruptura en su identidad como trabajadores/as no politizados/as.

Bibliografía

Barbero, María Inés y Motta, Jorge (2007): "Trayectoria de la industria automotriz en la Argentina desde sus inicios hasta fines de la década de 1990". *Innovación y empleo en tramas productivas de Argentina*, Delfini, Marcelo; Dubbini, Daniela; Lugones, Manuel y Rivero, Ivana N. (eds.), Buenos Aires: Prometeo-UNGS, pp. 189–230.

Bitrán, Rafael y Schneider, Alejandro (1992): "Dinámica social y clase trabajadora durante la dictadura militar de 1976–1983. Estudio de la zona norte del Gran Buenos Aires, en particular de las fábricas Del Carlo y Ford Motor". *Nuevas tendencias en el sindicalismo: Argentina-Brasil*, Martins Rodrigues, Leoncio (ed.), Buenos Aires: Biblos-Fundación Simón Rodríguez, pp. 69–112.

Bretal, Eleonora (2019): *Obreros y obreras de Swift: la época de los ingleses, la época de los militares y la época del cierre*. Los Polvorines: UNGS.

Bruno, Matías (2013): La población del conurbano en cifras. En Gabriel Kessler (ed.), *Historia de la provincia de Buenos Aires: el Gran Buenos Aires*. Buenos Aires. Edhasa-Gonnet-UNIPE.

Calveiro, Pilar (2006): *Poder y desaparición. Los campos de concentración en Argentina*, Buenos Aires: Colihue.

Caviglia, Mariana (2006): *Dictadura, vida cotidiana y clases medias. Una sociedad fracturada*. Buenos Aires: Prometeo.

Cosse, Isabella (2010): *Pareja, sexualidad y familia en los años sesenta*. Buenos Aires: Siglo XXI.

Franco, Marina (2012): *Un enemigo para la nación. Orden interno, violencia y "subversión", 1973–1976*. Buenos Aires: FCE.

Gamarnik, Cora (2011): "Imágenes de la dictadura militar. La fotografía de prensa antes, durante y después del golpe de Estado de 1976 en Argentina". *Artículos de investigación sobre fotografía*, Pérez Fernández, Silvia y Gamarnik, Cora (comps.), Montevideo: CMDF, pp. 49–80.

Greco, Mauro (2014): "Responsabilidad, resistencias y primera persona en el recuerdo de la última dictadura", *Revista de Ciencias Sociales* 25, 199–214.

Lechner, Norberto (1988): *Los patios interiores de la democracia*. Santiago de Chile: FLACSO.

Löbbe, Héctor (2009): *La guerrilla fabril. Clase obrera e izquierda en la coordinación de zona norte del Gran Buenos Aires* (1975–1976). Buenos Aires: RyR.

Morero, Hernán (2013): "El proceso de internacionalización de la trama automotriz argentina", *H*-indsutri@ 12 (7). Disponible en http://ojs.econ.uba.ar/index.php/H-ind/article/view/531 (Último acceso: 4 de abril de 2020).

Neiburg, Federico (1988): *Fábrica y villa obrera historia social y antropología de los obreros del cemento*. Buenos Aires: CEAL.

O'Donnell, Guillermo (1997 [1983]): "Democracia en la Argentina, micro y macro". En: *Contrapuntos. Ensayos escogidos sobre autoritarismo y democratización*, Buenos Aires: Paidós, pp. 133–146.

Ossuna, Florencia (2015): *De la revolución socialista a la revolución democrática: las prácticas políticas del Partido Socialista de los Trabajadores-Movimiento al Socialismo durante la última dictadura 1976–1983.* La Plata-Los Polvorines-Posadas: UNLP-UNGS-UNM.

Pollack, Michael (2006): *Memoria, olvido, silencio. La producción social de identidades frente a situaciones límite.* La Plata: Al Margen.

Pozzi, Pablo (1988): *Oposición obrera a la dictadura* (1976–1982). Buenos Aires: Contrapunto.

----- y Schneider, Alejandro (2000): *Los setentistas, izquierda y clase obrera (1969–1976).* Buenos Aires: Eudeba.

Robertini, Camillo (2019): *Quando la Fiat parlava argentino. Una fabbrica italiana e i suoi operai nella Buenos Aires dei militari.* Milano-Firenze: Le Monnier/Mondadori.

Rougier, Marcelo y Graciela Pampin (2013). Orígenes y esplendor de la industria en el Gran Buenos Aires. En Gabriel Kessler (ed.), *Historia de la provincia de Buenos Aires: el Gran Buenos Aires* (pp. 195–223). Buenos Aires: Edhasa; Gonnet-UNIPE.

Sourrouille, Juan (1980): *Transnacionales en América Latina. El complejo automotor en Argentina.* México: ILET-Nueva Imagen.

Thompson, Edward P. (1997): *La formación de la clase obrera en Inglaterra.* Barcelona: Guadarrama.

Werner, Ruth y Facundo Aguirre (2009): *Insurgencia obrera en la Argentina, 1969–1976. Clasismo, coordinadoras interfabriles y estrategias de la izquierda.* Buenos Aires: Instituto del Pensamiento Socialista Karl Marx.

8. *Dictadura y represión: la percepción de los obreros de Establecimientos Metalúrgicos Santa Rosa*

Mariana Stoler[1]
Universidad Autónoma de Madrid

Introducción

> Te digo, de los militares no me puedo quejar. Me paraban en [la calle] Villegas porque me tomaba el 180: "¿De dónde viene señor?", "De trabajar". Abría el bolso, la ropa, documentos, "Suba". Nunca me tocaron. Lo que yo vi mal de los militares, era que vos [...] te tenían como revolucionario y estábamos los tres, acababan con los tres, no con vos, no querían testigos. [...] Por eso tantos muertos [...] Es lo que vi mal a los militares, pero a mí nunca me molestaron[2].

El testimonio anterior, perteneciente a un antiguo trabajador de *Establecimientos Metalúrgicos Santa Rosa* de La Matanza, es similar a testimonios de trabajadores industriales de otras zonas[3]. Aquí, "Valentín" reconoce la existencia de represión dictatorial, aunque entiende que estaba dirigida a los "revolucionarios" o a quienes, aún sin serlo, se juntaban con ellos. A él, en lo personal, no lo molestaron. "Valentín" no percibe como represivo o violento el hecho de que lo hicieran bajar del colectivo, le pidieran la documentación y le revisaran sus pertenencias. La diferenciación o el extrañamiento frente al sujeto al que estaba dirigida la represión parecen ser utilizados como recursos de justificación y autopreservación. ¿Pero frente a qué?

La percepción y la memoria son construidas de forma colectiva, más allá de que quien recuerde lo haga de forma individual o en soledad. La

[1] Este artículo contiene elementos obtenidos en la investigación de mi tesis doctoral.

[2] "Valentín" en entrevista personal con la autora, mayo 2019. Utilizamos seudónimos para preservar la identidad de los entrevistados.

[3] Por ejemplo el caso de los obreros del frigorífico Swift de Ensenada (Bretal, 2014 y 2018) o de la automotriz Fiat en El Palomar (Robertini, 2021).

determinación de los entornos, épocas y contextos sociohistóricos sobre el relato y autopercepción individual deben ser resaltados (Halbwachs, 2004: 36). Especialmente cuando accedemos al relato de hechos y experiencias históricas por medio de la entrevista. Grele (1991) afirma que en la entrevista no solo interactúan el entrevistador y el entrevistado, sino que también se hacen presentes los futuros lectores: el entrevistado narra sus vivencias a un público mayor. Asimismo, la percepción es construida a partir de la experiencia vivida y de las tradiciones en las que los individuos anclan esas vivencias para poder explicarlas y aprehenderlas. Así, la percepción de la represión que tuvieron los trabajadores de Santa Rosa está atravesada por su experiencia histórica determinada por las características propias de la empresa y de las relaciones industriales.

En este artículo nos proponemos, primero, intentar reconstruir la percepción de la represión que tenían estos trabajadores, y segundo, analizar el encuadre sociohistórico desde donde se construyó y construye esta percepción. Esto, esperamos, nos ayudará a comprender las contradicciones que puedan presentarse entre los testimonios y las acciones de los entrevistados.

Establecimientos Metalúrgicos Santa Rosa

Empresa de capitales franceses, Santa Rosa empezó a funcionar en 1943. Su principal producción eran los aceros especiales y productos derivados de alto valor agregado[4]. Fue una de las nueve metalúrgicas semiintegradas del país[5]. Producía tanto para el mercado nacional como para la exportación. Su vida y crecimiento estuvieron estrechamente ligados a los de la economía nacional, un modelo que, en esos tiempos, se basaba en el mercado interno fomentando el desarrollo industrial a partir de la sustitución de importaciones.

En este contexto, la empresa Santa Rosa creció de forma constante. Su desarrollo industrial se basó en dos elementos. Por un lado, en una incesante renovación y modernización de la maquinaria que implicaba simultáneamente la correspondiente capacitación de la plantilla. Esta capacitación –que podía llevar hasta dos años– hacía que los operarios fueran ascendiendo de categoría en el escalafón y, por ende, cobraran un salario mayor. El hecho de ir escalando, de hacer carrera en la empresa, era algo importante para estos trabajadores; les permitía aumentar sus conocimientos y dominio del oficio. Mientras a la empresa le fuera bien, el trabajador podría continuar con su carrera ascendente en el escalafón obrero. En este sentido, el crecimiento de

[4] Para más información ver Ministerio de Hacienda y Finanzas, 1973: 35.
[5] Para más información ver Medina, 2017: 116.

la empresa aparecía unido al crecimiento profesional de los trabajadores. Es posible entonces hablar de una construcción de prestigio compartida entre empresa y trabajadores, lo que determinaba una relación entre patronal y obreros mayormente armoniosa. Este prestigio estaba basado en la importancia de la empresa en la economía nacional[6], en la importancia del tipo de producción para el desarrollo del país, en su gran tamaño y en la superficie que ocupaba ya que era la fábrica más grande de la zona[7], en los altos salarios que cobraban sus trabajadores, en la posibilidad de hacer carrera en la fábrica y en la pertenencia al gremio metalúrgico.

El desarrollo industrial de Santa Rosa, por otro lado, también estuvo basado en el trabajo ininterrumpido de sus obreros. El plan de ampliación industrial y de capacidad productiva se complementó con el ingreso de una gran cantidad de trabajadores nuevos en los últimos años de la década de 1960. Estos nuevos trabajadores no contaban con experiencia metalúrgica previa. Es más, muchos de ellos no habían trabajado jamás en una fábrica de ningún tipo. Esto era algo buscado intencionalmente por la empresa que solía reclutar trabajadores en las provincias del Litoral argentino, especialmente de Entre Ríos. Es decir, Santa Rosa no contrataba gente oriunda de La Matanza. De esta manera, muchos de los trabajadores que ingresaron a finales de la década de 1960 provenían de entornos rurales. Muchos de ellos vinieron con sus familiares, produciéndose el ingreso a planta de tres o cuatro miembros de la misma familia.

Los nuevos trabajadores fueron especialmente destinados al área caliente de la fábrica que, desde mediados de la década de 1960, estaba siendo modificada para ampliar su capacidad productiva. El calor, junto con la emanación de gases tóxicos de la fundición y del desbaste de los lingotes de acero o del alambrón, hacían riesgoso el trabajo en el área caliente de la fábrica. Según "Valentín", la empresa buscaba "mucha gente del Interior, de las provincias (...) eran los que más aguantaban"[8]. Así, las condiciones de producción

6 Establecimientos Metalúrgicos Santa Rosa entró dentro de las empresas argentinas que ganaron más de mil millones de pesos moneda nacional en el año 1971, colocándose en el puesto 18.°, mientras que en el año anterior no formaba parte de este grupo. Dentro de las empresas siderúrgicas que más ganaban, Santa Rosa se encontraba en tercera posición detrás de SOMISA y de Acindar. (Ministerio de Hacienda y Finanzas, 1972: 22–26).

7 La planta era muy grande, en 1973 ocupaba un terreno de unas treinta y dos hectáreas con una superficie cubierta de 220000 m^2 (Ministerio de Hacienda y Finanzas, 1973). Estamos hablando de una fábrica que llegó a emplear entre 1968 y 1979, a casi 3000 obreros, sin contar el personal que se desempeñaba en el área de laboratorios, administración, servicios y los contratados por medio de agencias.

8 "Valentín" en entrevista personal con la autora, mayo de 2019.

determinaban la búsqueda de nuevos obreros por parte de la patronal. Sin embargo, estos elementos no fueron percibidos por los trabajadores como especialmente riesgosos, sino como características que venían con el oficio. Esta forma de entender el trabajo se relacionaría con una cuestión de prestigio, de valía de aquellos trabajadores que tenían que lidiar con estos peligros todos los días. El calor sería para estos trabajadores un elemento positivo dentro de una escala o jerarquía construida dentro de la fábrica en base a las relaciones entre ellos.

Dentro de esta escala estaría también el escalafón. Los nuevos trabajadores sin experiencia industrial debieron aprender el trabajo en un proceso productivo muy específico. Para ello, la empresa decidió que debían ser formados por sus compañeros más experimentados, aprendiendo por imitación. Entonces, la diferencia de salarios de acuerdo con el conocimiento que cada uno tenía se acopló a la jerarquía social construida entre los trabajadores. De esta manera, crecer dentro de la empresa se ligaba a una cuestión de prestigio económico y social. Económico por la ampliación de la capacidad adquisitiva que se vio plasmada en la compra de un terreno y la construcción de su vivienda. Y prestigio social porque además de subir en el escalafón metalúrgico, se subía dentro de la jerarquía construida en la fábrica.

Estrechamente unido a los planes de ampliación industrial y de capacidad productiva, el ritmo de trabajo en la planta se tornó cada vez más intenso. Esto se tradujo en la extensión a distintas áreas de la fábrica de un sistema de turnos rotativos ininterrumpidos y en la realización de horas extras. Estas últimas eran vistas por los trabajadores como una forma de colaboración con la empresa al contribuir con el aumento de su capacidad productiva y, también, como una forma de ampliar sus propios ingresos. La decisión que tomaban los trabajadores de realizar horas extras cuando la empresa lo solicitaba respondía, además, a una forma de entender la relación entre las clases[9]. En el marco de la noción de prestigio común construido en esta empresa, como hemos visto, la cooperación era algo normal para los trabajadores:

> Para nosotros la Santa Rosa era nuestro segundo hogar o primer hogar porque nosotros la mayor [sic] horas pasábamos ahí, en la fábrica, y la fábrica nos

[9] Esta decisión, claramente, no era del todo libre. Primero, el trabajador podía temer que, de no colaborar, la patronal no tuviera la misma consideración hacia él, por ejemplo, a la hora de subirlo de categoría. Segundo, el aumento en el salario que suponen las horas extras era un aliciente a la hora de realizarlas. Sin embargo, si un trabajador de Santa Rosa decidía hacerlas no era porque el sueldo no le alcanzara, según el testimonio de un extrabajador: "entrar en Santa Rosa era algo muy fuerte para un laburante porque se ganaba muy bien". "Roberto" en entrevista personal con la autora, diciembre de 2017.

> brindaba un montón de cosas que nosotros necesitábamos para ir creciendo, por ejemplo el darnos la oportunidad de hacer muchas horas extras para ganar mayor sueldo a su vez colaborar con nosotros en todo lo que podía, los beneficios que teníamos en [...] Santa Rosa eran muy grandes, fuera de serie[10].

Las características propias de cada espacio y proceso productivo determinan las relaciones entre obreros y patrones generando sobre los individuos efectos políticos, ideológicos y culturales específicos. En la organización del proceso productivo se construyen y reproducen elementos políticos e ideológicos que regulan las relaciones sociales de producción. Estas regulaciones y los efectos que causan sobre los sujetos son lo que se denomina régimen industrial (Mignon, 2014). En consecuencia, la fábrica como espacio productivo construye sujetos y reproduce –de forma particular– las relaciones de dominación y de clase presentes en la sociedad. El régimen industrial contiene también las pautas de sociabilidad que rigen las relaciones entre los trabajadores. En el régimen industrial de Santa Rosa en las décadas de 1960 y 1970 las relaciones de producción eran entendidas como relaciones de colaboración y reciprocidad. La empresa se autoconstituía en la cuidadora de estos trabajadores ya que viabilizaba su posibilidad de ascenso social, desarrollo laboral y crecimiento personal (buenos salarios, oportunidad de ascender de categoría laboral). Este régimen industrial basado en la idea de colaboración y reciprocidad reforzaba lazos verticales afectivos y de pertenencia entre patronal y trabajadores en detrimento de los lazos horizontales de identidad y colaboración entre obreros. Esto, a su vez, se veía potenciado por la decisión de la patronal de no contratar trabajadores oriundos de La Matanza. Así, la mayoría de los trabajadores que ingresaban en esta fábrica eran jóvenes, sin experiencia metalúrgica y con escasa o nula experiencia fabril previa[11]. El desarraigo, entonces, ayudó a la integración de los nuevos trabajadores, ya que afianzaba los lazos de pertenencia a la fábrica y la relación con los compañeros. Sin embargo, esta acción empresaria podía estar destinada a fortalecer el sentimiento de pertenencia de los trabajadores hacia Santa Rosa. Esto, como consecuencia, podría convertir a la patronal en un factor determinante de la construcción de las percepciones obreras como, por ejemplo, la de injusticia.

[10] Entrevista y transcripción a Oscar Galeano, ingresó a trabajar en Santa Rosa en 1977 y se fue en 1996. Universidad Nacional de La Matanza, Secretaría de Extensión Universitaria, Junta de Estudios Históricos de La Matanza. Archivo de la Palabra. Fondo: Archivo de la Palabra Municipal. Código: 09.

[11] "En Santa Rosa, vos sabés, se daba una cosa muy particular, la mayoría de los compañeros que trabajaban en la fábrica, la mayoría eran de Entre Ríos, porque la fábrica no tomaba gente de acá", "Roberto" en entrevista personal con la autora, diciembre de 2017.

Observamos entonces que en Santa Rosa, las relaciones entre trabajadores y patronal eran mayoritariamente armónicas. Esta armonía se basaba en la construcción de una visión de la producción como algo colaborativo y que beneficiaba a todos.

La represión dictatorial en Establecimientos Metalúrgicos Santa Rosa

En comparación con lo sucedido en otros establecimientos industriales, la represión dictatorial en esta fábrica fue menor[12]. No obstante, existió. La noche del 23 de marzo de 1976, un comando del Ejército fue a buscar a su domicilio al principal líder sindical de Santa Rosa, Carlos Gdansky, quien logró escapar y se refugió en la fábrica. Aunque en esos días las fuerzas militares ingresaron en la planta buscando a los obreros escondidos, no los encontraron. Por otra parte, muchos de los miembros del Cuerpo de Delegados de este establecimiento decidieron dejar sus trabajos y partieron rumbo al exilio interno en distintos lugares del país. Por último, Daniel Aquino, uno de estos delegados que decidió permanecer en el trabajo, fue detenido y aún se encuentra desaparecido, y no fue el único[13]. Como vemos, en el primer año de la dictadura, la represión contra los trabajadores se evidenció en esta fábrica. Medidas por estos hechos, la persecución y la represión pueden percibirse como asociadas a la actividad y militancia gremial:

> ... hasta el derrocamiento de Isabelita había un gremialismo fuerte y [...] por cualquier cosa se hacían un conflicto, eso también es una gran realidad.
>
> Entrevistador- ¿Usted sintió algún cambio durante el período de la dictadura?
>
> Modesto- Y sí hubo cambios, en lo que yo te acabo de decir el gremialismo estaba un poco devastado hasta después de la dictadura que era una regla del juego, viste, totalmente cambiada y hubo un seguimiento ¿no? Justamente a los gremialistas, [...] sí hubo un cambio totalmente porque dentro de la empresa se

12 Al respecto pueden mencionarse, entre otros, los casos de Astilleros Río Santiago, el Ingenio Ledesma, la automotriz Ford. En La Matanza, la metalúrgica Martín Amato y la automotriz Mercedes Benz. (Lorenz, 2013 y Basualdo 2006)

13 Daniel Aquino, era delegado y desapareció el 5 de enero de 1977. Oscar Gutiérrez, sociólogo, trabajaba como empleado en la metalúrgica, fue secuestrado el 26 de agosto de 1976 junto a su mujer. Juan Carlos Chiaravalle, trabajó como obrero en Santa Rosa a fines de la década de 1950, fue secuestrado el 14 de agosto de 1979. Silvio Lahite, secuestrado el 12 de mayo de 1978. María Cristina Pérez Esnal, era trabajadora social y empleada en Santa Rosa, fue secuestrada el 7 de junio de 1978. Alejandro Veiga, estudiante, fue asesinado frente a Santa Rosa cuando iba a encontrarse con un compañero el 21 de febrero de 1976.

> terminó radicalmente todo ¿no? No se habló más de Gremio, [...] me parece que hubo un par de cosas de muchachos desaparecidos que desaparecieron, hubo persecución[14].

La percepción de la violencia y la represión en la fábrica, entonces, quedaba para los obreros circunscripta a una consecuencia de la actividad sindical:

> Lo que pasa, que en el '76 que fue el golpe, [...] hubo muchos que aparentemente habían desaparecido ... uno que me habían dicho que era "verdura"[15], que yo me acuerdo, que yo pedí, qué pasó, mira no apareció más, estaba dentro de la comisión, eh ... del sindicato, era delegado, creo, pero qué pasa, eh ... hubo mucho de esa comisión que era gente muy buena, que hizo mucho por el obrero, [...] pero la gente nunca tampoco hizo nada por esa gente [los de la comisión interna] ... no sé si me explico. [...] me dijeron que desaparecieron, yo no sé, porque no me interesó nunca la política ni me interesaba trataba sobre lo otro o no porque no estaba en esa, o sea el laburo me lo cuidé y trataba de hacer lo más correcto[16].
>
> Mire si yo le digo qué es la Dictadura, no conozco porque estuve tal ... todo el tiempo ocupado, que no tuve tiempo en conocerlo a esa gente, para mí los militares fueron excelentes personas, por la razón de que yo no los conozco porque a mí no me molestaron nunca, a mí no me vinieron a decir este ... "lo tengo que llevar preso porque está en la calle", qué puedo decir por ellos, qué puedo decirle a ustedes, a informarlos o a desinformarlos del conocimiento que tienen, a lo mejor ustedes el conocimiento que tienen ustedes de los militares es como un cuco, mucha gente piensa así y no es tan así, y no es tan así [enfatiza] [...] pero acá los cambios de gobiernos que tenemos [...] de militar a civil, yo creo que más nos perjudicó los gobiernos civiles que los militares porque en mi conocimiento, de mi parte, yo le hablo de esta manera porque la razón de que yo estuve en el gobierno militar trabajando bien no tuve problema de ninguna naturaleza. Eso yo le puedo decir de la parte de los gobiernos militares, el proceso para mí existió como cualquier otra cosa pero nunca me molestaron, yo tenía un carnet de Acindar[17] en donde me paraban el micro o paraban el auto donde iba yo, le mostraba mi carnet, yo era un trabajador de Acindar, de Santa

[14] Entrevista y transcripción a Modesto Schvelmer, ingresó en Santa Rosa en 1976. Universidad Nacional de La Matanza, Secretaría de Extensión Universitaria, Junta de Estudios Históricos de La Matanza. Archivo de la Palabra. Fondo: Archivo de la Palabra Municipal. Código: 07.

[15] El trabajador confunde el apodo por el que llamaban a Aquino dentro de la fábrica: "Lechuga".

[16] Entrevista y transcripción a Oscar Trentini, ingresó en Santa Rosa en el año 1960 y se retiró en 1990. Universidad Nacional de La Matanza, Secretaría de Extensión Universitaria, Junta de Estudios Históricos de La Matanza. Archivo de la Palabra. Fondo: Archivo de la Palabra Municipal. Código: 10.

[17] Santa Rosa fue comprada por Acindar en el año 1981, de ahí el uso indiscriminado de cualquiera de los dos nombres por parte del obrero.

> Rosa, automáticamente me dejaban caminar, no tenía problemas con ellos, no sé lo que puedo decirles, nada[18].

Así, sin una evidencia concreta y cotidiana, como podía ser la militarización del lugar de trabajo[19], los hechos represivos que afectaron a este conjunto de trabajadores fueron vistos como algo específico y puntual, derivado de la actividad gremial de los afectados.

Militancia política y sindical en la fábrica Santa Rosa

Desde fines de 1968, Santa Rosa vivió un clima de radicalización sindical y política. Como consecuencia de un conflicto por la extensión del turno rotativo ininterrumpido a nuevas secciones de la fábrica, comenzó una crisis de representación sindical que se extendió hasta el año 1974. En esta crisis, contemporánea a la que atravesaron otras fábricas metalúrgicas de La Matanza[20], se cuestionaron las prácticas y estrategia sindical llevadas adelante por la Comisión Directiva de la seccional de la UOM y por las organizaciones sindicales de base. De esta manera, en los primeros años de la década de 1970 fue surgiendo un activismo sindical de base que cobraría mayor peso con los años. Este activismo estaba influenciado por distintas corrientes de izquierda y por el peronismo combativo.

En el caso de Santa Rosa, parte de los trabajadores que ingresaron a finales de la década de 1960 que radicalizaron su posicionamiento sindical a partir de la extensión del turno rotativo ininterrumpido a distintas secciones, comenzaron a militar en el peronismo acercándose a distintas agrupaciones de la juventud. Estos obreros peronistas combativos se presentaron a las elecciones de delegados y ganaron en varias secciones. Ya en 1972, lograron colocar a algunos de sus activistas en la Comisión Interna y obtuvieron, al año siguiente, los cinco puestos. Este mismo año crearon una agrupación llamada "Mussy-Retamar" que se declaró perteneciente a la Juventud Trabajadora Peronista.

Fue desde esta agrupación que, en noviembre de 1974, se estimuló un conflicto con la patronal que duró más de 20 días, incluyó la toma del establecimiento, el posterior desalojo de los obreros por parte de la policía y, una vez fuera de fábrica, la continuación del conflicto durante casi diez días más.

[18] Entrevista a Oscar Galeano, ob. cit.

[19] Elemento que sí estaba presente en otras fábricas, por ejemplo, en Martín Amato.

[20] Martín Amato, MAN, Cegelec y SIAM Electromecánica, por ejemplo.

A raíz de ese conflicto se obtuvo el reconocimiento en el salario del 100 % por las horas extras realizadas y un franco compensatorio si el obrero había trabajado en fin de semana o feriado debido al turno rotativo[21].

Sin embargo, este conflicto tuvo otra consecuencia a nivel sindical: el afianzamiento de la Agrupación "Mussy-Retamar", como la conductora de la fábrica. Esta agrupación, en clara oposición a la Comisión Directiva de la seccional de la UOM, participó en numerosas manifestaciones y protestas contra la dirección del sindicato. Así, los conflictos intrasindicales terminaban paralizando la producción de Santa Rosa.

Si bien, un conflicto de las características del de noviembre y diciembre de 1974 necesitaba del acatamiento masivo de los trabajadores, no todos los obreros de Santa Rosa apoyaban a la Agrupación "Mussy-Retamar":

> la gente es mañera, la gente le importa tres carajos si tenías paros, "mejor el paro que estar laburando", vamos a ser simples, pero había mucha gente que no, una parte por ahí no quería laburar, pero si a vos te ... tenés un mando que te dice hay que salir a la gente, hay que salir a la gente, la gente salía, si no, no salía nadie. Eso es mentira "el pueblo de representación del pueblo", ¿Qué representación del pueblo?, lo obligaban. Yo me acuerdo cuando entré a Santa Rosa y se hacían los paros en el 73, 73 creo que fue, que yo no sabía nada de paros, nada, me llevan y ahí empecé a ver que sacaban a la fuerza, que tenían que ir sí o sí, ¿me entendés?, no es que la gente quería ir [...] la gente muchas veces cuando se acostumbra a los paros [...] les gustaba más estar parados que estar trabajando, se quejaban de que tenían familia y se olvidaban que tenían una familia, vamos a ser sinceros. Hay veces que vos decís, lloraban que esto, lo otro, pero a veces les importaba tres carajos y vos decías, "no echaron a aquel por el sólo hecho ... no, no". Hay veces que los que echaron estaban bien echados, pero qué se yo, cada uno ... eh ... busca su laburo, a mí nunca me gustó eso, pero te digo que era, era, siempre fue una rivalidad viste, yo pienso que cada sindicato fue siempre así[22].

En el testimonio anterior se establece una diferencia entre activistas sindicales y trabajadores. Sobre esta diferencia, creemos, se estructuran parte de las percepciones que tuvieron algunos obreros de Santa Rosa sobre la represión.

21 "El tema de la hora extra, es un tema muy único en el país porque nosotros ganamos una hora y era pago al 100% en días comunes, sábado, domingo y feriados nosotros ganábamos, trabajábamos uno y cobrábamos cuatro horas al cuatrocientos por ciento y si nosotros llegábamos a no tener el descanso que corresponde que marca el convenio de trabajo insalubre, (...) el día era pago, un día más, al no descansar las doce horas, se le abonaba un día más de trabajo que sería ocho horas más, era al quinientos por ciento la hora cuando le exigían a cumplir las dieciséis horas de tareas continuado, cuando le decían, ´bueno, quédese ocho horas más´ después de las ocho horas trabajadas". Entrevista a Oscar Galeano, ob. cit.

22 Entrevista a Oscar Trentini, ob. cit.

Según alguno de ellos, la militancia sindical atentaba contra los intereses obreros de tal forma que los recuerdos se mezclan y se confunden datos y períodos:

> Y beneficios familiares ¡de todo! Empezando de un principio que le había dicho de ... de los beneficios que teníamos la ... la beca para los hijos, colegios de los mejores, vacaciones anuales a Córdoba, [enumera con los dedos], a Mar del Plata, a Mendoza, y ... teníamos alguna otra que ahora no me acuerdo, pero muy importante, interesantísimo para el plantel que teníamos, para el plantel que éramos parte era muy pero muy importante, después teníamos piletas por ejemplo para la familia, Ruta Sol que era un lujo, actualmente está al mando de los metalúrgicos pero antes éramos solamente los metalúrgicos que ingresábamos ahí, ahora la situación del país a donde ésta los lleva a obligar a meter a cualquier morocho ahí adentro[23].

Oscar confunde los beneficios que le daba su afiliación a la UOM con los beneficios que Santa Rosa les entregaba a sus obreros. Las vacaciones en Córdoba y en Mar del Plata y las piletas en Ruta Sol eran ofrecidas por la UOM a todos sus afiliados. El sentimiento de pertenencia a Santa Rosa y su rechazo a lo sindical, llevan a Oscar a fusionar los recuerdos. Además, estos también se mezclan cuando habla de las huelgas y paros correspondientes al período posterior a la dictadura y las relaciona con los delegados del período previo y víctimas de la represión:

> Porque estábamos bien, el obrero ganaba bien, era respetado como trabajador, como obrero, cada uno cumplía con su labor, estaba todo bien, si aquella persona que no cumple, [...] si usted va a algún lugar a pedir trabajo ¿Qué es lo que tiene que hacer? Trabajar, cumplir con su trabajo, la masa trabajadora era eso, a pesar de que también había infiltrados, del grupo M.A.S, del grupo Quebracho, los Zurdos todos esos estaban también en la planta, no crea que todas las fábricas tienen obreros nada más, estaban los activistas, en todas las fábricas estaban los activistas, entonces había luchas siempre, siempre, permanentemente hay luchas, hay que luchar por esto, hay que luchar por aquello, hay que pedir mejoras, hay que pedir dos mudas de ropa, hay que pedir qué se yo, hay que pedir que nos cambie el modelo de zapato, todo eso es una lucha, todo eso es un permanente ida y venida de la gerencia. [...] Los activistas son oportunistas para usarlos, como políticamente hablando, como para ellos no era para la parte obrera, la parte obrera no tiene un palo grande para defenderse, para defenderse la parte obrera es el trabajo; es con el trabajo se defiende la parte obrera, [...] en cambio estos venían este ... a ... a meterse ahí en el grupo para sacar su... su... su beneficio propio, no era un obrero eso, eso eran activistas, la palabra lo dice, porque venían a jorobar a los que trabajábamos realmente, el que trabajaba no le daba importancia [...] toda esa gente, eso no sirve, no son de la masa trabajadora, la masa trabajadora es otra clase de persona que se levanta a las cuatro de la

[23] Entrevista a Oscar Galeano, ob. cit.

mañana y se van al trabajo, esa es la masa trabajadora, la gente esa de infiltrados está en todos lados[24].

A partir de la compra de Santa Rosa por parte de Acindar, en 1981, comenzó una drástica reducción de personal. Las distintas Comisiones Internas respondieron con la realización de medidas de protesta pero no pudieron frenarla. Otro ex trabajador de aquella época nos afirmó que algunos delegados, entonces, buscaban "arreglar" con la patronal, intentaban iniciar un conflicto para que la empresa les ofreciera una buena indemnización para retirarse[25].

Creemos entonces que el recuerdo de Oscar se encuentra determinado tanto por su oposición real a la realización de medidas de fuerza contra una patronal como la de Santa Rosa, como también por la actuación de algunos delegados y activistas en el período posterior al dictatorial y con otra patronal, Acindar.

Percepción obrera de la violencia dictatorial y de la militancia sindical

Muchos trabajadores de Santa Rosa, que no fueron activistas ni delegados sindicales en los inicios de la década de 1970, manifestaron en las entrevistas su rechazo a la combatividad gremial. Por una parte, la veían como algo externo a la propia clase y, por la otra, no la veían como algo pertinente debido al vínculo establecido con la patronal. Es por ello que, tal vez, al observar que la represión dictatorial perseguía a los antiguos militantes sindicales, no se sentían particularmente afectados o damnificados.

Sin embargo, el terrorismo de Estado y la represión dictatorial, afectaron la percepción de los trabajadores, generando en ellos mismos posiciones encontradas:

OSCAR Lo que pasa, que en el 76 que fue el golpe [...] hubo muchos que aparentemente habían desaparecido [...] hubo

24 *Idem.*

25 "... qué hizo la fábrica, la fábrica generó, para que se generara descreimiento en los delegados, generaba el arreglo de los delegados. Entonces, en esa fábrica qué ocurrió, en muchos casos los compañeros agarraban delegado nada más que para irse. Entonces hacían, arengaban, querían prenderle fuego a la fábrica pero nunca usaban un fósforo (...) Amagaban, amagaban, amagaban, la fábrica los llamaba, valen tanto, chau. Al otro día te encontrabas sin compañeros. (...) la fábrica generaba ese descreimiento, que no creyeran en los delegados a partir de llamarte y ofrecerte plata. (...) Y eso era muy común. Pero esa era la política de la fábrica". "Hernán" en entrevista personal con la autora, diciembre de 2017.

mucho de esa comisión que era gente muy buena, que hizo mucho por el obrero [...] pero la gente nunca tampoco hizo nada por esa gente [...] Algunas [personas] desaparecieron o están mendigando y otros están como Secretario General: Ruso Gdansky [...]

ENTREVISTADOR ¿Ese hombre también hizo mucho por el obrero?

O Sí, sí, por la gente sí, me entendés, y la gente por ahí no lo reconoce [...] pero no cuando llegó el momento que los militares, el golpe, después del 76 que empezaron a buscar delegados por todo, porque esto fue así. La gente no salió a pelear, nadie salió a pelear, es como si yo hoy te doy cincuenta pesos, mañana cien, te ayudo a hacer tu casa, te puede decir algo que nada que ver, pero te lo estaba dando cuidándote, contándote más beneficios, consiguiéndote más aumento, una serie de cosas que en Santa Rosa no las tenías [...] Pero la gente en general, dejemos de lado que sea peronista o quien sea, tampoco apoyó a esa gente que lo defendió, o sea que acá hay una cosa que nos quejamos, nos quejamos pero tampoco salimos a defender a quien nos defendió, quien nos hizo algo, seamos claros, yo por lo menos siempre digo eso, yo reconozco que esa gente hizo muchísimo por la gente, pero la gente no hizo nada cuando tuvo que salir, porque esa gente también sacrificó su familia, se sacrificaron ellos, muchos[26].

Este testimonio pertenece a la misma persona que afirmaba que la gente realizaba los paros de forma obligada. Así, encontramos una división y una contradicción en los testimonios a partir de cómo percibieron la represión en tiempos de dictadura y de cómo valoraban la actividad sindical y militante de los años previos.

Por una parte, los testimonios de quienes fueron militantes sindicales a comienzos de la década de 1970 y debieron huir de la fábrica para preservar su vida, nos referencian la represión y la actividad sindical de una manera, en primera persona. Pero por otra parte, entre los testimonios de aquellos obreros que no fueron militantes encontramos a quienes rechazan lo acontecido en la dictadura y lo recuerdan como un "nefasto momento"[27], pero no se sintieron directamente golpeados por la represión. Por último, quienes rechazan la

[26] Entrevista a Oscar Trentini, ob. cit.

[27] Entrevista a Marcelo Porto, ingresó en Santa Rosa en el año 1977, en 2005 continuaba trabajando en Acindar. Universidad Nacional de La Matanza, Secretaría de Extensión Universitaria, Junta de Estudios Históricos de La Matanza. Archivo de la Palabra. Fondo: Archivo de la Palabra Municipal. Código: 03.

militancia y actividad sindical previa al golpe militar, relacionan directamente la represión con esa actividad, no se sintieron perjudicados por la represión y parecieran no rechazar lo sucedido.

Natalia Bertune Fatgala y Raúl Pomés (2010) analizaron la percepción de la dictadura de algunos trabajadores de Santa Rosa a partir de los mismos testimonios del "Archivo de la Palabra" que utilizamos nosotras en este artículo. Encontraron que quienes habían ingresado a la fábrica antes del golpe de Estado de 1976 describían las experiencias de la dictadura desde un tiempo anterior. En cambio, quienes ingresaron en tiempos dictatoriales posicionaban su relato en el período democrático abierto en 1983. Para los testimonios de la primera serie afirman hallar las

> fracturas cotidianas que descubren cómo se fue gestando la experiencia del terror: la descalificación de la lucha obrera y la vinculación con la vagancia y el desorden; el reconocimiento de un ´otro´ conflictivo; [. . .] la vergüenza o el miedo por una participación en la movilización de la clase obrera. (Fatgala y Pomés, 2010: 41 y 42)

Por su parte, en la segunda serie de entrevistados afirman:

> De alguna manera estos testigos, a diferencia de los primeros, están tomando decisión, al mostrarse complacientes o críticos del estado terrorista.
>
> Sin embargo los ocho entrevistados no realizan una crítica de su propio actuar en esos años del pasado reciente. (Fatgala y Pomés, 2010: 42)

Como vemos, la experiencia previa al golpe de Estado, en gran medida, determina la opinión sobre la dictadura y la percepción de la represión vertidas en los testimonios. Asimismo, esto podría estar vinculado con la edad de los entrevistados en los años de la dictadura y con la amplitud de la experiencia vivida.

Creemos que es fundamental considerar que la percepción de la represión está estrechamente vinculada a la experiencia vivida, a los marcos interpretativos construidos para poder aprehenderla, comprenderla y resignificarla. Bertune Fatgala y Pomés afirman que "los testimonios evidenciaron cómo se rompieron los lazos sociales y de clase establecidos, y comienza el ejercicio del 'individualismo a ultranza' " (2010: 42). Es muy probable que esto sea así ya que este cambio cultural fue uno de los objetivos de la dictadura. No obstante, esta afirmación debe ser repensada en función del análisis de la construcción de esos lazos de clase en el período anterior. ¿Realmente todos los trabajadores de Santa Rosa apoyaban las movilizaciones impulsadas desde la Comisión Interna y desde el Cuerpo de Delegados? ¿Estaban de acuerdo con todas las reivindicaciones? ¿Cómo entraban en juego las medidas combativas que atentaban contra la producción con la fuerte identidad obrera construida a partir del ideal de colaboración con una patronal como la de Santa Rosa?

Asimismo, el análisis se complejiza aún más si consideramos que en 1979 los trabajadores de esta fábrica llevaron adelante tres conflictos con una adhesión tal que la fábrica llegó a estar paralizada durante casi un mes.

Los conflictos obreros en Santa Rosa durante 1979

Los conflictos de 1979, a nuestro juicio, deben ser analizados en conjunto, como etapas de uno solo. Lo característico de los tres fue lo compacto del acatamiento, los casi 3000 trabajadores paralizaron la producción, tal y como había sucedido en 1974. El reclamo fue salarial y la metodología también se repetía, los trabajadores permanecieron al lado de sus máquinas pero sin trabajar. Además, el sindicato no apoyó las medidas y los trabajadores, por su parte, evitaron su participación. Por último, es posible rastrear detrás del reclamo salarial, sin duda importantísimo, dado el contexto recesivo que se vivía, el intento por conformar y legalizar una conducción de base fabril autónoma a la sindical.[28]

La primera etapa del conflicto comenzó el 21 de marzo y se extendió hasta el día 27. La segunda etapa se inició el 13 de agosto y comenzaron a normalizarse las tareas alrededor del 19 de septiembre. Entre estas dos etapas, el 27 de abril la totalidad de los trabajadores de la fábrica adhirió a la primera huelga general convocada en dictadura. Si bien este acontecimiento no fue específico de Santa Rosa, creemos que la adhesión total de la plantilla fue una respuesta, entre otras cosas, a la oposición que el sindicato había manifestado a esta huelga.

El 21 de marzo a las 11 de la mañana, todos los obreros de Santa Rosa comenzaron un paro de "brazos caídos" en reclamo de un aumento salarial del 75 %. La medida surgía como consecuencia de que la patronal no abonara un aumento que había prometido tras la presentación obrera de un petitorio. Los trabajadores declararon a la prensa que la UOM no se había hecho presente y que ellos mismos no deseaban que el sindicato interviniera, según lo que publicó *Diario Popular* el 23 de marzo.

La reacción del gobierno dictatorial tomó dos vías. Por una parte, se ubicaron dos retenes militares en las cercanías de la fábrica para solicitarles documentación a todos los automovilistas que entraban en la zona mientras una camioneta con soldados recorría las calles adyacentes a Santa Rosa. Además, se comunicó a los trabajadores que se aplicaría la ley 21.400 (despidos sin indemnización y prisión por paralizar la producción) si no levantaban la

[28] Sobre los trabajadores durante dictadura véase, desde distintas perspectivas, Pozzi, 1988 y Basualdo, 2013.

medida de fuerza. Y, por otra parte, representantes del Ministerio de Trabajo sugirieron a los obreros que nombraran a dos delegados por sección para negociar con la patronal, cosa que los trabajadores rechazaron. Sin embargo, cuando los funcionarios garantizaron seguridades para quienes fueran elegidos, los trabajadores en asamblea aceptaron la propuesta y designaron a los representantes.

Lo compacto del acatamiento a la medida demuestra dos cosas. Primero, los trabajadores mantenían la gimnasia organizativa que venían construyendo desde 1968. Segundo, a pesar de ocultarlos frente al Ministerio por una cuestión de seguridad, es evidente que existían líderes en la protesta, de otra manera hubiese sido casi imposible coordinar a una fábrica tan grande y tan divida por el proceso productivo.

> No tenemos Comisión Interna. Todos somos responsables de la marcha del conflicto y estamos dispuestos a seguir así hasta que se satisfaga nuestro justo reclamo [...] La empresa dice que quiere hablar con cada uno de nosotros, en forma individual. Sería de nunca acabar. Además, hablando con uno sabrán qué pensamos los demás. Por otra parte, ya lo hemos dicho en el petitorio: con lo que ganamos, no podemos vivir. (*Diario Popular*, 23/03/1979)

Como vemos, la empresa buscó romper el conflicto al intentar quebrar al colectivo por medio de la negociación individual. Lo cierto es que el cambio del modelo de acumulación por uno que se basaba en la exportación generó un quiebre en los fundamentos del régimen industrial de reciprocidad que buscaba la patronal. Los salarios ya no eran garantía del funcionamiento del modelo, sino todo lo contrario. Para exportar aquello que producía, Santa Rosa debía ser "competitiva". Producir aceros especiales y sus derivados en Argentina era más caro que en otros países debido a que la materia prima debía importarse. Así, el salario se convirtió en el costo de producción que se buscó ajustar.

El día 25 la empresa despidió a cinco trabajadores del sector Trefilación, lugar donde habría comenzado la medida de protesta. Los trabajadores frente al hecho buscaron la reincorporación de sus compañeros y alertaron sobre el posible despido de otros veinte operarios del turno noche en sus negociaciones en el Ministerio. En este momento los trabajadores sí aceptaron la presencia del sindicato en las negociaciones.

El día 27 por fin se llegó a un acuerdo y se retomaron las tareas. Los trabajadores en asamblea aceptaron la oferta de un aumento del 30 % que, según el sindicato, significaba un aumento mayor ya que se aplicaba sobre todos los rubros del salario con retroactividad al 1.º de marzo[29]. Por otra parte, si bien

[29] Es decir sobre el básico, el presentismo, las calorías, la producción, etcétera.

no se logró la reincorporación de los despedidos, sí que se les abonara una indemnización y se retirara la acusación política que pesaba sobre ellos.

Como se observa, tanto por lo compacto del acatamiento a la medida, como por la toma de las decisiones en asamblea y por la lucha por la reincorporación de los despedidos, la organización fabril era fuerte. Esto es especialmente interesante si consideramos la ausencia de los líderes más influyentes del período anterior y la represión que seguía sufriendo el barrio. El sindicato no operaba como un aglutinador de los trabajadores ya que ellos mismos lo rechazaban[30]. Creemos que el conflicto es demostración y consecuencia de la existencia de una organización fabril.

El 27 de abril se realizó la Jornada de Protesta Nacional[31]. La medida de protesta consistía en el ausentismo obrero para paralizar las fábricas durante un día. En Santa Rosa los trabajadores del turno noche se retiraron de la fábrica cuando dieron las 0:00 horas del día 27. Según informes de inteligencia de la policía de la Provincia de Buenos Aires, se encontraron volantes de la Coordinadora de Gremios de Zona Oeste en los baños y en la sección de Trefilación (Stoler, 2015). Nótese el nivel de la represión dictatorial ya que los volantes fueron encontrados tras la revisación policial de toda la fábrica.

El 13 de agosto comenzó la segunda parte del conflicto de 1979. Al igual que en marzo los trabajadores solicitaban un aumento salarial y paralizaban la producción porque sostenían que la patronal había incumplido una promesa de incremento. Otra vez permanecían en sus puestos sin trabajar. Sin embargo, esta vez la patronal procedió a desalojar la fábrica inmediatamente. Además, se negó a negociar hasta que los trabajadores levantaran la medida. Inició, entonces, una dinámica muy especial. Todos los días, en cada turno, la patronal abría las puertas de la fábrica para que ingresaran los trabajadores. Ellos entraban pero permanecían al lado de sus máquinas sin trabajar. Como consecuencia, se procedía al desalojo de la fábrica. Esto se sucedió durante casi 15 días, sin negociación entre las partes[32].

[30] Al ser convocado por el Ministerio de Trabajo, el representante de la UOM en los primeros días del conflicto manifestó que "a través de las actuaciones tomamos conocimiento del problema ya que nadie había concurrido al sindicato a comunicar, desconociendo hasta ese momento el motivo del paro" (Bernasconi, 2010: 233).

[31] Para más información ver Stoler (2015).

[32] "Ese paro (...) se pidió un aumento de un 23%, no nos quisieron dar, la empresa no nos quisieron dar aumento (...) fuimos a paro general, que nos cortaban la luz, estábamos adentro, vinieron los militares que nos sacaron (...) Fue un paro de treinta y un días. (...) Hacíamos asambleas generales dentro de fábrica", "Valentín" en entrevista personal con la autora, mayo de 2019.

La actitud del gobierno volvió a basarse en la represión. A la acción policial en el desalojo de los obreros hay que sumar los allanamientos que en los días siguientes se produjeron en barrios aledaños. Además, el Ministerio encuadró a todos los trabajadores en la ley de Seguridad Nacional.

La actitud de los trabajadores frente al sindicato volvió a ser de prescindencia. En esto se apoyó la patronal para afirmar que los motivos de la huelga excedían los salariales. Al negarse a negociar, la patronal desconocía de hecho la existencia de una organización fabril. No obstante, es claro que existía, sin ella hubiese sido imposible mantener la dinámica de ingreso en planta y la realización de una protesta de brazos caídos, día tras día, en todos los turnos. Ya en marzo se habían visibilizado distintos líderes de sección que fueron quienes negociaron con la patronal.

El día 28 de agosto la patronal despidió a 32 obreros. Esto llevó a que en una asamblea conjunta de los obreros del turno mañana y del turno tarde, en una dinámica que ya se había ejercitado en 1974, se decidiera levantar la medida para fomentar el diálogo con la empresa y agregar al reclamo el pedido de reincorporación de los despedidos.

La patronal accedió a la negociación ya que era convocada por el Ministerio. Los obreros volvían a estar representados por una comisión provisoria y volvían a negar la participación del sindicato. Sin embargo, fue la participación del interventor militar de la UOM nacional lo que estimuló la negociación. En este sentido, es posible pensar que la medida de fuerza buscó acreditar a los representantes obreros en una instancia superior a la de la seccional local.

No se llegó a un acuerdo y el día 1.° de septiembre los trabajadores volvieron a realizar un paro de brazos caídos. Esta vez la patronal no los desalojó de la fábrica aunque cortó la luz como medida intimidatoria. La situación se modificó cuando, luego de un nuevo desalojo y cierre de la planta; la patronal reabrió sus puertas el día 7 y solo dejó ingresar a los trabajadores que manifestaban su deseo de trabajar. Vemos, nuevamente, el intento por quebrar la unidad del colectivo obrero. Esto se veía facilitado por el clima represivo y por la apretante situación económica que vivían los obreros. Finalmente el día 19, la situación se encontraba prácticamente normalizada. El saldo fueron 39 despidos y, según la prensa nacional, no se obtuvo el aumento salarial solicitado. Sin embargo los trabajadores afirman que ellos ganaron el conflicto. Sostienen que obtuvieron un aumento y que no se descontaron los días no trabajados a pesar de que la empresa había amenazado con ello. Es posible que esto se reflejara en los jornales posteriores y por eso no haya salido en la prensa. Lo cierto es que el conflicto fortaleció la organización fabril forzando a la patronal a aprobar su existencia.

El análisis de este conflicto dividido en tres etapas nos da más herramientas para poder entender el desarrollo de la organización de los trabajadores, la represión vivida y la percepción que sobre ella han construido.

Según el testimonio de un obrero, muchos trabajadores, en el período anterior a la dictadura, acudían forzados a los conflictos. Sin embargo, no creemos que este haya sido el caso en 1979. La necesidad de organización clandestina de los conflictos nos hace poner en duda que esta presión se repitiese en tiempos dictatoriales. Es decir, creemos que quienes participaron y sostuvieron día tras día el conflicto lo hicieron *motu proprio*.

En todas las instancias del conflicto se manifestó la represión cotidiana vivida por los trabajadores, así como también la represión a la que se enfrentaron por el hecho de protagonizar un conflicto abierto.

Ese clima represivo se manifiesta, primero, en el hecho de que la medida de fuerza se hubiera organizado de forma clandestina, lo que nos habla de un conocimiento real de las consecuencias que podía tener. Segundo, la difusión de propaganda de forma impersonal en los baños de las distintas secciones también nos muestra un conocimiento sobre las consecuencias de tal acción y lo ilegal de la misma. Tercero, el rechazo a nombrar representantes hasta que no se tuvieran garantías de que no habría represalias contra los mismos. Cuarto, el ingreso de fuerzas policiales en la fábrica.

Sin embargo, el hecho de que en todas las entrevistas los obreros que no eran militantes ni activistas respondieran que los militares no los molestaron nos enfrenta a una contradicción. Creemos que esta puede estar dada por dos cuestiones que no son excluyentes entre sí. Primera, una construcción del imaginario sobre el accionar represivo de la dictadura relacionado solamente con la tortura y desaparición de personas, lo que impediría apreciar otras características propias de un estado represivo y autoritario. Segunda, una naturalización y normalización de la violencia y de la represión. Esto estaría fuertemente relacionado con la experiencia del período anterior al dictatorial. Marina Franco ha confirmado que "para los trabajadores fabriles, el terror como experiencia modeladora de la vida cotidiana fue una realidad mucho antes de 1976" (Franco, 2012: 156 y 157). Según esta autora, en 1973 se inició un proceso de avance disciplinario y represivo sobre los obreros y las organizaciones sindicales que no siguieran los lineamientos del sindicalismo nacional. Así, en el desplazamiento de la oposición sindical y en su construcción como un enemigo del orden se mezclaron elementos legales, policiales y paraestatales (Franco, 2012: 155). Como consecuencia, "el ámbito obrero, con sus movilizaciones y reivindicaciones de base, se había constituido en un espacio bajo disciplinamiento represivo permanente" (Franco, 2012: 156). De esta manera, existió un "proceso de construcción de una realidad sobre

´la violencia´ y sobre sus responsables" (Franco, 2012: 24), iniciado con anterioridad al 24 de marzo de 1976, en el que, si bien las acciones de los grupos guerrilleros y paraestatales generaron la normalidad y cotidianeidad de la violencia armada, se fueron recortando libertades democráticas y encarando una política gubernamental cada vez más represiva en nombre de la preservación del Estado de derecho (Franco, 2012: 64).

Así como antes del golpe de Estado existían diferencias entre los trabajadores de Santa Rosa respecto a la militancia y el activismo sindical, es posible afirmar que estas diferencias también se plasmaban en el imaginario construido sobre el ser obrero. De esta manera, tal y como han observado Bretal (2015 y 2018) y Bertune Fatgala y Pomés (2010), la referencia hacia los trabajadores desaparecidos en las entrevistas –cuando se los nombra– es a partir de la extrañación, de una diferenciación entre *nosotros* y los *otros*. En los testimonios analizados en este trabajo también se opone la militancia a los valores propios de la cultura del trabajo, como observó Bretal para el caso de Swift (2014: 14). En consecuencia, la construcción del imaginario social sobre el accionar represivo de la dictadura y sobre sus objetivos entra en relación con el imaginario que los trabajadores de Santa Rosa construyeron sobre el ser obrero.

Sin embargo, se presenta la contradicción de que estos obreros participaron en los tres conflictos de 1979. Tal como vimos, ellos se enfrentaron a medidas represivas específicas. Primera, retenes militares en las cercanías de la planta. Segunda, el desalojo de la fábrica por fuerzas militares. Tercera, presencia militar recorriendo las calles adyacentes a la fábrica. Cuarta, aplicación de la ley 21.400 que imponía penas de prisión a quien iniciaba un conflicto fabril. Quinta, allanamientos en los barrios aledaños. Estos elementos tampoco son considerados como especialmente violentos o represivos.

> Hicieron un conflicto tan largo (...) ¿no hubo miedo?
> - "R": no hubo miedo, respeto sí.
> - "V": aparte veían que no había disturbios, que no hacíamos nada, que estábamos tranquilos[33].

La explicación de tal percepción, creemos, es la normalización de determinadas prácticas represivas. Durante el largo conflicto de 1974, estos trabajadores sufrieron medidas represivas similares: fueron expulsados de fábrica por fuerzas policiales que derribaron la puerta para ingresar, existió fuerte presencia policial en el barrio y se enfrentaron a las consecuencias penales correspondientes por encontrarse el país bajo estado de sitio. En conclusión, más allá

[33] "Valentín" y "Ricardo" en entrevista personal con la autora, mayo de 2019.

de las particularidades propias que adquirió la represión en la dictadura, el avance disciplinario y represivo sobre los trabajadores fue experimentado por los todos obreros de Santa Rosa, por lo menos, desde dos años antes del golpe de Estado.

Ideas finales

En este artículo propusimos reconstruir la percepción que tenían los trabajadores de la metalúrgica Santa Rosa sobre la represión dictatorial.

Partimos del análisis de la información recopilada en distintas entrevistas, algunas realizadas por nosotras y otras recogidas en el "Archivo de la Palabra". El uso de la entrevista y de la historia oral nos enfrenta a determinadas especificidades que deben estar presentes en nuestro análisis. Por esto, en este trabajo también nos propusimos analizar el encuadre sociohistórico desde donde se construyó esta percepción.

Lo primero que llamó nuestra atención fue la desvinculación que manifestaban los entrevistados frente a la dictadura o sus prácticas represivas: "a mí nunca me molestaron", "no estaba en esa", "qué es la Dictadura, no conozco porque estuve todo el tiempo ocupado", "hubo un par de cosas de muchachos desaparecidos". Así, la centralidad del punto de vista, una de las características específicas de la entrevista, se perdía (Portelli, 2005: 38). Este alejamiento, permitía a los entrevistados evitar posicionarse frente a los crímenes perpetuados por el terrorismo de Estado.

En este sentido consideramos las determinaciones del contexto sociohistórico desde el que se recuerda. Las entrevistas, más allá de girar en torno de la narración de hechos pasados, son un acontecimiento del presente[34]. Hablan del pasado, pero de la interpretación que desde la actualidad se hace de ese pasado. Así, la narración está determinada por los imaginarios que socialmente se han construido al respecto del hecho o del período narrado. A esto debe sumársele el artificio de la puesta en escena de la entrevista. No es solo

[34] Asimismo, tal y como afirma Pollak, la memoria e identidad están íntimamente relacionadas: "la memoria, esa operación colectiva de los acontecimientos y de las interpretaciones del pasado que se quiere salvaguardar, se integra en tentativas más o menos conscientes de definir y reforzar sentimientos de pertenencia" (Pollak, 2006: 25). "Mantener la cohesión interna y defender las fronteras de aquello que un grupo tiene en común, he aquí las dos funciones esenciales de la memoria común. Eso significa proporcionar un marco de referencias y de puntos de referencia. Es, por lo tanto, absolutamente adecuado hablar de memoria encuadrada, un término más específico que memoria colectiva. (...) Lo que está en juego en la memoria es también el sentido de la identidad individual y del grupo" (Pollak, 2006: 26).

una charla entre dos o más personas. La presencia del grabador, la existencia de un cuestionario o la relación de poder que se establece entre quien hace las preguntas y orienta e interrumpe la narración libre y espontánea del entrevistado, etcétera, todos estos elementos explicitan que lo que se narra será oído por un público mayor (Grele, 1991). Aquí vuelven a hacerse presentes el imaginario y las percepciones colectivas (Halbwachs, 2004). Es por ello que resaltamos la importancia de un análisis histórico de la construcción de los relatos, la memoria y las percepciones que se vuelcan en las entrevistas.

Las entrevistas analizadas se hicieron en dos momentos: las del "Archivo de la Palabra" en el año 2005, y las que realizamos nosotras entre 2017 y 2019. En el primer contexto, bajo la presidencia de Néstor Kirchner, se estaba construyendo una explicación oficial diferente de la "Teoría de los dos demonios" o de la "reconciliación nacional" que habían primado hasta ese momento. Desde esta nueva historia oficial la militancia de los años 1970 era exaltada (Da Silva Catela, 2010). No obstante, el prototipo del militante reconstruido era joven, universitario, de clase media y no el trabajador o militante sindical (Lorenz, 2005: 19 y 20). Los años 2017 y 2019 están encuadrados en una política oficial de la memoria que cuestiona la exaltación de la militancia de los 70, y exalta como héroes a algunos militares que perpetraron el genocidio dictatorial[35].

Si bien estos contextos difieren mucho entre sí, en ambos el extrañamiento de los entrevistados frente a la represión de la dictadura y a las personas que fueron su objetivo puede ser entendido como un elemento de justificación. Al no haber sido, ellos mismos, militantes o activistas no pudieron sentir los efectos de la represión y por ello no la denunciaron o no hicieron nada al respecto. Asimismo, desde otro ángulo, no fueron castigados con la represión por no haber alterado el orden al no haber tenido una actividad militante o sindical.

Sin embargo, como la percepción sobre los acontecimientos o los hechos históricos no está únicamente determinada por el presente desde el que se la evoca, sino también por el pasado donde se construyeron las herramientas y tradiciones que permitieron entenderla y aprehenderla, creemos fundamental analizar la construcción histórica de la percepción como hemos intentado hacer en este trabajo. En el caso de los obreros de Santa Rosa debemos considerar, entre otros, los siguientes elementos: la relación entra la patronal y

[35] Como se evidenció en la celebración del bicentenario de la independencia argentina cuando desfilaron miembros del batallón de la "Asociación Civil Excombatientes Sanjuaninos del Operativo Independencia", https://www.infobae.com/politica/2016/07/12/bicentenario-polemica-por-un-grupo-de-excombatientes-del-operativo-independencia/

los trabajadores, las condiciones de producción, la importancia de la empresa en el barrio y en el país, la relación entre los trabajadores, la tradición de activismo y militancia sindical, la represión efectivamente ejercida sobre la fábrica, la actividad llevada adelante por los trabajadores durante la dictadura.

De esta manera, y más allá de las características del momento de realización de las entrevistas, las acciones y discursos de estos trabajadores no pueden pensarse como uniformes u homogéneos ni dentro de la oposición binaria de aceptación/rechazo a la dictadura o al terrorismo de Estado (Bretal, 2015: 17). Primero, porque ya en el período anterior al dictatorial se verifica tal división dentro de la plantilla de Santa Rosa: no todos los obreros aprueban de igual manera la realización de medidas de fuerza en contra de una patronal a la que aprecian. Y segundo porque las acciones de los mismos individuos pueden parecer, a primera vista, contradictorias entre sí: rechazan la actividad sindical conflictiva pero se apenan por el exilio del principal líder sindical de la época anterior, además participan en tres conflictos contra la patronal.

En conclusión, la minimización de la violencia y el extrañamiento frente a ella que se desprende de los testimonios analizados deben ser tomados con cautela. Si bien representan un dato real a ser considerado, son también producto de una construcción histórica que debe tanto a la historia oficial del presente como la interpretación y experiencias individuales y colectivas del pasado.

Bibliografía

Basualdo, Victoria (2013): Aportes para el análisis del papel de la cúpula sindical en la represión a los trabajadores en la década de 1970. *Cuentas pendientes. Los cómplices económicos de la dictadura*, Verbitsky, H. y Bohoslavsky, J. P. (eds.), Buenos Aires: Siglo Veintiuno Editores, 235–253.

Basualdo, Victoria (2006): Complicidad patronal-militar en la última dictadura argentina. Los casos de Acindar, Astarsa, Dálmine Siderca, Ford, Ledesma y Mercedes Benz, *Suplemento especial de Engranajes a 30 años del golpe militar*, FETIA-CTA http://www.riehr.com.ar/detalleInv.php?id=7

Bernasconi, Hernán (2010): *Trabajadores metalúrgicos de La Matanza: breve historia del movimiento obrero argentino.* Buenos Aires: De la Orilla.

Bertune Fatgala, Mirta Natalia y Pomés, Raúl (2010): Las deudas de la memoria. Los obreros de Santa Rosa y el cuento de "la guerrilla industrial". *Carta Informativa XXXIV de la Junta de Estudios Históricos de La Matanza*, 27–43.

Bretal, Eleonora (2018): No estar metido en nada: vivencias y representaciones de obreros de Swift (Berisso) en torno a la época de los militares. *Historias detrás de las memorias. Un ejercicio colectivo de Historia Oral*, Flier, Patricia (Coord.) y Portelli,

Alessandro (Pról.), La Plata: Universidad Nacional de La Plata. Facultad de Humanidades y Ciencias de la Educación (Pasados Presentes, 1), 209–243.Bretal, Eleonora (2014): Rasgos de la cotidianeidad en dictadura: representaciones de ex-obreros que no estaban metidos en nada. *VII Jornadas de Trabajo sobre Historia Reciente, 6, 7 y 8 de agosto de 2014.*

Da Silva Catela, Ludmila (2010): Pasados en conflicto. De memorias dominantes, subterráneas y denegadas. *Problemas de historia reciente del Cono Sur, Volumen 1*, Bohoslavsky, Ernesto [et al.], Buenos Aires: Prometeo, 99–123.

Franco, Marina (2012): *Un enemigo para la nación. Orden interno, violencia y "subversión", 1973–1976.* Buenos Aires, Fondo de Cultura Económica.

Grele, Ronald J. (1991): La Historia y sus lenguajes en la entrevista de historia oral: Quién contesta a las preguntas de quién y por qué, *Historia y Fuente Oral* 5, 111–29.

Halbwachs, Maurice (2004): *La memoria colectiva.* Zaragoza: Prensas Universitarias de Zaragoza.

Lorenz, Federico (2013): *Algo parecido a la felicidad. Una historia de lucha de la clase trabajadora durante la década del setenta (1973–1978).* Buenos Aires: Edhasa.

Lorenz, Federico (2005): Pensar "los setenta" desde los trabajadores Una propuesta de investigación, *Políticas de la Memoria* 5, 19–23.

Medina, Gabriela (2017): La formación de la agrupación Mussy-Retamar y la huelga de 1974 en los Establecimientos Metalúrgicos Santa Rosa. *Si trabajo me matan: las huelgas metalúrgicas en La Matanza en 1974: Insud, Martín Amato y Santa Rosa*, Dawyd, Darío (ed.), Buenos Aires: Universidad Nacional de La Matanza, 113–136.

Mignon, Carlos (2014): *Córdoba Obrera: El sindicato en la fábrica, 1968–1973.* Buenos Aires: Imago Mundi.

Pollak, Michael (2006): *Memoria, olvido y silencio. La producción social de identidades frente a situaciones límite.* Buenos Aires: Ediciones Al Margen.

Portelli, Alessandro (2005): El uso de la entrevista en la historia oral, *Historia, memoria y pasado reciente, Anuario N.º20*, Rosario: Escuela de Historia, 35–48.

Pozzi, Pablo (1988): *Oposición obrera a la dictadura (1976–1982).* Buenos Aires: Contrapunto.

Robertini, Camillo (2021): Por una historia del obrero común y de la aceptación cultural de la última dictadura cívico-militar. *Clase obrera y dictadura militar en Argentina (1976-1983). Nuevos estudios sobre conflictividad y cambios estructurales*, Zorzoli, Luciana y Massano, Juan Pedro (coords.), Editorial A Contracorriente.

Stoler, Mariana (2015): Sentimos sobre nosotros la mirada inquietante de los trabajadores. Análisis de la Jornada de Protesta Nacional, 27 de abril de 1979, Tesis de licenciatura: Universidad de Buenos Aires.

Documentos consultados

Diario Popular, año 1979.

Ministerio de Hacienda y Finanzas. Servicio de prensa y publicaciones (1973): *Información Económica de la Argentina*, N.º 57.

Ministerio de Hacienda y Finanzas. Servicio de prensa y publicaciones (1972): *Información Económica de la* Argentina, N.º 54.

Entrevistas

Juan Mario Roth, Marcelo Porto, Daniel Vaccaro, Modesto Schvemler, Domingo Lederhos, Oscar Galeano y Oscar Trentini en el Archivo de la Palabra. Universidad Nacional de La Matanza, Secretaría de Extensión Universitaria, Junta de Estudios Históricos de La Matanza. Fondo: Archivo de la Palabra Municipal.

"Valentín", "Ricardo", "Hernán", "Roberto" y "Pablo" realizadas por la autora en La Matanza en 2019.

9. *La represión al personal de salud pública en clave microhistórica. La experiencia en El Bolsón, Río Negro. 1975–1977*

Ayelén Mereb
Consejo Nacional de Investigaciones Científicas y Técnicas (CONICET)- Universidad de Buenos Aires

Introducción

El 24 de marzo de 1976 se inició en Argentina una etapa siniestra de la historia nacional. El golpe de Estado que impulsó la Junta Militar conformada por los comandantes de las Fuerzas Armadas y presidida por el General Jorge Rafael Videla, dejaría su impronta de persecución, tortura y muerte sobre miles de ciudadanas y ciudadanos, así como el emblemático saldo de 30 mil desaparecidos y más de 500 niñas y niños apropiados, en desconocimiento de su verdadera identidad.

Tal como fuera demostrado gracias a la lucha de los organismos de derechos humanos, las investigaciones académicas e incluso en los estrados judiciales desde la transición democrática hasta nuestros días, se trató de un plan sistemático de aniquilación originado en la denominada Doctrina de Seguridad Nacional (DSN) consolidada en la década anterior. Inspirada en las experiencias represivas francesa y norteamericana contra el "peligro rojo" durante la guerra fría, la DSN afirmaba la existencia de un "enemigo interno" al que había que combatir en defensa del orden capitalista, nacionalista y cristiano, encarnado principalmente –aunque no solo–, por la izquierda revolucionaria y los sectores más combativos del peronismo, cuya proscripción impuesta con el golpe de 1955 fue finalmente levantada en 1973. Aún tras la victoria contundente del Frente Justicialista de Liberación (FreJuLi) en las urnas y la proclamación de Héctor Cámpora como presidente de la Nación –cuyo mandato finalizó apenas dos meses más tarde con el retorno de Perón al país–, la persecución continuó e incluso se profundizó a lo largo del trienio 1973–1976.

Durante dicho lapso se produjo un viraje ideológico rotundo, quedando en evidencia las contradicciones internas al movimiento peronista, y una represión con características novedosas: por un lado, se potenció la imbricación entre las formas legalizadas y clandestinas, estatales y paraestatales; por otro, se profundizó la extensión y dispersión de prácticas y lógicas de persecución desde sectores amplios de la sociedad civil relativamente autónomos. Finalmente, se fortaleció la definición del "enemigo interno" como "marxista y subversivo" desde las más altas autoridades estatales. Agrega la autora que, lejos de limitarse al ámbito exclusivamente político, en el marco del acelerado clima de descomposición política y económica y de creciente violencia insurreccional y de derecha, este proceso terminó por fusionarse a escala nacional con la persecución de cualquier manifestación percibida como desafío al orden. (Franco, 2016:41)

Se produjo así, como concluye Merele (2016), un desplazamiento de la idea de "infiltración" partidaria a la de "subversión", abarcando ámbitos políticos, sociales y culturales, tanto dentro como fuera del movimiento peronista. Es en tal desplazamiento donde se inscribe la experiencia que, desde una perspectiva microhistórica, este artículo abordará, siguiendo a Levi (1991) y Ginzburg (1994), haciendo foco en un caso específico para desde allí iluminar dimensiones, aspectos y preguntas sobre los fenómenos que buscamos comprender.

En línea con los trabajos de Scatizza (2016) sobre los alcances de la lógica represiva en Norpatagonia, y a fin de abonar a los estudios con densidad empírica que permitan "construir un cuadro completo del ejercicio de la represión" (Águila 2014: 35)[1], se trata aquí de indagar acerca de la persecución padecida por las/los trabajadoras/es del Plan de Salud rionegrino implementado en los hospitales públicos de toda la provincia por el gobierno peronista de Mario Franco (1973–1976) agravada, luego, bajo el gobierno dictatorial. Lejos de limitarse a las principales ciudades, la lógica represiva alcanzó lugares recónditos y aparentemente ajenos a la conflictividad política, como fue el caso de El Bolsón, un pequeño pueblo cordillerano cuyo impulso

[1] Entendemos la represión como la define Gabriela Águila como "la implementación de un conjunto de mecanismos coactivos por parte del Estado (cualquiera sea su contenido de clase), sus aparatos o agentes vinculados a él –y ello incluye a los grupos u organizaciones paraestatales– para eliminar o debilitar la acción disruptiva de diversos actores sociales y políticos" (Águila, 2014: 28).

como destino turístico supuso la promoción de sus bellezas naturales, así como el ocultamiento de todo aquello que pudiera opacar esta imagen proyectada fuera de la localidad.

Como veremos, este tipo de abordaje desde la escala local nos permite dar cuenta "no solo de la represión física, sino de estrategias de disciplinamiento y control implementadas por el Estado hacia individuos, sectores u organizaciones [así como de] la dualidad entre la organización del accionar represivo en el territorio nacional y la descentralización operativa a escala local y regional" (Águila, 2014:41–45), lo que evidencia tanto la variedad de modalidades y características de la represión en las distintas regiones, como también la diversidad de sus víctimas y de actitudes sociales ante ella.

El propósito es aportar elementos para pensar ese "enemigo interno" al que apuntó la represión setentista, las modalidades que adquirió y los agentes involucrados en la persecución a la disidencia entre el tercer mandato peronista y los primeros años de la última dictadura. Para ello, apelo a un entramado testimonial compuesto de fuentes documentales diversas pertenecientes a acervos estatales, de prensa e incluso personales, así como por las memorias de sus protagonistas, cuyas voces han sido silenciadas en la narrativa oficial y han circulado como "memorias subterráneas" (Pollak, 2006). Entiendo con Del Pino y Jelin (2003) que las memorias locales se explican por la trama de relaciones y prácticas de cada configuración y el vínculo particular establecido con el poder central, constituyendo marcos interpretativos específicos para significar aquello que se recuerda o se silencia. Realizaremos, entonces, un breve recorrido por la historia social y política local en la que tuvo lugar el conflicto, para luego exponer los principales lineamientos del proyecto sanitario de la democracia rionegrina y su implementación en El Bolsón; y finalmente dar cuenta de la dimensión de la persecución en la localidad, evidenciando las responsabilidades civiles en la concreción de la "lucha contra la subversión" a escala local.

El Bolsón, de pequeña comuna en los años 30 a "Ciudad Jardín" en los 70

La localidad de El Bolsón es conocida nacional e internacionalmente por su carácter bucólico, un "Paraíso mágico y natural", como propone la consigna con la cual la localidad se presenta a sí misma, aparentemente ajena a la conflictividad política de los grandes centros urbanos. Junto con sus bellezas naturales, su relativa lejanía de los centros urbanos han colaborado a forjar una imagen que la supone exenta de los hechos represivos de la historia reciente del país.

Sin embargo, desde su fundación como Comisión de Fomento en 1926, y especialmente a partir de la década de 1930, su breve historia ha estado atravesada por la conflictividad y la estigmatización creciente de la otredad. Esto es, todo grupo o sector ajeno a la actividad comercial, del transporte o la industria forestal, cuyos referentes han detentado el poder político y económico en connivencia con las autoridades del entonces territorio nacional de Río Negro. Tendientes al afianzamiento de la soberanía argentina en la frontera (Finkelstein y Novella, 2005), entre esta década y la siguiente se establecieron las principales reparticiones estatales, entre ellas el hospital rural, de limitada oferta sanitaria y amplísima área programática atendida por escaso personal. Proveniente de Buenos Aires y de vocación humanista, a ese establecimiento se sumaría, a mediados de los años 50, el Dr. Oscar Fattorini, quien asumió su dirección a partir de entonces.

Hacia 1958 tuvo lugar el proceso de provincialización, inexorablemente marcado por la impronta antiperonista de la intervención federal tras el golpe de la llamada "Revolución Libertadora". En El Bolsón el peronismo había tenido tardía aparición y pronta censura, por lo que el poder político local se disputaría entre las fracciones de la Unión Cívica Radical (UCR): por un lado, los Intransigentes, que guardaban cierta consideración para con el movimiento depuesto; y por el otro, radicales del Pueblo, la vertiente más antiperonista del partido. Lejos de respetar la voluntad del electorado que había votado en la comuna por primera vez, fue impuesto un intendente identificado con esta última vertiente, al tiempo que los demás espacios de poder fueron ocupados con personas que respondían a los intereses dominantes locales. En esta línea se inscribió la dirección del hospital, y el Dr. Fattorini fue reemplazado por su colega José Barbeito, proveniente también de la metrópoli pero que había cultivado amistad con las familias acomodadas de la zona.

Lejos de limitarse a criterios exclusivamente profesionales, las diferencias entre Fattorini y Barbeito darán cuenta de profundas desavenencias sociales y políticas presentes en la matriz local, que tuvieron su expresión en la gestión hospitalaria de los años sesenta. En esos años, la vigencia de la Doctrina de Seguridad Nacional (DSN), según la cual el enemigo podía estar en todo ámbito social y todo conflicto era parte de la estrategia subversiva, y suponer una afectación a la seguridad se consolidaría con el golpe del general Juan Carlos Onganía en 1966, el cual marcó el inicio de una nueva etapa en la historia nacional, caracterizada por la radicalización política.

Tras el golpe la provincia de Río Negro fue intervenida pero en El Bolsón en cambio no se produjeron disrupciones relevantes: tanto el intendente Francisco Granollers como Barbeito fueron ratificados en sus cargos en evidente reconocimiento a sus figuras como garantes del nuevo orden.

El año 1969 marca un hito tanto a nivel nacional como provincial y local. Ante la conflictividad creciente, en Río Negro fue designado interventor federal de facto el General de Infantería Roberto Requeijo, quien en 1972 impulsaría su candidatura a la gobernación por vía electoral a través de un partido de su creación: el Partido Provincial Rionegrino (PPR). De estilo fuertemente personalista y atento a cultivar relaciones estrechas con las Cámaras de Agricultura, Industria y Comercio en todos los municipios, su gobierno supuso una estrategia basada en los principios desarrollistas, la ejecución de obra pública y la gestión planificada sobre argumentos técnicos que pretendían excluir la confrontación política. Fue la época del predominio de "las fuerzas vivas" y del "ensalzamiento del municipio como el nivel organizacional y de gobierno adecuado para la expresión del pueblo hacia su conducción" (Camino Vela, 2011:188).

En este marco, los jefes comunales eran elegidos entre ciudadanos de prestigio, políticamente independientes, o bien proclives al modelo señalado. En El Bolsón fue designado José Barbeito y su lugar en la dirección del hospital fue ocupado por Raúl Deangelillo, médico del Escuadrón 35 de Gendarmería Nacional.[2]

La nueva gestión municipal vehiculizó el impulso que a partir de estos años se le daría a un pueblo con poco más de 2500 habitantes, sin rutas pavimentadas a las ciudades más próximas (Bariloche y Esquel), y sin emisoras de radio locales ni canales de televisión. Dentro de la estrategia general, la localidad fue considerada un destino turístico en potencia, para la que el gobierno provincial diseñó un "Plan de Desarrollo Integral" cuyo objetivo primario era "hacer de El Bolsón una Ciudad Jardín".[3]

A partir de entonces la economía local cobrará dinamismo a través de la producción de fruta fina, lúpulo y la actividad forestal, favoreciendo a los sectores ya empoderados, en detrimento de pobladores rurales dedicados a la ganadería extensiva, sin títulos de propiedad y expulsados a la periferia urbana ante la creciente privatización de la tierra. Simultáneamente, arribarían las primeras "comunidades hippies", jóvenes urbanos en busca de nuevos horizontes lejos de la asfixia de las ciudades, con pautas estéticas, filosóficas y culturales novedosas para la población local. Pasada la curiosidad inicial, y en línea con la progresiva consolidación de la tríada "juventud, drogas y subversión" a nivel nacional que para el período asumió el discurso oficial y que analiza Manzano (2014), a poco de llegar fueron considerados sospechosos y por

[2] *Hora Sur.* Año II. N.°68. El Bolsón, 31 de diciembre de 1969. Gentileza Julio Prytula.

[3] *Hora Sur.* Año II. N.°72. El Bolsón, 7 de febrero de 1970. Gentileza Julio Prytula.

ello perseguidos por las fuerzas represivas que operaban en la zona. A pesar de esa hostilidad, la experiencia se convirtió en emblema para la juventud urbana de la época, coincidente con la persecución que se agudizaba en las principales ciudades y que continuaría en la etapa constitucional.

En materia sanitaria, el estado hospitalario general de la localidad era muy deficitario, sin equipamientos e insuficiente oferta de servicios, a lo que se sumaba el cobro de un arancel para la atención pública. Estas restricciones eran comunes a todo el país y daban cuenta de la capacidad del gremio médico de gravitar en torno a las decisiones, a fin de evitar interferencias en sus intereses privados. Dicha lógica excluyente será decididamente cuestionada por el movimiento reformista presente en algunos hospitales del país y que en 1973, y la victoria justicialista en las urnas, en Río Negro llegó a adquirir estatus de Plan provincial (Dal Bó, 2008).

Junto a la consagración de Cámpora como presidente constitucional, la gobernación rionegrina fue asumida por Mario Franco, chacarero nacionalista y católico del Alto Valle, y la conducción comunal en El Bolsón quedaría en manos de Antolín Díaz, trabajador forestal devenido comerciante, que mantenía buen trato con vastos sectores de la comunidad, inclusive antiperonistas. A poco de andar, el recrudecimiento del discurso contra el "peligro rojo" en la región expuso de manera dramática las distancias insalvables entre la ortodoxia y la juventud peronista.

Al asumir su tercera presidencia, Perón impulsó la "pacificación y reorganización institucional" que además de acuerdos partidarios y corporativos, suponía la "depuración anticomunista", especialmente orientada a la juventud (Franco, 2012). En Río Negro, Franco buscó cultivar cierta equidistancia entre fracciones, configurando un gabinete de hombres jóvenes técnicamente capacitados, sin dejar de atender el mandato de "combatir la infiltración marxista". La paradoja quedó sellada con la designación, por un lado, del Dr. Alberto Dal Bó, activo integrante del movimiento reformista sanitario señalado, al frente del Consejo Provincial de Salud Pública (CPSP) y, por el otro, del Comandante Principal de Gendarmería Benigno Ardanaz como jefe de policía provincial. Ultranacionalista, antisemita y anticomunista, Ardanaz estaba vinculado a la extrema derecha nacional y se caracterizaba por su "obsesión por la vigilancia y la hipervaloración de su capacidad de mando" (Suárez, 2017). Las consecuencias, fatales, de esas contradicciones no tardaron en aparecer.

El Plan de Salud, "caballo de Troya de la subversión" en Río Negro

Entre 1973 y 1974 tuvieron lugar hechos relevantes que determinaron en buena medida la dinámica de la represión posterior. Si bien el marco nacional e internacional explica ciertos aspectos de la coyuntura a nivel regional e incluso local, la perspectiva microhistórica que aquí asumimos nos permite poner la lupa e identificar particularidades que dan cuenta de una complejidad no siempre considerada, derivando en la generalización de conclusiones que no necesariamente se ajustan a todos los escenarios. Aun cuando no mediara la violencia de la lucha armada como en las grandes ciudades del país, en El Bolsón también tuvieron lugar prácticas represivas de diversa índole, cuya principal víctima fue el personal de salud pública, a quienes se pretendió señalar como el "enemigo interno" a combatir. En palabras de Ardanaz, el Plan de Salud era "el caballo de Troya de la subversión" en Río Negro (Dal Bó, 2008:132). Para desentrañar los motivos de tal acusación, así como las modalidades que asumió la persecución en la localidad antes y durante la última dictadura, es necesario reseñar brevemente la política instrumentada y sus efectos inmediatos.[4]

Encabezada por Dal Bó y un equipo de colegas afines, la nueva gestión tendió a jerarquizar el Consejo Provincial de Salud Pública como autoridad sanitaria, complejizando su conformación para la toma de decisiones, propiciando la relación del subsector público con las obras sociales y equilibrando el poder médico corporativo con el de otros agentes intervinientes. El Plan de Salud implementado a partir de entonces procuró adecuar la capacidad instalada y recursos humanos en hospitales públicos para aumentar la eficacia en cantidad y calidad de prestaciones gratuitas, igualitarias, integradas, oportunas y continuas para toda la población.[5] Gestadas al calor del progresismo sesentista, las nuevas propuestas de gobierno, organización y gestión hospitalaria ponderaban el trabajo en equipo antes que el tradicional individualismo médico; la incorporación del sistema de residencias para la formación y la mejora de la atención; la historia clínica única y la jerarquización de enfermería, entre otras. Al mismo tiempo, se propiciaron condiciones salariales y laborales dignas para que el personal pudiera concentrarse con exclusividad en las prestaciones hospitalarias y prescindiera, así, del consultorio privado. Esta forma de trabajo atrajo principalmente a jóvenes con vocación y responsabilidad en la construcción de un nuevo modelo asistencial, a la vez que provocó fuertes resistencias ante la inminente alteración de las relaciones de poder.

Los puestos de conducción fueron reservados a profesionales con dedicación exclusiva, para lo cual se convocaron concursos abiertos y de oposición,

[4] Un análisis pormenorizado de esta cuestión durante el período constitucional fue realizado en Mereb (2020).

[5] Plan Trienal de Gobierno 1974–1976 (1973). Río Negro. Poder Ejecutivo Provincial. Secretaría de Planeamiento. Viedma, octubre 1973. Archivo Provincial de la Memoria de Río Negro.

evaluados por jurados de alto prestigio científico. Súbitamente la limitada oferta asistencial en horario matutino fue reemplazada por la rápida radicación de profesionales jóvenes, calificados por un entrenamiento intensivo, presentes en el hospital durante todo el día, y con médicos trabajando en las guardias durante la noche. A ellos se agregaron profesionales y técnicos en laboratorio, farmacia y servicios intermedios para profundizar la labor asistencial que contaba además con edificios mejorados y equipamiento renovado.

Durante el primer año y medio se logró aumentar la demanda no solo entre la población más postergada, sino también entre los sectores medios y altos. El Estado se erigía en principal garante y regulador del mercado en materia sanitaria, limitando el crecimiento de la actividad privada en pos de un desarrollo equilibrado en la provincia. Así, la conjunción de la voluntad política transformadora con las inquietudes profesionales propias de los jóvenes formados en un clima de efervescencia social inédito, hicieron posible la diagramación y concreción de una política basada en la salud como un derecho. Así, en esta "propuesta hecha realidad dentro del marco legal, se había producido un cambio profundo –revolucionario– en la salud pública rionegrina" (Dal Bó, 2008: 119).

Las tensiones y enfrentamientos que estos cambios ocasionaron tuvieron características propias de cada comunidad, los sujetos e intereses en pugna y recorridos históricos específicos. En El Bolsón había sido restituido al frente del nosocomio, el otrora desplazado Dr. Fattorini, lo que fue expresamente resistido por un sector del personal identificado con la gestión anterior. Los médicos José Barbeito, Horacio Carbajal y Raúl Deangelillo llevaron el conflicto suscitado más allá de las paredes del hospital, involucrando a funcionarios provinciales residuales del gobierno de facto, lo que terminó por generar movilizaciones populares inéditas en el pequeño pueblo, en defensa de la nueva gestión.[6]

Es que, con la llegada de profesionales jóvenes, formados en las principales ciudades del país y en varios casos habiendo ejercido en el ámbito privado; con trayectoria militante peronista o radical según el caso, pero con la vocación de servicio y la búsqueda de un estilo de vida más cercano a la naturaleza como factor común, comenzaba a ser palpable la reconfiguración de la institución desde un concepto de medicina social que priorizaba la salud de la población, el respeto por el enfermo, la formación entre colegas, el trabajo en equipo sin distinciones jerárquicas entre médicos y mucamas, cocineras, enfermeros, personal de mantenimiento o servicios generales. La militancia

[6] Foto de la Figura 9.1, *Hora Sur*. Año V. N.° 140. El Bolsón, 5 de octubre 1973. Gentileza Oscar Fattorini.

Figura 9.1 : Manifestación popular en la Municipalidad de El Bolsón. Octubre 1973. Autor desconocido, Gentileza Oscar Fattorini.

orgánica quedaría atrás: a partir de allí, recuerda uno de los integrantes del equipo, "nuestra militancia pasaba por estar todo el día en el hospital"[7]. Además de una mejora en la atención y en los recursos hospitalarios, se comenzaba a generar un ambiente de trabajo que permitía al conjunto apropiarse del proyecto, incluso antes de disponer efectivamente de las partidas presupuestarias necesarias para mejorar el estado general del establecimiento. "Teníamos la mística ...", añora Fattorini, recreando el entusiasmo que sobrevolaba la provincia y que retroalimentaba a su vez la propuesta del gobierno.

A principios de 1974 y por decisión de la Junta de Disciplina, los médicos facciosos fueron cesanteados debido a que se entendía que su actuación ponía en serio riesgo el normal funcionamiento de la institución.[8] El sector desplazado apelaría a sus resortes partidarios[9] y hacia mediados de ese año, el ministro de Asuntos Sociales, Alberto Pawly, fue citado a interpelación en

[7] Entrevista de la autora a Enrique Ranucci. El Bolsón, 12 de enero de 2016.

[8] Resolución N.°5. Acta N.°4. Junta de Disciplina. 13 de febrero de 1974. Tomos de Actas. Caja N.° 3294. Secretaría General de la Provincia de Río Negro. Archivo Central.

[9] "Persecución ideológica: una denuncia en Viedma". Diario *Río Negro*, 17 de mayo 1974. Archivo Diario *Río Negro*.

la Legislatura por parte de la banca del Partido Popular Rionegrino (PPR) para tratar el tema específico del hospital de El Bolsón. El Diario de Sesiones de la Legislatura refleja que el ministro no solo respondió basándose en la resolución señalada, sino que, además, destacó los resultados logrados por la gestión, entre ellos el aumento en las prestaciones, las mejoras edilicias y su repercusión en la atención de la población.[10] No obstante, en El Bolsón el conflicto alcanzó una violencia tal que terminó con uno de los médicos preso, el Dr. Fattorini, no sin antes generar serios trastornos que impedían el adecuado funcionamiento del hospital.[11]

Al conflicto entre médicos se sumaría la pérdida de privilegios para un sector social bien diferenciado que hasta entonces no había tenido que negociar su posición con quienes habían considerado siempre subalternos. Coincidente con el recrudecimiento de la violencia estatal y paraestatal a nivel nacional, el enfrentamiento selló el inicio de una nueva etapa en la dinámica local, signada por la tensión que suponía la acusación de "izquierdista" a todo aquel que, actuando en favor de las mayorías populares y amparado por la legislación vigente, amenazaba de alguna u otra manera los intereses hasta entonces garantizados.

Los instrumentos para llevar adelante dichas acusaciones superaron con creces las vías institucionales, derivando en episodios ciertamente extraños para la cotidianeidad local, como el allanamiento sufrido en noviembre de ese año en el hospital y en las viviendas de Fattorini y otro de los médicos del Plan, Gustavo Santucho, llevado a cabo conjuntamente por efectivos policiales y de la Gendarmería Nacional.[12] Llamativamente, tamaño operativo no forma parte de la memoria colectiva, ni de la comunidad hospitalaria, ni de la militancia local, mucho menos de la historia de El Bolsón.

Sin embargo, los recuerdos de quienes lo presenciaron dan cuenta de la espectacularidad desplegada, resultando evidente que semejante puesta en escena solo podía tener como fin instalar el miedo mediante acusaciones que, aunque falaces, iban induciendo la sospecha entre la población y el quiebre de relaciones solidarias al compás del clima de convulsión y violencia que se vivía en el país. Y es que más que actuar por las disposiciones de la autoridad política, Ardanaz mantenía vínculos con profesionales de fluidos vínculos con las fuerzas de seguridad, quienes los hicieron valer cuando lo consideraron

10 Interpelación al ministro de Asuntos Sociales Alberto O. Pawly. Diario de Sesiones de la Legislatura de Río Negro. 25 de junio 1974. Biblioteca de la Legislatura de Río Negro.

11 Entrevista de la autora a Alberto Dal Bó. Capital Federal, 24 de marzo 2015.

12 "Bariloche: detenidos en allanamientos". Diario *Río Negro*, 20 de noviembre 1974. Gentileza Héctor Roncallo.

necesario, motorizando denuncias y calumnias sobre sus colegas, a la vez que se intensificaron los boicots al funcionamiento cotidiano de los hospitales. Ante la falta de un posicionamiento contundente del gobernador, Dal Bó presentó su renuncia al CPSP en diciembre de 1974, al tiempo que médicos y personal con dedicación exclusiva hacían lo propio, optando por irse de la provincia o dedicarse a la actividad privada.

A los hechos de violencia dirigidos contra los médicos del Plan se sumaron atentados con bombas en los domicilios de funcionarios relevantes de la política provincial, así como en ciertas dependencias gubernamentales y puntos neurálgicos de circulación ciudadana. La desvinculación de Ardanaz paradójicamente derivó de una denuncia de la misma fuerza policial por mantener vínculos con la mafia del juego[13], relacionado con la acción paraestatal desarrollada con Remus Tetu, interventor de las Universidades del Comahue y del Sur y máximo exponente de la Triple A en la zona. Pese a que el gobernador habría promovido la investigación de lo ocurrido, le fue aceptada su renuncia agradeciéndole por "los importantes y patrióticos servicios prestados a la provincia".[14] En su lugar asumió Raúl Pedernera, quien será ratificado al frente de la Policía rionegrina tras el Golpe de Estado del 24 de marzo de 1976.

El año 1975 estuvo atravesado por la escalada inflacionaria y una violencia superlativa que derivó en la sanción por parte del Ejecutivo Nacional a cargo de Isabel Martínez de Perón de los "decretos de aniquilamiento" que, junto a la creación de los Consejos de Seguridad Interna y de Defensa para la "lucha contra la subversión", dieron inicio a la etapa preliminar del golpe. Por medio de la Directiva secreta 404/75 fue establecida la zonificación militar, según la cual la Patagonia era Zona de Seguridad 5, con cabecera en el V Cuerpo del Ejército en Bahía Blanca; dentro de esta, Río Negro integraba las Subzonas 51 al este junto con el sur de la provincia de Buenos Aires y 52 al oeste, incluyendo la provincia de Neuquén. Comandada desde la VI Brigada de Infantería de Montaña en Neuquén, la Subzona 52 se dividía en cuatro áreas, dentro de las cuales El Bolsón integraba la 524, cuya Jefatura se ubicaba en la Escuela de Instrucción Andina en San Carlos de Bariloche.

Entre octubre de 1975 y fines de 1977 dicha Jefatura fue ejercida por el coronel Néstor Castelli, quien había dirigido a la policía tucumana durante el emblemático Operativo Independencia pocos meses atrás. Si bien el esfuerzo principal se concentraba en los grandes centros urbanos, la Directiva 404/75 indicaba que el control debía extenderse también sobre las áreas rurales

[13] Radiograma Dirección Comunicaciones. Jefatura de Policía de la Provincia de Río Negro. Septiembre 1975. Gentileza Rubén Suárez.

[14] Decretos N.°1394, 1395 y 1396. Boletín Oficial 6 de octubre 1975. Digesto Jurídico Legislatura de Río Negro.

consideradas propensas al desarrollo de focos guerrilleros, entre las que se incluía la zona montañosa-boscosa de Neuquén y Río Negro, potenciada por la "amenaza de infiltración" de militantes sociales y políticos chilenos perseguidos por la dictadura de Pinochet. Las tensiones sociales se agudizarían y la interna justicialista solo tendió a profundizarse. El propio Pawly, ya alejado y en franca oposición con el gobierno de la provincia, a la vez que defendía todo lo realizado en el marco del Plan de Salud, llegó a manifestarse públicamente en favor de las Fuerzas Armadas, dando cuenta de la paradójica encrucijada en que se encontraban los dirigentes ante las turbulencias que atravesaba el país. Un nuevo capítulo en la historia nacional definiría los sucesos posteriores en la provincia y en la localidad.

El "Proceso de Reorganización Nacional" desde el hospital de El Bolsón

El 24 de marzo de 1976 Néstor Castelli fue designado Interventor militar de Río Negro, y durante el mes que duró su actuación fue decretada la disolución de la Legislatura y los concejos deliberantes, suspendida toda actividad política y gremial, aceptadas múltiples renuncias de funcionarios, así como en otros casos fue decretado su cese en funciones.

En El Bolsón y alrededores actuó el Escuadrón 35 de Gendarmería Nacional a cargo del comandante principal Rubén Benítez designado interventor municipal[15], secundado por la Comisaría 15.ª de la Regional III de la Policía rionegrina y las jurisdicciones de El Hoyo, Epuyén y Lago Puelo dependientes de la Regional Esquel de la Policía del Chubut. La prepotencia con que actuaron ha quedado registrada en la memoria local, habida cuenta del despliegue de allanamientos arbitrarios que provocaron un temor generalizado. De hecho, como hemos visto en otro trabajo (Mereb, 2019), lejos de limitarse a razones exclusivamente políticas, la detención de Héctor Inalef en su domicilio rural acusado de "desertor" y su posterior desaparición pone de manifiesto los alcances trágicos del ensañamiento represivo.

Una de las medidas más extendidas en la administración pública local, tanto durante la intervención de Benítez como las dos intendencias de facto posteriores, fue la aplicación de la ley de prescindibilidad N.° 1149 sancionada por Castelli, que homologaba a la Ley Nacional N.° 21260, y autorizaba al Poder Ejecutivo Provincial, Poder Judicial y municipalidades a dar de baja por razones de servicio al personal con el fin de "producir un real proceso

[15] Ordenanza N.° 42/76. Municipalidad de El Bolsón (RN), 26 de marzo de 1976. Archivo municipal.

depurativo". La aplicación de correctivos de este tipo demostraba que si no se atendían los modos y modales esperados por las autoridades de facto, estas tenían la potestad de dejar a los afectados sin trabajo e imposibilitados de volver a aplicar a la administración pública durante los años subsiguientes, en tiempos en que además la situación económica era sumamente delicada para los sectores medios y populares.

En junio de 1976 asumió el nuevo intendente de facto Eduardo Alcorta[16], quien un año y medio después fue reemplazado por el ingeniero civil Miguel Cola que gobernará El Bolsón desde enero de 1978 hasta el fin de la dictadura. Coincidente con Aldo Bachmann en la gobernación (1976–1978), la gestión de Alcorta estuvo atravesada por criterios similares a los que guiaron la de Barbeito durante la dictadura anterior, toda vez que como política pública priorizó llevar adelante una "campaña de embellecimiento urbano" con epicentro en la plaza central y zona comercial del pueblo, buscando favorecer así la imagen de El Bolsón como destino turístico, reeditando a su vez la articulación con "las fuerzas vivas" del gobierno de Requeijo.

Al mismo tiempo, como lo evidencian distintas resoluciones y testimonios de empleados de aquellos años, se impuso un fuerte proceso de disciplinamiento laboral, que, por un lado, premiaba a quienes demostraban un "buen desempeño" y, por el otro, sancionaba el "mal comportamiento" con la suspensión sin goce de sueldo o la aceptación de renuncias derivadas de presiones de los propios mandatarios. Este tipo de medidas fueron parte de la estrategia aplicada por parte de las autoridades municipales y provinciales para garantizar el orden y la subordinación en la administración pública, alimentadas por la eficacia del rumor y la estigmatización en localidades pequeñas.

En el ámbito hospitalario la política disciplinadora supuso condimentos propios de la batalla que ya venía librándose durante el período constitucional anterior y cuya derivación más emblemática en El Bolsón la constituyó la prisión política de quien fuera director del nosocomio durante la aplicación del Plan de Salud, el Dr. Oscar Fattorini, a la vez que se profundizaría el hostigamiento contra otros trabajadores identificados con dicho proyecto. En palabras del propio Fattorini:

"Mi participación en una cuestión pública fue hacer un hospital digno, humano y al servicio de toda la gente. Lo único que tenía que hacer era presentarse e iba a ser bien atendido. No de cualquier manera. Me podían haber acusado de cristiano también, porque era una actitud cristiana. La piedad a mis semejantes, la consideración a su condición de enfermo. Ah, no... estaba

16 Decreto N.°171/76. Viedma, 21 de mayo 1976. Digesto Jurídico Legislatura de Río Negro.

haciendo un hospital subversivo! ¿Por qué subversivo? Y, porque se hacían las cosas bien".[17]

Víctima ausente de un doble allanamiento, en su vivienda-consultorio de El Bolsón, Río Negro, y en su chacra de Lago Puelo, Chubut, distantes apenas unos 20 km entre sí, Fattorini debió permanecer prófugo durante prácticamente todo el año 1975, asesorado por los diputados radicales Mario Abel Amaya y Osvaldo Álvarez Guerrero, de Chubut y Río Negro respectivamente, en su calidad de perseguido político en ambas jurisdicciones. Aunque pudo reincorporarse al hospital en 1976, la aparente calma duró poco tiempo.

En mayo de ese año, cuando el gobierno provincial quedó definitivamente en manos de la Marina, la conducción del CPSP fue asignada al Dr. Antonio García García[18]. Excandidato a gobernador por el partido liberal, pero afín a la dictadura, "Nueva Fuerza", y directivo de la Federación Médica durante la gestión de Dal Bó, García García "siempre [había sostenido] la conveniencia de una política de salud centrada en la medicina privada, con hospitales pobres para la gente pobre. (...) Consecuente a cualquier costo, para concretar sus ideas –que la ciudadanía no aprobó en las urnas– no trepidó en sumarse a un grupo al que se le atribuyen las peores acciones de gobierno, nunca un elogio" (Dal Bó, 2008:124–125).

Invariable, a partir de entonces actuará de acuerdo a la Ley N.° 60, retrotrayendo los avances logrados en materia legislativa durante el período constitucional. Al frente de la IV Zona Sanitaria de San Carlos de Bariloche lo acompañaría el Dr. Enrique Girón[19], activo integrante de la corporación médica en esa ciudad, quien reivindicaría su alejamiento del hospital en 1973 por no acordar con la política sanitaria ni general del gobierno. A partir de entonces, celebrarían amplias coincidencias entre la política oficial de salud, la Federación de Clínicas y el Colegio Médico: la medicina del Estado se concentraría –en teoría y sin los recursos adecuados– en las grandes luchas sanitarias y la prevención, mientras que la asistencia médica quedaría en exclusivas manos del sector privado.

El hostigamiento al que venían siendo sometidos los médicos de dedicación exclusiva, principales ejecutores del Plan de Salud, encontraría ahora formas superiores avaladas por la clandestinidad de los procedimientos. Dentro de esta lógica, el principal blanco en la localidad fue el Dr. Fattorini, quien en la madrugada del 4 de junio de 1976, y ante la mirada atónita de sus pequeños hijos y su esposa, fue detenido por Gendarmería Nacional en su chacra

[17] Entrevista de la autora a Oscar Fattorini. El Bolsón, 22 de noviembre 2013.
[18] Decreto N.°125. 12 de mayo 1976. Digesto Jurídico Legislatura de Río Negro.
[19] Decreto N.° 132. 13 de mayo 1976. Digesto Jurídico Legislatura de Río Negro.

de Lago Puelo por orden de la Jefatura del Área 524. Tras un breve paso por Bariloche fue derivado a la Penitenciaría 9 de Neuquén. Allí estuvo confinado durante 3 meses con otros presos políticos de la Subzona 52, sometido a interrogatorios sobre asuntos que no se ajustaban a la realidad, montados sobre suposiciones vinculadas a la guerrilla que a él le eran ajenas.

El 1 de noviembre de ese año, mediante el Decreto N.° 841 y en razón de la Ley N.° 1149, Fattorini fue dado de baja de la Administración Pública sin derecho a indemnización por constituir "un factor real o potencial de perturbación del normal funcionamiento del organismo" al cual pertenecía. El único considerando indica que "a partir del 8–9–76 falta a sus tareas habituales, por encontrarse detenido a disposición del P.E.N.", aun cuando su detención hubiera ocurrido tres meses antes de esa fecha, ausencia a la que no se hace referencia.

La publicación del decreto coincide con el traslado a la Unidad N.° 6 del Sistema Penitenciario Federal, ubicada en Rawson y receptora de delincuentes de "máxima peligrosidad".[20] Dicha experiencia, sí es recordada de manera particularmente sufriente. "Estaban educados en el odio", me repitió una y otra vez, en las sucesivas conversaciones que mantuvimos. Y algo –o mucho– de eso sin dudas había, tal fuera demostrado por Garaño (2010) quien ha trabajado sobre la condición del "preso político" durante la vigencia del estado de sitio en nuestro país entre noviembre de 1974 y octubre de 1983, dando cuenta de su relevancia como modalidad represiva junto con el asesinato de dirigentes políticos, la desaparición forzada de personas y los centros clandestinos de detención y tortura.

Recluido allí entre septiembre de 1976 y agosto de 1977, al Dr. Fattorini se le prohibieron las visitas y, habida cuenta de la inexistencia de ingresos propios, fue central la ayuda económica de su padre y la solidaridad de algunos allegados para la supervivencia suya y de su familia. En octubre de 1984 prestó declaración testimonial en el marco de la causa relativa a la posible comisión de delitos en esa Unidad Penitenciaria. Por primera y única vez detalló la experiencia sufrida durante el período en que estuvo detenido, incluyendo las torturas y vejaciones en el traslado aéreo a él y a otros reclusos, "ignorando además las causas que motivaron su traslado y permanencia en la citada unidad, en razón de no mediar causa, juicio o proceso alguno contra su persona". Al referirse al trato general, ha quedado asentada su consideración como "absolutamente vejatorio en una multitud de manifestaciones

[20] Para un detalle de las características del Penal de Rawson, véase "Trelew", Jefatura de Gabinete de la Nación, 2014.

cotidianas, pareciendo el sistema de trato minuciosamente programado para producir ese efecto". Tras la enumeración de algunos ejemplos, se indica:

"Que en suma considera que todo el trato recibido por el declarante y los reclusos del Pabellón Siete en el cual permaneció es una maquinaria destructora de la personalidad humana, y lo que más impresionó de todo ello es un evidente espíritu de odio con gran parte del personal del servicio, al parecer adiestrado para ello, parece querer castigar culpas inexistentes, o por lo menos no demostradas, probadas y/o sentenciadas. En cuanto a la identificación del personal que presta servicios en dicha Unidad los desconoce porque no se pronunciaban públicamente".[21]

También, en dicha declaración Fattorini dejó constancia del traslado repentino de los reclusos Cancio, Seminario, Pincheira y Méndez, desaparecidos desde entonces, lo que provocó en quienes continuaron detenidos "una sensación de amedrentamiento permanente". La causa fue archivada tras la sanción de las leyes de impunidad y recién será reabierta luego de 2004, aunque su caso no está incluido en ningún proceso judicial en curso. Observador atento y sufriente de las causas que involucraban a sus compañeros, Fattorini no accionó por su cuenta la vía judicial ni tampoco fue interpelado en el marco de ninguna otra causa, más allá del testimonio citado. Aun cuando en 1984 se formó la Comisión de Derechos Humanos de la Provincia de Río Negro, su testimonio no fue recogido ni su caso figura en el informe final. Tampoco recuerda haber hablado sobre el tema con los integrantes de la Asamblea Permanente por los Derechos Humanos local, conformada tras la recuperación de la democracia. "El hecho que hubiera salido vivo, parece que fue motivo suficiente para que no se ocuparan de mí. (...) A lo mejor, ellos pensaron eso y dijeron: ni le hablemos a Fattorini, no meneemos la campana... ".

Oscar Fattorini fue liberado del penal de Rawson el 20 de agosto de 1977, en vísperas de un nuevo aniversario por la Masacre de Trelew y, luego de mantenerse "guardado" unos días, volvió a la cordillera. Sobre el regreso recuerda la indiferencia e incluso la sospecha de parte del grueso de la sociedad, así como la sensación de soledad exacerbada por la crisis familiar que debió atravesar a partir de entonces, con "un matrimonio deshecho" y la certeza de que "la persecución existió y Bolsón hipócritamente la negó. Cuando yo vine dijeron 'que habrá hecho, que habrá hecho' ... Cuando me volvía de ... mi primer contacto con el paisanaje, a quien no quiero demasiado, me dijo "y ellos sabrán, eso es por hablar mucho". ¿Qué hablé yo? Usted me

[21] "Declaración testimonial Oscar Alberto FATTORINI. El Bolsón (RN) 31 de Octubre de 1984". Fondo Documental del SICH Archivo Provincial de la Memoria (Chubut).

escuchó hablar? No! Pero eso es por hablar mucho. (...) Era mejor no decir nada. Alguien se interesó, pero muy pocos. Únicamente un turco. Me dijo "¿por qué no avisó que lo íbamos a esperar todos en auto, al paradero donde usted venía en el colectivo? Usted tendría que haber mandado un telegrama y nos íbamos todos allá al paralelo a esperarlo." Eso lo dijo Badih Azzem que era un hombre de coraje, cabal, más bueno que el pan. (...) Hay más cosas de las que uno supone, que las tiene tapadas, guardadas ... y no quiere revolver mucho, porque salen una familia hecha pedazos, un juicio civil por tenencia de los hijos, el terrible golpe de los hijos cuando me sacaron de la chacra allá a las 8 de la mañana, a la mierda! Estaban todos prendidos fuego los chicos ... pero los de gendarmería me trataron bien ... algunos con agresividad disimulada, otros con agresividad ... ".[22]

En el hospital estaba cesante, por lo que inmediatamente retomó la actividad privada. No lo hizo de manera solitaria, sino que se incorporó al equipo de colegas que habían renunciado en solidaridad con él, haciendo explícita además la negativa a reincorporarse al hospital ante la posible nueva designación de Barbeito al frente del nosocomio.[23]

Según recuerda Enrique Ranucci, uno de los médicos renunciantes, el hecho de que el hospital de El Bolsón aún conservara un equipo de médicos *full time* repercutía negativamente en la actividad de la única clínica privada del pueblo propiedad de Carbajal y Barbeito, por lo que García García buscó persuadir a los profesionales de salud pública de "asociarse" para cogestionar ambos espacios. "Nuestra respuesta fue la renuncia indeclinable"[24], señala Ranucci, a la vez que recuerda el intento de García García de aplicarles la Ley de Seguridad Interior y la paradójica actuación a su favor del coronel Castelli, quien se negó a detenerlos por internas de poder entre el Ejército y la Marina. A partir de entonces, montaron una pequeña clínica, aunque la experiencia no duró mucho tiempo. El hostigamiento, a su vez, no cesaría.

A fin de graficar la situación, solo mencionaremos el caso del Dr. Santucho, quien "por portación de apellido", ya que el suyo coincidía con el del jefe del partido Revolucionario de los Trabajadores y el Ejército Revolucionario del Pueblo, fue hostigado de manera continua por el Escuadrón local hasta que Castelli se dignó a liberarlo de la sospecha de tener vinculación con la guerrilla después de dos largos años de viajar

[22] Entrevista de la autora a Oscar Fattorini. El Bolsón, 22 de noviembre 2013.

[23] "Hospital de El Bolsón". Diario *Río Negro*, 26 de diciembre 1976. Archivo Diario *Río Negro*.

[24] Entrevista de la autora a Enrique Ranucci. Mensajes de correo electrónico, enero de 2016.

semanalmente de El Bolsón a Bariloche tan solo para entrevistarse con él como salvaguarda ante la persecución de la fuerza subordinada a su jefatura. En sus palabras: "Buscaban subversivos. Los gendarmes de Bolsón tenían el sueño del guerrillero propio. Como el sueño de "la casa propia", ellos tenían el sueño del "guerrillero propio". Entonces querían agarrar a alguien. Querían agarrar a alguien porque eso les daría estatus, les daría posibilidad de ascensos anticipados, que se yo qué. No sé qué era para el mundo militar eso".[25]

A juzgar por los testimonios, fueron las diferencias de criterio o la exclusiva puja de poderes entre las Fuerzas lo que en definitiva terminó liberando del yugo a estos trabajadores, aun cuando debieron atravesar largos meses de extrema tensión y en no pocos casos migrar de la localidad. Coinciden los testimonios respecto de la indiferencia e incluso complacencia para con los operativos militares de gran parte de la sociedad local. "Y, si lo allanan, por algo será . . .", escucharon en reiteradas oportunidades. Aun cuando se tratara de personas reconocidas por su trayectoria en la zona, fue un estigma sufrido por todos los afectados.

Así, la confianza estaba minada y las posibilidades de conversar en torno a los acontecimientos y expresar la solidaridad se limitaban al círculo más íntimo, los colegas y la familia. En palabras de Santucho, "ese es el gran problema de la época, todo era posible, entonces no había reacción, no había nada . . . años enteros que todos los días yo pensaba que me podía pasar algo a mí o a mi familia . . .".

En enero de 1978, con la asunción de Miguel Cola como intendente de El Bolsón, se inaugurará un nuevo período en la dinámica local del gobierno dictatorial, en el que se buscará consolidar la imagen de pueblo amigable y en armonía con la naturaleza, ocultando persecuciones como las descriptas en el ámbito hospitalario y municipal, a las que se sumarían aquellas tendientes a disciplinar toda voz alternativa por fuera de los parámetros establecidos.

Durante este nuevo período se intensificarán las tareas de inteligencia y hostigamiento especialmente sobre los "recién llegados", por lo general gente joven en busca de un nuevo estilo de vida alejado de las ciudades. Se producirá asimismo la desaparición forzada de Julio César Schwartz sobre la que no habrá ningún tipo de pronunciamiento público, ni de parte del oficialismo ni de la sociedad civil organizada, aun cuando la víctima estuviera vinculada activamente a los proyectos turísticos en marcha en El Bolsón.

[25] Entrevista de la autora a Gustavo Santucho. El Bolsón, 10 de diciembre de 2013.

Reflexiones finales

En este trabajo me propuse aportar elementos para comprender la complejidad inscripta en la definición del "enemigo interno" contra el que se dirigió la represión estatal y paraestatal entre 1973 y 1977. Desde la perspectiva microhistórica, y situada en El Bolsón, en base a testimonios orales y fuentes documentales diversas, pude identificar ciertas modalidades de persecución cotidiana que habilitó dicha definición, así como de la diversidad de agentes involucrados, tanto en el rol de hostigadores, como aquellos identificados como objeto de represión a razón de los proyectos alternativos que representaban. Estos procesos se desenvolvieron en una localidad que se pretendía ajena a la conflictividad política y a la violencia, en el marco de un régimen constitucional y sin mediar la lucha armada, algo que suele señalarse como explicación e incluso justificación del golpe militar.

En el marco de una política pública que expresaba el Plan de Salud rionegrino tendiente a neutralizar el peso de los intereses corporativos y su lógica excluyente, mercantilista y sectorial sobre la salud pública, el personal hospitalario de la provincia fue identificado como principal sospechoso en la lucha antisubversiva por las fuerzas comandadas por el jefe de policía Benigno Ardanaz, amparado en la "depuración ideológica" impulsada a nivel nacional. Los médicos que vieron amenazado su estatus social y económico –que, en pueblos pequeños y nacientes como el que aquí abordamos, también suponía estatus político– reaccionaron desde su adscripción ideológica antiperonista y vinculada a la creciente demanda de orden autoritario, activando resortes institucionales, políticos y mediáticos para desprestigiar a los colegas heterodoxos. En El Bolsón, el hostigamiento fue dirigido contra el principal referente del Plan, el Dr. Oscar Fattorini, siguiéndole en grado de ensañamiento sus colegas más afines. Estas afectaciones a los trabajadores comprometidos con un modelo de medicina al servicio de la salud pública significaron, precisamente, el desmantelamiento de un plan de salud que contemplaba la asistencia médica como un bien social y desechaba la idea de considerarla una mercancía.

Producido el golpe, la persecución fue creciendo, obligando a sus víctimas a replantearse sus estrategias laborales y sus vidas cotidianas. Los secuestros, prisiones políticas, torturas y desapariciones se desplegaron a la vista de la sociedad con el fin de disciplinar a la población. El silenciamiento social y la "acción psicológica" multiplicó la afirmación, dicha a media voz, del "por algo será" como justificación de las violaciones a los derechos humanos.

En las décadas subsiguientes, se consolidó una narrativa oficial basada en el olvido de estos acontecimientos, proponiendo la representación de una comunidad ajena al proceso de confrontaciones sociales desplegadas en la década del setenta y a las prácticas del terrorismo de Estado que tuvieron por víctimas a quienes enarbolaron proyectos emancipatorios de los cuales el hospital público de El Bolsón formó parte. Estas páginas se proponen como un aporte para empezar a restituir parte de esa historia negada y silenciada.

Bibliografía citada

Águila, Gabriela (2014): Estudiar la represión: entre la historia, la memoria y la justicia. Problemas de conceptualización y método, en Patricia, Flier (comp.), *Dilemas, apuestas y reflexiones teórico-metodológicas para los abordajes en Historia Reciente*. La Plata: FaHCE, 20–55.

Camino Vela, Francisco (2011): *La dinámica política en la provincia de Río Negro (Argentina) desde mediados del siglo XX: el predominio de la Unión Cívica Radical*, Tesis Doctoral en Historia, Universidad de Sevilla, Facultad de Geografía e Historia, Departamento de Historia de América.

Dal Bó, Alberto (2008): *Hospitales de reforma: crónicas para evitar el olvido*, Buenos Aires: Biblos.

Del Pino, Ponciano, Jelin, Elizabeth (comp.) (2003): *Luchas locales, comunidades e identidades*, Madrid: Siglo XXI.

Finkelstein, Débora, Novella, María, Marta (2005): Actividades económicas y procesos de construcción social en las áreas andinas de Río Negro y Chubut, en Bandieri, Susana, Blanco, Graciela y Varela, Gladys, *Hecho en Patagonia. La historia en perspectiva regional*, Neuquén: EDUCO – Universidad Nacional del Comahue.

Franco, Marina (2012): *Un enemigo para la nación. Orden interno, violencia y "subversión", 1973–1976*, Buenos Aires: Fondo de Cultura Económica.

Franco, Marina (2016): La represión estatal en la historia argentina reciente: problemas, hipótesis y algunas respuestas tentativas, en Águila, Gabriela, Garaño, Santiago, Scatizza, Pablo (coord.), *Represión estatal y violencia paraestatal en la historia reciente argentina: Nuevos abordajes a 40 años del golpe de Estado*, La Plata: Universidad Nacional de La Plata, Facultad de Humanidades y Ciencias de la Educación, 15–43.

Garaño, Santiago (2010): "El 'tratamiento' penitenciario y su dimensión productiva de identidades entre los presos políticos (1974–1983)", *Iberoamericana*, X/40, 2010, 113–130.

Ginzburg, Carlo (1994): Microhistoria: dos o tres cosas que sé de ella, *Manuscrits* 12, 13–42.

Levi, Giovanni (1991): Sobre microhistoria, en Burke, Peter, *Formas de hacer historia*, Madrid: Alianza, 119–143.

Manzano, Valeria (2014): Política, cultura y el 'problema de las drogas' en la Argentina, 1960–1980, *Apuntes de investigación del CECYP*, XVII/(24), 51–78.

Mereb, Ayelén (2019): Doblemente desaparecidos: servicio militar, pobreza y represión en la frontera patagónica durante la última dictadura argentina. *Tempo e Argumento*, 11/(28), 47–66. Disponible en http://revistas.udesc.br/index.php/tempo/article/view/2175180311282019047/10625

Mereb Ayelén (2020): El Plan de Salud, "caballo de Troya de la subversión" en Río Negro. La persecución en el hospital de El Bolsón. 1973–1975. *Izquierdas*, 49, 3738–3757. Disponible en http://izquierdas.cl/ediciones/2020/numero-49

Merele, Hernán (2016): "El proceso represivo en los años setenta constitucionales. De la 'depuración' interna del peronismo al accionar de las organizaciones paraestatales", en Águila, Gabriela, Garaño, Santiago, Scatizza, Pablo (coord.), *Represión estatal y violencia paraestatal en la historia reciente argentina: Nuevos abordajes a 40 años del golpe de Estado*, La Plata, Universidad Nacional de La Plata, Facultad de Humanidades y Ciencias de la Educación, 103–127.

Plan Trienal de Gobierno 1974–1976 (1973): Río Negro. Poder Ejecutivo Provincial. Secretaría de Planeamiento. Viedma, octubre 1973. Archivo Provincial de la Memoria. Secretaría de Derechos Humanos. Ministerio de Educación de Río Negro.

Pollak, Michael (2006): *Memoria, olvido, silencio. La producción social de identidades frente a situaciones límite*, La Plata: Al Margen.

Scatizza, Pablo (2016): *Un Comahue violento. Dictadura, represión y juicios en la Norpatagonia argentina*, Buenos Aires: Prometeo.

Suarez, Rubén (2017): La construcción del 'enemigo interno' en la Policía Río Negro (1974–1975), *Cuadernos de Marte* 8/(13), 87–116. Disponible en https://publicaciones.sociales.uba.ar/index.php/cuadernosdemarte/article/view/2674/0

Diarios y semanarios

Hora Sur, semanario informativo, El Bolsón, 1968–1973, varias ediciones, gentileza Julio Prytula y Oscar Fattorini

Actas, leyes y comunicaciones oficiales

Declaración testimonial Oscar Alberto FATTORINI. El Bolsón (RN), 31 de octubre de 1984. Fondo Documental del SICH Archivo Provincial de la Memoria. Chubut.

Junta de Disciplina. Actas N.° 21 (1 de junio 1973), N.° 22 (5 de octubre 1973) y N.° 23 (16 de octubre 1973). Resolución N.° 31 (16 de octubre 1973) y Resolución N.° 5, Acta N.° 4 (13 de febrero de 1974). Tomos de Actas. Caja N.° 3294. Secretaría General de la Provincia de Río Negro. Archivo Central

Radiograma septiembre 1975. Jefatura de la Policía de Río Negro. Gentileza Rubén Suárez.

Entrevistas de la autora

Oscar Alberto Fattorini. El Bolsón, 22 de noviembre de 2013.

Gustavo Santucho. El Bolsón, 10 de diciembre de 2013.
Alberto Dal Bó. Capital Federal, 24 de marzo de 2015.
Enrique Ranucci. El Bolsón, 12 de enero de 2016.

10. *"Busco tu rostro a la entrada o a la salida de una fábrica"*

El comité de defensa de los derechos humanos en el Cono Sur (CLAMOR) y la denuncia de la represión a los trabajadores en Argentina (1978–1982)

Marcos Tolentino
Universidade Estadual de Campinas

Introducción

Busco tu rostro entre la gente
Sin querer o queriendo encontrarte
a cada instante
al subir al colectivo
en la entrada o a la salida de una fábrica
en la entrada o a la salida de una escuela
en la entrada o en la salida de los sueños
Busco tu rostro y tu presencia, hermano
Hermano que te llevaron en la sombra y los silencios
de esta Argentina Mundial 78
Nadie sabe dónde estás
Pero estás
Todos sabemos
Nadie sabe quién te tiene
Pero saben
Hay silencio
Nadie sabe dónde estás
Ni lo que te está pasando
Pero te envuelven en las sombras
Nada saben, nunca saben

A pesar de eso
Todos sabemos que son ellos.

Miguel[1]

El Comité de Defensa de los Derechos Humanos en el Cono Sur (CLAMOR) fue fundado en la ciudad de San Pablo (Brasil), a comienzos del año 1978. Sobre finales del año anterior, un encuentro secreto organizado por una pareja de exiliados argentinos en la ciudad, con la participación de la periodista inglesa Jan Rocha y del abogado de presos políticos Luiz Eduardo Greenhalg, se tradujo en el proyecto de creación de un comité de solidaridad para refugiados latinoamericanos en Brasil. A pesar de que en Brasil también había una dictadura militar, muchos perseguidos políticos de Paraguay, Chile, Uruguay y Argentina huían a este país debido a la posibilidad de cruzar la frontera por vía terrestre, sin mucha burocracia y sin el requisito del pasaporte, y al funcionamiento desde 1977 de una Agencia de la Organización de Naciones Unidas para Refugiados (ACNUR) en Río de Janeiro (Quadrat, 2007: 66–70). A Rocha y Greenhalg pronto se sumó el pastor protestante Jaime Wright, hermano de un detenido desaparecido, que ya colaboraba con otros organismos de derechos humanos. Los tres empezaron a reunirse clandestinamente para definir las premisas de la actuación y de la estructura de un comité que desde Brasil se dedicara a acoger a la cantidad de exiliados extranjeros que llegaban a San Pablo en busca de asilo político; a reunir sus relatos sobre las violaciones a los derechos humanos cometidas en sus países de origen y a actuar contra el accionar represivo en la región.

El grupo buscó el auspicio del obispo Don Paulo Evaristo Arns lo que le garantizó, además de confianza y credibilidad, cierta seguridad debido al reconocimiento público internacional de la trayectoria de Arns en la defensa de los derechos humanos y en el combate a la violencia estatal en Brasil. CLAMOR fue entonces incorporado a la Comisión Arquidiocesana de Derechos Humanos y Marginalizados de San Pablo, creada en 1976 con el objetivo de acoger a los extranjeros que recurrían a la Curia Metropolitana en busca de la ayuda de Don Paulo. En ese mismo local, el comité pasó a trabajar con la ayuda de voluntarios brasileños y extranjeros. La labor inicial de prestar asistencia a los desterrados pronto se extendió a la solidaridad hacia los familiares de presos y desaparecidos políticos; la divulgación de las denuncias recibidas a través de la publicación de boletines en portugués, español e inglés; al establecimiento de una red transnacional de defensa de los derechos humanos; y

[1] Traducción del Autor. “Um poema escrito pelo irmão de um desaparecido” en Boletim do Comitê de Defesa dos Direitos Humanos para os Países do Cone Sul, Año 1, N.º 3, octubre 1978.

a la búsqueda y localización de personas secuestradas y desaparecidas. El 10 de diciembre de 1991, en un contexto en que las dictaduras del Cono Sur ya habían terminado, el grupo decidió organizar su documentación e interrumpir sus actividades.

Hay que destacar que, a pesar de que CLAMOR tuvo una importante participación en la denuncia internacional de los crímenes cometidos por el terrorismo de Estado en Argentina, todavía son pocos los análisis que lo incluyen entre los organismos que participaron de la denuncia humanitaria en el exterior durante los años de la última dictadura militar argentina (1976–1983). Podemos dividir esa producción bibliográfica en dos grupos. El primero, integrado por la investigación del periodista Samarone Lima (2003) y por el libro de memorias de Jan Rocha (2018), que reconstruyen detalladamente la labor desarrollada por CLAMOR a lo largo de su historia, basándose en las memorias de los actores involucrados en ella.

El segundo, integrado por la investigación de Guilherme Barboza de Fraga (2012) y los artículos de Enrique Serra Padrós (2014) y Catoggio (2016) los cuales, al analizar el accionar de CLAMOR, coinciden en algunos ejes en común: el trabajo de resistencia de carácter regional, interpretado como una "contracara del Plan Cóndor"; la importancia del perfil de sus integrantes y voluntarios, sobre todo sus experiencias y vinculaciones previas en la lucha por los derechos humanos; la actuación del CLAMOR en red, a través de su articulación con otros organismos internacionales (ACNUR, Amnistía Internacional y Consejo Mundial de Iglesias), organismos que actuaban en Brasil (Cáritas, Movimiento de Justiça e Direitos Humanos, Comitê Brasileiro pela Anistia e Comissão Paz e Justiça), y organismos de los otros países de la región (entre los argentinos: Madres y Abuelas de Plaza de Mayo, Comisión de Familiares de Detenidos y Desaparecidos por Razones Políticas, SERPAJ, Movimiento Ecuménico por los Derechos Humanos, Asamblea por los Derechos Humanos y el Centro de Estudios Legales y Sociales); el análisis de denuncias e iniciativas que tuvieron gran repercusión pública en Brasil o en el exterior, como la localización e identificación de niños y niñas secuestrados y la denuncia de casos de brasileños secuestrados y presos en el exterior.

Un punto en común entre los dos grupos de trabajos es la importancia atribuida a los lazos establecidos entre CLAMOR y Abuelas de Plaza de Mayo. Ese vínculo es abordado también por publicaciones sobre la historia de Abuelas que destacan la importancia del CLAMOR para la denuncia de la desaparición de bebés nacidos en maternidades clandestinas o secuestrados junto con sus padres; para que las abuelas tuvieran acceso a testimonio de sobrevivientes de los Centros Clandestinos de Detención (CCD) producidos en el exterior; y para el éxito en los primeros casos de nietos restituidos

(Arditti, 1999; Abuelas de Plaza de Mayo, 2007). Sin embargo, más allá de dicha colaboración, todavía no fueron suficientemente analizadas las estrategias desarrolladas por CLAMOR para denunciar el terrorismo de Estado en Argentina; la importancia de su labor de sistematización de datos a partir de las denuncias recogidas para la producción de saberes sobre la represión clandestina; y su influencia en iniciativas posteriores, como la investigación de la Comisión Nacional Sobre la Desaparición de Personas (CONADEP) y la escritura de su informe final, *Nunca Más*.

En sus trece años de actuación, CLAMOR recogió una importante documentación acerca de la lucha por los derechos humanos en América Latina y de las estrategias de resistencia frente a las dictaduras militares de la región. Con el término de sus actividades, parte de esa documentación fue donada al Centro Ecumênico de Serviços à Evangelização e Educação Popular (Cesep). Otra parte fue guardada en el Archivo de la Curia Metropolitana de San Pablo. En 1993 el Cesep donó los documentos bajo su custodia al Centro de Documentação (Cedic) que desde la década de ochenta funcionaba en la Pontificia Universidade Católica de São Paulo (PUC-SP). En 1999 el material restante fue transferido al Cedic asegurando su conservación (Lima, 2002). A partir de entonces, otros miembros y colaboradores donaron a la institución documentos guardados en sus archivos personales. Ese proceso se tradujo en la conformación en el Cedic del "Fundo Clamor", actualmente disponible para la consulta pública.[2] El fondo reúne una gran diversidad de documentación: boletines internos y publicaciones del comité, carteles, solicitadas, comunicados de prensa, testimonios de sobrevivientes de los Centros Clandestinos de Detención (CCD), de exiliados y de familiares y compañeros de desaparecidos y de presos políticos, *dossiers* sobre niños desaparecidos, informes de actividad, correspondencias con organismos internacionales y con embajadas extranjeras, cartas y documentos enviados por familiares de víctimas y por organizaciones de derechos humanos, sindicatos e iglesias del Cono Sur (Andrade, 2013).

Mi entrada en el archivo del CLAMOR se vinculó a mi interés en analizar las modalidades de inserción de los sobrevivientes de los CCD en el movimiento argentino por los derechos humanos. He buscado en su acervo testimonios de sobrevivientes producidos en el exterior durante el periodo dictatorial, así como registros de una reunión auspiciada por Clamor y Abuelas de un grupo de sobrevivientes del CCD "La Cacha", en San Pablo, en

[2] Hay otro "Fondo Clamor" disponible en el Archivo Nacional de la Memoria (ANM), en Buenos Aires. Sin embargo, no he encontrado informaciones sobre cómo se ha conformado ese fondo.

octubre de 1983. Sin embargo, el análisis de las denuncias recogidas por Clamor, de sus boletines y del libro *Desaparecidos en la Argentina*, publicado en 1982, demostró que el acervo de Clamor era fundamental también para comprender las estrategias iniciales de producción de saberes sobre el perfil de las víctimas del terrorismo de Estado en Argentina, sobre todo los desaparecidos.

Hay que considerar, como ha señalado Virginia Vecchioli, que la categoría de "víctima" no es la expresión directa de un daño sufrido, sino una construcción realizada a partir de la intervención de diferentes agentes dotados de saberes especializados que la producen, la objetivan, le dan existencia social y la consagran públicamente (Vecchioli, 2001 y 2013). En ese sentido, las denuncias de los sobrevivientes de los CCD y de los familiares de las víctimas y la posterior sistematización de la información recogida por los organismos de derechos humanos en sus publicaciones son una vía privilegiada para analizar cómo se construyó el perfil de víctima de la desaparición forzada de personas, antes que la investigación de la CONADEP y el Juicio a las Juntas consolidaran sentidos y representaciones sobre los desaparecidos (Crenzel, 2008; Feld y Franco, 2015). Para eso, es imprescindible el trabajo de conformación y de apertura para la consulta pública de los archivos de los organismos de derechos humanos, una tarea que en los últimos años ha sido desarrollada por iniciativa de los propios organismos o por otros centros de documentación que los custodian, como el Cedic. Volver sobre los materiales de la época, como ha planteado Elizabeth Jelin, permite a los investigadores hacer nuevos cuestionamientos sobre el accionar de los organismos, específicamente en la denuncia internacional, cuando todavía se producían categorías hoy consolidadas, como "víctimas", "detenidos-desaparecidos" y "sobrevivientes" (Jelin, 2015: 219–221).

El objetivo del presente artículo es analizar las estrategias de producción de saberes sobre las víctimas del terrorismo de Estado en la Argentina, centrándose en un perfil específico: los trabajadores desaparecidos. A pesar del silencio señalado por los estudios de la memoria sobre tales víctimas, encontramos en el archivo del CLAMOR un caudal de denuncias realizadas durante los años de la dictadura que permite afirmar que la represión a los trabajadores recibió la atención de los organismos de derechos humanos que actuaban en el campo humanitario en el exterior, y que no tenían vínculos directos con la lucha sindical internacional. Algunos análisis anteriores han dado cuenta de la denuncia a la represión a los trabajadores realizados en el exterior, pero el eje estuvo puesto en las posibilidades de actuación política de trabajadores y sindicatos argentinos en el campo humanitario en el exilio, sobre todo en frentes sindicales (Ayala, 2018; Basualdo, 2006 y 2007; Gordillo, 2017). Sin embargo, todavía se ha discutido poco sobre las características de esa denuncia, qué organismos de derechos humanos denunciaron los casos de trabajadores desaparecidos y a través de qué circuitos circularon esas denuncias.

A partir del archivo de CLAMOR es posible reconstruir qué actores estuvieron involucrados en la denuncia de la represión a los trabajadores y sus estrategias discursivas para generar la solidaridad internacional; de qué manera CLAMOR trabajaba con esas denuncias desde que sus casos comenzaron a ser citados en testimonios o en publicaciones de otros organismos recogidos por el comité hasta que se convirtieron en parte de un libro organizado y publicado por el comité en 1982, una de las primeras iniciativas de sistematización de datos sobre los casos de la desaparición forzada durante la última dictadura argentina.

El Clamor por los trabajadores

> Mi hijo, HECTOR ALBERTO PEREZ, con 22 años de edad, L.E. N° 12.151.020, era un obrero metalúrgico en una fábrica en Quilmes (S.A.I.A.R.). Hacía muchas horas extras, incluso a los domingos, a fin de ayudarme en los gastos de la casa. Él fue secuestrado de mi casa, calle Carlos Pellegrini 1243, en Quilmes, Provincia de Buenos Aires, en la noche del día 29 de noviembre de 1976. Yo sé que, igual que Héctor, existen centenares de jóvenes secuestrados en el país. No ignoramos que el gobierno luche contra el flagelo del terrorismo y que por eso ha adoptado medidas violentas de represión. Pero mi hijo no es terrorista. Al contrario, él había fijado su posición en contra de cualquier tipo de violencia.[3]

Héctor Alberto Pérez era un obrero en la fábrica de calefactores SAIAR, militante del Partido Comunista que, el 29 de noviembre de 1976, fue secuestrado en la casa de sus padres en Quilmes, Provincia de Buenos Aires. Ellos no presenciaron su secuestro, pero los vecinos vieron cuando Héctor fue llevado encapuchado. Ese mismo día, también fueron secuestrados otros dos trabajadores de la SAIAR. Los tres fueron llevados a la Brigada de Investigaciones de Lanús, CCD que funcionó en el centro de Avellaneda, Provincia de Buenos Aires.[4] Su caso fue denunciado en el Boletín N.° 2 de CLAMOR, publicado en julio de 1978, a través de la publicación del testimonio de su madre en la sección "¿Dónde están ellos?", que reunía en los boletines del CLAMOR las denuncias de casos de desaparecidos en el Cono Sur.

[3] Traducción y cursivas del autor. "Mãe clama por metalúrgico sequestrado" en *Boletim do Comitê de Defesa dos Direitos Humanos para os Países do Cone Sul*, año 1 (2), julio de 1978.

[4] Datos disponibles en: http://www.desaparecidos.org/arg/victimas/p/perezh/ Ultimo acceso: 15/02/2020.

Esos boletines fueron el principal órgano de difusión de las denuncias recogidas por el comité. El primer boletín fue lanzado en junio de 1978, con motivo de la realización del Mundial de Fútbol en Argentina cuando, en las palabras de CLAMOR, "la atención del mundo se volcaría hacia la Argentina". Por ese motivo ese boletín estuvo dedicado exclusivamente al país, denunciando la situación de los refugiados argentinos en Brasil y la existencia de aproximadamente sesenta "campos de concentración" en la Argentina, donde hombres y mujeres "permanecían en condiciones inhumanas y de total degradación y terror". Entre los casos individuales denunciados está el secuestro y desaparición de un delegado sindical de la Radio Universidad de Córdoba: Luiz Carlos Mónaco. A través de la publicación, es posible reconstruir que su caso llegó al comité a través de una carta enviada por su hermana, Liliana Gloria María Felipe, en la cual relató las gestiones realizadas por ella y su familia por el paradero de Luiz Carlos y de su esposa, Ester Silvia del Rosario Felipe de Mónaco. Las últimas noticias reunidas por su padre, apuntaban que ellos estaban "en el campo de concentración de la Ribera", en Córdoba, pero "sin confirmaciones oficiales". En su denuncia, bajo el título "Un clamor que viene de México", Ester Feliz hacía un "llamado a todos los organismos pertinentes para que actúen junto a las autoridades argentinas solicitando la aparición inmediata e ilesa de los dos".[5]

De acuerdo con Fraga (2012), los boletines del CLAMOR indican, en cada noticia o denuncia, su actuación en conjunto con otros actores vinculados a una red de defensa por los derechos humanos integrada en torno de valores y objetivos comunes (Fraga, 2012: 44). Los casos citados anteriormente –de Luiz Carlos Mónaco y Héctor Alberto Pérez– presentan algunas coincidencias con la construcción de las denuncias realizadas por CLAMOR. La primera, es la inclusión de los trabajadores en el universo de víctimas reconocidas por el organismo. La lectura de los boletines del Clamor demuestra que de forma recurrente se ha elegido incluir ese perfil de víctimas para denunciar los secuestros y desapariciones ocurridos en la Argentina.

En el boletín N.º 2 fue denunciado el caso del secuestro de un grupo de personas "participantes de la Coordinadora Sindical de Rosario", el 12 de mayo de 1978, entre los cuales estaban: Juan Rivero, dirigente sindical; Ramón Berón, obrero de Swift, que "murió en consecuencia de las torturas recibidas"; Adriana Arce de Hostierloy, miembro de la Confederación de Trabajadores de la Educación (CTERA) y Hilda Cardozo, maestra de Salta, cuyo cadáver fue hallado por la Policía de la Provincia de Santa Fe, en Rosario, el

[5] Comitê de Defesa dos Direitos Humanos Para o Cone Sul, Boletim, año I, N.º 1, junio 1978.

1 de julio.[6] En el boletín N.º 3, de octubre de 1978, se incluyó un listado de "secuestrados recientemente denunciados en la Argentina", citando los casos de Abel Héctor Mateu, de 24 años, empleado en una industria textil, desaparecido en Avellaneda, el 1 de julio de 1978 que, según supo su familia "había estado en Campo de Mayo (Cuartel de la Marina, en Buenos Aires)" –en realidad dicho cuartel dependía del ejército–; y el caso de Enrique Carlos Ghezan, obrero, de 22 años, secuestrado en Munro, Provincia de Buenos Aires, el 28 de julio de 1978, junto a su hijo de 22 meses y a su esposa.[7]

En un listado de muertos y desaparecidos publicado en el boletín N.º 5, de mayo de 1979, un número considerable de casos fueron identificados como obreros y dirigentes sindicales. Uno de ellos era Lelo Antonio Gasparini, dirigente y delegado sindical de una fábrica de alimentos de Córdoba, desaparecido en San Isidro, Provincia de Buenos Aires, en 18 de abril de 1977. Según CLAMOR, él era "padre de un hijo" y había "aparecido muerto en un enfrentamiento", junto con otros 15 desaparecidos, en la ciudad de Buenos Aires, a pesar de que "informaciones no confirmadas" indicaran que Gasparini había sido muerto bajo torturas. CLAMOR agregaba también que, a pesar de las gestiones de sus familiares, les fue negado retirar su cadáver, pues los militares alegaron que él ya había sido enterrado. Además del caso de Gasparini son denunciados en ese listado los casos de Eduardo Requena, miembro del Sindicato de Profesores Particulares (SEPAC), y Tito Yorné, integrante del Sindicato de los Empleados Públicos, ambos secuestrados el 15 de julio de 1976 en Córdoba, "desconociéndose su paradero hasta el momento"; Enrique Carreño, activista sindical, secuestrado en noviembre de 1976, cuyo destino "sus familiares desconocían hasta el momento"; Rosaria Aredes, "madre de un niño", y obrera del Frigorífico Mediterráneo en Córdoba, detenida en su residencia entre el 27 y el 28 de marzo de 1979 y de Félix Fernando Agüero, 34 años, activista sindical, secuestrado a mediados de agosto de 1977 en la ciudad de Villa Carlos Paz, Córdoba, de cuyo "paradero no se tenía ningún dato preciso hasta hoy".[8]

La utilización de los testimonios de los familiares como una de las principales fuentes para la denuncia de los casos de trabajadores secuestrados y desaparecidos fue resultado de la repercusión del primer boletín de CLAMOR y del envío al comité de cartas y denuncias de familiares de desaparecidos

6 Comitê de Defesa dos Direitos Humanos Para o Cone Sul, Boletim, año I, N.º 2, julio 1978.

7 Comitê de Defesa dos Direitos Humanos Para o Cone Sul, Boletim, año I, N.º 3, octubre 1978.

8 Comitê de Defesa dos Direitos Humanos Para o Cone Sul, Boletim, año II, N.º 5, diciembre 1978.

(Lima, 2003: 67). Rocha relata que, mientras CLAMOR se tornaba más conocido en la Argentina, ellos empezaron a recibir cartas de familiares que buscaban comprender qué era la desaparición: dónde estaban; quiénes los habían llevados y cuándo iban a volver (Rocha, 2019: 59). Algunas de esas cartas están organizadas y disponibles para la consulta pública en el acervo del CLAMOR y sirven como registro para reconstruir las estrategias adoptadas por los familiares para reunir informaciones sobre el rompecabezas de las desapariciones y para generar solidaridad y conocimiento público sobre su drama privado (Da Silva Catela, 2001).

En cuanto al tema que aquí me interesa, es decir la represión a los trabajadores, se destaca la denuncia número 50, "Testimonio sobre la represión fascista en la Argentina". Firmada por Estela de la Cuadra Fraire y por María Isabel Fraire Laporte. El documento denuncia algunos casos de desaparición ocurridas en la familia de Estela, como el de su hermano Roberto José de la Cuadra Zubasnabar. Obrero de YPF, fue secuestrado en la casa de sus padres, en La Plata, el 2 de septiembre de 1976. "Por esa época, muchos obreros de YPF corrieron la misma suerte, mucho de los cadáveres aparecieron luego ferozmente torturados y acribillados en las morgues policiales de La Plata", señala el documento. El 23 de febrero de 1977, otro operativo de seguridad allanó un consultorio odontológico donde fueron secuestradas siete personas, entre las cuales estaban su hermana, Elena de la Cuadra Zubasnabar, embarazada de 5 meses, y tres hombres identificados como "obreros": el compañero de su hermana, Héctor Luis Baratti, obrero metalúrgico; Pedro Campano y Eduardo Roberto Bonín. Al centrarse en los casos de la pareja de Elena y de Héctor, las dos mujeres reconstruyen el "rompecabezas" de las informaciones reunidas por los padres de Elena, sobre todo debido a su búsqueda de la bebé, Ana, nacida en cautiverio. En ese derrotero, desempeñaron también un papel fundamental los testimonios de distintos "liberados", ninguno de ellos identificados por las dos mujeres, que trajeron las primeras noticias sobre el nacimiento de Ana y las condiciones de cautiverio de Héctor y Elena en la Comisaría 5.ª de la Policía de la Provincia de Buenos Aires.[9]

Además de surgir como piezas reunidas por los familiares para producir denuncias, se destaca en el acervo del comité algunos testimonios producidos por "personas liberadas" –término en ese momento utilizado para referir a los sobrevivientes de los CCD– vertidos durante la dictadura. Ya en su primer boletín, al incluir las denuncias y asegurar la veracidad de los "relatos de los refugiados" sobre los "campos de concentración", Clamor valoró desde sus inicios los testimonios de sobrevivientes como una fuente legítima para

[9] CLAMOR, denuncia 50. "Testimonio sobre la represión fascista en la Argentina".

conocer sobre la represión clandestina en la Argentina, a pesar de las polémicas alrededor de su circulación entre las comunidades de exiliados argentinos (Quadrat, 2007; Crenzel, 2008; Franco, 2008; Jensen, 2010). Uno de esos documentos es la denuncia N.° 53, un testimonio manuscrito firmado por "Alfredo", que pidió al final de su relato que, por razón de la permanencia de su familia en Argentina, su testimonio fuera presentado con un nombre ficticio. Según su relato, "Alfredo" fue secuestrado a principios de agosto de 1978, a la salida de la fábrica donde trabajaba, por una "banda armada que no se identificó". A lo largo de su denuncia, "Alfredo" narra las estrategias que utilizó para identificar su lugar de cautiverio, reunir informaciones sobre los responsables de su secuestro y para identificar a otras víctimas.[10]

Otra fuente de información utilizada por CLAMOR para recoger datos sobre los desaparecidos fueron las denuncias producidas por otros organismos de derechos humanos en Argentina. La denuncia N.° 104, por ejemplo, es un documento producido por abogados de la Asamblea Permanente por los Derechos Humanos (APDH), con 300 casos seleccionados entre las 5581 denuncias registradas por ese organismo. De acuerdo con Balardini (2015) y Basualdo (2019), ese documento fue fruto de una labor de sistematización realizada entre fines de 1978 y mediados de 1979, por una equipo de la APDH y del incipiente Centro de Estudios Legales y Sociales (CELS), debido a su idea de que apenas una fracción de los testimonios recogidos por los organismos en Argentina podrían ser tratados por la Comisión Interamericana de Derechos Humanos (CIDH) durante su visita al país en 1979. La visita de la CIDH, es señalada por las autoras como un primer esfuerzo de pasar de las fichas de denuncia utilizadas por la APDH, Familiares de Detenidos y Desaparecidos por Razones Políticas y las Madres de Plaza de Mayo, para registrar cada caso individual a la sistematización de esa información con el objetivo de identificar patrones represivos a partir de los testimonios y constituir los crímenes de la dictadura, en particular la desaparición, como un problema jurídico que pudiera ser objeto de un debate legalmente regulado. De esa manera, más allá del trabajo de reconstruir "caso a caso" el listado de nombres, buscaban vislumbrar la masividad de los crímenes hasta entonces ocultados (Balardini, 2015: 92–103; Basualdo, 2019: 128–130).

El resultado de esa labor fue la producción de un informe que tenía la noción de "detenido-desaparecido" como fenómeno central del accionar represivo y la elaboración de una tipología de los desaparecidos a partir de patrones detectados en los testimonios (Balardini, 2015: 102–105). En la Introducción, la APDH garantiza la veracidad de los datos aportados, pues

[10] CLAMOR, denuncia 53.

todos los testimonios habían sido ratificados frente a la CIDH. El análisis del documento demuestra que, a pesar de haber trabajadores y dirigentes sindicales nombrados como detenidos-desaparecidos, su inclusión en la denuncia construida se producía a través de su integración como ejemplos de otros perfiles de víctimas y no como blanco de una represión a los trabajadores y al movimiento sindical. Balardini señala que la elección de los casos que formaron la denuncia privilegió dar cuenta de los aspectos más perversos de la represión ilegal: la desaparición de los adolescentes, conscriptos, mujeres embarazadas y el ataque y disolución de familias enteras (Balardini, 2015: 106–107).

Según Emilio Crenzel, tras el golpe militar del 11 de septiembre de 1973 en Chile, las redes transnacionales de derechos humanos adoptaran modelos estandarizados de denuncia de violaciones a los derechos humanos que paulatinamente pasaron a ser utilizados por organismos locales como la APDH. La consecuencia de ese proceso fue la producción de documentos públicos que presentaban los desaparecidos a través de datos identitarios básicos, y clasificados mediante variables ocupacionales, demográficas o religiosas, ajenas a la matriz política en que se basó la represión. El objetivo era restituir la humanidad negada a los desaparecidos y resaltar la amplitud y el carácter indiscriminado de la violencia de Estado, a modo de confrontar el discurso de las dictaduras que justificaban su accionar represivo en el carácter subversivo de sus blancos (Crenzel, 2008: 45).

Sin embargo, en la producción de las "categorías de desaparecidos", algunas eran más legítimas y tenían su uso más difundido que otras. En el caso de los "trabajadores", Marina Franco señaló que en 1975, en un proceso de expansión en el espacio público del llamado "universo de la subversión" que posteriormente legitimó el golpe y el accionar represivo, se había establecido la denominación de "guerrilla fabril" como sinónimo de "subversión". Luego, "hacia fines de 1975, se había establecido la realidad del mundo obrero como indisolublemente ligada a las nociones de lo peligroso y amenazante" (Franco, 2012: 254). Una de las consecuencias de ese proceso pudo haber sido la dificultad de incluir a los trabajadores como parte del universo de "víctimas" denunciadas, una vez que sus experiencias no se encuadraban en la narrativa humanitaria entonces utilizada.

En el caso del documento de la APDH, algunos casos de trabajadores desaparecidos fueron incluidos en la categoría de "conscriptos": Horacio Bonvino, desaparecido en 21 de julio de 1978, "presumiblemente al salir de licencia", en Mar del Plata; Juan Carlos Valle, detenido en el cuartel donde hacia el servicio militar, en Mar del Plata, el 5 de julio de 1977 y Héctor Claudio Calabrese, secuestrado el 11 de agosto de 1977, quien seis meses después fue buscado "como desertor". Otros casos son citados en la categoría de "menores". Leticia Mabel Akserman, de 18 años, detenida al salir de su trabajo, el 11 de junio de 1976; Miguel Angel Buchelini, de 18 años, secuestrado el 30 de junio de 1977, junto con su hermano, Oscar Daniel, también obrero metalúrgico; Manuel Carlos Cuevas, de 14 años, secuestrado al salir de la fábrica textil en que trabajaba en Buenos Aires, el 13 de septiembre de 1976. Algunas obreras son incluidas en la categoría de "mujeres embarazadas", como Susana E. de Urra Ossola, detenida en su domicilio junto con su esposo, Ernesto Julián Urra Ossola, el 22 de mayo de 1976. Otros son citados entre los casos de "represión a la familia", como la familia de Ramón Carlos Márquez (obrero textil), Benito Lorenzo Márquez (obrero en Indinex), Carlos Erlindo Avila (obrero en refinería de maíz), todos detenidos en su domicilio familiar, en Gran Burg, Provincia de Buenos Aires, el 23 de abril de 1977; o Francisco Juan Blatón, secuestrado el 28 de mayo de 1976, junto a sus padres. Vicente Fiore, obrero de Peugeot, secuestrado en 23 de septiembre de 1977, es citado como una víctima extranjera, pues era de nacionalidad italiana. Otros casos son incluidos como ejemplos de "secuestros en dependencias de seguridad"; personas que se encontraban a disposición del Poder Ejecutivo Nacional (PEN), con su detención legalmente reconocida, y que fueron desaparecidas. Son los casos de Carlos Boncio (delegado de sección de Astilleros Maestrina); y de los obreros Guillermo Gerónimo Díaz y Jorge Osvaldo Weisz (obreros del ingenio Ledesma); o Luiz Ghigo; Pascual Armando Sandoval y Javier Seminario. La única excepción es la denuncia de la desaparición de Juan Carlos Paniza. Tratase de una denuncia que, más allá de señalar un *modus operandi* de la represión a los trabajadores, destaca que los locales de trabajo no eran seguros y también fueron espacios donde se produjeron secuestros. Paniza y otros tres compañeros fueron secuestrados en un procedimiento realizado en la Cerámica Cattaneo S.A., en Boulogne, provincia de Buenos Aires, el 27 de octubre de 1977.[11]

A diferencia de la APDH, en diciembre de 1981, CLAMOR lanzó el boletín especial: "Los regímenes militares y los sindicatos del Cono Sur", que buscaba "mostrar los métodos utilizados por los regímenes militares para quebrar el movimiento sindical, los resultados y los ejemplos de resistencia", analizando las concordancias entre algunos escenarios nacionales de la región. Es decir, resalta una represión específica a los trabajadores, de carácter político y económico, reconociéndoles como una categoría específica y privilegiada del universo de víctimas de las dictaduras. La editorial del boletín apunta a que el "concepto difuso" de los regímenes militares del Cono Sur incluyó hombres

[11] CLAMOR, denuncia N.º 104.

y mujeres que "luchan por más justicia, fraternidad más amplia y mejores relaciones sociales" entre los blancos de la represión como, por ejemplo, aquellos que buscaban "alcanzar esos objetivos a través de la organización de sindicatos, del liderazgo de los paros y de la defensa de los trabajadores". En ese marco, señalan, las dictaduras habían atribuido al pueblo un "papel pasivo", de "mano de obra barata y obediente, un factor más en la producción de bienes y lucros". Luego, implementaron una "violencia increíble" contra los trabajadores, especialmente contra los dirigentes sindicales, muchos de los cuales fueron presos, torturados, asesinados; los sindicatos fueron cerrados y los derechos laborales fueron "tachados de la legislación". El argumento utilizado para la represión a los trabajadores y para la suspensión de las libertades civiles había sido la "amenaza de las organizaciones armadas de izquierda". Pero, cuando las dictaduras llegaron al poder, el blanco de la represión pasó a ser "cualquier forma de organización popular, especialmente los sindicatos".[12]

Hay que tener en cuenta que ese boletín fue producido después de demostraciones de acercamiento de la Iglesia Católica a la cuestión de los trabajadores. En el año siguiente, el reconocimiento de la Iglesia de la lucha de los trabajadores se tradujo en la divulgación de la Encíclica *Laborem Exercens*, de 14 de septiembre de 1981. El boletín de CLAMOR hizo referencia a ese documento en el artículo "La Iglesia y los trabajadores: Laborem Exercems", que destacaba el empeño de la Iglesia en combatir la degradación social de los trabajadores para garantizar la justicia social en las diversas partes del mundo y así ser "verdaderamente la Iglesia de los Pobres".[13]

La publicación de un boletín especial sobre la represión a los trabajadores se relacionaba al hecho de que CLAMOR era un organismo de derechos humanos con orígenes religiosos y con una inserción internacional en una red transnacional de entidades de iglesias, entre las cuales estaban muchas entidades católicas (Catoggio, 2016). Más allá de eso, una de las metodologías utilizadas por el comité era la llamada "teología de las brechas" que, según cuenta Rocha, fue introducida por Jaime Wright, fruto de su trayectoria de militancia previa por los derechos humanos, quien solía afirmar que: "cualquier oportunidad, por más improbable o no convencional que fuera, podría ser llevada adelante en la agenda de los derechos humanos" (Rocha, 2018: 291). La editorial del boletín N.º 9, de marzo de 1980, explicaba que "las brechas que se abren en el sistema cerrado de los regímenes militares que infestan el Cono Sur" eran "oportunidades para que personas entren al sistema con el

[12] Comitê de Defesa dos Direitos Humanos Para o Cone Sul, Boletim, Ano III, N.º 14, diciembre 1981.

[13] Comitê de Defesa dos Direitos Humanos Para o Cone Sul, Boletim, Ano III, N.º 14, diciembre 1981.

objetivo de contribuir para que las aperturas sean cada vez más largas". Según CLAMOR, durante la represión instituida por el Acto Institucional N.º 5 en Brasil, determinados grupos y personas de la Iglesia asimilaron la "teología de las brechas" hablando, denunciando y creyendo en los "soplos renovadores del Concilio Vaticano II y CELAM/Medellín".[14] Luego, CLAMOR aprovechaba la "brecha" abierta por el reconocimiento de la Iglesia de la lucha de los trabajadores para denunciar internacionalmente la represión sufrida por ellos en las dictaduras militares del Cono Sur.

En relación al caso argentino, CLAMOR apuntaba que el movimiento sindical de Argentina era el "más viejo de Latinoamérica", alternando "períodos de poder e influencia con largos años de represión". Al trazar un breve recorrido "histórico del movimiento sindical argentino en el siglo XX", el boletín apuntaba que la "explosión de la violencia" contra los trabajadores se inició antes de la dictadura, en los años 1970, con la organización de un "escuadrón de la muerte", la "triple A", que "asesinaba a cualquiera vinculado a la izquierda, incluyendo líderes sindicales". En paralelo a esa violencia, los trabajadores, organizados desde el "Cordobazo", protestaban contra las políticas económicas y contra la represión. En ese escenario, los militares, por otro lado, "deliberadamente se mantuvieron alejados, dejando que la situación, bajo el control de un gobierno débil y antipopular", el gobierno de Isabel Martínez de Perón, "se deteriora al punto que, cuando ellos dieran el golpe, el 24 de marzo de 1976, no hubiera más ninguna oposición organizada".[15]

Al analizar la situación de los trabajadores en Argentina y en los otros casos nacionales denunciados por el boletín –Bolivia, Chile, Paraguay y Uruguay–, CLAMOR divide la represión en tres tópicos recurrentes. El primero, la represión entendida a partir de las violaciones a los derechos humanos –secuestros, torturas, desapariciones, prisiones arbitrarias y ejecuciones–. En el caso argentino, el comité apunta a que "inmediatamente después del golpe", los militares asumieron el control de los sindicatos estratégicos, tornando sus sedes "predios militares" y empezaron una "caza de gran envergadura" a los trabajadores, utilizando "lista de nombres de activistas sindicales y trabajadores con simpatía por la izquierda, preparadas meses antes del golpe", muchos de los cuales "engrosaron el largo listado de los desaparecidos de la Argentina". A ellos, se sumaron líderes sindicales que intentaron organizar paros en contra de la dictadura. CLAMOR agrega que líderes sindicales argentinos

[14] Comitê de Defesa dos Direitos Humanos Para o Cone Sul, Boletim, Ano II, N.º 09, marzo 1980.

[15] Comitê de Defesa dos Direitos Humanos Para o Cone Sul, Boletim, Ano III, N.º 14, diciembre 1981.

habían denunciado en la reunión anual de la Organización Internacional de Trabajadores (OIT) en 1981 que los trabajadores eran "cerca de dos tercios del total estimado de 30.000 prisioneros desaparecidos, de los 15.000 prisioneros reconocidos y de los 8.000 asesinados desde el 1976". Además de la prisión, tortura y desaparición, el boletín denunciaba otras formas de represión como la declaración de ilegalidad de algunas entidades sindicales, la intervención del gobierno en los sindicatos y en las actividades sindicales, la prohibición del derecho de huelga, la suspensión de todas las negociaciones entre sindicatos y empresarios, la suspensión de los aumentos automáticos de salarios en función del costo de vida, "dejando los trabajadores indefensos a la inflación" y "generando una caída de cerca de 120 % del salario industrial medio real", los despidos en masa, suspensiones y reducciones de la jornada laboral con recortes de sueldos y penalidades para las empresas que pagaran reajustes salariales.

El segundo tópico se refiere a la legislación laboral, denunciando el decreto de un paquete de leyes que "violaban la legislación nacional e internacional vigente", "con el objetivo de legitimar la política de debilitación de los sindicatos argentinos", "forzando los trabajadores a una posición de dependencia total" y "creando una atmosfera de miedo", a través de una represión que era tanto política como económica. Precisamente, la represión económica era el tercer tópico denunciado por CLAMOR, bajo el título "Los costos económicos y sociales". En ese apartado, el boletín denunciaba que la adopción de medidas económicas "afectaron sobremanera las condiciones de vida de los trabajadores argentinos que perdieron, en poco más de cinco años, más del 70 por ciento del valor real de sus sueldos". Ese daño podría ser verificado en "todos los aspectos", como, por ejemplo, la diminución del valor real de los sueldos; la "angustiante situación de incertidumbre" frente al "flagelo del desempleo", los despidos masivos y el cierre de las empresas.

Al final del boletín, CLAMOR destacaba algunos episodios represivos en cada uno de los países. En relación al caso argentino, la publicación denunciaba el secuestro de Oscar Dionisio Ríos, obrero argentino de la industria textil SNIAFA, en La Plata, y dirigente sindical de la Asociación Obrera Textil, ocurrido el 2 de noviembre de 1977, cuando también fueron llevados su esposa, Beatriz Norma Longhi, y otras dos parejas. Sin embargo, la referencia dada a su caso, se relacionaba más a la denuncia de que, días después del operativo, sus cuatro hijos fueron dejados en la calle de Buenos Aires con un cartel que decía "Ángeles Perdidos", como demostraron las fotos publicadas por algunos periódicos porteños, entre el 4 y 5 de noviembre de ese año. CLAMOR se acercaba, así, a los modelos de denuncia adoptados por las redes transnacionales de denuncia y por la APDH, al destacar que las familias, valor reivindicado y defendido por el discurso oficial de la dictadura militar, también podrían convertirse en blancos de la represión.

A continuación, presentaba un listado de "Dirigentes sindicales y trabajadores muertos y desaparecidos en los países del Cono Sur", con una observación: "La nómina presentada a continuación no es completa, ya que la inexistencia de informaciones oficiales imposibilita el relevamiento completo de todas las víctimas de la represión". En Argentina, CLAMOR apuntaba que los casos de muertos y desaparecidos llegaban a millares, y que no habría espacio para incluir a todos. Además, destacaba en los listados los casos de trabajadores paraguayos y uruguayos refugiados, secuestrados y desaparecidos en territorio argentino.

En su carta publicada en el Boletín N.º 2, la madre de Héctor Alberto Pérez señaló que, a pesar del gobierno haber adoptado "medidas violentas de represión" para "luchar contra el flagelo del terrorismo", su hijo "había fijado su posición en contra de cualquier tipo de violencia". La lectura que se puede hacer de esa afirmación es que, a diferencia de otros casos, su hijo era inocente. Las denuncias reunidas en el archivo de CLAMOR sobre los trabajadores desaparecidos demuestran que en el proceso de construcción de saberes sobre la represión clandestina y sobre quiénes eran los desaparecidos había algunos elementos en común en la información pública que circulaba en las denuncias de los organismos. La inclusión de los trabajadores en otras "categorías de desaparecidos", o de su caso como parte de una "represión a las familias" fueron algunas de ellas. Otra es la ausencia de información sobre sus posibles actividades políticas. En sus historias personales, los trabajadores y trabajadoras son citados como "buenos hijos"; padres o madres de niños; indefensos; secuestrados en locales que no refieren a actividades ilegales. Pero, en ninguno de los documentos, se los menciona como militantes políticos.

Denuncias transformadas en información: el libro **Desaparecidos en la Argentina** *(1982)*

La producción de información sistematizada por los organismos de derechos humanos a partir de las denuncias recogidas fue una forma particular de su práctica política que se tornó más extendida y consolidada en los meses previos a la vuelta a la democracia (Balardini, 2015: 92; Basualdo, 2019: 128). Una de esas iniciativas fue la publicación, a fines de 1982, del libro *Desaparecidos en la Argentina/ Disappeared in Argentina*, en el cual CLAMOR denunció la existencia de 7291 personas desaparecidas.

De acuerdo con Rocha, el objetivo del comité al elaborar su propio listado de desaparecidos, reuniendo el máximo posible de detalles sobre cada caso recogido en tres años de existencia, fue "transmitir el drama humano por detrás de cada desaparición" (Rocha, 2019: 245). Por tanto, CLAMOR utilizó como base de informaciones los testimonios de refugiados y exiliados que pasaron por San Pablo sobre aquello que habían presenciado en las cárceles o en los centros clandestinos, o lo que habían escuchado de amigos y familiares; el listado realizado por la APDH por motivo de la visita de la CIDH, analizado anteriormente y otros documentos como solicitadas, boletines, peticiones, testimonios y listados de detenidos-desaparecidos organizados por sus profesiones, producidos por los organismos de derechos humanos en Argentina. Asimismo, revisó e incorporó datos provenientes de listados publicados por Amnistía Internacional en 1979 y elaborados por grupos de exiliados en Europa, como así también los nombres denunciados en las cartas de los familiares o por otros organismos de derechos humanos y publicados en sus boletines (Rocha, 2019: 247).

Para realizar este trabajo, el comité contó con la colaboración de una pareja de exiliados argentinos, Gustavo Piérola y Marisa Monti, que habían llegado a San Pablo en 1978. Su acercamiento al CLAMOR ocurrió después de la publicación del segundo boletín, cuando el comité percibió la necesidad de organizar un archivo sobre los desaparecidos. Juntos, decidieron que las informaciones serían organizadas en fichas individuales para cada uno de los casos, con datos básicos: nombre, edad, estado civil, ocupación, nacionalidad, cédula de identidad, local y fecha del secuestro o detención, el nombre de algún otro familiar desaparecido, e informaciones sobre dónde habían sido vistos con vida. La pareja empezó entonces a trabajar en una casa alquilada, con un financiamiento recibido del Consejo Mundial de Iglesias en las afueras de San Pablo, por cuestiones de seguridad. Varias veces recibieron visitas de Jaime Wright y de otros actores del campo humanitario como, por ejemplo, representantes de Abuelas que fueron en forma reiterada a Brasil para consultar la cantidad creciente de datos organizados sobre los niños apropiados (Lima, 2003: 69–70).

CLAMOR hizo también un trabajo riguroso de chequeo de datos: el nombre de cada desaparecido sería registrado en caso de que hubiesen dos referencias incontestables a partir de las denuncias enviadas por los familiares y la información recogida por los organismos de derechos humanos y de exiliados (Lima, 2003: 179–180; Rocha, 2019: 246–247). El objetivo era evitar que la lista fuera cuestionada por incluir alguna información incorrecta. A pesar de esos criterios, algunos errores fueron cometidos, fruto de la manera artesanal, con poca tecnología, a través de la cual se constituyó la base de datos. El boletín N.º 15, publicado en diciembre de 1983, cita algunas correcciones recibidas por CLAMOR "de distintas partes del mundo", un año después de la conclusión del libro. Tales correcciones concluyeron en la retirada de algunos nombres del listado, como, por ejemplo: 4 casos de personas "que aparecieron"; 109 personas que se encontraban en centros clandestinos y que habían sido liberadas pero que "no estaban en ninguna lista"; 38 personas que se encontraban detenidas a disposición del Poder Ejecutivo Nacional; 82 casos de personas que habían sido encontradas muertas; 43 nombres que estaban duplicados y 12 niños que habían sido localizados. CLAMOR señalaba que el total de casos de desapariciones recogidos por el comité era de 7046, al cual se sumaban los casos reunidos en el "Calendario 1984". Publicado por CLAMOR, ese calendario contenía las fotos de cada uno de los 140 niños y niñas desaparecidos entonces buscados por Abuelas (Lima, 2003: 181). Sin embargo, el comité señaló: "Es reconocidamente un número conservador. Hay grupos de derechos humanos en la Argentina que estiman que hay entre 20.000 y hasta 30.000 desaparecidos en aquel país".[16]

El libro estaba compuesto con mapas con la ubicación de los "campos de concentración en Argentina", gráficos con datos sobre la nacionalidad, la edad, el género y la profesión de los desaparecidos y dos listados: uno de "detenidos-desaparecidos" con datos sobre su secuestro y desaparición y otro de "ex detenidos-desaparecidos", reuniendo los casos de los "liberados", a los cuales se sumaban datos sobre sus liberaciones (CLAMOR, 1982). A partir de los relatos sobre la producción del libro, es posible analizarlo como el punto final del derrotero de las informaciones recibidas por el comité, las cuales llegaron primero como denuncias y testimonios producidas por familiares de desaparecidos y sobrevivientes de los centros clandestinos o como documentos producidos por otros organismos de derechos humanos, que luego se convirtieron en fichas nominales sistematizando los datos sobre cada uno de los casos y que, por último, fueron registrados y publicados en el libro *Desaparecidos en la Argentina*, convirtiéndose así en información pública.

En relación a los trabajadores, por ejemplo, el libro apunta que ellos representaban el 48.6 % del total de desaparecidos (CLAMOR, 1982: 46). Al cruzar los datos que he citado a lo largo del texto, de las denuncias recogidas por CLAMOR o publicadas en sus boletines, pude encontrar la mayoría de las fichas producidas sobre cada uno de ellos en el archivo, así como su inclusión en el listado de "desaparecidos". Pude observar, también, que en la producción de las fichas nominales fueron agregadas informaciones "nuevas" que no eran parte de las denuncias iniciales. Un ejemplo es la ficha de Luis Carlos Mónaco, el delegado sindical cuya desaparición fue denunciada

[16] Comitê de Defesa dos Direitos Humanos Para o Cone Sul, Boletim, Ano IV, N.º 15, diciembre 1983.

en el boletín N.º 1 del CLAMOR. La denuncia, realizada por su hermana en 1978, señalaba que se supo que él había sido visto en el centro clandestino "La Ribera", en Córdoba. En su ficha personal, fue agregada la información de que él y su esposa, también desaparecida, habían sido vistos con vida por una sobreviviente del centro clandestino "La Perla", Graciela Geuna, que en 1980 dio su primer testimonio ante Naciones Unidas.[17] Ese dato fue sumado a la información que había aportado su familia anteriormente y fue ratificado posteriormente como parte del caso n.º 5415 del listado de desaparecidos del libro *Desaparecidos en la Argentina* (CLAMOR, 1982: 287).

El libro *Desaparecidos en la Argentina* fue presentado públicamente en noviembre de 1982 y se tornó conocido como "el listado de Arns". En enero del año siguiente, Don Paulo Evaristo Arns entregó personalmente una copia al papa Juan Pablo II. Su publicación alcanzó entonces repercusión internacional y algunas copias fueron enviadas a organismos internacionales y argentinos (Rocha, 2019: 251–252). Con el fin de la dictadura argentina, CLAMOR envió una copia del libro a la Comisión Nacional Sobre Desaparición de Personas (CONADEP), que buscaba concentrar y centralizar los testimonios por desapariciones que se encontraban dispersos hasta entonces en el país y el exterior (Crenzel, 2015: 164).

A modo de conclusión

¿Cuál es el rostro de un desaparecido? En 2015, Federico Lorenz publicó un texto con una provocación: si cerráramos los ojos e intentáramos imaginar un desaparecido, muy probablemente él o ella serían de clase media, universitarios pero, difícilmente, un obrero o una obrera. Su hipótesis consiste en que algunas representaciones sobre los desaparecidos se consolidaron en la Argentina, mientras otras fueron olvidadas: se construyó un estereotipo de la víctima del terrorismo de Estado como alguien oriundo de las clases medias, retratada en los libros y en las películas (Lorenz, 2015: 124).

El ejercicio sugerido por Lorenz dialoga con otros estudios sobre la memoria de los desaparecidos en la Argentina que coinciden en la poca visibilidad de la represión a los trabajadores y sus víctimas en la escena pública. Algunos de los análisis apuntan a la desigual distribución del capital simbólico entre los denunciantes oriundos de las clases medias, sobre todo de Buenos Aires y de las grandes ciudades del país, y aquellos de orígenes más populares o de otras localidades, como una de las explicaciones para el énfasis

[17] CLAMOR. Fichas Desaparecidos Presos. MONACO, LC. Sobre los primeros testimonios de Geuna, ver: Mariani y Jacobo, 2012: 134.

puesto en algunos grupos en detrimento de otros en las memorias producidas sobre las víctimas de las desapariciones (Catela, 2001: 228; Crenzel, 2010: 23; Besse y Wlosko, 2013). Otros destacan el hecho de que, en la construcción de la representación desaparecido/víctima inocente de la dictadura, se generó un olvido acerca de la participación política de los trabajadores y consecuentemente ello "(...) imposibilitó el registro en profundidad de las especificidades que asumió la represión de Estado contra los obreros y los trabajadores en general desdibujando el perfil de clase de la dictadura y, al mismo tiempo, el de los desaparecidos" (Crenzel, 2013: 36).

El cambio de ese escenario ocurrió a partir de mediados de la década de 1990, con la realización de homenajes a obreros desaparecidos; con la denuncia realizada por la CTA al juez Baltasar Garzón en España, en 1998, y la entrega de una lista de trabajadores víctimas de la represión y con el inicio de los Juicios por la Verdad en distintas ciudades de la Argentina, en los cuales una gran cantidad de testimonios señalaron la centralidad de la represión a los trabajadores (Catela, 2001: 230; Ministerio de Justicia y Derechos Humanos, 2015: 16). A partir del 2005, tras la reanudación de los juicios por violaciones a los derechos humanos, surgieron nuevos datos, a través de los testimonios que recuperaron las trayectorias de los desaparecidos con otros matices, incluyendo sus compromisos políticos y, específicamente, tras el desarrollo de procesos judiciales que tramitaron hechos represivos vinculados al mundo laboral y la responsabilidad empresarial en esas violaciones. En paralelo, algunas políticas de memoria reconocieron a los trabajadores del Estado entre las víctimas de la dictadura (Ministerio de Justicia y Derechos Humanos, 2015; Balé, 2018) Ese proceso resultó en una redefinición de las agendas de investigación que ha recolocado a la clase trabajadora como uno de los blancos destacados de la represión, renovando el interés por integrar al mundo laboral en el análisis de la represión estatal (D'Antonio, 2018: 59). Sobre el derrotero que asumió la representación de los trabajadores desaparecidos se explaya Crenzel (en este volumen).

Sin embargo, esa renovación de los estudios sobre los trabajadores y sus prácticas durante la década del 70 y la última dictadura militar aún no ha incluido el estudio de su relación con el mundo de los derechos humanos y las prácticas políticas de los organismos en Argentina y en el exterior. Mi análisis sobre los documentos encontrados en el archivo de CLAMOR demuestra que hubo organizaciones humanitarias que, más allá de sus vínculos con la lucha sindical, reconocieron a los trabajadores como parte del universo de víctimas del terrorismo de Estado, denunciando sus casos y produciendo saberes sobre las especificidades de las violencias de las cuales fueron víctimas.

Volver a los documentos y a las fuentes producidos por los organismos de derechos humanos es una estrategia que permite repensar cuál es el rostro de un desaparecido, más allá de las representaciones consolidadas en la "memoria dominante" (Catela, 2010; Jelin, 2015). La labor con los documentos preservados por el archivo del CLAMOR permite también reconstruir el derrotero de la información en los canales y espacios de denuncia humanitaria durante la última dictadura, desde su llegada al comité como una denuncia clandestina que circulaba por canales restringidos como cartas personales, hasta encontrar sus "brechas" para convertirse en información pública. Por último, es una forma de incluir, más allá de los países europeos como principales escenarios y productores de denuncias humanitarias durante la última dictadura argentina, a los circuitos transnacionales que se constituyeron en el propio Cono Sur y, específicamente, los intercambios y la solidaridad que se desarrolló entre organismos de derechos humanos argentinos y brasileños.

Bibliografía

Abuelas de Plaza de Mayo (2007). *La Historia de Abuelas. 30 Años de Búsqueda 1977 – 2007.* Buenos aires: Abuelas de Plaza de Mayo.

Andrade, Ana Célia Navarro de (2013). O Projeto Clamor: documentação e memória de um comitê pelos direitos humanos no Cone Sul e o acesso à informação. en Stampa, Inês Terezinha; Sá Netto, Rodrigo de (Orgs). *Arquivos da Repressão e da Resistência: Comunicações do I Seminário Internacional Documentar a Ditadura.* Rio de Janeiro: Arquivo Nacional.

Arditti, Rita (1999). *Searching for life. The Grandmothers of the Plaza de Mayo and the disappeared children of Argentina.* Berkeley: University of California Press.

Ayala, Mario (2018). "Las campañas internacionales de la CLAT contra la última dictadura militar argentina (1976–1982)". LASTRA, Soledad (comp.). *Exilios: un campo de estudios en expansión.* Buenos Aires: CLACSO, pp. 113–134.

Balardini, Lorena (2015). *Estrategias de producción de información de las organizaciones de derechos humanos en Argentina. Los usos de la sistematización y la estadística en la búsqueda de verdad y justicia.* Tese (Magíster en Ciencias Sociales) – Facultad de Ciencias Sociales. Universidad de Buenos Aires.

Balé, Cinthia (2018). *Memoria e identidad durante el kirchnerismo: la "reparación" de legajos laborales de empleados estatales desaparecidos.* La Plata: Universidad Nacional de La Plata.

Basualdo, Guadalupe (2019). *Movilización internacional en dictadura: la visita de la CIDH y la creación del CELS.* Buenos Aires: Editorial Teseo.

Besse, Juan; Wlosko, Miriam (2013). Presentación: Memorias del trabajo, trabajos de la memoria. en: Besse, Juan [et al.]. *Memoria y trabajadores.* Remedios de Escalada: De la UNLA – Universidad Nacional de Lanús, 9–21.

Catoggio, María Soledad (2016). "Integración latinoamericana: contra la coordinación represiva y por una policía regional de los derechos humanos. El caso CLAMOR". En: Funes, Patricia. *Revolución, dictadura y democracia. Lógicas militantes y militares en la historia argentina en el contexto latinoamericano.* Buenos Aires: Imago Mundi, 31–57.

CLAMOR (1982). *Desaparecidos en la Argentina. Desappeared en Argentina.* São Paulo: Arquidiocese de São Paulo.

Crenzel, Emilio (2008). *La historia política del Nunca Más: la memoria de las desapariciones en la Argentina.* Buenos Aires: Siglo XXI.

________. "Introducción. Memorias y representaciones de los desaparecidos en la Argentina, 1983–2008". En: CRENZEL, Emilio (coord.). *Los desaparecidos en la Argentina: memorias, representaciones e ideas: 1983–2008.* Buenos Aires: Biblos, 2010,11–23.

________. "Representaciones sobre los obreros desaparecidos: la lectura del *Nunca* Más". En: BESSE, Juan [et al.]. *Memoria y trabajadores.* Remedios de Escalada: De la UNLA – Universidad Nacional de Lanús, 2013, 21–41.

Da Silva Catela, Ludmila (2001). Situação limite e memória: reconstrução do mundo dos familiares de desaparecidos da Argentina. São Paulo: Hucitec.

________ (2010). "Pasados en conflicto. De memorias dominantes, subterráneas y denegadas". En: Bohoslavsky (comp.) [et al.]. Problemas de historia reciente del Cono Sur. Volumen I. Buenos Aires: Prometeo Libros, pp. 99–123.

De Fraga, Guilherme Barboza (2012). *A solidariedade não tem fronteiras: o grupo CLAMOR e a rede de direitos humanos na resistência às ditaduras do Cone Sul.* Trabalho de Conclusão de Curso (Licenciatura em História) – Instituto de Fillosofia e Ciências Humanas. Universidad Federal do Rio Grande do Sul.

D'Antonio, Débora (2018). "Bajas, censatías, suspensiones y renuncias forzadas: trabajadores y trabajadoras del Estado en la mira (Argentina: 1979–1983)". En: D'Antonio, Débora (comp.). *Violencia, espionaje y represión estatal. Seis estudios de casos sobre el pasado reciente argentino.* Buenos Aires: Imago Mundi, 59–91.

Feld, Claudia; Franco, Marina (2015). Democracia y derechos humanos en 1984, ¿hora cero? . En: Feld, Claudia; Franco, Marina (Ed.). *Democracia, hora cero: actores, políticas y debates en los inicios de la postdictadura.* Buenos Aires: Fondo de Cultura Económica, 359–400.

Franco, Marina (2008). *El exilio: argentinos en Francia durante la dictadura.* Buenos Aires: Siglo XXI.

________ (2012). *Un enemigo para la nación: orden interno, violencia y "subversión".* Buenos Aires: Fondo de Cultura Económica.

Gordillo, Mónica Beatriz (2017) Activismo sindical transnacional en el Cono Sur: algunas experiencias, *Clepsidra. Revista Interdisciplinaria de Estudios sobre Memoria*, 4/ (07), 68–83.

Jelin, Elizabeth (2015). Certezas, incertidumbres y búsquedas: el movimiento de derechos humanos en la transición, en Feld, Claudia; Franco, Marina (Ed.). *Democracia, hora cero: actores, políticas y debates en los inicios de la postdictadura*. Buenos Aires: Fondo de Cultura Económica, 195–223.

Jensen, Silvina (2010). *Los exiliados. La lucha por los derechos humanos durante la dictadura*. Buenos Aires: Sudamericana.

Lima, Samarone (2002). "*Clamor*: la colcha de retazos de la memoria". en Da Silva Catela, Ludmila; Jelin, Elizabeth (Ed.). *Los archivos de la represión: documentos, memoria y verdade*. Buenos Aires: Siglo XXI, 115–135.

________ (2003). *Clamor: a vitória de uma conspiração brasileira*. Rio de Janeiro: Objetiva.

Lorenz, Federico (2015). El obrero, desaparecido de la memoria, *Anfibia*. Disponible en: http://revistaanfibia.com/cronica/el-obrero-desaparecido-de-la-memoria/ (Último acceso: 21 de abril de 2020).

Mariani, Ana; Jacobo, Alejo Gómez (2012). *La Perla. Historia y testimonio de un campo de concentración*. Buenos Aires: Alguilar.

Ministerio de Justicia y Derechos Humanos; Centro de Estudios Legales y Sociales; Facultad Latinoamericana de Ciencias Sociales (2015). *Responsabilidad empresarial en delitos de lesa humanidad. Represión a trabajadores durante el terrorismo de Estado. Tomo I*. Buenos Aires: Editorial Ministerio de Justicia y Derechos Humanos de la Nación.

Padrós, Enrique Serra (2014). CLAMOR: A solidariedade contra o terrorismo de Estado e a Operação Condor, *Projeto História*, São Paulo, 50, 50–85

Quadrat, Samantha Viz (2007). Exiliados argentinos en Brasil: una situación delicada. En: Yankelevich, Pablo; Jensen, Silvina (Eds.). *Exilios. Destinos y experiencias bajo la dictadura militar*. Buenos Aires: Libros del Zorzal, 63–102.

Rocha, Jan (2018) *A solidariedade não tem fronteiras: a história do grupo Clamor com os refugiados sul-americanos*. São Paulo: Outras Expressões.

Vecchioli, Virginia (2001) Políticas de la memoria y formas de clasificación social. ¿Quiénes son las 'víctimas del terrorismo de Estado' en la Argentina? en Groppo, Bruno, Flier, Patricia (Eds.). *La Imposibilidad del Olvido. Recorridos de la Memoria en Argentina, Chile y Uruguay*. La Plata: Ed. Al Margen.

________ (2013). "Las víctimas del Terrorismo de Estado y la gestión del pasado reciente en la Argentina". en *Papeles del CEIC #90*. Disponible en: http://www.ehu.eus/ojs/index.php/papelesCEIC/article/viewFile/12393/11315. Acesso en: 15 jul. 2019.

11. *Juicios de lesa humanidad, activismo y comunidades locales: causas "Ford" y "Las Marías" en perspectiva comparada*

JOSEFINA MARTÍNEZ
Universidad de Buenos Aires

MARÍA JOSÉ SARRABAYROUSE OLIVEIRA
Consejo Nacional de Investigaciones Científicas y Técnicas (CONICET)- Universidad de Buenos Aires

Introducción

En el transcurso de los últimos años se ha concretado la realización de nume rosos juicios de lesa humanidad en todo el territorio de Argentina. Ello ha puesto en agenda el proceso de memoria, verdad y justicia, así como el papel del activismo que lo ha impulsado, y, al mismo tiempo, ha abierto una serie de preguntas acerca de las características locales que estos juicios han adoptado en cada una de las comunidades en que tuvieron lugar (Sarrabayrouse 2019a).

Los antecedentes de este proceso se remontan a la década del 80 del siglo pasado, dentro del cual el Juicio a las Juntas Militares es considerado un momento fundacional (Romero, 2015; Carnovale, 2016; Crenzel, 2017).[1]

[1] Si bien la bibliografía sobre la temática es coincidente en ubicar la creación de la CONADEP (1983) y el Juicio a las Juntas (1985) como momentos fundacionales dentro del proceso de Memoria, Verdad y Justicia en la Argentina, es posible reconocer una mayor profundidad histórica a este proceso a partir de las disputas judiciales instaladas por los organismos de DDHH en los tribunales (presentación de *habeas corpus* en casos de desaparecidos y presos a disposición del Poder Ejecutivo Nacional, denuncias por privación ilegítima de la libertad, entre otros), inclusive durante la dictadura.

La sanción de las leyes de Punto Final en 1986) y de Obediencia Debida en 1987, así como los indultos presidenciales de los 90, abrieron un período en el que las investigaciones judiciales penales por los crímenes cometidos durante la dictadura se detuvieron pero, al mismo tiempo, impulsaron la realización de investigaciones locales que derivaron en los llamados Juicios por la Verdad (Oliveira y Guembe, 1997; Mora, 2005; Andreotti Romanin, 2016). En la práctica, estos juicios se convirtieron en importantes espacios de registro y sistematización de pruebas judiciales a través de testimonios de víctimas y represores y en reservorios de documentación; en este sentido, es de destacar el papel activo que los sobrevivientes, familiares y organizaciones de derechos humanos tuvieron en esos procesos (Bernardini, 2016; Fernández Patallo, 2017; Barrio, 2018).

La primera resolución judicial que declaró la inconstitucionalidad de las leyes de Obediencia Debida y Punto Final en el año 2001 (Andreozzi, 2011; Filippini, 2011), seguida por la declaración de nulidad de las mismas por parte del Congreso Nacional en el año 2003 y la decisión de la Corte Suprema de Justicia de la Nación en el mismo sentido (2005), más el reconocimiento de la imprescriptibilidad de los crímenes de la dictadura en tanto delitos de lesa humanidad, permitieron la reapertura de las causas judiciales penales que habían quedado en suspenso y se pudo continuar con la investigación judicial de esos casos en distintos juzgados federales de primera instancia de todo el país y, cerrada esa etapa, elevarlas a juicio oral (Rafecas, 2011; Sarrabayrouse, 2011).

El activismo de los derechos humanos desplegó diferentes modos de organización e incidencia a lo largo y a lo ancho del territorio nacional, en relación con las distintas modalidades adoptadas por el terrorismo de Estado en cada lugar (Da Silva Catela, 2003, 2007; Karasik, 2016; Karasik y Gómez, 2015; Garaño, 2020), así como con las características específicas de las sociedades locales. Este fenómeno ha marcado diferencias y matices entre los derroteros seguidos por cada uno de estos juicios y las tramas burocráticas que los han hecho posibles, y ello ha incidido tanto en las características particulares de los procesos judiciales como sobre los resultados obtenidos (Copani, 2017; Martínez, 2018; Sarrabayrouse, 2019b).

Este proceso no ha sido lineal en todo el país y, desde nuestra perspectiva, ello se relaciona con los distintos contextos históricos e institucionales en los que cada juicio se ha desarrollado, así como con la presencia desplegada por el activismo de los derechos humanos en cada lugar, lo cual, en su conjunto, ha incidido e incide en el proceso y el resultado final de los juicios de lesa humanidad.

Este trabajo se inscribe en un planteo más amplio que, partiendo de una perspectiva etnográfica, tiene como objetivo indagar sobre el papel de las comunidades locales y de los grupos de activistas en el desarrollo y el resultado de los juicios de lesa humanidad, atendiendo a las particularidades de cada caso. Para avanzar en ese análisis, vamos a presentar aquí dos casos: la causa "Ford" (General Pacheco, partido de Tigre, zona norte del Gran Buenos Aires) y la causa "Las Marías" (Gobernador Virasoro, provincia de Corrientes).

En ambos casos, las víctimas de los crímenes de lesa humanidad fueron trabajadores y el juicio oral tuvo lugar en el año 2018.[2] A partir de la observación etnográfica de las audiencias, las entrevistas realizadas a actores intervinientes y la consulta de materiales documentales y bibliográficos, nuestro interés radica en indagar sobre el modo en que los contextos locales en los que se han materializado estos juicios han influido sobre ellos a través de cuatro dimensiones: por un lado, los diferentes derroteros institucionales de los casos; por el otro, las tramas burocráticas judiciales que intervienen; en tercer lugar, las redes de relaciones sociales locales y, por último, el accionar del activismo de los derechos humanos. Estas dimensiones influyeron no solo en las formas particulares y en alguna medida contrastantes en que se desarrollaron ambos juicios, sino también en los resultados finales de los mismos.

Por otra parte, partimos de la idea de que los juicios son disputas que pueden ser abordados como casos extensos insertos en procesos de larga duración (Gulliver, 1997; Nader, 1998; Sierra y Chenaut, 2002). Desde esta perspectiva, los casos de disputa deben analizarse en el contexto sociocultural que los produjo y para ello es necesario indagar sobre los distintos estadios por los que fueron atravesando. Así, en un primer momento es necesario trabajar sobre la prehistoria de los mismos, reparando en el estado de las relaciones sociales previas que dieron origen al conflicto tanto como a las causales del mismo; en segundo lugar, es preciso centrarse en la disputa misma y en la forma de resolverla; por último, resulta fundamental analizar qué consecuencias sociales tuvo la resolución adoptada, sobre los diferentes actores directa o indirectamente involucrados.

Esta reflexión se produce, además, en un contexto en que el sistema judicial en sentido amplio ha cobrado una visibilidad y un protagonismo que lo ha transformado en un tema central en la agenda pública. En este sentido, los juicios de lesa humanidad seleccionados ofrecen la posibilidad de indagar

[2] La fecha en la que se desarrollaron ambos juicios orales no constituye un dato menor ya que, en cierta forma, nos introduce en la discusión sobre el rol y el posicionamiento del poder judicial ante los juicios de lesa humanidad en un contexto político y una gestión de gobierno diferente al que originalmente los había impulsado.

acerca del funcionamiento de las burocracias judiciales en sus aspectos cotidianos, rutinarios, microfísicos, lo que propicia hacer visible un mundo que, por lo general, permanece opaco para la mirada de la ciudadanía. Asimismo, permite relevar datos sobre la incidencia que las distintas estrategias del activismo tienen sobre casos particulares y cómo dichas estrategias, sin llegar a una transformación inmediata del funcionamiento de la estructura burocrática general, lentamente la van transformando.

A partir del análisis comparativo entre ambos juicios, hemos reconstruido el contexto de movilización sindical y el proceso represivo desarrollado en cada uno de los casos, así como el derrotero judicial que antecedió a los respectivos juicios orales.

La dimensión local de los procesos represivos y su visibilización en los juicios orales

El carácter sistemático de la represión desplegadas por el terrorismo de Estado en todo el territorio de la Argentina, no se contradice con las particularidades locales que adquirieron las prácticas represivas en cada lugar (Águila, 2010). En ese sentido, los juicios orales son una instancia pública que, a través de los testimonios y las distintas pruebas presentadas, hacen visible no solo los hechos, sino que echan luz además sobre la trama de relaciones personales, institucionales y políticas previas, que los hicieron posibles, y permiten comprender los casos desde la perspectiva actual. Por eso, entendemos que es necesario dar cuenta de ciertas especificidades en lo que hace a las relaciones sociales que tejieron los distintos actores intervinientes en los dos casos en análisis.

En el caso de la causa Ford, los delitos de lesa humanidad cometidos por militares y civiles en los partidos de la Zona Norte del Gran Buenos Aires durante la última dictadura militar fueron investigados en el marco de la llamada Causa Campo de Mayo (expediente N.° 4012), iniciada en el año 2003 ante la Justicia Federal de San Martín. A lo largo de los últimos años, al compás de los avances en la investigación de los diferentes hechos denunciados, han ido llegando a juicio oral distintos tramos de dicha causa. En este trabajo nos vamos a centrar en uno de ellos: el que investiga el secuestro de 24 delegados de la fábrica Ford en el año 1976 y su posterior encarcelamiento a disposición del Poder Ejecutivo Nacional (PEN) hasta su liberación, más de un año después.

Este grupo de trabajadores llevó adelante la denuncia de sus secuestros, en tanto crímenes de Estado, desde el momento mismo de la finalización de la dictadura: a principios del año 1984 varios de ellos se presentaron ante la Comisión Nacional sobre la Desaparición de Personas (CONADEP) a brindar testimonio. Por esos días, iniciaron también demandas en la Justicia Nacional del Trabajo para reclamar las indemnizaciones por despido que en su momento no habían podido iniciar, debido a la situación de "libertad vigilada" en la que todos ellos se encontraban luego de ser excarcelados y hasta el final de la dictadura.

La denuncia penal por privación ilegal de la libertad fue hecha contra las autoridades del Ejército y también contra los directivos de la empresa Ford. Así, en el inicio de la causa fueron denunciados por crímenes de lesa humanidad Nicolás Enrique Julián Courard, presidente y representante legal de la empresa; Guillermo Galárraga, gerente de Relaciones Laborales; Pedro Müller, gerente de Manufactura, y Héctor Francisco Sibilla, militar retirado del Ejército y jefe de seguridad de la planta. Los dos primeros fallecieron antes del inicio del juicio oral, en tanto que los dos últimos llegaron a la instancia del debate. Asimismo, en la causa fue imputado el general Santiago Omar Riveros, como militar responsable de la zona. En el juicio oral, el tribunal condenó a penas de prisión a Müller, Sibilla y Riveros.

Entre marzo y agosto de 1976 el Ejército secuestró a 24 trabajadores de la Ford. A algunos los fueron a buscar a sus casas, en tanto que a diez de ellos los sacaron de sus puestos de trabajo en la línea de producción –ante la mirada de sus compañeros de trabajo–, los tuvieron unas horas en los quinchos (un lugar controlado por el Ejército dentro del predio de la fábrica), donde los torturaron, y por la noche los trasladaron a las Comisaría 1.ª de Tigre. A todos ellos los mantuvieron detenidos ilegalmente en esa dependencia de la policía provincial, secuestrados y desaparecidos, aproximadamente durante 40 días, hasta que los trasladaron a la cárcel de Devoto y los legalizaron a disposición del PEN (Poder Ejecutivo Nacional). Allí estuvieron entre 3 y 4 meses, y luego los derivaron a la cárcel de Sierra Chica y a la Unidad N.° 9 de La Plata. En los meses siguientes los fueron liberando de a poco, y un año y medio después ya no quedaba ninguno preso.

La relación entre los directivos de la empresa y los delegados era, en los años previos a la dictadura, de un trato cotidiano atravesado por fuertes tensiones generadas por los reclamos de los trabajadores en relación con el salario y las condiciones de trabajo. Esa relación entre los delegados y la empresa se vio abruptamente interrumpida en el mismo momento del golpe de Estado:

> El 24 de marzo el Ejército invade la fábrica. Nosotros nos sorprendimos. Ese día ingreso en el turno de la tarde, ingresamos bien, pero a los que salían les pedían documentos (...) Voy a la puerta, había un operativo terrible (...) Galarraga nos reúne en la Planta de Montaje, turno tarde, y nos dice que están suspendidas todas las actividades gremiales y que desde ahora los delegados son los capataces

y que si hacemos algo, la vamos a pasar mal. (Juicio oral, declaración testimonial, audiencia del 20/02/2018, registro de campo)

Los testimonios brindados en el juicio por los trabajadores y sus familiares dan cuenta en varios momentos de este opresivo clima de estigmatización y vigilancia que vivieron durante la dictadura, con posterioridad a la salida de la cárcel. Y aun así, esos mismos relatos brindan también mucha información de la que se infiere la permanencia de una sutil trama social que, aun en las condiciones más adversas, no desapareció. Algunos de ellos siguieron habitando el mismo espacio barrial, y ello les permitió mantener ciertos intercambios, mientras que otros perdieron ese contacto al mudarse a otro lugar y solo muchos años después volvieron a encontrarse.

En ese contexto, hubo dos elementos que surgen con mucha fuerza de los testimonios en el juicio: por un lado, la temprana decisión de algunos de ellos que ya, a fines de 1983, decidieron reunirse e ir a la CONADEP a denunciar sus casos y acercarse a la lucha de los organismos de derechos humanos; por el otro, las demandas judiciales por despido que iniciaron apenas terminada la dictadura. Estas dos acciones, en las que se conjugan decisiones personales con estrategias de organización grupal, desde nuestra perspectiva están en el inicio y dan forma al reclamo que este grupo de trabajadores lleva adelante desde la finalización de la dictadura y que se despliega en distintos fueros judiciales: el juicio penal por delitos de lesa humanidad y la demanda laboral por el reconocimiento de su derecho a la indemnización por el despido.

A partir de ese momento, la planta tuvo un fuerte control por parte del Ejército (aunque todos los testigos señalaron en el juicio que su presencia en el interior era anterior al día del golpe de Estado), las actividades sindicales se vieron interrumpidas y la relación interpersonal entre los miembros del directorio de la empresa Ford y los trabajadores, y en particular los delegados, tomó otro cariz: ese mismo día empezaron los secuestros dentro del establecimiento.

La causa de Las Marías, por su parte, tuvo sus inicios en el año 2006 a partir de la denuncia del hijo de Neris Pérez, uno de los trabajadores de la empresa que fue desaparecido. Los imputados, al igual que en el caso Ford, no fueron solo miembros de las fuerzas de seguridad, sino directivos de la empresa y administradores de estancias y contratistas vinculados a ella. Uno de los primeros imputados fue Adolfo Navajas Artaza, alias "Don Toco", hijo del fundador del establecimiento Las Marías (Navajas Centeno) y actual presidente honorario del mismo.

En la década del 60, Navajas Artaza fue senador por la provincia de Corrientes y, durante la presidencia de facto del dictador militar Juan Carlos Onganía (1966–1970), lo designaron Interventor Federal de Corrientes.

También se desempeñó como intendente de Virasoro y ministro de Acción Social de la Nación, sucesivamente, en los años 1982–1983, durante la presidencia de facto de Reynaldo Bignone, dictador militar y último presidente de facto del autodenominado Proceso de Reorganización Nacional (1976–1983). En el año 2008, inclusive, "Don Toco" fue distinguido con el premio Konex en su calidad de "empresario modelo, comprometido con su ciudad". Es interesante señalar que el lugar destacado que ocupa(ba) Navajas Artaza en la localidad se debe no solo a su condición de heredero y posterior dueño del establecimiento, sino a las vinculaciones políticas tejidas a lo largo de los años.

En una localidad con dimensiones demográficas pequeñas como Virasoro[3] y donde la empresa ocupaba (y ocupa) un lugar fundamental en la trama de relaciones sociales, el hecho de que el presidente de Las Marías fuese uno de los imputados no constituía un hecho menor. Esta situación queda en evidencia en la tramitación de la causa, ya que en los dos años subsiguientes a su inicio, 19 jueces se excusaron de intervenir en la misma por su relación con Navajas Artaza. Las excusaciones constituyen figuras jurídicas a las que pueden recurrir los magistrados y funcionarios judiciales en el caso de considerar que no les es posible actuar libremente en la tramitación y resolución de una causa, debido a la existencia de una relación de parentesco, amistad, enemistad o de tipo económico, con alguna de las partes implicadas. Sin embargo, si analizamos estas figuras desde una perspectiva etnográfica que trascienda la definición normativa, podemos afirmar que las excusaciones "nos hablan de algo más que de figuras jurídicas. Se trata de casos que permiten desentrañar las mallas de relaciones sobre las que se sostiene la institución judicial y comprender con mayor profundidad el comportamiento de los sujetos que la integran" (Sarrabayrouse, 2011: 210–211). Es en este contexto social y judicial tan particular que, en el año 2008 y sin siquiera haberle tomado declaración indagatoria, Navajas Artaza fue sobreseído.[4]

Transcurridos cuatro años más de instrucción, la causa fue elevada a juicio en el 2012 con cinco imputados. Deberán pasar seis años más para que el juicio oral se sustancie; para ese momento dos imputados ya habían muerto y otros dos habían sido separados por "incapacidad sobreviniente". De esta manera, solo llegó a la instancia oral uno de los cinco imputados, quedando sin investigar los delitos cometidos contra siete de las ocho víctimas. Con una "causa completamente desgranada", al decir de los funcionarios judiciales intervinientes, el único imputado que llega a la etapa del debate oral es

3 Según datos del INDEC, para 1970 la ciudad de Gobernador Virasoro contaba con 4299 habitantes.

4 El sobreseimiento es una resolución tomada por un juez o un tribunal que dispone la suspensión de un procedimiento judicial, por falta de pruebas u otros motivos.

Héctor Torres Queirel, militar retirado, intendente de Virasoro durante la dictadura y administrador de la estancia yerbatera María Aleida (satélite de Las Marías), en donde fue secuestrado Peralta el trabajador tarefero, como se denomina en la región mesopotámica a los cosechadores de la yerba mate; este fue el único caso que llegó a juicio oral.

El doble rol detentado por Torres Queirel –militar interventor del municipio y empresario yerbatero– debe comprenderse a partir de las características sociales y económicas que presenta Virasoro desde sus orígenes. Gobernador Virasoro fue fundada a comienzos del siglo XX[5] y su desarrollo se gestó a partir de la instalación del establecimiento yerbatero llamado "Las Marías" (y posteriormente "Taragüí"), perteneciente a la familia Navajas Centeno. La empresa presentó, desde sus inicios, un modelo similar al sistema de fábrica con villa obrera (Neiburg, 1988), hecho que influyó notoriamente en las características que adoptarían las relaciones de los dueños de la empresa y sus familiares, no solo con los trabajadores, sino con los mismos habitantes del pueblo. En dicho sistema, el dueño de la empresa detenta no solo el control de la producción, en tanto propietario de los medios de producción, sino "la reproducción de la fuerza de trabajo, mediante la organización y gestión de la vida cotidiana, materializada fundamentalmente en la propiedad de la tierra y de las viviendas" (Soul, 2007: 3), así como la intervención en diversos ámbitos de la vida social: creación de escuelas, clubes, centros de salud. Este sistema se caracteriza, asimismo, por una estructuración de relaciones sociales sumamente personalizadas entre los trabajadores y los patrones de la empresa. Así lo grafica la empresa Las Marías en su página web:

> (Navajas Centeno) asumió con la sociedad el compromiso que la nobleza obliga, compartiendo los beneficios del progreso con los trabajadores que le ayudaban en su empresa. Así, mucho antes que la ley lo garantizara, Las Marías ofrecía el aguinaldo y las vacaciones pagas a su gente, además de asegurarle a sus familias una vivienda digna, educación (con la creación de la primera escuela) y salud (con la instalación de un Servicio Médico dentro del establecimiento) (...) Con el tiempo Taragüí se convirtió en mucho más que una fórmula; su exitoso equipo de fútbol sacó a la luz su espíritu, mezclando en la polvareda a peones y capataces, patrones y referís, todos en la misma senda, dando origen al Club Taragüí y a la singular comunidad que conforma hoy Las Marías.[6]

[5] Hasta ese momento, la población era conocida como "Vuelta del Ombú", nombre derivado de una estancia ganadera ubicada en la zona desde los tiempos de la Compañía de Jesús.

[6] http://www.lasmarias.com.ar/esp/detalle.php?a=historia-yerba-mate&t=1&d=47 [Fecha de consulta: 18 de junio de 2019]

Estas características particulares también fueron ilustradas por uno de los testigos/víctimas que declaró en el juicio oral:

> Virasoro era [en 1976] una población de 7.500 habitantes que estaban enmarcados en la ruta 14 y las vías férreas del ferrocarril, un conjunto de casas que tenía su centro en lo que hoy es el Banco Nación, funcionaba en una casa particular, una escuela secundaria, la comisaría, la iglesia y la plaza céntrica, camino de tierra, el mayor movimiento económico se centralizaba en la estación del ferrocarril y la ruta 14 que era totalmente de tierra, y los medios de movilidad eran camiones que transportaban 6 y 8 mil kilos, toda la producción del sector agropecuario se centralizaba en derredor de esta empresa yerbatera, en cuanto a la producción de la yerba mate, cosecha, el secado, la elaboración, el envasado, la comercialización, era monopolizada por esta empresa, que en la sociedad establecía una influencia enorme, me permitiría decir una dependencia de la actividad económica de esta empresa". (Declaración testimonial del Tesorero del STIA en el juicio oral. Registro de campo)

Demostrar la responsabilidad que tuvo la empresa en el desarrollo de la represión dictatorial ha sido, en ambos casos, uno de los objetivos centrales de los juicios. En el caso de Ford, ello estuvo centrado en probar algo que era visible y cotidiano para la comunidad local: el Ejército estaba encargado de la seguridad de la planta vigilando el exterior y transitando de diferentes maneras desde antes del golpe de Estado y el 24 de marzo de 1976 directamente se instaló dentro de la fábrica, y el desafío para el activismo fue demostrar el impacto de ese control en el proceso productivo. En el caso Las Marías, en una sociedad que presenta las características descriptas en párrafos previos, demostrar las relaciones promiscuas entre empresarios y autoridades militares constituyó uno de los grandes desafíos del activismo local, y en ese marco debe analizarse el reclamo para la realización del juicio en la misma localidad donde se cometieron los crímenes y donde serían imputados, no solo miembros de las fuerzas de seguridad sino distintos gerentes de la empresa, que en algunos casos desempeñaban un doble rol de empresarios y militares. Asimismo, ambos casos han sido emblemáticos en la medida en que en los mismos se puso en escena la discusión en torno a la complicidad/responsabilidad empresarial en los crímenes cometidos por el Estado dictatorial.

El informe elaborado en forma conjunta por FLACSO, el Programa Verdad y Justicia (Secretaría de DDHH, Ministerio de Justicia de la Nación) y el Centro de Estudios Legales y Sociales (CELS) afirma que:

"el grado de involucramiento empresarial en las políticas dictatoriales represivas que registramos en los casos analizados supera la noción usual de complicidad. "Complicidad" aparece comúnmente asociado al acompañamiento de una acción desarrollada por otro actor y, justamente, no se desprende de la evidencia estudiada que estas empresas hayan desempeñado un papel complementario o subsidiario en la represión contra los trabajadores. La articulación entre prácticas e intereses de las fuerzas militares y de la dirigencia empresaria es un dato central (...) Para dar cuenta de esta alianza represiva, proponemos, entonces, el concepto de "responsabilidad", que permite reflejar, en una forma más clara y contundente, el papel activo que tuvieron las empresas en la represión a los trabajadores" (AA. VV., 2015: 405)

Actividad sindical, movilización local e impacto de la represión en la comunidad

Los años previos a la dictadura de 1976–1983 en Argentina estuvieron atravesados por una intensa movilización social y sindical a lo largo de todo el territorio, tanto en los grandes centros urbanos como en el contexto productivo de las economías regionales de las diferentes provincias del país, y los trabajadores de todos los sectores de la producción vivieron esa experiencia, en sus lugares de trabajo y en la calle. Las políticas represivas de la dictadura militar se desplegaron sobre esos contextos particulares, en los cuales dejaron marcas que son visibles todavía.

La mayoría de los trabajadores de Ford secuestrados y posteriormente excarcelados habían tenido, durante los años previos a la dictadura, una participación activa en los procesos de movilización sindical y demandas de derechos laborales en la Zona Norte del Gran Buenos Aires, y en sus declaraciones en el juicio oral varios de ellos dejaron en claro que establecían una relación estrecha entre esas actividades desarrolladas dentro de la fábrica y su posterior secuestro.

> Yo estaba trabajando, hubo paro, y del sindicato nos vinieron a buscar (...). No recuerdo cuándo fue. No recuerdo cuánto tiempo antes de la detención fue. Habré estado una hora y me fui. Me hice ver en el sindicato y chau. Lo recuerdo porque creo que este es el único hecho por el que me pueden haber detenido. (Juicio oral, declaración testimonial, audiencia del 10/07/2018, registro de campo)

El año 1975 fue particularmente complejo en ese sentido, signado por la movilización obrera en general y por el activismo sindical desplegado por los delegados de base dentro de la fábrica Ford en particular y, sobre todo, por la gran marcha del mes de julio de ese año en protesta por la política económica del gobierno y su ministro de Economía, Celestino Rodrigo, de la que participaron alrededor de 10 mil trabajadores de todas las fábricas de la zona norte del conurbano bonaerense (Lorenz, 2007). Durante el juicio oral, varios testigos mencionaron dicha marcha masiva, que avanzó por la Panamericana y fue frenada antes de entrar a la Capital Federal por un gran operativo de las fuerzas armadas y de seguridad. Inclusive, uno de los trabajadores estableció una relación directa entre su participación en esta marcha, en la que le habían sacado una foto con una bandera, y su posterior secuestro.

En ese contexto, los trabajadores en general y los delegados de Ford en particular participaban de una trama de relaciones sociales que rebasaba los límites de la fábrica y los reunía en distintas actividades y situaciones cotidianas. Este conocimiento previo tuvo un papel importante a partir del golpe de estado y la represión dictatorial, como puede apreciarse en testimonios como el siguiente.

> Me acuerdo en particular lo de Ábalos. Mi capataz me había dicho que había venido el Ejército a buscarlo. Me lo encontré en el colectivo al día siguiente y le conté. Me dijo que debía ser un error. Entró a la fábrica. Luego lo fueron a buscar ahí (...). Yo fui a la casa de Ábalos y le llevé [a la mujer] la llave del cofre. Tenía dos nenas chiquitas. Lo comenté a los compañeros y juntamos algunas veces plata para darle, yo se la llevaba. (Juicio oral, declaración testimonial, audiencia del 18/09/2018, registro de campo)

Esa red de relaciones continuó funcionando, en el caso de los delegados de Ford, durante la primera etapa de su secuestro cuando los mantuvieron alrededor de 40 días encerrados en la Comisaría 1.ª de Tigre, en forma clandestina. Esa comisaría funcionó en ese lapso de tiempo como un Centro Clandestino de Detención[7], gestionado por la policía de la provincia de Buenos Aires, pero bajo la jefatura del Ejército, el que había fijado su base operativa a pocas cuadras de allí, en la Dirección Departamental de Investigaciones de Tigre, de la misma policía provincial. Rápidamente se supo que este grupo de trabajadores podía estar encerrado allí, y entonces sus familiares, y muy especialmente las mujeres que eran sus esposas, novias y compañeras, se acercaron al lugar a preguntar. En sus declaraciones durante el juicio, varias de ellas relataron que en la puerta de la comisaría dos policías les dieron por esos días respuestas

[7] Nombre con que el activismo de los DDHH comenzó a denominar a las instalaciones secretas utilizadas por las Fuerzas Armadas y de Seguridad durante la dictadura militar de 1976–1983, donde eran llevados los detenidos-desaparecidos para ser sometidos a torturas e interrogatorios. Según Calveiro (2006: 16), se calcula que en la Argentina funcionaron 340 CCD "distribuidos en todo el territorio nacional. Se registró su existencia en 11 de las 23 provincias argentinas, que concentraron personas secuestradas en todo el país. Su magnitud fue variable, tanto por el número de prisioneros como por el tamaño de las instalaciones. Se estima que por ellos pasaron entre 15 y 20 mil personas, de las cuales aproximadamente el 90 por ciento fueron asesinadas".

ambiguas, que en definitiva sugerían que estaban en esa comisaría pero no lo podían confirmar porque se encontraban a disposición del Ejército.

Frente a esa situación, las y los familiares comenzaron a acercarse a la comisaría tanto al mediodía como a la última hora de la tarde, para llevarles comida para el almuerzo y la cena. Los policías de la puerta seguían negando que sus familiares estuvieran allí, pero recibían los alimentos.

> Durante la estadía de mi marido en la Comisaría de Tigre, fui a la puerta para saber por qué había sido detenido. Me trataron bastante mal, me dijeron que no volviera porque corría peligro. Había otros familiares que iban a la puerta, con la familia de otro delegado habíamos arreglado que ellos traían el almuerzo para los dos, y yo les llevaba la cena para los dos. No sabemos si esa comida les llegaba. (Juicio oral, declaración testimonial, audiencia del 29/05/2018, registro de campo)

Las políticas represivas en el nivel local siguieron operando sobre estos trabajadores luego de su salida de la cárcel después de pasar más de un año detenidos a disposición del PEN. Durante esa etapa, todavía en dictadura entre 1977 y 1983, ninguno de ellos volvió a conseguir trabajo estable y, si conseguían alguno, a los pocos días aparecían los antecedentes penales e inmediatamente eran echados. Como consecuencia de esa vigilancia, estos trabajadores calificados, especializados de la industria metalmecánica, debieron desarrollar múltiples actividades para sobrevivir. En el juicio relataron además que, ya en libertad, todos sufrieron seguimientos y vigilancia de personal policial o de civil, en una modalidad denominada por los mismos policías de uniforme o de civil que la llevaron a la práctica, como "libertad vigilada". Así fue hasta fines de la dictadura, y muestra otra cara de esa dimensión local atravesada por tramas sociales y comunitarias y también por prácticas represivas ilegales de baja intensidad.

> En 1978 entré en FATE, de tornero, y al segundo día fue la policía y me sacaron diciéndome cuídate, y amenazándome (...). No me dejaron sacar ni la ropa ni la bicicleta. Tuve que volver caminando a Tigre. Un auto me seguía, amenazándome. (Juicio oral, declaración testimonial, audiencia del 20/03/2018, registro de campo)
>
> A los 25 o 30 días de salir de la cárcel, llega gente a casa y me dice que estoy bajo libertad vigilada y que si me iba a más de 100 km tenía que avisar en la comisaría. Iba gente de civil, armada, cada 30 o 40 días, para ver si estaba. A veces me subían a un patrullero y me llevaban a la comisaría de Beccar, ahí me encontraba con otros compañeros. (...) Conseguir trabajo durante la dictadura fue muy difícil. Conseguí uno, pero cuando se enteraron de mi situación me impidieron ir al comedor, no me dejaban hablar con nadie, a los 20 días renuncié y puse un tallercito en casa. (Juicio oral, declaración testimonial, audiencia del 20/02/2018, registro de campo)

En el caso de Las Marías, los años previos al golpe de estado de 1976 se caracterizaron por una activa movilización de sus trabajadores, producto de la organización de dos sindicatos recientemente creados: el Sindicato de Trabajadores de la Industria de la Alimentación (STIA) se había creado en 1973, un año antes que la Federación Argentina de Trabajadores Rurales y Estibadores (FATRE). En julio de 1974, y como parte de este proceso de movilización, ambos gremios "llevaron adelante una huelga de 48 horas que tuvo eco nacional y forzó a la empresa a considerar algunas reivindicaciones laborales. Para esa oportunidad, los trabajadores recuerdan que se hizo presente monseñor Devoto, obispo de Goya, fuertemente vinculado con la creación de las Ligas Agrarias, quien ofreció una misa en apoyo a la medida de fuerza" (Copani, 2017: 49–50).

En este contexto de movilización, y una vez producido el golpe de Estado, la persecución a los trabajadores –especialmente los sindicalizados– se estableció mediante amenazas personales y hostigamiento laboral por parte de representantes de la empresa. Así lo relataba un trabajador tarefero que había sido electo delegado de uno de los yerbales:

> El patrón, don Adolfo [Navajas Artaza], nos sentó a todos en la plantación de ellos, nos juntó a todos y nos dijo que se terminaban los sindicatos. Vino con Sacco [militar a cargo de la intervención de la comisaría de Virasoro durante la dictadura] y nos dijo que se terminaba el sindicato (...) Y entonces él dijo [Sacco] que no quería llegar en Virasoro, porque el que llegaba, iba a sacar las dos chicas más lindas del pueblo para abanicarles. Ahí terminó el sindicato, y ahí nos empezaron a dar a nosotros los trabajos más pior, nos sacaban unos nos ponían otros. Entonces ahí pedí mi retiro porque no ganaba más nada para mantener a mi familia. Dos meses que trabajé ajuera sin changas y me levantaron[8]. (Declaración testimonial Juan Manuel Gómez en el juicio oral, audiencia 03/07/2018. Registro de campo)

Haciendo uso de la justicia penal ordinaria, y en forma paralela al hostigamiento cotidiano, las autoridades de la empresa comenzaron a iniciar causas a los trabajadores por malversación de fondos o cohecho. Así aparece en la declaración testimonial de la hija del secretario general del STIA:

> A mi papá primero lo detienen porque la empresa le había iniciado una causa por malversación de fondos y luego por cohecho (...) Ellos decían que por 10 kilos de arroz ¡mi papá había evitado una inspección! (Declaración testimonial de Elvira Acuña en el juicio oral, audiencia 03/07/2018. Registro de campo)

En otros casos, la figura elegida para la persecución fue el sabotaje:

[8] Secuestrar o detener, según el contexto de enunciación.

(...) que a partir del 25 de mayo de 1973 la actitud de una parte del personal del establecimiento, sobre todo la que respondía a la directa conducción gremial de los dos nombrados en último término, Acuña y Franco, fue de abierta rebelión contra las normas de trabajo implantadas en la empresa y que durante toda la vida habían fructificado en una cordial relación con todo el personal. Que no podría manifestar concretamente que hubieran habido actos de sabotaje (...) pero que es de toda evidencia que una cantidad de hechos anormales acaecidos, como por ejemplo la descompostura reiterada de los motores de las máquinas cosechadoras de té, así como los desperfectos continuos ocurridos en las mismas máquinas, así como las defectuosas carpidas, donde por negligencia la azada cortaba las plantas tiernas de yerba o té (...) que quiere agregar que a partir de marzo de 1976 esta clase de hechos han dejado de producirse en su totalidad...» (Declaración testimonial de Navajas Artaza, 9/1/78. Acumulada a la Causa Reston, Llamil ..., fs. 90)

Este proceso de judicialización de los trabajadores se continuaría mediante el armado de causas federales a través de la aplicación de la ley 20840.[9] En algunos casos, los trabajadores secuestrados serían blanqueados[10] como presos a disposición del Poder Ejecutivo Nacional; en otros, nunca más aparecerían. En ese proceso, tanto los secuestrados como los detenidos eran "paseados" por múltiples Centros Clandestinos de Detención y, en el caso de ser blanqueados, por distintas unidades penitenciarias ubicadas en diferentes localidades del país:

Me llevaron a Posadas, a Chaco ... en Misiones estuve un año; después Coronda, 1 año más; en Buenos Aires estuve en Olmos, Cruz Roja, Coordinación Federal. En Libres me condenaron a 3 años más. (Declaración testimonial de un Juan Manuel Gómez en el juicio oral, audiencia 03/07/2018. Registro de campo)

El intento por parte de la querella y la fiscalía de dejar en claro la responsabilidad que tuvo la empresa en el proceso represivo local, salió a la luz también a través de los registros burocráticos que el establecimiento tenía de sus trabajadores. En las plantillas de personal la acción del Terrorismo de Estado dejó sus huellas:

"en las declaraciones juradas de la plantilla de personal aportada por la empresa Las Marías (...) se aprecia la disminución significativa de personal entre los años 1976 y 1977 en relación a 1975" (Alegato del Ministerio Público Fiscal, fs.11)

[9] Ley sancionada durante el gobierno Constitucional, en septiembre de 1974, que penalizaba en todas sus manifestaciones aquellas actividades consideradas subversivas. Dicha ley se convirtió en una herramienta para la represión de la amplia gama de individuos pasibles de ser considerados subversivos por parte del gobierno.

[10] El *blanqueo* implicaba la regularización de una detención efectuada en forma ilegal.

Específicamente, sobre una planta de personal de 1233 trabajadores, para el año 1975, se produce una disminución a 1150 para el año 1976. Sin embargo, lo más interesante de los documentos brindados por la empresa lo constituyen:

> las marcas sobre cada uno de los nombres del personal de Las Marías de los años en análisis, los que se corresponden con las de los obreros que fueron víctimas de ilegítimas detenciones, desapariciones y despidos, corroborando la existencia de un aporte específico de información, que necesariamente tuvo que proporcionar el cuerpo directivo de la empresa, ya que por sí misma las fuerzas represivas no pudieron haberla obtenido.[11]

Este proceso represivo se vio acompañado, a su vez, por distintas acciones llevadas a cabo por parte del Ejército cuyo objetivo declarado era lograr el apoyo de la población local. Para ello, las llamadas "Campañas de Acción Cívica" buscaban otorgar legitimidad a las fuerzas castrenses mediante la realización de tareas de infraestructura tales como pintar y acondicionar escuelas, centros de salud, rutas y caminos. Pero a su vez, permitían el ejercicio de tareas de inteligencia sobre la población, constituyéndose "como un mecanismo de control y disciplinamiento social utilizado en la represión del conflicto político y social" (Divinzenso, 2016: 82). En el caso de Virasoro, y toda la región mesopotámica, estas campañas llevaron el nombre de "Operativos Toba". A la vez que buscaban ganar consenso social en favor de las Fuerzas Armadas de parte de la población local mediante campañas de vacunación, repartición de útiles escolares, realización de actos conmemorativos en fechas patrias, legitimaban la militarización y el control represivo del territorio. De hecho, permitieron –entre otras cosas– la instalación de un vivac (campamento militar) en tierras del establecimiento yerbatero María Aleida –propiedad de Torres Queirel–.

Estas prácticas fueron descriptas por uno de los policías que prestó declaración testimonial en el juicio, cuando se le preguntó si la intervención del Ejército era conocida en el pueblo:

> ¡Claro que se sabía! Es más, ellos tenían un sistema, mandaron a hacer un censo, designaron un jefe de manzana por cada manzana, y tenía que censar toda la manzana, tenían que saber la actividad de todos y cada uno de sus ocupantes, eso se hacía . . . (Alegato del Ministerio Público Fiscal, fs.9)

[11] http://opinarg.com/mAs-vale-tarde-que-nunca-citan-a-declaracion-indagatoria-al-empresario-yerbatero-adolfo-navajas-artaza.hml (Último acceso: 18 de junio de 2019).

Militarización del pueblo, hostigamiento laboral, detención de la cúpula sindical, secuestros, negación de la policía a tomar las denuncias por las desapariciones son algunas de las formas que adquirió el terrorismo de Estado en Virasoro. En su declaración testimonial, la mujer de uno de los trabajadores desaparecidos relata los avatares sufridos cuando decidió hacer la denuncia del secuestro de su marido, en la comisaría del pueblo,

> (...) cuando volvió mi hijo le digo 'a tu papá le llevaron, yo me voy a la comisaría'. Cuando me visto voy a la comisaría y ahí voy a hacer la denuncia, ahí me recibe el cabo Marcelino Ayala, y yo le digo 'vengo a hacer la denuncia porque a mi marido le secuestraron'. Me dice '¿quién le secuestró?' 'No sé. Así y así pasó, y no sé cuál son, por eso vengo acá a hacer la denuncia', y me dijo 'no, no nosotros no te podemos tomar esa denuncia porque estas cosas pasan" '(Alegato del Ministerio Público Fiscal, fs. 14)

Al preguntarle a uno de los funcionarios de la fiscalía si había habido presentación de *habeas corpus* por parte de los familiares de las víctimas, en los casos detenciones y secuestros, la respuesta recibida fue irónica y contundente: "En Virasoro, las presentaciones de habeas corpus eran ante el 'Toco' Navajas Artaza" (registro de campo).

La línea que demarcaba lo clandestino y lo legal, lo secreto y lo público[12], en el caso de Las Marías, era bastante borrosa, y las características que presentaban las relaciones sociales eran muy particulares –y hasta contradictorias– fruto de los vínculos previos existentes entre los distintos actores de la localidad. Como muestra de ello, vale traer a colación la declaración testimonial prestada por un policía que se había desempeñado en la comisaría de Virasoro durante la última dictadura militar. En ese marco, el oficial relató que en un momento había dejado de funcionar la máquina de escribir de la seccional y que entonces, uno de los trabajadores de Las Marías detenido le ofreció la que tenían en el sindicato. Fue así que, en pleno día, lo llevaron esposado desde la comisaría hasta el gremio, atravesando la plaza del pueblo. En ese momento, el trabajador le pidió a su carcelero que le tapase las esposas con un *sweater* porque su hija trabajaba en la escuela y no quería que lo viese así, pedido al que el policía accedió.

El horror desplegado por la represión con sus muertes, torturas y desapariciones ha generado, en más de una oportunidad, la invisibilización –y consecuente naturalización– tanto en los trabajos académicos como en el relato de las víctimas, de otras formas represivas –tal vez menos cruentas y definitivas–,

[12] Para un mayor desarrollo de este tema ver la definición de *paralelismo global* desarrollada por Emilio Mignone en el Coloquio "La política de desapariciones forzadas de personas", llevado a cabo en París entre el 31 de enero y el 1. de febrero de 1981.

pero que establecieron situaciones de extrema tensión en el entramado social y en la vida cotidiana de las víctimas sobrevivientes y de sus familiares. Este impacto en la vida cotidiana, surge claramente en las respectivas declaraciones testimoniales de las hijas de dos de los trabajadores detenidos:

> No teníamos otros ingresos (...) Fuimos a preguntarle a Sacco por el tiempo de detención de mi padre y él nos dice que mi papá era un subversivo 'acá tiene mucho tiempo, no se va a ir'. Mi mamá le dice que no es un subversivo que es un sindicalista (...) y yo le digo que él pelea por los derechos de los trabajadores, que somos todos. '¡Vos mejor que cuides tu trabajo!' Nos fuimos. Seguí trabajando [en la Municipalidad]. Unas semanas después, Balbuena me lleva a ver a Torres Queirel a la Municipalidad donde también me intima a cumplir con mi trabajo (...) Balbuena se me ofrece de protector. Yo era joven y mucho más linda que lo que soy ahora. 'Te puedo conseguir que te trasladen para que no te persigan'. Usó ese término (...) Sobrevivir en Virasoro era difícil, me sentía condicionada. Tuve la posibilidad de irme a Buenos Aires (...) Mi hermana era docente y la directora la despidió por ser hija de Acuña (...) Decidieron dejar sin casa a mi madre [la casa pertenecía al Instituto Municipal de la Vivienda, manejado por Navajas Artaza]. (Declaración testimonial de Elvira Acuña en el juicio oral, audiencia 03/07/2018. Registro de campo)
>
> "Una vez fui a buscar trabajo a Las Marías y me dijeron que yo no podía trabajar ahí porque mi padre tenía tarjeta roja (...) Me casé y me fui a Misiones. Ya no me sentí más cómoda en estos lugares". (Declaración testimonial de María Bernal en el juicio oral, audiencia 03/07/2018. Registro de campo)

Estos relatos forman parte de las declaraciones testimoniales prestadas por las familiares de las víctimas en el marco del juicio oral. En ambos casos, las mujeres debieron abandonar su pueblo ante la falta de trabajo y el hostigamiento constante de autoridades vinculadas con el gobierno dictatorial. A pesar de la hostilidad de este escenario y de la presencia difusa de organismos de derechos humanos en la localidad en épocas tan tempranas, los familiares de las víctimas y los sobrevivientes pudieron armar la denuncia por los crímenes cometidos durante la dictadura gracias a los lazos de solidaridad tendidos entre ellos mismos y quienes habían formado parte del sindicato, aunque de un modo bastante más desorganizado y tardío que en otras localidades de la provincia.

En ambos casos, los testimonios dan cuenta de una presencia constante del entramado represivo –ya sea en forma sutil, ya sea en forma explícita– en múltiples y diferentes aspectos de la vida cotidiana de los trabajadores en el contexto de las comunidades locales en las que continuaron viviendo en el marco del proceso represivo dictatorial. "Tus propios vecinos te señalaban como un delincuente subversivo"; "Te dejaban de saludar"; "En la farmacia te encontrabas con el represor que había entrado a tu casa"; "Era imposible conseguir trabajo". Estas son solo algunas de las frases expresadas por las víctimas y sus familiares acerca de lo que implicó seguir viviendo en la localidad en la que habían nacido y crecido, aún después de haber terminado la dictadura.

Y es ese un elemento a tener en cuenta para el análisis, ya que en muchos casos ese entramado local permite comprender, en profundidad, las características que presentaron en su particularidad cada escenario local en el contexto del terrorismo de Estado a escala nacional.

En ese sentido, los rasgos distintivos que presentaron tanto la movilización sindical como la posterior represión, nos ofrecen información para comprender la trama de relaciones sociales y políticas y las prácticas de organización que hicieron posible y dieron un formato particular, en cada caso, a la demanda que llegó a transformarse primero en causas judiciales y, luego, en juicios orales.

Conclusiones

En las condiciones hasta aquí analizadas, en el año 2018 ambas causas llegaron a juicio oral. Con extensiones temporales diferentes, los dos casos tuvieron sus sentencias. En el de Ford, los tres imputados que llegaron vivos al juicio oral fueron condenados a penas de más de diez años; en el caso de Las Marías, por el contrario, el único imputado sometido a juicio obtuvo una absolución por falta de pruebas.

En principio, la sentencia absolutoria en el caso correntino permite reflexionar sobre el carácter procíclico de los jueces, entendido como esa rápida capacidad de adaptación de los magistrados y los funcionarios judiciales a los cambiantes tiempos políticos, pero también sobre prácticas consuetudinarias en las burocracias judiciales de reacomodamiento a las lógicas más tradicionales de funcionamiento. En este sentido, podríamos afirmar que si bien el aparato de justicia suele adaptarse a los cambios políticos del momento, lo hace inscribiéndolos en su propia lógica institucional y burocrática.

Pero, por otra parte, entendemos –tal como lo afirmaba Norbert Elías (1996)– que para comprender el funcionamiento de los actores de estas burocracias es necesario romper con la idea del *homo clausus*, ese hombre aislado, absolutamente independiente de otros. Entender que los actores sociales están inmersos en redes de interdependencia en las cuales han nacido y se han desarrollado permite jugar con la tensión existente entre el individuo y el entramado social donde "como en un juego de ajedrez, cada acción de un individuo, relativamente independiente, representa un movimiento en el tablero del ajedrez social, que desencadena la respuesta de otro individuo (en realidad, frecuentemente la de otros muchos individuos), limita la independencia del primer individuo y prueba su dependencia." (Elías, 1996: 195).

En este sentido, y desde una perspectiva antropológica, no podemos interpretar las decisiones judiciales como actos autónomos de hombres que operan en forma aislada. Es necesario dar cuenta de que los seres humanos no se desarrollan en soledad sino que, por el contrario, entablan y se desarrollan mediante relaciones sociales. Es decir, con otros seres humanos. En este sentido, se trata de sujetos que pertenecen a determinados grupos y que poseen intereses e identidades compartidas. Son las redes de interdependencia las que otorgarán una fuerza particular a las acciones de estos sujetos y, a su vez, les marcarán límites precisos que "como los de la elasticidad de un muelle de acero, se hacen sentir tanto más fuertemente, cuanto su detentor, por la orientación individual de su conducta, pone más en tensión y a prueba la elasticidad de su posición social" (Elías, 1996: 33).

Por otra parte, y tal como lo planteamos al comienzo de este trabajo, estas causas no pueden ser pensadas sin considerar el rol desempeñado por el activismo de los familiares y de los organismos de derechos humanos.

La sentencia favorable, en el caso Ford, fue evaluada tanto por los trabajadores (seis de ellos presentados en el juicio como querellantes, con sus propios abogados) como por los organismos de derechos humanos como un éxito muy importante, no solo por el monto elevado de las penas, sino por tratarse de una condena contra civiles, empleados de alto rango y con participación directa en el proceso productivo, que no pudieron eludir la condena por la contundencia de las pruebas las cuales demostraban que, dentro de la fábrica, nada se movía sin que ellos se enteraran. Y en este proceso judicial, el activismo desplegado en los juicios con una amplia difusión de las audiencias y acompañamiento del público fue de cabal importancia.

En el caso de Las Marías, el resultado adverso de la sentencia, de alguna manera fue contrapesado mediante la apelación efectuada por el Ministerio Público Fiscal ante la Cámara de Casación –en acuerdo con familiares y víctimas– de la absolución al único imputado del juicio; apelación que aún se encuentra en análisis. En forma consecutiva a ello se realizó, en junio de 2019, una presentación pidiendo un nuevo llamado a declaración indagatoria de Navajas Artaza por la represión a los trabajadores de su empresa en Gobernador Virasoro, en función de las nuevas pruebas que surgieron a partir de las declaraciones testimoniales que se presentaron en el juicio oral.

Como planteamos anteriormente, a fines de la dictadura algunos de los trabajadores secuestrados comienzan a buscar y a convocar a sus compañeros para iniciar juicios laborales contra la empresa y denunciar los delitos cometidos en su contra por el Ejército con complicidad de Ford, y en ese proceso van tomando contacto asimismo con diferentes organizaciones del activismo del campo de los derechos humanos. Esa decisión temprana de estos trabajadores es un elemento importante para analizar el largo camino recorrido, que nos permite comprender las estrategias desplegadas en las distintas etapas del proceso y en los diferentes espacios institucionales, en una lucha judicial que aún no ha terminado.

En el caso de Las Marías, a pesar de que el activismo de los derechos humanos local se presentó de un modo más desorganizado que en otras localidades del país y de la provincia, los lazos tejidos por familiares y militantes sindicales en etapas previas a la dictadura, la experiencia de la represión y las relaciones establecidas posteriormente con organismos de derechos humanos, colaboraron en la construcción de una estrategia de denuncia que permitió llevar el caso a juicio, a pesar de las dificultades previas y los resultados adversos –en términos judiciales – que hemos mostrado a lo largo del artículo.

En ambos casos, la lucha del activismo se expresó en la denuncia de la complicidad/responsabilidad empresarial con la dictadura y es aquí donde se presenta una interesante articulación entre activismo e investigación, que habilita la posibilidad de indagar en la dimensión local tanto de los procesos sociales previos y la trama de relaciones interpersonales e institucionales en la que se apoyaron, como en las largas y complejas luchas que se dieron desde el momento mismo del golpe de Estado orientadas a conocer la verdad y pedir justicia, en el marco de un gobierno dictatorial primero, y sucesivos gobiernos democráticos después, generando lo que hoy se conoce como el proceso de Memoria, Verdad y Justicia.

Bibliografía

AA. VV. (2015): *Responsabilidad empresarial en delitos de lesa humanidad. Represión a trabajadores durante el terrorismo de Estado.* Buenos Aires: AEyT de Flacso/Programa Verdad y Justicia, Secretaría de DD. HH. de la Nación/CELS. Infojus.

Águila, Gabriela (2010). Los historiadores, la investigación sobre el pasado reciente y la justicia, en: *Historia ¿para qué? Revisitas a una vieja pregunta*, Cernadas, Lvovich (eds.), Buenos Aires: Prometeo/ UNGS, 69–87.

Andreozzi, Gabriele (Ed.) (2011): *Juicios por crímenes de lesa humanidad en Argentina.* Buenos Aires: Cara o Ceca.

Andreotti Romanin, Enrique (2016): 'Macanas', 'tragedias' y 'dramas'. Los jueces y su presentación del pasado de terrorismo de Estado en el Juicio por la Verdad de Bahía Blanca, Argentina. *Sociohistórica*, 37/(1) Disponible en: http://www.sociohistorica.fahce.unlp.edu.ar/article/view/SH2016n37a01. (Último acceso: 18 de diciembre de 2019)

Barrio, Clara (2018): " 'El corazón es la fiscalía'. El rol de la Unidad Fiscal de Bahía Blanca en la administración de justicia por crímenes de lesa humanidad". XI Seminario

Internacional Políticas de la Memoria. Memorias subalternas, memorias rebeldes. Centro Cultural de la Memoria Haroldo Conti, CABA. Octubre de 2018 (mimeo).

Bernardini, Estefanía (2016) 'Reparando documentos'. Los legajos laborales como prueba de la depuración laboral implementada sobre los trabajadores de la salud del Hospital Posadas. Actas VIII Jornadas de Investigación en Antropología Social. Santiago Wallace, FFyL, UBA. Buenos Aires, Julio de 2016.

Calveiro, Pilar (2006): *Política y/o violencia*. Buenos Aires: Norma.

Carnovale, Vera (2016): El pasado en tribunales: entre el estado de derecho y la pasión jacobina. En: *Memoria y castigo en los juicios de lesa humanidad*, AA. VV., Buenos Aires: Editorial AD-HOC, 236–256.

Copani, Andrea (2017): Las Marías y la dictadura: responsabilidad empresarial en la represión a trabajadores durante el terrorismo de Estado en una empresa del noreste argentino. *Revista La Rivada*. Dossier "Responsabilidad empresarial en la represión a trabajadores durante el terrorismo de Estado: avances recientes sobre la dictadura argentina (1976–1983) en un marco regional e internacional", 9, diciembre 2017. Disponible: http://www.larivada.com.ar/index.php/ediciones-anteriores/numero-9-diciembre-2017. (Último acceso: 3 de abril de 2020)

Crenzel, Emilio (2017): La verdad en debate. La primacía del paradigma jurídico en el examen de las violaciones a los derechos humanos en la Argentina. *Política y Sociedad*, 54/(1), 229–248.

Da Silva Catela, Ludmila (2003): Apagón en el Ingenio, escrache en el Museo. Tensiones y disputas entre memorias locales y memorias oficiales en torno a un episodio de represión de 1976, en: *Luchas locales, comunidades e identidades*, Del Pino, Jelin (Eds.) Madrid: Siglo XXI, 63–106

Da Silva Catela, Ludmila (2007): "Poder local y violencia: memorias de la represión en el noroeste argentino". En *En los márgenes de la ley. Inseguridad y violencia en el Cono Sur*, Isla, A. (comp.), Buenos Aires: Paidós, 211–227.

Divinzenso, María Alicia (2016): La trasformación de las relaciones cívico-militares: la "Acción Cívica" del Ejército (1960–1983) *en Violencias de Estado. Formas y dinámicas represivas en la historia reciente argentina: nuevos abordajes a 40 años del Golpe de Estado*, Águila, Gabriela; Garaño, Santiago; Scatizza, Pablo (Eds.), La Plata: Editorial de la Facultad de Humanidades y Cs. de la Educación, Universidad Nacional de La Plata, 73–102.

Elías, Norbert (1996): *El proceso de la civilización. Investigaciones sociogenéticas y psicogenéticas*, Buenos Aires: Fondo de Cultura Económica.

Fernández Patallo, Marta (2017): Os julga um tribunal, os condenamos todos. A administração judicial dos crimes acontecidos durante a ultima ditadura militar na Argentina pela "Justicia Federal" em Rosario. Río de Janeiro: Autografia, Coleção Conflitos, direitos e sociedade.

Filippini, Leonardo (2011) La persecución penal en la búsqueda de justicia, en: *Hacer justicia. Nuevos debates sobre el juzgamiento de crímenes de lesa humanidad en Argentina*, CELS/CIJT, Buenos Aires: Siglo XXI, 19–47.

Garaño, Santiago (2020). Ensayo del terrorismo de Estado en Argentina: el Operativo Independencia (Tucumán, 1975–1977). *Boletín del Instituto de Historia Argentina y Americana "Dr. Emilio Ravignani"*, 55 (en prensa).

Gulliver, P.H. (1997) [1969]: "Introduction of Part I". En: Law in culture and society, Nader, Laura (ed.). Los Angeles: University of California Press, 11–23.

Karasik, Gabriela (2016): Jujuy y la empresa Ledesma en foco: Poder fáctico y procesos extrajudiciales en los juicios de lesa humanidad. Ponencia presentada en el IX Seminario Internacional Políticas de la Memoria CCM Haroldo Conti (Ex ESMA), Ciudad Autónoma de Buenos Aires, 3, 4 y 5 de noviembre 2016,

Karasik, Gabriela y Gómez, Elizabeth (2015) La empresa Ledesma y la represión en la década de 1970. Conocimiento, verdad jurídica y poder en los juicios de lesa humanidad. *Clepsidra. Revista Interdisciplinaria de Estudios sobre Memoria*, 2, 110–131.

Lorenz, Federico (2007) *Los zapatos de Carlito. Una historia de los trabajadores navales de Tigre en la década del setenta.* Buenos Aires: Editorial Norma.

Martínez, María Josefina (2018): El secuestro de los delegados de Ford en 1976 y el largo camino burocrático hacia un juicio de lesa humanidad. Actas de las IX JIAS Jornadas de Investigación en Antropología Social "Santiago Wallace", SEANSO, ICA, FFyL, UBA. Buenos Aires, 28 y 29 de noviembre de 2018.

Mignone, Emilio (1981) El caso argentino: Desapariciones forzadas como instrumento básico y generalizado de una política. La doctrina del paralelismo global. Su concepción y aplicación. Necesidad de su denuncia y condena. Conclusiones y recomendaciones Coloquio "La política de desapariciones forzadas de personas", París, 31 de enero - 1 de febrero de 1981. Disponible en: https://www.cels.org.ar/common/documentos/Coloquio_Paris_paralelismoglobal.pdf. (Último acceso: 3 de abril de 2020)

Mora, Belén (2005) Juicios por la Verdad Histórica, Rituales de la memoria. La reconstrucción de una trama en Mar del Plata. Tesis de Licenciatura en Cs. Antropológicas, FFyL, UBA (mimeo).

Nader, Laura (1998) Ideología armónica. Justicia y control en un pueblo de la montaña zapoteca. México DF: Instituto Oaxaqueño de las Culturas, Fondo estatal para la cultura y las artes y CIESAS.

Neiburg, Federico (1988) *Fábrica y Villa Obrera: Historia social y antropológica de los obreros del cemento.* Buenos Aires: Centro Editor de América Latina.

Oliveira, Alicia, Guembe, María José (1997) La verdad, derecho de la sociedad, en *La aplicación de los tratados sobre derechos humanos por los tribunales locales*, Abregú, Martín y Courtis, Christian (comps.) Buenos Aires: Editores del Puerto, 541–558.

Rafecas, Daniel (2011) La reapertura de los procesos judiciales por crímenes contra la humanidad, en: *Juicios por crímenes de lesa humanidad en Argentina*, Andreozzi, Gabriele (coord.), Buenos Aires: Cara o Ceca, 155–176.

Romero, Luis Alberto "El teatro de los juicios", Diario *Los Andes.* 29 de septiembre de 2015. (corregido)

Sarrabayrouse Oliveira, María José (2011) Poder Judicial y dictadura. El caso de la Morgue. Buenos Aires: Editorial del Puerto.

Sarrabayrouse Oliveira, María José (2019a) Tramas locales de relación y burocracias judiciales: Análisis etnográfico de un juicio de lesa humanidad en una ciudad del nordeste argentino, *Revista de Antropología de la Universidad de Sao Paulo*, 62/(2), 252–274.

Sarrabayrouse Oliveira, María José (2019b): Juicios de lesa humanidad en la Argentina: burocracias judiciales, tramas locales de relaciones y activismo de los DDHH. «La causa de Las Marías» em: *Punir o inimigo*, Borges Santos, Paula (coord.), Lisboa: Imprensa de Ciências Sociais do Instituto de Ciências Sociais (ICS – Lisboa) (En prensa).

Sierra, María Teresa y Chenaut, Victoria (2002): Los debates recientes y actuales en la antropología jurídica: las corrientes anglosajonas en: *Antropología jurídica: perspectivas socioculturales en el estudio del derecho*, Esteban, Krotz (Ed.), México DF: Anthropos y UNAM,113–170.

Soul, María Julia (2007): Sistema de fábrica con Villa Obrera y comunidad de fábrica. Reflexiones acerca del caso SOMISA (1960 - 1989). San Miguel de Tucumán, XI Jornadas Interescuelas / Departamentos de Historia, Facultad de Filosofía y Letras, Universidad de Tucumán.

Internet

http://www.lasmarias.com.ar/esp/detalle.php?a=historia-yerba-mate&t=1&d=47 (Último acceso: 18 de junio de 2019)

http://opinarg.com/mAs-vale-tarde-que-nunca-citan-a-declaracion-indagatoria-al-empresario-yerbatero-adolfo-navajas-artaza.html (Último acceso: 18 de junio de 2019)

12. *Avances y retrocesos en la búsqueda de justicia por complicidad empresarial en Argentina: El caso "La Fronterita"*

Gabriel Pereira
Consejo Nacional de Investigaciones Científicas y Técnicas (CONICET)-Universidad Nacional de Tucumán

Introducción

La participación de actores económicos en la implementación del terrorismo de estado en América Latina ha sido largamente documentada. Comisiones de la verdad y un largo recorrido académico muestran que empresas nacionales y trasnacionales, privadas y mixtas, medianas y de gran tamaño, se han visto involucradas en diferentes formas de complicidad económica.

Víctimas, familiares y organizaciones de derechos humanos han denunciado la complicidad económica en todo el mundo[1]. El lema "Democracia o Corporaciones" sostenido por la movilización popular en conmemoraciones del día Nacional por la Memoria, Verdad y Justicia a partir de la segunda

[1] Estos esfuerzos han sido recopilados en la base de datos "Rendición de Cuentas Empresarial en Justicia Transicional" (CATJ por sus siglas en inglés), una base de datos creada por un equipo de investigación de la Universidad de Oxford liderado por la profesora Leigh Payne y de la cual el autor forma parte. La CATJ identifica 1273 actores económicos mencionados como cómplices económicos en 62 países. Contiene cuatro categorías de datos sobre mecanismos de JT: datos "históricos" de juicios sobre el Holocausto; información sobre comisiones de la verdad; acciones judiciales contra actores económicos desde la década de 1960 hasta el presente; y alegaciones de complicidad empresarial en el conflicto armado de Colombia que fueron encontradas en treinta y cinco fallos emitidos por los tribunales de Justicia y Paz entre 2011 y 2015.

década del siglo XXI simboliza el creciente activismo detrás de este reclamo en Argentina.

Sin embargo, los procesos de justicia transicional dedicados a promover objetivos de verdad, justicia y memoria se ocuparon marginalmente de la complicidad económica. Como resultado, tal cual lo destaca la Comisión Interamericana, existe una brecha de impunidad respecto de la rendición de cuentas de estos actores en el continente americano (Relatoría Especial sobre Derechos Económicos Sociales, Culturales y Ambientales 2019).

Justamente, este artículo se pregunta por qué, en Argentina, un país modelo en políticas de verdad, memoria y justicia, se observan tan pocos avances respecto del establecimiento de la responsabilidad legal de actores económicos. Para tal fin, utilizo la "Palanca de Arquímedes", un marco analítico desarrollado en un trabajo anterior (Payne et al., 2020), para analizar de qué forma interactúan el activismo de los grupos de derechos humanos, la innovación institucional de actores legales, la presión de actores con poder de veto y las características del contexto político para producir avances, retrocesos, y estancamientos del proceso de justicia respecto de actores económicos. Este marco permitió, en un subsiguiente estudio, explicar el devenir de 23 procesos judiciales tramitados en Argentina (Pereira et al., 2020).

La causa judicial "La Fronterita", todavía en trámite, es una oportunidad para ilustrar en detalle los patrones de interacción[2]. Por un lado, los hechos en los que se basa el caso, como así también el proceso judicial, tuvieron lugar en la provincia de Tucumán donde las dinámicas del proceso de revisión del pasado dictatorial adquieren especiales características. La distancia de las provincias del principal centro político del país exige a los grupos de derechos humanos la pesada tarea de doblegar sus esfuerzos para lograr la atención y solidaridad de los actores sociales e institucionales más influyentes del movimiento nacional e internacional. Asimismo, en contextos provinciales, los actores económicos acusados de complicidad en las violaciones gozan de privilegios que facilitan el desarrollo de estrategias para bloquear los planteos judiciales. Esta capacidad se amplifica en contextos políticos hostiles.

Antes de terminar esta introducción es necesario hacer dos aclaraciones conceptuales, también propuestas en trabajos anteriores (Payne et al., *ibidem*). Uso aquí los términos "complicidad económica" o "complicidad empresarial" en un sentido no jurídico. Esto significa, que, al encuadrar la participación de

[2] La causa se tramita bajo el expediente "*INGENIO LA FRONTERITA S/AVERIGUACIÓN DE DELITO (LESA HUMANIDAD)*. EXPTE. FTU 7282/2016". El marco analítico propuesto obliga a analizar los desarrollos en la causa hasta el 10 de diciembre de 2019, cuando tomó posesión del cargo el presidente Alberto Fernández.

actores económicos como parte del fenómeno del terrorismo de estado, no se establece una participación secundaria y de menor responsabilidad por parte de los actores económicos respecto de los actores estatales. Por lo tanto, se usa en un sentido más cercano al uso coloquial, que sugiere la acción en conjunto de dos o más actores destinada a la consecución de un fin particular. Por otro lado, términos "empresas" o "corporaciones" son usados de forma simbólica ya que se incluye a una gama diversa de actores económicos cuya representación jurídica no se limita a la empresa en sentido estricto, sino que incluye a terratenientes, finqueros, grupos o asociaciones de empresas o comerciantes, etc. En el texto, por razones expositivas, se usan como sinónimos los términos "actores económicos", "corporaciones" y "empresas".

A continuación, primero, describo la causa judicial "La Fronterita", destacando los elementos que encuadrarían a los empresarios como cómplices económicos. Segundo, analizo los factores que explican el trámite de esta causa, usando un enfoque comparativo respecto de otras causas de complicidad económica en Argentina. Concluyo destacando los principales puntos de análisis.

Complicidad económica en la provincia de Tucumán: El caso del Ingenio "La Fronterita"

Comprender los avances y retrocesos en el juzgamiento de la complicidad económica requiere repensar cómo entendemos el terrorismo de estado, particularmente en relación a los perpetradores, sus víctimas, la forma de participación en los delitos, y el periodo temporal durante el cual ocurrió. Justamente, la causa judicial "La Fronterita" sugiere que algunas de las características tradicionales del terrorismo de estado se modifican sustancialmente en el ámbito de la complicidad económica.

La evidencia probatoria del caso sugiere que el ingenio "La Fronterita", y el grupo Minetti al cual pertenecía al momento de cometerse los hechos, habrían contribuido sustancialmente a la implementación del terrorismo de estado que, desde 1975, tuvo entre sus objetivos el aniquilamiento del movimiento obrero y su dirigencia sindical en la provincia de Tucumán a partir del llamado "Operativo Independencia", que consistió en la primera intervención masiva de las fuerzas armadas y de seguridad en el país en contexto de un plan sistemático de exterminio.

Este operativo incluyó un esquema de ocupación territorial de los pueblos del Suroeste de Tucumán que pasaron a ser puntos rojos en la topografía del terror hasta, por lo menos, 1979 (Camuña, 2016). Dicha ocupación no fue casual. Tal cual lo describe Nassif (2016), para esa época la agroindustria azucarera se había constituido en la principal actividad económica en esa zona de la provincia. Esos pueblos albergaban un movimiento obrero activo, protagonista de la resistencia obrera y de valiosas conquistas laborales en la provincia durante la segunda mitad del siglo XX.[3]

La presencia militar implicó la ocupación física del espacio público, incluyendo lugares con gran carga simbólica como ingenios, ex ingenios y escuelas rurales, y la intervención militar de todas las actividades sociales. Como lo sostiene el fiscal de la causa, fiscal Camuña, los mismos se convirtieron en grandes campos de concentración a cielo abierto, en los que todos eran cautivos (Camuña, *ibidem*). Esa ocupación limitó drásticamente el accionar político y laboral del movimiento obrero (Nassif, 2018a)

En ese contexto, un cierto sector del empresariado local se convirtió en partícipe de la comisión de delitos de lesa humanidad, particularmente en contra de obreros y líderes sindicales. La prueba testimonial recolectada en 11 juicios seguidos principalmente contra actores estatales sugiere que al menos 22 actores empresariales participaron en violaciones de derechos humanos entre 1975 y 1983. Justamente, 14 de esas firmas están vinculadas a la industria azucarera. (Doz Costa et al. 2016)

La cantidad de víctimas relacionadas con la complicidad económica asciende a trescientas doce personas. Alrededor de un 55 % de ellas eran trabajadores de las mismas empresas que participaron en delitos de lesa humanidad. Además, alrededor del 70 % (60) de ellas desarrollaba algún tipo de actividad gremial. Asimismo, la comisión de delitos de lesa humanidad contra 125 víctimas (37 % de los casos relevados) tuvo lugar antes de marzo de 1976, y la mayoría (117) durante el Operativo Independencia. (Doz Costa et al., *ibidem*)

La causa iniciada en contra de los propietarios y directivos del ingenio "La Fronterita" sugiere que el mismo tuvo una participación relevante en este proceso. Ellos habrían realizado aportes sustanciales para que las violaciones a los derechos humanos tengan lugar en la forma y la gravedad que sucedieron, pero no habrían participado materialmente en la comisión de los delitos (Camuña, *ibidem*).

En primer lugar, la empresa cedió voluntariamente distintos sectores de su predio y edificios específicos para que las Fuerzas Armadas asienten una

[3] Nassif (2015; 2016; 2018a), destaca que la tensión entre dueños de ingenios, productores cañeros y obreros industriales y rurales fue un rasgo permanente de la política provincial. El movimiento obrero se potenció con la conformación de la Federación Obrera Tucumana de la Industria Azucarera (FOTIA) en 1944 y el fortalecimiento de los sindicatos de base en los ingenios y en las fincas cañeras. La FOTIA se convirtió, desde entonces, en un actor destacado de la política tucumana y del sindicalismo nacional.

base militar que funcionó también como centro clandestino de detención. Además de la fábrica y refinería de azúcar, la firma José Minetti y Cía. poseía grandes extensiones de tierra cultivada con caña de azúcar. En su territorio también se encontraban las "Colonias", grupos de casas donde vivían obreros y sus familiares. Según releva, el Informe "Responsabilidad Empresarial En Delitos de Lesa Humanidad: Represión a Trabajadores Durante El Terrorismo de Estado" (Ministerio de Justicia y Derechos Humanos de la Nación et al. 2016) había siete colonias, unas eran arrendadas y otras eran directamente administradas por el ingenio. Las mismas, constituían una parcela de tierra de caña sembrada y un conglomerado de casas donde vivían obreros de surco y algunos de fábrica. Esta cesión, que duró al menos cuatro años, incluyó la colaboración con el mantenimiento y logística de la base y el centro clandestino, como así también la construcción de nuevos edificios de uso militar[4]. Desde aquí, los militares desarrollaron operaciones permanentes de patrullaje, seguridad y control de la población de las localidades circundantes y de las Colonias del propio ingenio, cometiendo de todo tipo de atropellos como secuestros de personas de sus viviendas o lugares de trabajo, cautiverio en el centro clandestino, torturas y abusos sexuales (*ibidem*).

El segundo aporte consistió en la autorización para que los militares se desplieguen libremente por el predio y ejerzan un férreo y público control sobre él. Los militares circulaban y controlaban los caminos internos de la propiedad de la empresa como también verificaban la identidad, requisaban y privaban de la libertad a quienes circulaban por allí. Por ejemplo, instalaron un retén frente a la base militar, lugar donde fueron privadas ilegalmente de su libertad 12 personas. Asimismo, esta autorización también les permitió ingresar ilegalmente en más de 20 viviendas de empleados y obreros localizadas en las Colonias. Finalmente, les permitió controlar la propia planta del ingenio, donde prestaban servicio los obreros de fábrica y empleados. Al menos dos obreros fueron secuestrados directamente de esas instalaciones.

En tercer lugar, la empresa aportó sus propios vehículos para el desarrollo de las tareas de represión clandestina, particularmente para el secuestro y traslado de obreros. Algunos de esos vehículos fueron tomados del propio gremio, cuyos líderes serían luego secuestrados y desaparecidos, y cedidos al poder militar.

El fiscal destaca como cuarto aporte la entrega de información sobre obreros y familiares que la empresa tenía o que produjo específicamente para

[4] Por ejemplo, a la llegada de la FF. AA., la empresa relocalizó a obreros alojados en edificios que ocuparía el personal militar, acondicionó otros, y hasta construyó otras edificaciones para asegurar instalación militar.

los militares, en particular de quienes tenían participación sindical. Pusieron, así, a disposición de los militares la estructura empresarial bajo sus órdenes y cooperaron en la tarea de reunir información e identificar *blancos* de las actividades de represión ilegal. Por ejemplo, la empresa realizó un censo de la población que vivía en las Colonias o trabajaba en la planta, información que puso a disposición del personal militar.

El silencio de la empresa frente a los delitos de lesa humanidad se entiende en la investigación como un quinto aporte sustancial. Sus funcionarios y propietarios callaron los hechos que se sucedieron frente a sus ojos, sin asentar denuncia o reclamo. Dicha conducta omisiva sugiere que los representantes de la empresa no deseaban obstaculizar el trabajo criminal de los militares.

Estos aportes habrían permitido la comisión de delitos de lesa humanidad contra, al menos, 68 personas, de las cuales 44 fueron trabajadores del propio ingenio, 34 vivían en las "Colonias", casi todas eran parte del sindicato de la empresa y 51 fueron alojadas en el centro clandestino instalado en la propia empresa. (Camuña, *ibidem*).

Entre ellas se encuentra Jacobo Fidel Ortiz , obrero de surco de la empresa y reconocido líder sindical. En el contexto de violencia estatal, cobró protagonismo por su activa participación en la defensa de quienes fueron víctimas del terrorismo de estado, ya que presentó, como miembro de la comisión directiva el sindicato de obreros del ingenio, recursos legales en defensa de los trabajadores secuestrados quienes, durante su cautiverio, eran despedidos por la empresa. Ortiz se presentaba ante la propia empresa y las autoridades locales para evitar los despidos indebidos y exigir la liberación de los cautivos. Aun antes de estos sucesos, Ortiz ya era un reconocido líder sindical, que había encabezado como secretario general la recomposición de su sindicato en los años previos al terrorismo de estado (Ministerio de Justicia y Derechos Humanos de la Nación et al. 2016).

En abril de 1976 fue secuestrado por primera vez de su vivienda en las Colonias y transportado en un vehículo de la empresa al centro clandestino de detención que operaba en el ingenio. Fue liberado, pero secuestrado nuevamente en junio de ese año. Durante el trascurso de su primer secuestro, la empresa notificó al organismo estatal correspondiente el fin del contrato laboral debido a la renuncia de Ortiz que habría sucedido, según la empresa, durante el periodo en que se extendió el primer secuestro.

En 2015 el fiscal Camuña inició una investigación en contra de cinco acusados, entre los cuales se encuentran directivos, funcionarios y propietarios del Ingenio. Por su parte, la organización de derechos humanos Abogados y Abogadas del Noroeste Argentino en Derechos Humanos y Estudios Sociales (Andhes), una organización social de tipo profesional pero no de víctimas o familiares, presentó una querella penal en representación de la familia de Ortiz. Luego de que los acusados prestasen declaración indagatoria, el juez federal Daniel Bejas dictó una resolución estableciendo que no existían pruebas suficientes para continuar la investigación en contra de los actores económicos. Dicha resolución, pendiente de apelación, se tradujo en el virtual congelamiento del trámite judicial hasta el momento de escribirse este trabajo.

Las características propias del caso, en el cual aparecen los actores económicos como perpetradores; las formas de participación a través de aportes y no de comisión directa de los delitos; las victimas nucleadas a través del colectivo de trabajadores y el espacio temporal durante el cual se cometieron los crímenes; son el marco desde el cual se debe entender los contornos jurídicos de la causa y, por sobre todo, la forma en que tuvieron lugar los factores que tradicionalmente explican el avance y retroceso de los casos de lesa humanidad.

La responsabilidad de actores económicos en el marco del proceso de justicia en Argentina

Si miramos los avances del proceso de justicia en Argentina en términos de actores estatales y paraestatales, podemos sostener que el camino hacia la justicia en este aspecto se encuentra allanado. Luego de ardua lucha, se han condenados a más de 900 perpetradores de delitos de lesa humanidad (Procuraduría de Crímenes contra la Humanidad 2018). Sin embargo, en el ámbito de la complicidad económica existe solo una condena firme. De alguna forma, los desafíos y obstáculos a los que se enfrenta la comunidad de derechos humanos en la búsqueda de justicia en este aspecto son diferentes a los que se sortearon, y restan por sortear, respecto del proceso de justicia en general.[5]

Para entender los condicionantes del proceso de judicialización de la complicidad económica, sin embargo, se requiere un abordaje capaz de explicar tanto los resultados definitivos, como también los avances, retrocesos y estancamientos de las causas en trámite. Solo se obtuvieron 5 decisiones judiciales definitivas en 23 causas, con una sola sentencia condenatoria firme en un caso

[5] Si bien el número de casos judiciales respecto de la complicidad económica es comparativamente menor respecto de aquellos contra actores estatales y paraestatales, es necesario destacar que según la CATJ Argentina existe la mayor actividad judicial, con un tercio de las 54 acciones judiciales llevadas a cortes nacionales en todo el mundo; y América Latina es la región con mayor actividad judicial con 52 de 54 casos, siendo Colombia el otro país con mayor cantidad de casos.

de naturaleza laboral, 3 decisiones que clausuraron la investigación antes de que se sustancie un juicio penal propiamente dicho, y 1 sentencia absolutoria en otro caso laboral[6]. Por lo tanto, 18 casos se encuentran aún en trámite. Solo 2 de ellos pasaron la etapa de juicio oral, y sus sentencias están pendiente de revisión.

La analogía de la "Palanca de Arquímedes" permite identificar los patrones de interacción de diferentes factores que explican los vaivenes de los procesos de rendición de cuentas en diferentes países (Payne et al., *ibidem*). Se dice que Arquímedes dijo: "Dadme una palanca, y moveré el mundo" (Knowles y Partington 1999: 14). En esta analogía se propone que actores relativamente débiles (víctimas de la complicidad económica y organismos de derechos humanos que les defienden), pueden, con las herramientas adecuadas, levantar el enorme peso que implica la impunidad de los actores económicos. Esto puede lograrse cuando se aplica una fuerza lo suficientemente fuerte como para contraponerse a la presión que ejercen actores con capacidad de vetar los procesos de justicia (es decir, los actores económicos). La herramienta adecuada es la palanca o, en nuestro caso, la innovación legal.

La ubicación del punto de apoyo, en esta analogía el contexto internacional o nacional, es fundamental para lograr justicia. Cuando el contexto está más cerca, o es más proclive, a los reclamos de justicia, se necesita aplicar menos fuerza para lograr levantar el peso de impunidad. Por el contrario, cuando el punto de apoyo, el contexto político, es menos propicio, o más alejado del reclamo de justicia, estos actores débiles tendrán que aplicar mucha más fuerza para neutralizar el peso de los actores de veto.

En Argentina, se puede decir que la búsqueda de justicia respecto de actores económicos se intensificó, junto con la reapertura de los juicios de lesa humanidad, en 2005. Desde ese momento hasta finales del 2019 observamos un cambio sustancial en el contexto político interno, dado que hasta 2015 los gobiernos de Néstor y Cristina Kirchner se mostraron más proclives a promover esa búsqueda que el gobierno que lo sucedió, encabezado por el presidente Mauricio Macri, entre 2016 y 2019.

[6] La CATJ incluye 26 casos judiciales relacionadas a Argentina. Solo mencionamos 23, ya que se excluyen tanto la causa "Mina La Aguilar" porque la acusación contra dos empresarios se cerró por razones biológicas, como dos acciones civiles sustanciadas en tribunales de los Estados Unidos. Por razones metodológicas, la base de datos incorpora solo aquellos casos identificados en informes de organismos de derechos humanos, organismos internacionales, o en medios de prenda digital hasta principios del 2019. Asimismo, se incorporaron los casos en cualquiera de sus instancias procesales, inclusive desde el momento de la denuncia penal.

En estos dos contextos se puede analizar, como lo hicimos en otro trabajo (Pereira et al., *ibidem*), cómo interactuaron los demás actores de nuestro marco analítico: víctimas y familiares de la complicidad económica que reclaman justicia; innovadores institucionales que intentan adaptar marcos jurídicos y políticas institucionales para responder a dicho reclamo; y poderosos jugadores con poder de veto dentro de la comunidad empresarial. El desarrollo de la causa "La Fronterita" ilustra en profundidad estas dinámicas.

La causa "La Fronterita" desde el lente de "La Palanca de Arquímedes"

El trayecto judicial de la causa "La Fronterita", marcado por el incipiente avance de la investigación fiscal y su subsecuente paralización, puede analizarse a través de los cuatros factores que componen el marco analítico propuesto[7]. La acción conjunta de una movilización social de grupos de derechos humanos, activa, pero no especialmente robusta, y la fuerza de innovadores legales provenientes del ministerio público fiscal y la querella de una de las víctimas no ha sido suficiente para contrarrestar la fuerza de los actores de veto que lograron obstaculizar el proceso judicial en un contexto negativo para la rendición de cuentas de actores económicos.

En los párrafos que siguen se discute cómo se representaron estos factores, comparando el caso "La Fronterita" con otros casos de complicidad económica.[8] El análisis se centra en los protagonistas y sus estrategias. Por su parte, el contexto político se analiza teniendo en cuenta las políticas de los gobiernos nacionales durante el período de estudio.

Movilización Social

El activismo de derechos humanos es un factor necesario para lograr avances en los procesos de memoria, verdad y justicia en el mundo (Payne et al., 2015). En Argentina, la fuerza del movimiento de derechos humanos ha

[7] Esta sección se basa en un trabajo anterior (Pereira et al., *ibidem*) donde se operacionaliza cada factor; se discute con mayor profundidad su poder explicativo de los desarrollos en el ámbito de la MVJ; y se hace una descripción en detalle de los agentes, estrategias y herramientas que los componen en el caso argentino.

[8] Para este análisis se analizó la información recolectada para la CATJ, elementos del expediente al cual el autor tiene acceso en su carácter de representante legal de la familia de Jacobo Fidel Ortiz y entrevistas a actores claves del movimiento de derechos humanos, funcionarios judiciales involucrados en causas de lesa humanidad; y actores relevantes del quehacer judicial y político de la provincia de Tucumán.

girado alrededor de organizaciones de familiares de víctimas y de organizaciones que guardan cierta afinidad con quienes sufrieron directamente el terror criminal (Pita y Pereyra 2020: 32). Si bien el caso bajo análisis ha recibido el apoyo e impulso del movimiento de derechos humanos local, la magnitud e intensidad de dicha movilización puede caracterizarse como tenue si la miramos en el contexto del activismo desarrollado a otras causas de complicidad empresarial.

En Argentina, el lazo de la familia con la víctima adoptó un valor simbólico con efectos políticos y se constituye como justificación básica que da legitimidad para la acción y donde el vínculo opera como un criterio de representación de los reclamos de justicia (*ibidem*: 32). Dicha legitimación, a su vez, es capaz de convocar mayores apoyos y atención pública que puede ser utilizada para influir públicamente a actores judiciales, lograr atención mediática, y convocar a la solidaridad de actores de trascendencia nacional.

Así, la movilización social empujada por grupos afines a las víctimas, especialmente por su relación familiar, resultó vital para para la reapertura de la instancia judicial, y también para el sostenimiento y desarrollo de los juicios. Fueron estos grupos quienes participaron críticamente de estos procesos al asistir a las audiencias a rememorar el horror, aportar testimonios y confrontar perpetradores, como así también monitorear el normal funcionamiento de los juicios (Crenzel, 2018). Fueron también capaces de denunciar públicamente los retrasos en la justicia y de promover la destitución o evitar el nombramiento de jueces comprometidos con la impunidad (González Ocantos 2016).

Ahora bien, las características e identidades de estos grupos de familiares afines a las víctimas tienen un impacto particular que hacen a las especificidades del proceso de Memoria Verdad y Justicia local. En Tucumán, ese proceso estuvo determinado por el movimiento de derechos humanos local, cuyo núcleo más activo estuvo conformado por sectores medios de la capital tucumana (Jemio y Vitar, en prensa: 14). De acuerdo a estas autoras, "los casos con investigaciones más avanzadas y la mayoría de las sentencias condenatorias replica la composición social del movimiento de derechos humanos, ya que las víctimas en estos casos provenían, en su mayoría, de sectores medios urbanos o profesionales o con capacidad para enviar a sus hijos a la universidad".

Dicha movilización, ya en casos de complicidad económica, se manifestó en tres estrategias llevadas a cabo tanto por los organismos de derechos humanos como por, fundamentalmente, grupos afines a las víctimas obreras, tales como gremios y otro tipo de asociaciones de trabajadores (Pereira et al., *ibidem*). La primera es sin duda la de "nombrar, evidenciar, y avergonzar"

(Sikkink 2018) a través de intervenciones públicas para visibilizar las violaciones de derechos humanos, la falta de acceso a la justicia de las víctimas y la impunidad que gozan sus perpetradores. Esta estrategia, que incluye, entre otras, escraches, marchas, intervenciones artísticas y juicios públicos se ha usado en todas las causas de complicidad económica.

La llamada movilización legal (Smulovitz 2008) es otra estrategia e incluye el uso de herramientas legales para participar directamente en procesos judiciales. Así, en 17 causas las organizaciones de derechos humanos se convirtieron en protagonistas de los procesos judiciales a través de querellas, presentación de *amicus curiae*, participación en debates orales como testigos expertos, monitoreo público de causas, audiencias públicas con fiscales y jueces, entre otras.

Finalmente, en una tercera estrategia, estas organizaciones que trabajan en las provincias buscan el efecto *boomerang*[9]. Argentina es un país federal pero altamente centralizado, donde las autoridades provinciales son sustancialmente sensibles a los impulsos recibidos por actores institucionales, mediáticos y sociales de alcance nacional. En ese sentido, los grupos de derechos humanos buscaron la solidaridad y apoyo de organizaciones de alcance nacional para influir en el debate y en las instancias institucionales locales en solo 7 causas.

Estas estrategias de movilización muchas veces se superponen. Por ejemplo, en los casos relacionados al ingenio Ledesma, donde se llegó a procesar judicialmente a su propietario y a su administrador, organizaciones de familiares de las víctimas como el propio gremio de obreros de la empresa han implementado diferentes campañas de visibilización, han participado en el litigio de los tres casos judiciales, y lograron el apoyo del movimiento de derechos humanos nacional e internacional. Por su parte, en la causa Ford, donde se llegó a condenar a dos de sus directivos en 2018, se observa un grado de movilización social sin precedentes en causas de complicidad económica (Pereira et al., *ibidem*). Organizaciones de víctimas, familiares y trabajadores lideraron las diferentes estrategias desde el fin de la dictadura, recibieron la solidaridad de un amplio abanico de actores nacionales e internacionales, pusieron en marcha diferentes campañas públicas (SUTEBA 2013; 2018a; 2018b; 2018c) y lograron la presencia de figuras icónicas del movimiento de derechos.

[9] La estrategia del "efecto boomerang" consisten en la búsqueda de aliados internacionales por parte de organismos de derechos humanos nacionales para que tales actores ejerzan presión "desde afuera" sobre los gobiernos nacionales (Keck, Sikkink y Murillo, 1999).

En el caso La Fronterita, la movilización social ha existido, pero de forma limitada. Por un lado, se observa la ausencia del actor social aglutinante, el movimiento obrero para este caso, convocante, que opera como legitimador del reclamo y capaz de generar la atención, apoyo y solidaridad de un vasto espectro social, local y nacional.

Si bien el análisis del porqué de esta ausencia excede los límites de este trabajo, es interesante destacar una de varias variables que podrían explicarla, y que se relaciona a la historia del proceso de MVJ y sus actores sociales centrales. Tal cual como lo destacan Jemio y Vitar en el trabajo ya citado, el proceso de MVJ local ha sido moldeado por la centralidad del activismo de un movimiento de derechos humanos compuesto por sectores medios, y del cual no han participado sectores populares, particularmente actores colectivos que los representen. En ese sentido, la ausencia de la movilización obrera en el proceso de MVJ local no es exclusiva a la causa *La Fronterita*. Las autoras remarcan que este patrón se ha evidenciado elocuentemente en la causa "Operativo Independencia", mencionada anteriormente, destacando que esta causa implicó el acceso a los estrados judiciales de sectores socioeconómicos históricamente relegados de estos ámbitos (especialmente obreros de la agroindustria azucarera, peones rurales, agricultores, y trabajadores de las distintas fábricas fundadas en los setentas para paliar la desocupación que había dejado el cierre de ingenios azucareros de los 60 en la provincia), merced a las barreras culturales, jurídicas, e inclusive geográficas, vinculadas al servicio de justicia[10].

Asimismo, destacan también que, si bien en sus inicios esta causa fue impulsada por dos militantes de la organización de familiares, ninguna de ellas ni la organización en la que se nucleaban desempeñó un papel activo en el juicio oral, distinguiéndose también la falta de movilización de organizaciones obreras durante el proceso judicial, sobre todo en la etapa del juicio (que duró más de un año), momento de mayor visibilidad de toda causa de lesa humanidad.

Jemio y Vitar proponen que esta falta de movilización obrera está determinada, entre otros aspectos, por la pertenencia socioeconómica de la mayoría de las víctimas del *Operativo Independencia*, quienes al pertenecer a clases populares, no contaron con los recursos que permitieron a los sectores medios, que conformaron el movimiento de derechos humanos, sostener a lo largo del

[10] Las autoras remarcan que el proceso de denuncia en las causas que configuraron el juicio Operativo Independencia se diferenció de los otros juicios llevados a cabo en la provincia ya que solo en el 58 % de sus 270 casos, las víctimas o familiares habían presentado sus denuncias cuando finalizó el proceso militar. El resto (111 víctimas) realizó sus denuncias mayormente luego de 2003.

tiempo las instancias organizativas que se ocuparon de reclamar justicia[11]. De alguna forma, este elemento contribuyo a que el reclamo de justicia por crímenes de lesa humanidad de organizaciones obreras se fuese evaporando a lo largo de las largas décadas de impunidad en Argentina.

Este argumento pareciera aplicarse al caso La Fronterita, donde, únicamente los familiares de una sola de las víctimas se apersonaron en la causa como querellantes, y donde el origen del caso judicial se encuentra en el impulso de oficio por el ministerio público fiscal, con el apoyo de la organización ANDHES, una organización sin vínculos identitarios con las víctimas. De acuerdo a los testimonios recolectados para este trabajo, no hubo acercamientos formales entre organizaciones obreras, los familiares de Ortiz, y ANDHES hasta noviembre de 2019. Sin dudas, el caso emerge movido por actores institucionales y sociales que no guardan una estrecha afinidad con las víctimas (en este caso determinada por la identidad obrera), y no por la movilización de sectores obreros. En este contexto, esta causa, como la causa "Operativo Independencia", se presentan como ajenas o extrañas a los actores colectivos obreros que participaron marginalmente del proceso de Memoria, Verdad y Justicia. Incorporarlos a ese proceso y lograr su involucramiento activo y protagonista requiere de una interacción profunda que los ubique en la centralidad de un tipo de movilización no necesariamente usual para ellos.[12]

Por otro lado, sí fueron las organizaciones de derechos humanos que históricamente sostuvieron el activismo alrededor del reclamo de justicia las que se hicieron presente para apoyar la causa, aunque ellas no necesariamente cumplen el rol determinante que ocuparon organizaciones de familiares y obreros en causas con mayor nivel de movilización, como sucede en la causa Ford o Las Marías, que se discuten en este libro.

[11] Estos recursos no son necesariamente financieros, tal cual lo destacan las autoras, quienes remarcan que el acto de denunciar requería de diversos elementos: implicaba vencer el miedo, para lo cual se suele necesitar el apoyo de otros; requería condiciones materiales que permitiesen a un miembro de la familia ausentarse de la casa, el trabajo y el cuidado de otros para hacer los trámites; se necesitaba el acceso a determinados recursos culturales y sociales como conocer la burocracia, saber dónde y cómo formular las peticiones, el acceso a un abogado; y se agravaba por la lejanía en que sobrevivientes y familiares residían.

[12] Sin dudas, otros interrogantes se abren aquí y apuntan a por qué el movimiento obrero local perdió presencia en el proceso de MVJ local. Algunos entrevistados para este trabajo sugieren, especulativamente, hipótesis relacionadas al quiebre hacia dentro del movimiento obrero y sus relaciones político-sindicales actuales como también al efectivo desmantelamiento del movimiento sindical azucarero por parte del terrorismo de estado.

Por otro lado, las estrategias de movilización se enmarcaron solo en la primera categoría de "nombrar, evidenciar, y avergonzar". El caso ha sido visibilizado a través de las tradicionales marchas de conmemoración del 24 de marzo, donde el reclamo de justicia se ha incluido regularmente en los documentos leídos por los convocantes. Asimismo, algunas campañas públicas en redes han sido llevadas a cabo por organizaciones locales. Sin embargo, el caso no entró en la agenda de organizaciones de alcance nacional que puedan generar el efecto "boomerang", tal como lo sugiere el hecho que solo un puñado de notas periodísticas de un solo periódico nacional se refirieron al caso.

La causa "La Fronterita" ha recibido el apoyo y solidaridad del activismo local. Sin embargo, sobresale la ausencia de actores afines a las víctimas, que poseen la capacidad de aglutinar, potenciar y atraer la solidaridad necesaria para movilizarse en reclamo de justicia. Los organismos de derechos humanos, a su vez, recurrieron a estrategias tradicionales que no implicaron un involucramiento intenso en el proceso judicial ni lograron la atención de organizaciones nacionales. En ese contexto, la movilización social no llegó a otorgarle dimensión y apoyo social al caso. En dichas circunstancias, la tarea de innovadores legales se hace aún más crítica.

Innovadores legales

Los procesos de memoria, verdad y justicia en todo el mundo necesitan de la participación de actores institucionales capaces de transformar los reclamos de las víctimas, en el caso de los juicios, en demandas legales sólidas (Payne, Lessa y Pereira 2015). América Latina se destaca por el esfuerzo y originalidad de estos actores (González Ocantos, *ibidem*). Ellos tuvieron que usar un nuevo lente a través del cual mirar el fenómeno de criminalidad a juzgarse y, a la vez, resolver dilemas políticos, jurídicos, epistémicos y filosóficos (Crenzel, *ibidem*). En "La Fronterita" se observa una intensa innovación legal, impulsada por el fiscal federal a cargo, una estructura de apoyo brindada por la Procuración General de la Nación (PGN), y Andhes. De hecho, la causa judicial nace por la iniciativa de estos innovadores legales.

La llamada justicia transicional, a través del derecho internacional de los derechos humanos, complementado por el derecho penal internacional, fue el lente principal desde el cual se abordó jurídicamente el juzgamiento del terrorismo de estado al establecer el alcance de las obligaciones estatales en la investigación y sanción de perpetradores estatales y paraestatales. Su incorporación a sistemas jurídicos cerrados al influjo internacional quebró doctrinas legales que avalaban legalmente las amnistías e indultos; dio lugar a nuevas construcciones jurídicas que reconfiguraron la naturaleza de ciertos delitos y sus criterios de imputación; y trajo nuevas estrategias de recolección y valoración de la prueba. Estos desarrollos fueron acompañados por cambios en la cultura institucional y la implementación de políticas criminales que permitieron el juzgamiento de conflictos de envergadura social y política en sistemas judiciales diseñados para tramitar casos individuales. (González Ocantos 2016)

Estas transformaciones, sin embargo, no allanaron el camino al juzgamiento de actores económicos. El mismo se enfrenta a una concepción estado-centrista dominante en las políticas de justicia transicional y en el derecho internacional de los derechos humanos (Payne et al., *ibidem*). Así, los casos de complicidad económica se enfrentan a un "sentido común" y a una inercia institucional que priorizan la investigación de actores estatales por sobre otros actores (Dandan 2012a).[13] Asimismo, en casos como "La Fronterita" es necesario dejar de lado, tal cual se hizo en solo un puñado de sentencias, la periodización establecida en la transición que proponía a la dictadura militar como el período exclusivo de comisión de delitos de lesa humanidad (Crenzel, *ibidem*).

En "La Fronterita" abandonar este "sentido común" significó la elaboración de nuevas construcciones jurídicas que enmarcan adecuadamente la complicidad económica. La figura propuesta por la dogmática penal del "aparato organizado de poder" permitió juzgar tanto a quienes participaron materialmente de la comisión de delitos como también a los "hombres de escritorio" con dominio sobre el aparato criminal, que encaja perfectamente con la visión de estado centrista mencionada, pero que no resulta aplicable para casos donde los actores económicos no participaron materialmente en la comisión de los delitos, no dieron órdenes, ni estuvieron a cargo de aquellas personas que sí tuvieron este tipo de participación.

Es por eso que la acusación recurrió a estándares provenientes de diferentes ramas del derecho, más allá de la tradicional dogmática penal. Por ejemplo, al especificar los deberes y obligaciones especiales de los funcionarios y propietarios del ingenio respecto de sus obreros, recurrió al derecho laboral. La articulación entre derecho penal y laboral permitió dimensionar la gravedad de la conducta de los acusados, dado que no solo no emprendieron las acciones de tutela que les requería su rol establecido en la legislación laboral,

[13] Si bien es cierto que en Argentina se han condenado a civiles tales como médicos, jueces o sacerdotes, dichos procesos legales son esporádicos y tienden a focalizarse en la participación individual y específica de tales actores en determinados crímenes, y no se aborda la complicidad económica como pieza sustancial del terrorismo de estado.

sino que prestaron aportes específicos que contribuyeron de manera significativa a la creación del riesgo para sus empleados (Camuña, *ibidem*: 92–93).

Por otro lado, los casos de complicidad económica necesitan de nuevas estrategias de recolección de evidencia probatoria, como así de otras disciplinas para valorarlas judicialmente. A pesar de las pocas causas judiciales de este tipo, víctimas, testigos, y familiares han aportado información valiosísima para inculpar a estos actores en diferentes instancias como la CONADEP, las comisiones de la verdad provinciales, y los juicios seguidos en contra de actores estatales (ANDHES 2020; Verbitsky y Bohoslavsky 2013). En este sentido, el fiscal Camuña construyó la base de su acusación en la prueba de delitos ya probados en procesos judiciales que el mismo instruyó anteriormente.

Asimismo, recurrió a otras disciplinas científicas para probar elementos claves de su acusación, como, por ejemplo, la intención de los acusados de participar en las violaciones de derechos humanos. Se basó, además de los testimonios de víctimas y testigos, en aportes de las ciencias sociales, especialmente la historia, que dan cuenta de la confluencia de los intereses de las Fuerzas Armadas y de los empresarios azucareros en desmantelar el movimiento obrero azucarero. Estos trabajos permitieron identificar el interés común de militares y empresarios de desmantelar el movimiento sindical de la provincia con su epicentro en la FOTIA. A los empresarios, dicho desmantelamiento, les trajo sustantivos beneficios (Camuña, *ibidem:* 105). Estas ventajas se tradujeron en aspectos tales como la implementación de reformas en los sistemas de producción a los cuales el sindicato se había opuesto por décadas (*ibidem*: 110–115). Un análisis contable de la prueba develó los beneficios económicos extraordinarios que también recibió, por esas razones, la empresa (*ibidem*: 118–121).

En su tarea, el fiscal se valió de la estructura de apoyo institucional implementada por la Procuraduría General de la Nación, también innovadora y única en los países donde se llevan a cabo este tipo de procesos judiciales (Pereira et al., *ibidem*). Esta estructura adoptó una política criminal explícita destinada a investigar la dimensión económica del terrorismo de estado, a partir de una aceitada coordinación horizontal intrainstitucional, principalmente entre la Procuraduría de Crímenes contra la Humanidad y la Oficina de Investigación Económica y Análisis Financiero (Andhes *ibidem*). Estas dos agencias, por ejemplo, elaboraron un protocolo, único en su tipo según estudios comparados, sistematizando las principales medidas procesales tendientes a investigar la complicidad empresarial (Payne et al., *ibidem*); organizando jornadas y encuentros para discutir estos lineamientos (Fiscales 2015); y colaborando con fiscales en más de diez causas.[14]

[14] Ver por ejemplo Dandan 2014; Mannarino 2015; y Télam 2015.

En el caso La Fronterita, como en todas menos una de las causas de complicidad económica, organizaciones de la sociedad civil también operaron como innovadores legales. ANDHES se sumó al caso, como se dijo, en representación de la familia de Fidel Jacobo Ortiz. La información sobre el caso surgió como parte de un proyecto conjunto de investigación-acción de ANDHES con la Universidad de Oxford, que recopiló y codificó en una base de datos las denuncias de complicidad empresarial durante el terrorismo de estado, presentes en los expedientes judiciales en el Norte Argentino. Del conjunto de casos relevados, ANDHES seleccionó el de Ortiz por la sólida evidencia para elaborar un litigio estratégico.

En términos de innovaciones legales, llama la atención la ausencia de otros actores nacionales que sí participaron en 13 de los otros casos de complicidad económica (Pereira et al., *ibidem*). Por ejemplo, la Unidad de Información Financiera (UIF), que opera bajo el Ministerio de Finanzas, utilizó la ley de lavado de dinero para participar en casos criminales contra actores económicos (Infojus 2014). De manera similar, la oficina de derechos humanos del Banco Central Nacional compiló archivos clasificados y no clasificados útiles para investigaciones de complicidad corporativa. Esa información se entregó a las autoridades judiciales y no judiciales (Premici 2015). Finalmente, la Secretaría de Derechos Humanos de la Nación, así como algunas secretarías provinciales, han participado como querellantes en varios casos. El involucramiento de otros actores, sobre todo proveniente de la estructura de gobierno nacional, aportó elementos técnicos relevantes pero también contribuyeron a fortalecer la legitimidad, desde una perspectiva simbólica, del reclamo de actores locales.

Sin duda, los avances del proceso general de judicialización de los crímenes de lesa humanidad no se tradujeron en el allanamiento del camino para los procesos de complicidad económica. Todavía se necesita de actores y estrategias capaces de romper la cosmovisión tradicional en la que se asentaron los reclamos de justicia, elaborar nuevos andamiajes jurídicos capaces de dar cuenta y demostrar la responsabilidad legal de los actores económicos y diseñar estrategias probatorias que se adecuen efectivamente a este nuevo fenómeno. En este caso, la intensa presencia de innovadores legales no fue suficiente para contrarrestar la fuerza del principal actor de veto, y convencer a los jueces sobre la necesidad de procesar a los acusados.

Actores de veto

La lucha por memoria, verdad y justicia ha sido resistida, en diversos lugares del mundo, por grupos capaces de obstaculizar, y algunas veces paralizar, cualquier iniciativa proveniente del movimiento de derechos humanos y canalizada por innovadores institucionales. La fuerza de estos actores con poder de veto ha determinado, también, el curso de estas iniciativas (Lessa et al. 2014a). En el ámbito de la complicidad empresarial, estos actores han demostrado su capacidad de obstaculizar procesos de rendición de cuentas (Payne et al., 2020). En nuestro caso, el actor con poder de veto no necesitó de una estrategia de alta intensidad para bloquear los avances en la causa.

En Argentina, los actores económicos acusados de violaciones masivas de derechos humanos, han desarrollado al menos tres tipos de estrategias. Por un lado, han recurrido a acciones legales defensivas, esperables en cualquier causa de lesa humanidad, negando las acusaciones, rehusándose a aportes materiales probatorios requeridos durante la investigación fiscal, e interponiendo recursos procesales para bloquear y retrasarlas. Precisamente, dilatar el trámite judicial es una estrategia efectiva para lograr impunidad en Argentina, dado que el tiempo transcurrido desde la comisión de los crímenes juega en contra de la recolección de nuevas pruebas y abre la posibilidad de que las causas se interrumpan definitivamente dada la avanzada edad de los acusados. Esta estrategia, por ejemplo, ha dado frutos en la causa Minera La Aguilar, donde la muerte y enfermedad mental de dos de los empresarios acusados determinó el cierre de la causa en el aspecto empresarial.

Para tales fines, los actores económicos echan mano a sus recursos económicos y redes sociales para obtener el servicio de expertos y costosos equipos legales. En Argentina, llama la atención que otrora actores legales reconocidos por su aporte a la justicia en causas de lesa humanidad prestan servicios a empresas acusadas de tales crímenes en varios casos. Los ex jueces Jorge Valerga Aráoz, miembro del Tribunal del histórico Juicio a las Juntas que condenó a los altos mandos de la dictadura militar en 1985, y Gabriel Cavallo, quien dictó la célebre inconstitucionalidad de las leyes de impunidad en 2001, se enlistaron en los equipos de abogados que defendieron a empresarios en las causas Ledesma, Mercedes Benz y Papel Prensa (Dandan 2012b; *La Política Online* 2012; Soria 2019).

Los cómplices económicos también han recurrido, fuera de los estrados judiciales, a otras estrategias. En 5 casos han implementado acciones de movilización colectiva y campañas públicas para deslegitimar públicamente los procesos judiciales en su contra e influenciar fiscales y jueces a cargo de las mismas. Por ejemplo, la Asociación de Entidades Periodísticas Argentinas, ADEPA, compuesta por los principales periódicos argentinos; La Comisión Empresarial de Medios de Comunicación Independientes y la influyente Academia Nacional de Ciencias Morales y Políticas emitieron declaraciones públicas, de amplia repercusión mediática, buscando instalar en el debate público la idea de que la investigación seguida en contra de Vicente Massot en la causa "La Nueva Provincia" se trataba de una persecución política.

Por otro lado, algunos actores económicos acuden a estrategias menos explícitas para ejercer influencia indebida sobre los procesos judiciales. Al ser parte de las elites locales, sus lazos con gobernantes, jueces, fiscales y empleados judiciales es muy estrecho. Solo basta, en el caso argentino, mencionar la situación del Presidente de la Corte Suprema de Argentina, el juez Rosenkrantz, considerado un jurista de estrechos lazos profesionales y sociales con relevantes miembros del empresariado nacional, que incluyen al grupo Blaquier (Caram 2019, Hauser 2019). En las provincias, las conexiones entre la elite judicial y económica es mucho más estrecha, como lo demuestra la causa seguida en contra del empresario Navajas Artaza en la cual 20 jueces se excusaron de investigarlo debido a sus conexiones sociales con el acusado (Copani y Jasinski 2018, *La Retaguardia* 2018).

Otras formas de ejercer presión indebida, y menos sutiles, también han tenido lugar en el 30 % de los casos. Por ejemplo, la entonces diputada nacional, Myriam Bregman recibió la presión, a través de una carta, del director de Asuntos Jurídicos de la empresa Ledesma, luego de que ella hizo mención, en una audiencia oficial en el Congreso Nacional, a la conexión entre el propietario de esa empresa con la comisión de crímenes de lesa humanidad. La carta de la compañía fue interpretada por la propia Bregman, abogados y organismos de derechos humanos, periodistas, académicos y políticos como una intimidación.

En el caso La Fronterita, los actores con poder de veto no necesitaron recurrir a sofisticadas estrategias para interrumpir el proceso judicial. Si bien no existe todavía una decisión final que los desvincule de la causa judicial, su estrategia legal en manos de un equipo legal con conexiones políticas y judiciales les permitió congelar el desarrollo del proceso judicial.

La estrategia se basó en desplegar una actitud poco colaborativa con la investigación. La empresa hizo caso omiso a los requerimientos de documentación enviados por el fiscal, lo que obligó a un allanamiento ordenado por el juez en 2016. Asimismo, en 2009 y en respuesta a la investigación de la desaparición forzada de obreros de la empresa en una causa judicial precedente, proveyó información falsa respecto de quienes fueron los directivos del ingenio durante 1975. También, en el 2015, negó frente al fiscal que un grupo de obreros, sobre cuyos datos se requería, eran sus empleados. Estas maniobras fueron consideradas como estrategias de encubrimiento e intento de inducir a engaño por el Fiscal, quien requirió al juez que se las catalogue como estrategias de "estafa procesal". Todas estas maniobras retrasaron sensiblemente la investigación.

Para su estrategia defensiva, el grupo Minetti echó manos a su poder económico y sus privilegios como parte de la elite económica local y nacional. Así, contrató para la defensa de dos de sus acusados a uno de los abogados más destacados de la provincia. Sumado a sus características profesionales, este abogado es considerado un actor influyente en el poder judicial federal y provincial gracias a su extensa red de contactos con funcionarios, fiscales y jueces, construida a lo largo de su carrera y gracias a las conexiones de miembros de su familia que ocupan y ocuparon altos cargos judiciales.

A diferencia de otras causas de lesa humanidad seguidas contra actores estatales y paraestatales, el activismo de derechos humanos e innovadores institucionales comprometidos con determinar las responsabilidades legales en el ámbito de la complicidad empresarial se enfrentan a poderosos actores con poder de veto capaces de influenciar el devenir de las causas, sin importar la solidez jurídica y probatoria de las acusaciones. El caso La Fronterita sugiere que el poder de estos actores es real, y que el mismo se amplifica en contextos políticos poco amistosos para la rendición de cuentas empresarial.

Contexto político

Como en toda América Latina (González-Ocantos 2019), en Argentina los gobiernos de turno han logrado alinear a ciertos sectores del poder judicial a algunas de sus políticas más relevantes en momentos claves y bajo determinadas condiciones políticas (Castagnola 2017; Pereira 2014). El proceso de justicia frente a los crímenes de lesa humanidad no ha sido la excepción (Engstrom y Pereira 2012; Helmke 2005). El caso "La Fronterita" puede ser leído en el marco de los cambios políticos de los últimos años.

Desde la reapertura del proceso de justicia en el año 2005 hasta 2019, Argentina experimentó un cambio político sustantivo. Entre 2005 y 2015, durante las presidencias de Néstor Kirchner y Cristina Fernández, el proceso de justicia avanzó con pocas restricciones políticas (Engstrom y Pereira, *ibidem*). Respecto a la responsabilidad corporativa, se implementaron algunas reformas institucionales significativas. En 2015, el nuevo código civil estableció la imprescriptibilidad de las acciones de daños conectadas a crímenes de lesa humanidad contra personas físicas y jurídicas y se creó una comisión de la verdad sobre la complicidad económica (Payne et al. 2017).

Así, se configuró un contexto propicio para investigar la complicidad económica en el cual se dieron los primeros pasos en varios casos. Todos menos uno de los casos de la "Rendición de Cuentas Empresarial en Justicia Transicional" (CATJ, por sus siglas en inglés) se iniciaron en este periodo (19 casos penales y cuatro civiles). Asimismo, en 17 de ellos se observó un importante impulso por parte de fiscales y jueces en la etapa de instrucción de las causas (Pereira et al., *ibidem*).

El traspaso de gobierno en diciembre de 2015 implicó un cambio en el contexto político significativo. Durante la administración de Macri las políticas de derechos humanos sufrieron serias restricciones en cuanto alcance, financiamiento, y personal (Centro de Estudios Legales y Sociales 2017; Lessa 2018). Además, la Corte Suprema de Justicia tomó una postura restrictiva respecto del alcance y las sanciones en los juicios por crímenes contra la humanidad (Payne et al., 2020). Creció también una retórica pública sostenida por funcionarios de primera línea del gobierno que buscaba deslegitimar este reclamo (Centro de Estudios Legales y Sociales, *ibidem*). Ese contexto afectó el proceso de búsqueda de justicia (Procuraduría de Crímenes contra la Humanidad 2018), aunque no implicó su clausura ni un sustantivo debilitamiento.

En relación a cuestiones de complicidad económica, el nuevo contexto se mostró sustancialmente adverso. La cercanía del gobierno a las elites empresariales y sus intereses ha sido destacado en diferentes ámbitos (Mochkofsky 2015; Parish 2018; Rapoza 2018). La ocupación de cargos públicos claves por miembros de alto perfil de la comunidad empresarial en los tiempos de Macri no tiene paralelo en la reciente historia argentina (Castellani 2018)[15]. Algunos de estos funcionarios gubernamentales tuvieron vínculos con grupos económicos conocidos por haber brindado apoyo a la dictadura, incluido el Grupo Macri (*El País Digital* 2018).

No sorprende que en este contexto no se implementó la comisión de la verdad sobre los actores económicos aprobada por Congreso en 2015, se desmanteló la unidad de derechos humanos del Banco Central de Argentina y se despojó a la Unidad de Información Financiera que había comenzado a investigar la complicidad corporativa (Centro de Estudios Legales y Sociales, *ibidem*).

En estos años se observó un estancamiento del impulso por lograr la rendición de cuentas de actores económicos. El 74 % (17) de los casos permanecieron en la misma etapa procesal que habían alcanzado en el contexto político anterior. Además, se observaron retrasos excesivos por razones atribuidas a jueces de primera y segunda instancia en 17 casos. Y, el número de decisiones adversas aumentó, dado que se produjeron tres absoluciones, dos de ellas aún pendientes de revisión, y se dictaron al menos tres decisiones

[15] Este fenómeno se denomina "puerta giratoria" y es considerado como una estrategia de captura del estado por parte de las corporaciones (ESCR-Net Corporate Accountability Working Group n.d.),

estableciendo la falta de pruebas para continuar con los procesos. (Pereira et al., *ibidem*)

Los cambios de la política nacional se pueden leer en el trámite de la causa "La Fronterita". Para percibirlos, es necesario mirar con mayor detalle las características propias del proceso de litigación, que en este caso se puede dividir en dos.

En la primera, desde el comienzo de la investigación en el 2015 hasta el pedido de procesamiento y detención de los acusados en el 2018, el actor institucional protagónico fue el fiscal, quien contó con el apoyo de la estructura de la Procuraduría General de la Nación y el estímulo de la querella. En esta etapa, el juez de instrucción tuvo un papel relegado a dictar algunas de las medidas probatorias requeridas por el fiscal. Justamente, de acuerdo a entrevistas con diversos expertos, los innovadores institucionales eran conscientes de los posibles obstáculos a los que se enfrentarían luego de un eventual pedido de procesamiento, y de cómo los cambios en el escenario político podrían afectar sus estrategias. El fiscal, así, recabó una cantidad de material probatorio inusual para esta instancia procesal. Solicitó al juez la declaración indagatoria y detención de los acusados quienes declararon entre mayo y julio de 2018. Hasta ese momento, la estrategia defensiva de los acusados logró solo dilatar el trámite y el cambio de contexto político tuvo casi nulos efectos en estos primeros pasos.

La segunda etapa comienza con el pedido de detención, cuando el juez de instrucción y la cámara de apelaciones tienen mayor protagonismo y responsabilidad sobre el devenir del proceso. Ellos, debemos aclarar, pertenecen a una estructura institucional, el Poder Judicial de la Nación, diferente a la del ministerio público fiscal. Con la aparición de estos actores se produjo el virtual congelamiento de la causa.

A pesar de contar con solo diez días, y de no haber justificación para prorrogar ese plazo, el juez demoró casi doce meses para decidir sobre el pedido de detención. Antes de hacerlo, dictó una curiosa resolución dilatoria del proceso. Luego de haber prestado declaración, los acusados presentaron un escrito pidiendo su sobreseimiento. El juez aceptó esta presentación y habilitó un plazo para que el fiscal se expidiera sobre lo que ya se había pronunciado en su acusación. Dicha presentación, su ingreso al expediente, y el traslado al fiscal no están contempladas en el código de procedimientos. Además, son inútiles en términos procesales, ya que el juez contaba ya con todos los elementos previstos por la legislación para tomar su decisión.

Recién en mayo de 2019 el juez resuelve que no había pruebas suficientes para procesar a los acusados y ordena desviar la investigación hacia actores estatales. La decisión es controversial en varios sentidos, los cuales fueron resaltados por el fiscal y la querella. Primero, encierra una perspectiva sesgada respecto del terrorismo de estado, que ubica solo a los actores estatales como artífices del terror, sin aceptar su complejidad y la participación de diferentes actores. Así, dictaminó que los empresarios "fueron víctimas del terrorismo de Estado", al igual que los trabajadores y pobladores de la zona que pasaron por el centro de detención ilegal. Para el juez los imputados nada podían hacer.

Además, el juez realizó controvertidas valoraciones probatorias, algunas de las cuales se distanciaban de la práctica judicial tradicional en causas de lesa humanidad. Por ejemplo, no existe en el expediente ninguna prueba que acredite la situación de "víctimas" de los acusados. Es más, a pesar de la posición privilegiada que los acusados mantuvieron y mantienen durante y desde el terrorismo de estado y los consiguientes recursos materiales y simbólicos con los que cuentan, nunca realizaron denuncia ante las diferentes comisiones de la verdad nacional y local ni en estrados judiciales. Recién en este caso, luego de más de cuarenta años, arguyen su condición de víctimas.[16]

Por otro lado, el juez, con vasta experiencia en causas de lesa humanidad, quita ahora valor a los testimonios de víctimas y familiares ofrecidos por la acusación. Así, se aparta de una consolidada práctica nacional y comparada de considerar dichas pruebas como piedra basal del acervo probatorio en este tipo de causas. Además, el juez concluye que los acusados no obtuvieron beneficios durante el terrorismo de estado basándose solamente en un informe contable ofrecido por los acusados, que no fue contrastado con otras medidas probatorias y relega, así, la prueba ofrecida por la acusación que demuestra los beneficios obtenidos por el Grupo Minetti al desarticularse el movimiento sindical dentro de su empresa.

La apelación de la fiscalía y la querella corrió la misma suerte que el pedido de procesamiento y detención. El tribunal encargado de decidir dilató su decisión hasta junio del 2020. El retardo injustificado de los jueces benefició, otra vez, a la estrategia de la defensa.

Los cambios en el contexto político y su impacto en el proceso de justicia revelan dos dimensiones. Por un lado, si miramos el juzgamiento del terrorismo de estado en su dimensión estatal, se puede decir que dicho cambio trajo consigo complicaciones, pero no modificó sustantivamente el consolidado camino a la justicia. Sin embargo, respecto de la dimensión económica y la complicidad empresarial, el contexto político parecería haber colaborado en fortalecer los obstáculos presentados por los actores con poder de veto.

[16] Esa posición contrasta con la actitud de otros empresarios víctimas que realizaron denuncias, muchos de los cuales se mencionan en un informe de la Comisión Nacional de Valores que releva 141 casos de empresarios y financistas secuestrados y desapoderados (Perosino, Napoli y Bosisio 2013).

Conclusiones

Argentina ha recorrido un largo camino en la lucha por la justicia por crímenes de lesa humanidad. En ese trayecto, se han sorteado un sinnúmero de obstáculos para llegar a ser un país modelo a escala global en materia de justicia transicional especialmente respecto de la dimensión estatal del terrorismo de estado. La persistencia y originalidad de organizaciones de víctimas y familiares logró romper con la impunidad y consolidar el proceso de justicia desde su reapertura en el 2005. Dicho reclamo fue recibido por innovadores legales que desarrollaron herramientas jurídicas y políticas institucionales para dar respuesta a un reclamo colectivo de justicia. Los actores con poder de veto perdieron su capacidad de bloquear este proceso, y los cambios en el contexto político se volvieron irrelevantes.

Sin embargo, estos avances no han allanado totalmente el camino para el juzgamiento de los cómplices económicos. Ampliar los anillos de responsabilidad legal a la complicidad económica presenta nuevos y particulares desafíos para quienes impulsan el reclamo de justicia. El análisis del caso "La Fronterita" a través del lente de la "Palanca de Arquímedes" nos permitió identificar dichos desafíos.

En un contexto negativo para el avance de la justicia en el campo de la complicidad económica no bastan los actores y estrategias que exitosamente sostienen el avance de la justicia respecto de la dimensión estatal, particularmente en los escenarios provinciales alejados del centro político del país.

Así, el inicio y sostenimiento de causas de complicidad requiere una renovada movilización capaz de sostenerlas mediante el apoyo social. Para esto, además de las organizaciones de derechos humanos se necesitan otros actores sociales que cuenten con el capital simbólico y capacidad de movilización para atraer la solidaridad de colectivos afines a las víctimas obreras, tanto a nivel provincial como nacional. Dicha movilización necesita también de estrategias renovadas que excedan a las usadas en el consolidado proceso de justicia contra actores estatales.

Por otro lado, el esfuerzo de innovadores institucionales también debe ser renovado, ya que los marcos jurídicos, mecanismos de recolección y valoración de la prueba, y las políticas criminales que facilitaron el abordaje estatal del terrorismo de estado parecen insuficientes. El punto de partida para lograr la justicia requiere dimensionar al terrorismo de estado como un complejo entramado social, político, y cultural. Dicha mirada trasciende a la figura del actor estatal como protagonista del terror e incluye a otros actores, que participaron de forma integral, y no necesariamente secundaria. Esas formas de participación son materialmente diferentes a las que se observan frente a otras causas de lesa humanidad. Asimismo, para lograr conectar esta participación con el plan criminal se requiere comprender que el desmantelamiento de la movilización y activismo sindical representó un beneficio económico concreto para cierto sector del empresariado nacional. Finalmente, se requiere también dejar de lado la periodización tradicional del terrorismo de estado que lo identifica, exclusivamente, con la dictadura militar.

En Argentina, tanto dentro del Ministerio Público Fiscal como en el ámbito de la sociedad civil existen actores capaces de ensayar nuevas estrategias para romper con la impunidad. Sin embargo, dentro del poder judicial todavía existen resistencias a complejizar el fenómeno del terrorismo de estado. Aun aquellos que cumplieron un rol determinante en otras causas de lesa humanidad, parecieran negarse a romper con el "sentido común" del proceso de justicia.

Finalmente, avanzar en el juzgamiento de la complicidad económica implica poner el foco en actores con poder de veto. Ya no son las debilitadas Fuerzas Armadas o la base social de una derecha conservadora las que obturan el proceso de justicia. Son actores económicos que gozan actualmente de recursos materiales y simbólicos, legitimidad social, capacidad de movilización, y efectiva penetración en ámbitos políticos y judiciales los que se oponen al proceso de justicia. Su poder de veto se acrecienta cuando los vientos de la política soplan en su favor.

Bibliografía

ANDHES (2020). Hacia Una Política de Verdad y Justicia Sobre La Complicidad de Actores Económicos En Delitos de Lesa Humanidad En El Marco Del Terrorismo de Estado, en *La Argentina: Aportes Desde La Sociedad Civil*, San Miguel de Tucumán. www.andhes.org.ar.

Camuña, Pablo (2016). "Requerimiento de Instrucción - CAUSA: 'INGENIO LA FRONTERITA S/AVERIGUACIÓN DE DELITO (LESA HUMANIDAD)' EXPTE. FTU 7282/2016."

Caram, Sofía. (2019). "Blanquear a Blaquier." *Página 12*, julio 7, 2019. https://www.pagina12.com.ar/204885-blanquear-a-blaquier.

Castagnola, Andrea. (2017). *Manipulating Courts in New Democracies: Forcing Judges Off the Bench in Argentina*. Routledge.

Castellani, Ana. (2018). 'Cambiemos SA' Exposición a Los Conflictos de Interés En El Gobierno Nacional. Los Funcionarios Con Participación En Empresas Privadas a Junio de 2018. Buenos Aires. http://noticias.unsam.edu.ar/wp-content/uploads/2018/08/Informe-N5-Observatorio.pdf.

Centro de Estudios Legales y Sociales. 2017. "Derechos Humanos En La Argentina: Informe 2017."

Copani, Andrea, Alejandro, Jasinski. (2018). Mate Lavado | El Cohete a La Luna. El Cohete a La Luna. Abril 29, 2018. https://www.elcohetealaluna.com/mate-lavado/.

Crenzel, Emilio (2018). Los Desafíos de Juzgar y Castigar Violaciones Masivas y Sistemáticas a Los Derechos Humanos. en *Tucumán: Será Justicia Ensayo Sobre Los Juicios Por Lesa Humanidad*, Gabriel Eduardo Casas, San Miguel de Tucumán: Editorial de la Universidad Nacional de Tucumán.

Dandan, Alejandra. (2012a). El Poder Económico Detrás Del Poder Militar. *Página12*, marzo 21, 2012. https://www.pagina12.com.ar/diario/elpais/1-190074-2012-03-21.html.

———. (2012b). "La Estrategia de La Defensa," junio 26, 2012. https://www.pagina12.com.ar/diario/elpais/1-197240-2012-06-26.html.

———. (2014). "Página/12: El País: 'La Motivación Económica de La Represión Ilegal.'" 2014. https://www.pagina12.com.ar/diario/elpais/1-256497-2014-10-01.html.

Doz Costa, Josefina, Gabriel Pereira, Cynthia Ovejero y Leigh A. Payne. (2016). "Terrorismo de Estado y Complicidad Empresarial. Aportes a La Justicia Transicional, Entre El Escenario Internacional y El Noroeste Argentino." en *IX Seminario Internacional Políticas de La Memoria.*

Engstrom, Par y Gabriel Pereira. (2012). "From Amnesty to Accountability: The Ebbs and Flows in the Search for Justice in Argentina." En *Amnesty in the Age of Human Rights Accountability: Comparative and International Perspectives*, editado por Francesca Lessa y Leigh A Payne. Cambridge: Cambridge: Cambridge University Press.

tps://drive.google.com/file/d/1IQ146Kb8WSj47NpbnlrOI-leZlZhVrKZ/view.

Fiscales. (2015). "Avances En La Investigación de La Complicidad Empresarial Durante La Dictadura." enero 13, 2015. https://www.fiscales.gob.ar/lesa-humanidad/avances-en-la-investigacion-de-la-complicidad-empresarial-durante-la-dictadura/.

González-Ocantos, Ezequiel. (2019). "Courts in Latin American Politics." en *The Oxford Encyclopedia of Latin American Politics*, editado por G. Prevost y H. Vandem. New York: Oxford University Press.

González Ocantos, Ezequiel. (2016). *Shifting Legal Visions : Judicial Change and Human Rights Trials in Latin America*. Cambridge Studies in Law and Society. New York, NY: Cambridge University Press.

Hauser, Irina. 2019. "Rosenkrantz, de Un Lado y Del otro." *Página/12*. https://www.pagina12.com.ar/193255-rosenkrantz-de-un-lado-y-del-otro (June 18, 2020).

Helmke, Gretchen. (2005). *Courts under Constraints: Judges, Generals, and Presidents in Argentina*. Cambridge: Cambridge University Press.

Infojus. (2014). "La UIF Pide Ser Querellante En Causa Por Apropiación de Bienes." enero 7, 2014. http://www.infojusnoticias.gov.ar/nacionales/lesa-la-uif-pide-ser-querellante-en-causa-por-apropiacion-de-bienes-2835.html.

Jemio, Ana y Vitar, Julia (en prensa): "La causa Operativo Independencia. Reflexiones sobre el vínculo de acceso a la justicia, acción colectiva y clase social en el proceso de justicia en Tucumán" en Valeria Thus y Malena Silveyra (eds.), *El proceso de juzgamiento por crímenes de Estado en Argentina. Reflexiones a 15 años de la reapertura de las causas,* Buenos Aires: EUDEBA.

Keck, Margaret, Kathryn Sikkink, y Lorena Murillo S. (1999). "Redes Transnacionales de Cabildeo e Influencia." *Foro Internacional* 39 (4): 404-428.

Lessa, F., T. D. Olsen, L. A. Payne, G. Pereira y A. G. Reiter. (2014a). "Overcoming Impunity: Pathways to Accountability in Latin America." *International Journal of Transitional Justice* 8 (1). https://doi.org/10.1093/ijtj/ijt031.

Lessa, Francesca. (2018). "Investigating Crimes against Humanity in South America: Present and Future Challenges."

Mannarino, Juan Manuel. (2015). "Analizan Documentos de Tenaris Para Determinar Su Rol En Delitos de Lesa." Infojus. Octubre 21, 2015. http://www.infojusnoticias.gov.ar/nacionales/analizan-documentos-de-tenaris-para-determinar-su-rol-en-delitos-de-lesa-10263.html.

Ministerio de Justicia y Derechos Humanos de la Nación, FLACSO-Argentina, Centro de Estudios Legales y Sociales, y Sistema Argentino de Información Jurídica. (2016). "Responsabilidad Empresarial En Delitos de Lesa Humanidad: Represión a Trabajadores Durante El Terrorismo de Estado TOMO I y II." Buenos Aires.

Mochkofsky, Graciela (2015). "What's Next for Mauricio Macri, Argentina's New President? | The New Yorker." *The New Yorker*, Deciembre 15, 2015. https://www.newyorker.com/news/news-desk/whats-next-mauricio-macri-argentinas-new-president.

Nassif, Silvia (2015). "Protagonistas Olvidados: Las Luchas Obreras En Tucumán En Los Años' 60 y Principios de Los '70." *Estudios* 34 (julio-diciembre): 159–76.

———. (2016). *Tucumán En Llamas. El Cierre de Los Ingenios y La Lucha Obrera Contra La Dictadura (1966–1973). Tucumán, Argentina: UNT.* Tucumán: Universidad Nacional de Tucumán.

———. (2018a). "Terrorismo de Estado En La Argentina: Tucumán y La Ofensiva Contra Los Obreros de La Agro-Industria Azucarera." *Revista Interdisciplinaria de Estudios Agrarios* 48 (1.° semestre).

País Digital, El. (2018). "El Grupo Macri y La Dictadura: El Comienzo de La Expansión." *El País Digital*, marzo 2018.

Parish, Flannery Nathaniel. (2018). "What Can Investors Expect From Argentina's Economy In 2018?" *Forbes*, 2018. https://www.forbes.com/sites/nathanielparishflannery/2018/06/29/what-can-investors-expect-from-argentinas-economy-in-2018/#30417e4a1755.

Payne, L. A., F. Lessa y G. Pereira. (2015). "Overcoming Barriers to Justice in the Age of Human Rights Accountability." *Human Rights Quarterly* 37 (3). https://doi.org/10.1353/hrq.2015.0040.

Payne, L., Gabriel Pereira, L. Bernal Bermúdez y J. Doz Costas. (2017). "Can a Treaty on Business and Human Rights Help Achieve Transitional Justice Goals?" *Homa Publica–International Journal on Human Rights and Business* 1 (2).

Payne, Leigh A., Gabriel Pereira y Laura Bernal-Bermúdez. (2020). *Transitional Justice and Corporate Accountability from Below: Deploying Archimedes' Lever.* Cambridge University Press. https://doi.org/10.1017/9781108564564.

Pereira, Gabriel, Leigh A. Payne y Laura Bernal-Bermúdez. (2020). "Justice from Below: Corporate Accountability in Argentina." Manuscripto cedido por los autores. Oxford.

Pereira, Gabriel (2014) "Judicial Decision in Hostile Environments : Judges, Executives, and the Public in Argentina (2004–2010)." Thesis (D.Phil.)--University of Oxford, (Social Sciences Division).

Perosino, María Celeste, Bruno Napoli y Walter Bosisio. (2013). "Economía, Política y Sistema Financiero: La Última Dictadura Cívico-Militar En La CNV." Ciudad de Buenos Aires.

Pita, María Victoria y Pereyra, Sebastián (2020): "La Centralidad de Las Víctimas En La Movilización Social Contemporánea." en *Movilización de Víctimas y Demandas de Justicia En La Argentina Contemporánea*, editado por María Victoria Pita; Sebastián Pereyra, Primera Ed., 19–66. Ciudad Autónoma de Buenos Aires: Teseo.

Política Online, La. (2012). "Blaquier Declaró y Negó Su Responsabilidad En Secuestros Durante La Dictadura." August 8, 2012. https://www.lapoliticaonline.com/nota/nota-84301/.

Premici, Sebastián. 2015. "Huellas de La Complicidad," October 13, 2015. https://www.pagina12.com.ar/diario/economia/2-283673-2015-10-13.html.

Procuraduría de Crímenes contra la Humanidad (2018). "Informe Estadístico Sobre El Estado de Las Causas Por Delitos de Lesa Humanidad En Argentina Diagnóstico 2018." https://www.fiscales.gob.ar/wp-content/uploads/2018/12/LESA_informe-estadistico-anual-2018.pdf.

Rapoza, Kenneth. (2018). "President Macri's Theme Song: Definitely Cry For Me, Argentina." *Forbes*, September 6, 2018. https://www.forbes.com/sites/kenrapoza/2018/09/06/argentinas-president-macri-setting-the-table-for-future-peronista-government/#47d503573d02.

Relatoría Especial sobre Derechos Económicos Sociales, Culturales y Ambientales. 2019. "Empresas y Derechos Humanos: Estándares Interamericanos Arte de La Portada." Washington DC. http://www.oas.org/es/cidh/informes/pdfs/EmpresasDDHH.pdf.

Retaguardia, La. 2018. "Más de 40 Años y 20 Jueces Después Hay Juicio Por Lesa En El Establecimiento Las Marías." *La Retaguardia*, July 5, 2018. http://www.laretaguardia.com.ar/2018/07/las-marias.html.

Sikkink, Kathryn (2018). *Razones Para La Esperanza La Legitimidad y Efectividad de Los Derechos Humanos de Cara Al Futuro.* Ciudad Autónoma de Buenos Aires: Siglo XXI Editores Argentina.

Smulovitz, Catalina (2008). "La Política Por Otros Medios. Judicialización y Movilización Legal En La Argentina." *Desarrollo Económico* 48 (190/191): 287–305.

Soria, Lucho. (2019). "Mercedes Benz: Juicio a La Represión de Los Trabajadores | Vove." Marzo 21, 2019. https://vove.com.ar/mercedes-benz-juicio-a-la-represion-de-los-trabajadores/.

SUTEBA. (2013). "ENCUENTRO DEL SUTEBA, LA CTERA Y LA UNTREF SOBRE GENOCIDIO - Suteba." SUTEBA. October 22, 2013. https://www.suteba.org.ar/encuentro-del-suteba-la-ctera-y-la-untref-sobre-genocidio-11398.html.

———. (2018a). "CAUSA FORD: COMPLICIDAD Y RESPONSABILIDAD EMPRESARIAL EN DELITOS DE LESA HUMANIDAD DURANTE LA ÚLTIMA DICTADURA - Suteba." SUTEBA. May 14, 2018. https://www.suteba.org.ar/causa-ford-complicidad-y-responsabilidad-empresarial-en-delitos-de-lesa-humanidad-durante-la-ltima-dictadura-17640.html.

———. (2018b). "Causa ford: ¡cárcel común a empresarios cómplices de la última dictadura militar! - Suteba." Diciembre 11, 2018. https://www.suteba.org.ar/causa-ford-crcel-comn-a-empresarios-cmplices-de-la-ltima-dictadura-militar-18466.html.

———. (2018c). "LA MESA INTERSINDICAL DE DDHH EN LA CASA DE H.I.J.O.S. - Suteba." SUTEBA. December 12, 2018. https://www.suteba.org.ar/la-mesa-intersindical-de-ddhh-en-la-casa-de-h-i-j-o-s-18470.html.

Télam. (2015). "Allanaron El Establecimiento 'Las Marías' y Secuestraron Documentación En Una Causa Por Delitos de Lesa Humanidad - Télam - Agencia Nacional de Noticias." Télam. July 1, 2015. https://www.telam.com.ar/notas/201507/111069-allanamiento-las-marias-documentacion-lesa-humanidad.html.

Verbitsky, Horacio, Juan Pablo Bohoslavsky. 2013. *Cuentas Pendientes: Los Cómplices Económicos de La Dictadura.*

Notas biográficas

Claudia Calvo es licenciada y profesora de Enseñanza Secundaria, Media, Normal y Especial de Sociología y magíster en Investigación en Ciencias Sociales por la Facultad de Ciencias Sociales de la Universidad de Buenos Aires. Cursa el Doctorado en Ciencias Sociales de la misma Facultad con el proyecto "Memorias y representaciones de las Ligas Agrarias en tiempos de estatalización de las memorias (2003–2015)". Es docente de la materia Teoría Social y miembro del Grupo UBACyT: "La Judicialización de las Violaciones a los derechos humanos en Argentina, la elaboración de la verdad y de la memoria social. Actores, escenarios y representaciones (1976–2016)", dirigido por el Dr. Emilio Crenzel, en el Instituto de Investigaciones Gino Germani de la Facultad de Ciencias Sociales de la Universidad de Buenos Aires. En dicho instituto participó del Grupo de Estudios de Ecología Política, Comunidades y Derechos y fue docente en la cátedra Ecología Política, de dicha facultad.

Emilio Crenzel Investigador principal del CONICET y profesor de la Carrera de Sociología, Facultad de Ciencias Sociales, Universidad de Buenos Aires. Dirige el Grupo de Estudios sobre Historia Reciente y Memoria Social del Instituto de Investigaciones Gino Germani. Es autor de *La historia política del Nunca Más: La memoria de las desapariciones en Argentina* (Siglo XXI) traducido al inglés (Routledge), francés (L´Harmattan), italiano (ed.it) y portugués (Letra e voz); *Memorias enfrentadas: el voto a Bussi en Tucumán* (Universidad Nacional de Tucumán); *El Tucumanazo* (Centro Editor de América Latina y Universidad Nacional de Tucumán). Editó *Los desaparecidos en la Argentina: Memorias, representaciones e ideas (1983–2008)* (Biblos) y, junto a Eugenia Allier, de *Las luchas por la memoria en América* *latina: historia reciente y violencia política* (Universidad Nacional Autónoma de México) traducido al inglés (Palgrave). Integra el Human Rights Subcommittee of the Committee on Academic Freedom and Human Rights, Latin American Studies Association.

María Josefina Martínez es antropóloga, directora del Departamento de Ciencias Antropológicas (2018–2021) y profesora adjunta en la Facultad de Filosofía y Letras de la Universidad de Buenos Aires donde integra como investigadora el "Programa de Antropología Política y Jurídica" con sede en el Instituto de Ciencias Antropológicas. Es profesora titular en la Maestría en Antropología Social de dicha facultad y en la Maestría en Derecho Internacional de los Derechos Humanos (Facultad de Derecho, UBA). Es investigadora del Instituto de Estudos Comparados em Administracão Institucional de Conflictos (UFF) y ha sido becaria "René Hugo Thalmann" en la EHESS, París, Francia. Es asesora del Comité Contra la Tortura, Comisión Provincial por la Memoria, provincia de Buenos Aires (2007–2009); directora del Programa Violencia Institucional del Centro de Estudios Legales y Sociales CELS (2010) y consultora en reformas de justicia para el Programa de Naciones Unidas para el Desarrollo (PNUD).

Ayelén Mereb es licenciada en Sociología (UBA) y doctora en Ciencias Sociales (UNLP) y becaria posdoctoral del CONICET. Es investigadora del "Grupo de Estudios sobre Historia Reciente y Memorias Sociales" en el Instituto de Investigaciones Gino Germani de la Universidad de Buenos Aires y es profesora del Instituto de Educación Superior N.° 813 "Profesor Pablo Luppi" (Chubut). Integra los proyectos "Orden, control y seguridad en Río Negro. Agencias, prácticas y políticas estatales", Universidad Nacional de Río Negro, y "Los setentas en la Norpatagonia. Modalidades represivas y espacios de resistencias. Neuquén – Río Negro (1970–1983)", Universidad Nacional del Comahue. Ha publicado artículos en las revistas *Conflicto Social*, *Identidades*, *Nuevos Mundos*, *Mundos Nuevos*, *Pilquen*, *Tempo e Argumento*, e *Izquierdas* sobre historia argentina reciente y memorias sociales.

María Laura Ortiz es doctora en Historia por la Universidad de Buenos Aires y profesora y licenciada en Historia por la Universidad Nacional de Córdoba (UNC). Actualmente se desempeña como profesora de grado y posgrado en la UNC. Es autora del libro *Con los vientos del Cordobazo* (Córdoba: Ed. Universidad Nacional de Córdoba, 2019). Dirige el proyecto de investigación "Historia oral e historia reciente de Córdoba" en la Facultad de Filosofía y Humanidades de la UNC e integra el programa de investigación

"Política, sociedad y cultura en la historia reciente de Córdoba" dirigido por la Dra. Alicia Servetto en la Facultad de Ciencias Sociales de la UNC. Integra la Asociación de Historia Oral de la República Argentina (AHORA) y la Red sobre Procesos represivos, empresas, trabajadores y sindicatos.

Gabriel Pereira es abogado de la Facultad de Derecho y Ciencias Sociales de la Universidad Nacional de Tucumán (UNT). Es doctor en Ciencias Políticas con orientación en temas de Derecho y Política por la Universidad de Oxford, donde realizo también su posdoctorado en el Departamento de Sociología. Actualmente es investigador afiliado del Centro de Estudios Latinoamericanos de esa universidad e investigador del CONICET. Es profesor adjunto de los cursos de grado Derechos Humanos y de Metodología de la Investigación, y profesor de posgrado en diferentes carreras de la Facultad de Derecho y Ciencias Sociales de la UNT. Además, fue director ejecutivo de la organización de derechos humanos Andhes, y coordinador del equipo "Empresas y Derechos Humanos".

Mariana Ponisio es licenciada y profesora en Historia por la Universidad Nacional de Rosario (UNR). También es doctoranda en Historia de la misma universidad. Es docente de la cátedra Historia de América contemporánea de la Facultad de Humanidades y Artes (UNR) y del profesorado de Historia N.° 33. Integra la Red de Estudios sobre Represión y Violencia Política (RER) y el Centro Latinoamericano de Historia Oral y Social (CLIHOS). Participa en la línea de investigación sobre Historia Social del Pasado Reciente del Instituto de Investigaciones Socio-históricas Regionales (ISHIR) del CONICET y es miembro de diversos proyectos de investigación. Sus indagaciones exploran la relación entre el Estado y sus trabajadores/as durante los años setenta y ochenta del siglo XX y ponen el foco en la implementación de políticas económicas, laborales y punitivas, sus efectos sobre los planteles de personal y la agencia de los/las trabajadores/as y sus organizaciones según los contextos.

Camillo Robertini es doctor en Estudios Históricos por la Universidad de Florencia y Siena. Licenciado en Historia por la Universidad de Perugia y magíster en la Universidad de Venecia "Ca' Foscari". Se ocupa de historia oral, historia del trabajo y memoria de la dictadura en la Argentina, con particular atención por la historia de Fiat en América Latina. Ha sido becario del Ministerio de Educación de Argentina en el 2017 y becario posdoctoral del CONICET, en el Instituto de Investigaciones "Gino Germani" de la Universidad de Buenos Aires, entre 2018 y 2020. Actualmente se desempeña como investigador en el Instituto de Estudios Internacionales de la Universidad de Chile y desarrolla un proyecto financiado por la Agencia Nacional de Investigación y Desarrollo (ANID). Es autor de *Érase una vez la Fiat en Argentina: una cadena de montaje entre memorias e historias (1964- 1980)*, Prometeo, Buenos Aires 2021 (ed. italiana Mondadori, 2019.)

María José Sarrabayrouse Oliveira es doctora en Antropología Social y licenciada en Ciencias Antropológicas Universidad de Buenos Aires e investigadora Adjunta del CONICET. Investigadora del Programa de Antropología Política y Jurídica Instituto de Ciencias Antropológicas, Facultad de Filosofía y Letras (UBA), del Instituto de Estudos Comparados em Administracão Institucional de Conflictos (UFF) e integra la Red de Estudios sobre Represión. Es directora del Proyecto "Burocracias judiciales, juicios de lesa humanidad y juicios por jurados en perspectiva antropológica" (UBACyT 2018–2020). Profesora adjunta en la FFyL, UBA. Profesora titular en el Doctorado en DD. HH. (UnLa) y en las Maestrías de Antropología Social (FFyL, UBA) y de Derecho Internacional de los Derechos Humanos (Facultad de Derecho, UBA). Ha publicado en libros y revistas científicas sobre juicios de lesa humanidad, burocracias judiciales, dictadura y derechos humanos. Autora del libro *Poder Judicial y dictadura. El caso de la morgue*. Buenos Aires: Editores del Puerto, 2011.

Ana Carol Solis es profesora y licenciada en Historia, magíster en Partidos Políticos y doctora en Estudios Sociales de América Latina, Universidad Nacional de Córdoba (UNC), Argentina. En dicha universidad es profesora adjunta de Historia Argentina II de la Escuela de Historia y de Historia Argentina Contemporánea en Ciencias de la Comunicación. Es investigadora del CIFFyH y CEA donde integra el Programa de Derechos Humanos. Se especializa en derechos humanos y compromiso político en la historia reciente. Ha publicado junto a Mónica Gordillo, Ana Arriaga, María Franco, Leticia Medina y Ana Natalucci: *La protesta frente a las reformas neoliberales en la Córdoba de fin de siglo*. Córdoba: Ferreyra Editor, 2012. Es compiladora junto a Pablo Ponza del libro *Córdoba a 40 años del golpe. Estudios de la dictadura en clave local*. Libro electrónico, Facultad de Filosofía y Humanidades, UNC, 2016.

Marcos Tolentino es magíster en Historia por la Universidad Estadual de Campinas (Unicamp), Brasil. Actualmente es estudiante del Doctorado en Historia en la misma universidad y desarrolla su tesis sobre las modalidades de inserción de sobrevivientes de los centros clandestinos de detención en el movimiento argentino de derechos humanos, a partir del caso de la Asociación de Ex Detenidos Desaparecidos. Ha publicado artículos en revistas nacionales y extranjeras y ha participado de congresos, seminarios y jornadas sobre temas de historia reciente del Cono Sur y las memorias de la violencia política y la represión en la región.

www.ingramcontent.com/pod-product-compliance
Ingram Content Group UK Ltd.
Pitfield, Milton Keynes, MK11 3LW, UK
UKHW021942290926
8980IPUK00016B/1759

9 781433 190346